기본학습을 위한 길라잡이

채권의 이해

Fixed Income

이필상 안동현
손삼호 최영민

홍 문 사

머리말

본서, '채권의 이해'는 주식, 채권, 파생상품을 다루는 총 3권으로 이루어진 교과서 시리즈 중 두 번째이다. 채권은 주식과 함께 자본시장의 주요 구성상품이라는 공통점을 갖지만 미래 현금흐름이 대부분 확정적이라는 측면에서 주식과 구분되는 독특한 상품 구조를 갖는다. 개별 주식의 경우 복제방법을 이용한 가치산정이 불가능하지만, 채권의 경우 복제방법을 이용한 차익거래가 널리 활용되고 있으며, 본서에서도 차익거래 활용에 관한 다양한 예시를 제시하고 있다. 또한 채권은 주식에 비해 가격결정 구조가 보다 수학적이고 정치한 측면이 있어서 학습의 효과가 상대적으로 잘 발현되는 분야이다. 채권의 이해는 또한 기준금리 및 지표금리 결정 등과 관련된 통화정책을 이해하는 데 도움이 되며, 금융시장 및 거시경제의 작동 매커니즘을 이해하고 방향성을 추측하는 데 있어서도 도움이 된다.

본서는 독자들의 채권 이해를 돕기 위해 다양한 이자율곡선의 층별 구성체계를 따라 시선을 이동시키며 상술하는 설명방법을 따르고 있다. 크게 보면 이자율곡선은 실질이자율곡선과 명목이자율곡선으로 구분할 수 있다. 실질이자율곡선은 이자율곡선의 다단계 층별 구조에서 제일 하단에 위치한다. 본서의 II장에서는 피셔의 실질이자율 이론을 이용하여 생산, 소비에 관한 의사결정을 통해서 단기 실질이자율 즉, 실질이자율곡선 중에서도 수직축 절편이 어떻게 결정되는지를 살펴본다. 일단 단기 실질이자율이 결정되고 나면 여기에 기대인플레이션율을 더하여 단기 명목이자율을 결정할 수 있다. 본서의 III장에서는 이러한 단기명목이자율 즉 기준금리를 결정하는 통화정책과 관련된 최근의 주요한 이슈들을 상세하게 살펴본다. 또한 IV장에서는 실질이자율곡선의 수직축 절편에서 시작하여 실질이자율곡선의 모양이 어떻게 만들어지는지를 소비－자본자산가격결정 모형(CCAPM) 및 Vasicek 모형 등 다기간 모형의 도입을 통해서 설명하고 있다. 또한 여기에서 구한 실질이자율곡선에 Linkers가 제공하는 BEI(break－even inflation)을 더해주면 명목이자율곡선의 형태를 이론적으로 규명할 수 있게 된다.

다음으로 V장에서는 국채의 가격결정에 핵심적인 역할을 수행하는 순할인채의 단위기간 당 수익률 개념을 이해하고 현물이자율 및 선도이자율을 이용한 차익거래 방법을 살펴본다. 그리고 VI장에서는 미국 국채시장에서 거래되는 미국 국채의 가격표시 방법 등 다양한 제도적 특성을 살펴보고, 이표채 수익률곡선과 현물이자율곡선의 관계 등을 살펴보는 동시에 국채 경매와 관련된 제도적 측면을 구체적 사례를 통해서 살펴보고 있다. 그리고 본서의 VII장과 VIII장에서는 이표채의 위험관리 및 거래전략과 관련해서 중요한 개념인 듀레이션(duration)과 볼록성(convexity)을 설명하고 그 활용법을 제시하고 있다. 이어서 IX장에서는 차익거래 가격결정 모형(arbitrage pricing model)을 활용하여 이자율 파생상품의 가격이 어떻게 결정되는지를 설명한다. 그리고 X장에서는 국공채 등에 대한 신용투자(buying on margin) 및 공매도(short sale) 등의 활용을 가능하게 해주는 Repo 시장에 대해서 살펴본다. 이처럼 V장에서 X장까지는 주로 명목이자율곡선 중에서도 국채이자율곡선과 관련된 다양한 이론적, 제도적 요인들을 설명하고 있다.

또한 XI장에서는 국채이자율 이외에 또 다른 지표금리로 사용되고 있는 스왑커브에 대해서 설명하고 있고, XII장에서는 회사채 이자율곡선 및 유동화증권에 대해서 논의하고 있다. 회사채 이자율곡선의 단계로 넘어가면 국채이자율곡선에서는 고려하지 않았던 신용위험을 고려해야 하고, 유동화증권의 경우에는 조기상환위험을 고려해야 한다. 또한 회사채나 유동화증권과 관련해서는 투자자 입장에서 계약조건의 유불리나 옵션의 존재유무에 따라서 수많은 이자율곡선의 층위가 존재한다. 신용위험 및 조기상환위험 등에 대한 고려는 분석대상인 이자율곡선들을 점차 더 높은 상방으로 이동시키는 원인으로 작용하고 있다. 이처럼 이자율곡선의 다단계적인 층위구조의 각 단계에 위치하는 채권들에 대해서 그와 관련된 다양하고 차별적인 이슈들이 존재한다. 본서가 이와 같은 이자율곡선의 층위구조라는 큰 그림 속에서 세부적인 내용을 순차적으로 설명하는 구조를 따르고 있다는 점은 독자들로 하여금 채권시장에 대한 전반적인 이해의 폭을 넓히는데 도움을 줄 수 있을 것으로 판단한다.

본서의 출판을 위해 오랜 기간 응원을 아끼지 않으셨던 홍문사의 임권규 사장님께 감사드리며, 여러 번의 수정과 저자들의 귀찮은 요구에도 묵묵히 본서의 완성도를 높이기 위해 노력해주신 이경희 편집주간께도 심심한 감사의 말씀을 드린다. 또한 저자들을 옆에서 지켜봐주신 가족들께도 진심으로 감사의 말씀을 전한다. 바라건대 독자들의 금융시장에 대한 탐구가 본 시리즈를 딛고 더욱 높은 지식의 단계로 올라설 수 있기를 바라는 마음이다.

2022년 5월
공저자 올림

차 례

XII. 회사채와 유동화증권

기본학습을 위한 길라잡이

채권의 이해

I. 서론

채권 이해를 위한 전반적인 맥락을 잡기 위해서는 다양한 이자율곡선의 구성 체계를 면밀하게 살펴볼 필요가 있다. 크게 보면 이자율곡선은 실질이자율곡선과 명목이자율곡선으로 구분할 수 있다. 실질이자율은 관측이 불가능하지만 개념적인 측면으로 설명이 가능하다. 실질이자율곡선은 이자율곡선의 다단계 층별 구조에서 하위 부분에 위치한다. 피셔 방정식에 의해 실질이자율곡선에 기대인플레이션율을 더하면 명목이자율곡선의 층위가 나타나는데, 국채이자율곡선이 가장 먼저 나타난다. 국채이자율곡선과 관련해서 수많은 채권관련 개념과 많은 제도적, 이론적 논의가 등장하며, 본서의 중추적인 내용을 이루고 있다. 국채 이자율곡선의 상위에는 또 다른 지표 이자율곡선으로 활용되고 있는 스왑커브가 나타나고, 가장 높은 상단에는 회사채 이자율곡선이 나타난

그림 I-1 이자율곡선

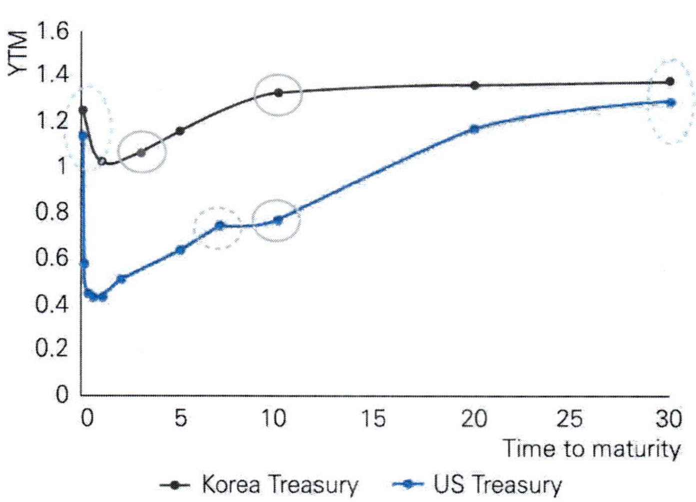

다. 회사채 이자율곡선 그룹 내에서도 투자자 입장에서의 계약조건의 유불리나 신용위험에 따라서 그 높이가 다르게 나타나는 수많은 회사채 이자율곡선이 존재한다. 이처럼 복잡한 채권 관련 내용을 이해하기 위해서는 이자율곡선의 층위구조에 대한 큰 그림이 잡혀 있어야 하며, 이러한 큰 그림 속에서 세부적인 각 부분에 대한 이해가 요구된다.

본격적인 논의에 앞서 여기에서는 가시적으로 확인할 수 있는 국채이자율곡선의 사례를 살펴보고자 한다. 이자율곡선을 나타내는 [그림 Ⅰ-1]의 수평축은 만기까지의 기간을 표시하고, 수직축은 만기수익률(yield-to-maturity, YTM)을 표시하고 있다. 이 그림에서 국채이자율곡선의 수직축 절편은 1일 만기로 자금을 거래할 때 적용되는 금리를 표시하는데, 만기가 가장 짧은 채권에 부과되는 금리로 해석할 수 있다. 우리나라의 경우 1일 자금 거래의 대표적 사례는 금융기관들끼리 하루 동안 돈을 빌려주고 빌리는 콜 시장에서 찾아볼 수 있다. 금융기관들끼리 1일 자금을 거래할 때 부과되는 금리를 콜금리(call loan rate)라고 부른다. 미국의 경우 금융기관들의 1일 자금거래에 부과되는 금리는 Federal Fund Rate라고 부른다.

위의 [그림 Ⅰ-1]에서 1일 만기의 자금거래에 부과되는 금리들은 수직축에 거의 근접하여 찍힌 수직축 절편으로 표시되어 있고, 그림의 곡선을 따라 수직축에서 점차적으로 우측으로 진행하면서 표시된 점들은 길어지는 만기를 가진 채권들의 금리들을 나타낸다. 위 그림에서 곡선을 따라 표시된 점들의 수직 높이는 각각의 만기에 대해서 연이자율로 환산한 채권이자율로 이해하면 된다. 이처럼 다양한 채권들의 만기별로 다르게 책정되는 이자율을 선으로 연결한 것을 이자율의 기간구조(term structure of interest rate) 혹은 이자율곡선(yield curve)이라고 한다.

본서의 각 장에서는 앞서 강조한 바와 같이 다양한 종류의 이자율곡선들이 어떻게 형성되는가를 집중적으로 논의할 것이며, 그와 관련된 이론적, 실무적 논의를 자세하게 살펴보고자 한다. 다양한 이자율곡선들의 모양이 주어진 특정 시점에서 왜 그렇게 만들어졌는가에 대한 분석은 이자율곡선들에 대한 일종의 횡단면적(cross-sectional) 분석법이라고 볼 수 있다. 그리고 이자율곡선이 시간이 지나면서 그 형태가 어떻게 변화할 것인지에 대한 일종의 방향성 예측을 하는 것은 이자율곡선에 대한 시계열적(time-series) 분석법이다.

한편, 특정 채권의 이자율 수준이 어떻게 결정되는가의 문제와 관련해서 그 채권을 누가 발행했는가를 살펴볼 필요가 있다. 누가 그 채권을 발행했는가, 즉 누가 그 돈을 빌렸는가가 채권의 이자율 수준에 직접적인 영향을 미친다. 거시경제의 3대 경제주체라고 알려져 있는 가계, 기업, 정부 중에서 가계는 주로 돈을 빌려주고 기업과 정부가 주로 돈을 빌려가기 때문에 기업과 정부가 채권의 주요 발행자가 된다. 정부는 국채를 발행하여 가계로부터 돈을 빌려가며, 기업들은 회사채를 발행하여 가계로부터 돈을 빌려간다. 정부의 경우 부도확률이 매우 낮으며, 최악의 경우 부도가 나더라도 화폐를 찍어서라도 원금과 이자를 돌려줄 수가 있다. 그런데 기업의 경우에는 재무상태가 아무리 좋다 하더라도 부도위험, 즉 신용위험이 존재하기 때문에 국채 이자율보다는 더 높은 가산금리를 부담하게 된다. 재무상태가 최상급이 아닌 기업들이라면 그 가산금리는 더 높아진다. 즉 신용등급이 낮아질수록 부도위험이 높아지고 가산금리가 더 높아진다.

만기와 신용등급의 차이뿐만 아니라 채권계약 자체가 차별적이기 때문에 채권 종류별로 그 이자율에 차이가 나타나기도 한다. 예를 들어서 만기와 신용등급이 동일하더라도 call feature[1]가 들어가 있는 채권의 경우에는 이자율이 달라진다. 또한 원금을 상환하기 위해서 sinking fund provision[2]을 갖고 있는 채권의 경우에는 더 안전한 채권이라고 볼 수 있고, 이자율 차이에 반영될 수 있다. 이처럼 다양한 계약적인 조건을 bond caveat이라고 부르는데 이에 따라서 채권의 금리가 차별적으로 나타날 수 있다. 현실에서는 이처럼 무수히 많은 채권금리들이 복잡하게 존재하기 때문에 대표성을 띄는 금리를 설정하는 것이 중요하다.

2000년대까지는 이처럼 다양한 채권 이자율들 중에서 국채금리가 가장 기준이 되는 지표금리 역할을 수행하였다. 그러나 2000년대 이후에는 스왑금리가 지표금리로 작동하고 있다. 일반적으로 스왑금리는 국채 이자율보다는 약간 높은 경우가 일반적이다. 그러나 만기가 장기인 경우에는 스왑커브가 국채 이자율곡선보다 아래쪽에 있을 수도 있다. 스왑커브의 가장 기본이 되는 것이 Libor rate[3]이다. Libor rate는 스왑커브를 만드는데 있어서 기준 지표금리(fixing rate)가 되었다. 그러나 2008년 Libor 금리 담합 스캔들로 인해서 신뢰성에 문제가 발생하여 국제금융시장에서는 대안적인 기준 지표금리를 찾고 있다. 현재 스왑시장은 큰 변화에 직면해 있고, 지난 몇 년간 지표금리의 신뢰성

1 채권발행자가 만기이전에 조기상환할 수 있는 권리.

2 부채나 채권을 갚기 위해 따로 모아두거나 저축한 돈을 포함하는 펀드로 만기에 큰 금액의 일시지불의 부담을 완화해주는 역할을 수행.

3 런던의 주요은행 사이에서 단기자금을 조달할 때 적용되는 금리로, 가계대출, 자산유동화 상품 등의 기준금리로 사용됨.

문제로 인해서 스왑시장이 상당히 위축되어 있는 상태이다.

논의를 구체화하기 위해 우리나라와 미국의 국채이자율곡선의 형태를 다시 한번 살펴보자. [그림 Ⅰ-1]의 검은색 선은 2019년 2월 시점에서 나타난 우리나라의 이자율곡선의 형태이다. 우리나라의 경우 만기가 가장 짧은 자금거래는 만기 7일짜리 Repo이다. Repo는 국채나 통안채 등의 채권을 담보로 잡고 돈을 빌려주는 거래이다. 우리나라의 경우 7일짜리 RP 금리는 한국은행에서 목표금리로 삼고 있는데 [그림 Ⅰ-1]에서는 기준금리가 1.75%이다. 나머지 금리는 시장의 수급에 의해서 결정된다. 한국은행은 공개시장조작을 통해서 목표금리를 달성한다. 우리나라 이자율곡선은 1년 정도까지 금리가 하락하다가 다시 상승하는 형태를 보이고 있다. 미국의 경우 기준금리는 만기 1일짜리 Federal Fund Rate인데, 공개시장조작을 통해서 자신들이 설정한 수준과 차이가 나지 않도록 하고 있다. 2021년 말 기준으로 미국의 목표기준금리는 1%와 1.25% 사이에 존재한다. [그림 Ⅰ-1]에서 수직축의 빨간 점선 동그라미는 각국의 중앙은행이 결정하는 기준금리를 나타내고 있다. 또한 30년 만기 장기금리도 동그라미로 표시하고 있는데, 잠재성장률 수준과 인플레이션 수준을 반영하고 있다. 한국과 미국의 잠재성장률이 시장에서 낮게 평가되고 있음을 확인할 수 있다. 또한 연기금, 생명보험회사 등과 같이 장기채권을 선호하는 투자자들의 수요확대에 따라 채권가격이 올라가면 금리는 낮아진다. 즉, 시장 분리에 따른 수급상황에 따라 장기금리가 낮게 결정되는 경향이 있다. 위의 [그림 Ⅰ-1]에서 중앙은행이 단기이자율을 결정하고, 경제성장률에 의해서 장기이자율이 결정되고 난 이후 경기전망, 인플레이션 전망, 시장의 수급상황 등으로 인해서 이자율곡선의 형태가 움직이게 된다.

미국의 경우 통상적으로 10년 만기 국채가 지표금리로 기능하고 있으며, 한국의 경우는 최근까지 3년 만기 국채가 지표금리 역할을 수행하였다. 한편 미국의 경우 경기침체 조짐이 나타날 때 특정 만기 채권가격이 올라가고 채권선물시장이 중요한 역할을 하게 된다. 위의 그림에서 나타나는 바와 같이 경기침체 조짐이 나타날 때 만기 5년부터 10년 만기 국채금리가 낮아지는 경우가 있는데, 선물의 기초자산인 현물 국채에 시장수요가 몰려서 가격이 폭등하는 경우가 발생하기 때문이다.

Ⅱ. Fisher의 실질이자율 이론

어느 나라건 하루 혹은 일주일 만기 채권의 초단기 금리는 [그림 Ⅰ-1] 이자율곡선의 수직축 절편값에 해당하는데, 이는 앞서 살펴본 바와 같이 각국의 중앙은행들이 결정한다. 중앙은행은 보통 시장에 대해서 차별적으로 우월한 정보를 보유한 경우가 있을 수 있는데 시장과 소통을 통해서 그 내용을 전파하려고 노력한다. 이와 같은 맥락에서 이자율곡선을 통화정책의 파급경로라고 부르기도 한다. 중앙은행이 초단기 금리를 결정할 때 시장의 이자율곡선과 동떨어진 값을 결정하기는 힘들고 시장의 이자율곡선의 모양을 활용한 외삽법(extrapolation) 등을 이용하는데 그 과정에서 중앙은행과 시장은 긴밀한 상호 커뮤니케이션을 수행한다. 중앙은행의 입장에서는 정책금리 결정과정에서 시장 상황과 경제전망 등 시장의 요구를 감안할 필요가 있으며 시장 또한 중앙은행의 의중을 파악하여 자산가격결정을 수행해 나간다.

본 장에서는 먼저 이론적으로 Fisher의 실질이자율 이론을 통해서 단기 실질이자율이 어떻게 결정되는지를 설명하고, 이후 중앙은행의 명목금리 결정에 대한 이론적 근거를 제공하고자 한다. 단기 명목이자율은 본 장에서 설명하는 단기 실질이자율과 기대인플레이션율을 더하면 구할 수 있게 된다. 이러한 이론적인 단기명목이자율은 중앙은행이 수행하는 명목이자율의 실무적인 결정에 필요한 이론적 준거점을 제공한다고 볼 수 있다.

그렇다면 단기 실질이자율은 어떻게 결정되는가. Fisher의 단기 실질이자율 결정이론을 구체적으로 살펴보자. Fisher의 단기 실질이자율 결정모형에서 화폐는 존재하지 않으며, 실물재화만 존재하는데 본서에서는 코코넛이 유일한 실물재화라고 가정한다. 화폐가 존재하지 않으므로 인플레이션 문제를 고려할 필요도 없다. 고려하는 시계(time horizon)는 오늘과 내일만 존재한다. 즉 가장 단순한 1기간 모형을 상정한다.

물론 좀 더 현실적인 이자율곡선을 그리기 위해서는 1기간 모형으로는 부족하며 이후에 $t=2$, $t=3$, … 등을 고려하는 다기간 모형으로 확장해 나갈 것이지만 당분간 1기간으로 논의를 한정하여 이론적인 단기 실질이자율의 결정문제를 살펴보고자 한다.

독자들의 마음속에 1기간 모형의 구체적인 이미지를 떠올리기 위해서 유명한 로빈슨 크루소가 무인도에 표류되어 있는 상황을 가정해보자. 이 무인도에는 코코넛 나무가 한 그루만 있고 크루소는 오늘로부터 내일까지 즉 1기간만 생존한다. 그리고 오늘 코코넛 나무에서 코코넛이 3개 떨어지고 내일 코코넛이 2개 떨어진다고 가정해보자. 이 경우 불확실성은 존재하지 않는다. 이 상황에서 만약 코코넛이 저장이 불가능한 재화(perishable good)이라면 크루소에게는 오늘 코코넛을 3개 소비하고 내일 코코넛을 2개 소비하는 것 이외의 뾰족한 선택대안이 존재하지 않는다. 코코넛이 저장이 가능한 재화(non-perishable good)라고 하더라도 오늘의 소비량이 오늘의 부존량보다 커질 수는 없다. 이 상황을 자급자족 경제라고 부른다. 자급자족 경제에서는 시장이 존재하지 않으므로 오늘 코코넛의 가치가 내일 코코넛 몇 개로 평가되는지를 표시한 가격, 즉 이자율이 존재하지 않는다.

이제 상황이 바뀌어 크루소가 표류한 무인도 바로 옆에 톰 행크스가 1기간 동안 살고 있는 무인도가 있다는 것을 알게 되었다. 행크스의 섬에도 코코넛 나무가 한그루 있는데 오늘 코코넛이 4개 떨어지고 내일 코코넛이 5개 떨어진다. 이 상황에서 크루소와 행크스의 상황을 동시에 고려한다고 하더라도 불확실성은 존재하지 않는다. 이 경우 크루소와 행크스 사이에는 오늘 코코넛을 서로 빌려주고 빌려받고, 내일 코코넛을 되돌려주고 되돌려 받는, 코코넛을 서로 교환하는 시장이 형성된다. 이 시장에서는 오늘 코코넛을 1개 빌려준 사람이 내일 그 대가로 몇 개를 돌려받을지가 양자간 합의에 의해서 결정된다. 즉, 오늘 코코넛의 1개의 가치가 내일 코코넛 몇 개로 평가되는지가 결정된다. 즉, 이자율이 결정된다. 크루소와 행크스는 자신들에게 외생적으로 주어진 코코넛 부존점, 즉 크루소의 부존점(3,2), 행크스의 부존점(4,5) 상에서 가격변수인 이자율을 고려했을 때 오늘 코코넛을 몇 개 빌려주고 빌려받고, 내일 코코넛을 몇 개 되돌려주고 되돌려받는 것이 자신들의 효용을 극대화하는 방법인지를 고민하게 되는데 이것이 바로 교환경제(exchange economy, endowment economy)이다.

그리고 상황을 조금 더 현실에 가깝게 바꾸어보자. 이제 앞에서 설명한 모형의 크루소와 행크스는 생산을 통해서 초기 부존을 변경시키는 것이 가능한 상황으로 확장해보자. 만약 오늘 코코넛을 소비하지 않고 땅에 묻어서 싹을 틔운다면 그 나무가 하루만에 다 자라서 내일 코코넛 열매를 추가로 제공해준다고 가정하자. 코코넛 나무를 한 그루 심으면 코코넛 열매가 2개 열린다. 각각 나무를 한그루만 심는 경우를 예로 들어 보면, 크루소의 최초 부존점 (3,2)은 새로운 부존점 (2,4)로 바뀌게 되고 행크스의 부존점 (4,5)도 새로운 부존점 (3,7)로 바뀌게 된다. 이처럼 이들은 최초 부존점을 생산을 통해서 새로운 부존점으로 전환시킬 수 있다. 이들은 이제 그 새로운 부존점 상에서 이들 간에 형성된 시장을 통해서 오늘 코코넛을 몇 개 빌려주고 빌려받고, 내일 코코넛을 몇 개 되돌려주고 되돌려 받는 것이 자신들의 효용을 극대화 하는 방법인지를 고민하게 될 것이다. 이처럼 생산과 교환이 순차적으로 혹은 동시에 이루어지는 경제를 생산−교환경제(production−exchange economy)라고 부른다.

본 장에서는 교환경제에서 이자율이 어떻게 결정되는지를 먼저 살펴보고 뒤이어서 생산−교환경제에서 이자율이 어떻게 결정되는지를 살펴본다. 상대적으로 단순한 2기간 모형을 자세하게 이해하게 되면 그 모형에서 얻을 수 있는 단순한 형태의 경제적 직관들이 이후에 학습하게 되는 수학적 구조가 복잡한 다기간 모형에서도 여전히 유효하다는 사실을 확인할 수 있다. 이 부분은 본서의 독자들이 반드시 스스로 체크해보아야 할 중요한 포인트이다. 그 확인과정은 경제학의 학습과정에서 단순한 모형을 이용한 이론적 분석의 강력한 힘을 직접 체험해보는 좋은 기회가 될 것이다.

1. 코코넛 소비의 효용함수와 무차별곡선

오늘의 코코넛을 소비할 때 나타나는 효용함수의 형태는 아래의 [그림 Ⅱ−1]과 같다. 일반적인 재화를 소비하는 경우와 같이 코코넛을 추가로 하나 더 소비할 때 나타나는 한계효용은 그 이전에 비해서 체감한다.

$$M(c_A) > M(c_B) \qquad \forall\, c_A < c_B \tag{식 2-1}$$

이 경우 효용함수는 아래로 오목한 형태를 나타낸다.

그림 Ⅱ-1 오늘의 코코넛 소비가 주는 효용

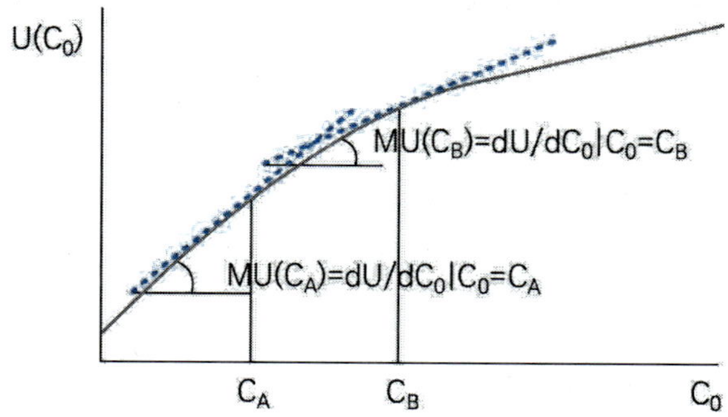

$$\frac{d^2U}{dc^2} < 0 \qquad \forall c \tag{식 2-2}$$

이제 오늘의 코코넛을 c_0로 표시하고, 내일의 코코넛을 c_1으로 표시하고 이 두 재화를 결합적으로 소비하는 경우에 효용함수 $U(c_0, c_1)$의 모양은 다음 [그림 Ⅱ-2]와 같

그림 Ⅱ-2 오늘과 내일의 코코넛 결합적 소비가 주는 효용

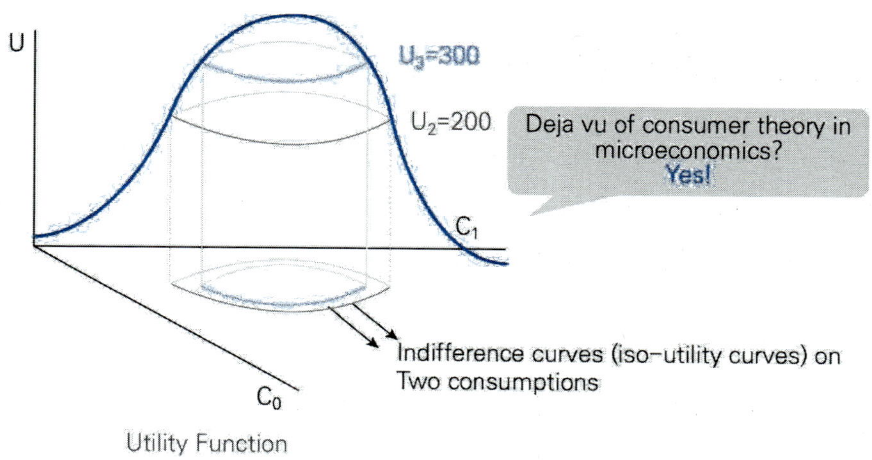

이 묘사할 수 있다. 이 효용입체의 단면을 밑면에 투영하면 무차별곡선이 된다.

시점 간 소비라고 하더라도 그 소비가 주는 효용함수의 형태는 일반적인 X재화와 Y재화, 즉 2재화 소비의 경우와 다를 것이 없다. 무차별곡선도 일반적인 무차별곡선의 성격을 모두 만족한다. 즉, 우하향하는 형태, 원점에 대해서 볼록한 형태, 두 무차별곡선이 교차하지 않는 점, 북동쪽으로 올라갈수록 높은 효용수준을 나타내는 점 등이 모두 만족된다.

일반적인 2재화의 무차별곡선의 기울기는 MRS_{XY}로 표시하나 본절에서는 시점 간 코코넛 소비의 특징을 강조하기 위해서 $IMRS_{C,1}$(intertemporal marginal substitution)으로 표시한다. $IMRS_{0,1}$는 무차별곡선 상의 특정한 소비점에서 오늘의 코코넛을 한 단위 더 소비하기 위해서 내일의 코코넛 몇 단위를 포기할 의향이 있는가를 나타낸다. 즉 $IMRS_{0,1}$는 무차별곡선 상의 특정 소비점에서 오늘 코코넛 한 단위를 내일 코코넛 몇 단위로 교환할 수 있는가를 나타내는 주관적 교환비율이다. 이를 다르게 표현하면 $IMRS_{0,1}$는 내일 코코넛 단위로 표시한, 오늘 코코넛 한단위의 주관적인 상대가격이 된다. 위 그림에서 알 수 있듯이 시점 간 코코넛 소비의 무차별곡선은 일반적인 경우와

그림 Ⅱ-3 오늘 코코넛과 내일 코코넛의 결합적 소비의 무차별곡선

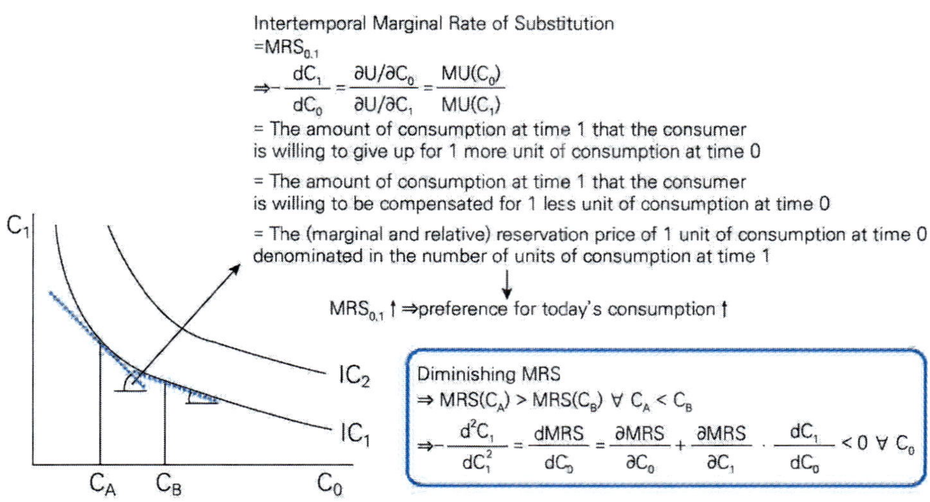

마찬가지로 원점에 대해서 볼록한 형태를 나타내는데, 이는 무차별곡선의 접선의 기울기 즉 $IMRS_{0,1}$, 주관적 교환비율 혹은 주관적 상대가격이 오늘의 코코넛 소비량을 늘려갈수록 점차 체감한다는 것을 나타낸다. 반대로 오늘 코코넛 소비량을 줄여나가면 $IMRS_{0,1}$, 주관적 교환비율 혹은 주관적 상대가격이 점차 체증한다는 것을 나타낸다.

무차별곡선은 등효용곡선(iso-utility curve)라고도 부르는데, 이 선 상의 모든 점들의 효용이 동일하다는 뜻이다. 무차별곡선 상의 특정한 소비점에서 동일한 무차별곡선 상에 위치하도록 미세하게 오늘의 코코넛 소비와 내일의 코코넛 소비를 변화시키면 효용의 변화는 0이다. 즉

$$dU(c_0,c_1) = \frac{\partial U}{\partial c_0}dc_0 + \frac{\partial U}{\partial c_1}dc_1 = 0 \qquad \text{(식 2-3)}$$

이 식은 전미분식을 나타내며 $\frac{\partial U}{\partial c_0}$는 편미분을 나타낸다. 편미분 $\frac{\partial U}{\partial c_0}$은 내일의 코코넛 소비는 일정하게 두고 오늘의 코코넛 소비를 변화시켰을 때 효용의 변화량을 측정해준다. 마찬가지로 편미분 $\frac{\partial U}{\partial c_1}$은 오늘의 코코넛 소비는 일정하게 두고 내일의 코코넛 소비를 변화시켰을 때 효용의 변화량을 측정한다. 편미분 $\frac{\partial U}{\partial c_0}$은 일종의 민감도(sensitivity)를 나타내는데, 다른 것을 일정하게 유지한 상태에서 오늘의 코코넛 소비를 한 단위 변화시켰을 때 효용이 얼마나 변화하는지를 측정해준다. 따라서 오늘의 코코넛을 dc_0만큼 변화시켰을 때 총 효용이 얼마나 변화했는가는 $\frac{\partial U}{\partial c_0}dc_0$가 측정해준다. 특정 특정 소비점에서 오늘의 코코넛 소비와 내일의 코코넛 소비를 동시에 변화시켰음에도 불구하고 변화한 소비점이 여전히 동일한 무차별곡선상에 위치하고 있으므로 전미분을 수행한 이후에 효용 변화량은 0이 된다. 따라서 (식 2-3)을 이용하여 $IMRS_{0,1}$를 아래와 같이 정의할 수 있다.

$$-\frac{dc_1}{dc_0} = \frac{MU_0}{MU_1} = IMRS_{0,1} \qquad \text{(식 2-4)}$$

이 식으로부터 $IMRS_{0,1}$의 의미를 보다 구체화할 수 있는데, 그것은 소비자가 현재 코코넛, 즉 c_0 소비를 한 단위 늘리는 경우 효용수준을 동일하게 유지하기 위해서 내일 코코넛, 즉 c_1소비를 몇 단위 포기할 수 있는가를 나타낸다. 이 경우, 소비자가 오늘의 코코넛 소비를 늘리면 오늘의 코코넛의 주관적 가치, 즉 $IMRS_{0,1}$가 떨어지고, 오늘의

코코넛 소비를 줄이면 오늘의 코코넛의 주관적 가치, 즉 $IMRS_{0,1}$ 증가함을 알 수 있다.

2. 자급자족 경제

본 절에서는 시장에서의 이자율 결정이론을 본격적으로 논의하기에 앞서서 1기간 모형의 기본적 구조, 즉 자급자족 경제(autarky economy[1])를 먼저 살펴본다. 자급자족 경제에서는 불확실성이 존재하지 않으며, 교환의 기회나 생산의 기회 또한 존재하지 않는다. 이 자급자족 경제에서는 오늘과 내일의 코코넛 부존점이 (y_0, y_1)으로 주어져 있다. 이 경우 코코넛이 부패하여 저장이 불가능한 경우(perishable good)와 부패하지 않아서 저장이 가능한 경우(non-perishable good) 두 가지로 나누어 생각해볼 수 있다. 만약 코코넛이 부패하여 저장이 불가능할 경우라면, 최적 소비는 $c_0^* = y_0$와 $c_1^* = y_1$으로 나타날 것이다. 저장이 불가능하다면 오늘 주어지는 코코넛은 오늘 다 먹고, 내일 주어지는 코코넛은 내일 다 먹는 것이 최적 선택이 된다. 이와 달리 코코넛이 부패하지 않고 내일까지 저장이 가능한 경우라고 한다면 크루소는 자신의 효용을 극대화하기 위한 c_0, c_1을 선택하게 되는데, 최적해가 실현가능한 예산선 내부에 있는 경우 소비점은 부존점과 달라질 수 있지만, 최적해가 실현가능한 예산선 내부에 있지 않는 경우 소비점은 부존점과 같아질 수밖에 없다. 오늘의 소비 c_0를 오늘의 부존량 y_0보다 줄일 수는 있어도 늘릴 수는 없다는 점이 이 경우 예산선을 고려할 때 유의해야 할 점이다. 최적해를 구하기 위해서 효용극대화 문제를 다음과 같이 생각해볼 수 있다.

$$Max\ L(c_0, c_1, \lambda) = U(c_0, c_1) + \lambda(y_0 + y_1 - c_0 - c_1) \qquad \text{(식 2-5)}$$

$$\frac{\partial L}{\partial c_0} = MU_0 - \lambda = 0$$

$$\frac{\partial L}{\partial c_1} = MU_1 - \lambda = 0 \ \Rightarrow \frac{MU_0}{MU_1} = 1$$

$$\frac{\partial L}{\partial \lambda} = y_0 + y_1 - c_0 - c_1 = 0$$

1 Autarky는 그리스어인 '자기'를 뜻하는 autos와 '충분하다'를 뜻하는 arkein에서 유래된 용어로 자급자족 및 외부집단과의 무역이 제한된 폐쇄경제를 의미한다.

그림 Ⅱ-4 최적소비점이 실현가능한 예산선 내부에 있는 경우

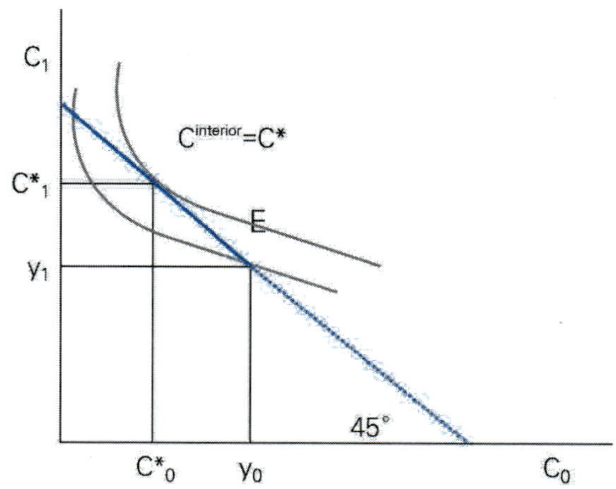

이 식에서 우리가 구하고자 하는 변수는 c_0, c_1 두 개이며, 방정식도 $\frac{MU_0}{MU_1}=1$ 및 $y_0+y_1-c_0-c_1=0$으로 나타나기 때문에 최적 해를 구할 수 있는 조건이 만족된다. 최적 소비점에서 $IMRS_{0,1}$의 값이 1로 나타난다는 점이 특징적이다. 즉 크루소는 최적 소비점에서 오늘 코코넛 1단위의 주관적 가격을 내일 코코넛 1단위로 표시한다. 이것은 자급자족 경제의 실상을 생각해보면 자명한데, 오늘 코코넛 1개를 저장하면 내일 코코넛 1개를 얻게 되기 때문이다. 따라서 예산선의 기울기는 45도가 되고 부존점 좌측의 예산선은 선택가능한 집합에 포함되지만 우측의 예산선은 선택 가능한 집합에서 제외된다. 오늘의 코코넛을 저장하여 내일로 보내는 것은 가능한 반면 내일의 코코넛을 오늘로 가져오는 것은 불가능하다는 점에 유의하자. 결과적으로 오늘의 소비 c_0를 오늘의 부존량 y_0보다 줄일 수는 있어도 늘릴 수는 없다. (식 2-5)에서 구한 최적소비점이 실현가능한 예산선 내부에 존재하는 상황이라면 [그림 Ⅱ-4]와 같이 최적 소비점을 묘사할 수 있다.

만약 이렇게 구한 최적 소비점이 실현가능한 예산선 내부에 존재하지 않는 상황이라면 [그림 Ⅱ-5]에서 최적 소비점이 왜 부존점과 같을 수밖에 없는지를 이해할 수 있

그림 Ⅱ-5 최적소비점이 실현가능한 예산선 외부에 있는 경우

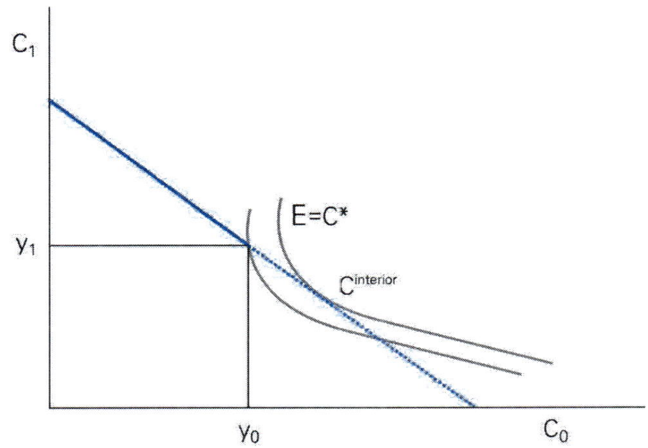

다. [그림 Ⅱ−5]에서 크루소가 원하는 소비점 즉 $c^{interior}$점은 소비 불가능한 점이다. 이 경우 크루소는 오늘의 부존 코코넛보다 더 많은 코코넛을 소비하기를 원하는데 이는 실현불가능하다. 이 경우처럼 크루소가 오늘 부존량보다 더 많은 코코넛을 오늘 소비하기를 원한다면 최선의 대안은 오늘 부존량을 모두 다 소비하는 것이 자신의 효용을 극대화하는 차선책이 될 것이다. 즉 코코넛의 저장이 불가능한 경우와 마찬가지로 이 경우의 최적 소비는 $c_0^* = y_0$와 $c_1^* = y_1$으로 나타난다. 내부해가 존재하지 않는 경우에는 오늘 주어지는 코코넛은 오늘 다 소비하고, 내일 주어지는 코코넛은 내일 다 소비하는 것이 최적 선택이다.

3. 교환경제에서의 실질이자율 결정

이제 크루소가 표류한 무인도 바로 옆에 행크스가 1기간 동안 살고 있는 무인도가 있다는 것을 알게 되었다고 가정해보자. 크루소의 부존점은 (y_0^A, y_1^A)로 주어져 있고, 행크스의 부존점은 (y_0^B, y_1^B)로 주어져 있다. [그림 Ⅱ−6]에서 볼 수 있듯이 최초 부존점

을 지나는 무차별곡선보다 이들 둘 간의 교환을 통해서 얻게 된 소비점을 지나는 무차별곡선의 효용수준이 둘 다 최초 부존점을 지나는 무차별곡선의 효용수준보다 더 크다는 것을 확인할 수 있다. 즉, 최초 부존점은 이들 두 사람 사이에 교환을 통해서 어떤 개인의 효용을 훼손하지 않고 적어도 한 사람의 효용이 개선되는 파레토 개선이 가능하다. 크루소의 경우 소비점이 (c_0^A, c_1^A)이므로, 첫째 날 크루소는 $c_0^A - y_0^A$만큼의 코코넛을 행크스로부터 빌리게 되며 그 다음날 크루소는 그 대가로 $y_1^A - c_1^A$만큼을 되돌려 주게 된다. 크루소가 행크스에게 되돌려 주는 코코넛 수량을 하루 전 빌린 수량으로 나누어 주면 시장이자율이 결정된다는 것을 알 수 있다. 즉, $(1+r) = (y_1^A - c_1^A)/(c_0^A - y_0^A)$가 성립한다. 이 이자율은 행크스에게도 동일하게 적용되는데 행크스의 경우 다음 날 코코넛을 되돌려 받는 수량을 오늘 코코넛을 빌려준 수량으로 나누어 준 비율이 시장이자율이 된다. 즉, 행크스에게는 $(1+r) = (c_1^B - y_1^B)/(y_0^B - c_0^B)$이 성립함을 알 수 있다.

그림 Ⅱ-6 크루소와 행크스의 교환 경제

Endowments in two-period setup		
	Consumer A	Consumer B
t=0	y_0^A	y_0^B
t=1	y_1^A	y_1^B

$$|\text{slope}| = \frac{y_1^A - c_1^A}{c_0^A - y_0^A} = \frac{\text{tomorrow's forgone consumption}}{\text{today's additional consumption}} = 1 + r = \Phi$$

= how many units of tomorrow's consumption could be foregone for additional 1unit of today's consumption

= the "price" of today's consumption measured in tomorrow's consumption

Edgeworth box ⇒

market clearing:

$c_0^A + c_0^B = y_0^A + y_0^B$

$c_1^A + c_1^B = y_1^A + y_1^B$

exchange:

t=0: $y_0^A - c_0^A$ from B → A

t=1: $y_1^A - c_1^A$ from A → B

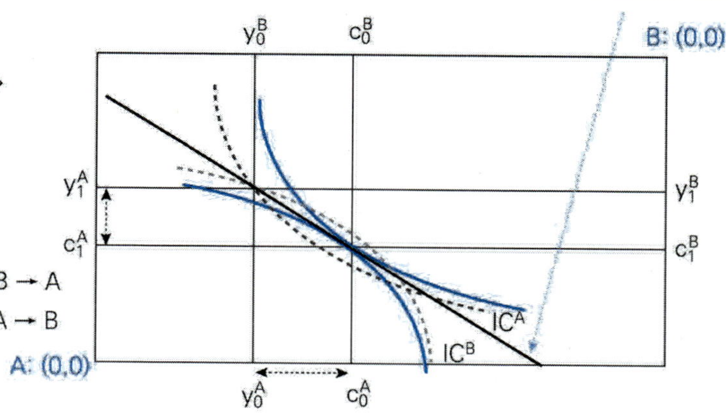

최초 부존점에서 크루소의 무차별곡선의 기울기와 예산선의 기울기를 비교해보면, $IMRS_{0,1}^{A} > (1+r)$임을 알 수 있다. 즉, 최초 부존점에서 크루소가 느끼는 오늘의 코코넛의 주관적 가치가 시장에서 주어진 객관적 코코넛의 가격보다 더 크다는 것을 알 수 있다. 따라서 크루소는 시장가격을 주고 코코넛을 사서 오늘의 코코넛 소비를 늘리는 것이 이득이 된다. 한편 최초 부존점에서 행크스의 무차별곡선의 기울기와 예산선의 기울기를 비교해보면 $IMRS_{0,1}^{B} < (1+r)$임을 알 수 있다. 즉, 최초 부존점에서 행크스가 느끼는 오늘의 코코넛의 주관적 가치가 시장에서 주어진 코코넛의 객관적 가격보다 더 작다는 것을 알 수 있다. 따라서 행크스는 오늘 코코넛 부존량을 모두 다 자신이 소비하는 것 보다는 그 중 일부를 시장에 내다 팔아서 그 다음날의 소비를 늘리는 것이 더 이득이 된다.

최종적 소비점에서는 크루소와 행크스의 한계대체율이 예산선의 기울기와 모두 같음을 확인할 수 있다. 즉, $(1+r) = IMRS_{0,1}^{A} = IMRS_{0,1}^{B}$가 성립하여 최적 선택이 이루어진다.

이제 위의 논의를 수학적으로 풀어보자. 우리가 풀어야 할 모형은 2－대리인 교환경제(two－agent exchange economy)모형이다. 크루소를 대리인 A로 간주하고, 행크스를 대리인 B로 간주한다. 시장에 플레이어가 2명밖에 없는 경우에 사람들은 가격설정자(price maker)로 전략적으로 행동할 가능성이 있지만 모형을 단순화하기 위해 크루소와 행크스가 모두 가격수용자(price taker)라고 가정한다. 당면한 문제를 풀어낸 결과 결정되어야 할 내생변수는 c_0^A, c_1^A, c_0^B, c_1^B, ϕ 다섯 가지 변수이다. 여기에서 $\phi = (1+r)$는 시장이자율을 나타낸다. 크루소가 직면한 극대화 문제는 다음과 같다.

$$\begin{aligned} &\text{Max}_{c_0^A, c_1^A}\ u(c_0^A, c_1^A) \\ &s.t.\ \ \phi c_0^A + c_1^A = \phi y_0^A + y_1^A \end{aligned} \qquad \text{(식 2–6)}$$

크루소(A)는 자신의 효용을 극대화하도록 오늘의 소비와 내일의 소비를 결정한다. 예산제약의 좌변은 소비흐름의 미래가치이고, 우변은 부존흐름의 미래가치이다. 여기서 크루소의 오늘 소비 한 단위의 가격은 내일 소비의 수량으로 표시하였는데, 바로 그 수량이 1기간 이자율 $(1+r)$ 즉, ϕ이다. 그리고 크루소의 오늘 부존 한 단위의 가격은 내일 부존의 수량으로 표시하였는데, 그 수량은 1기간 이자율 $(1+r)$ 즉, ϕ이다. 참고로 내일 소비 한단위의 가격은 무엇으로 표시하는가? 그것은 내일 소비 수량 1단위, 즉 1로 표시하였다. 그리고 내일 부존의 가격은 무엇으로 표시하였는가? 그것도 내일 부존 1단위, 즉 1로 표시하였다. 내일 소비 및 내일 부존의 가격의 표시는 일관성을 주기 위해서 내일 소비나 내일 부존의 수량으로 표시하였다는 점에 주의하기 바란다.

한편, 행크스가 직면한 극대화 문제는 다음과 같다.

$$\begin{aligned} &\text{Max}_{c_0^B, c_1^B}\ u(c_0^B, c_1^B) \\ &s.t.\ \ \phi c_0^B + c_1^B = \phi y_0^B + y_1^B \end{aligned} \qquad \text{(식 2–7)}$$

행크스(B)도 마찬가지로 자신의 효용을 극대화하도록 오늘의 소비와 내일의 소비를 결정하는데, 예산제약의 좌변은 소비흐름의 미래가치이고 우변은 부존흐름의 미래가치이다. 행크스도 마찬가지로 오늘의 소비와 부존의 가격을 내일 소비와 부존의 수량으로 표시하였는데, 1기간 이자율, 즉 $\phi = (1+r)$로 표시하였다.

그런데 이 극대화 문제를 푸는 과정에서 크루소와 행크스가 오늘의 소비량을 결정했다면 그것은 이 시장 전체적으로 오늘의 코코넛 수요량이 결정되었다는 것을 의미하며, 이렇게 결정된 코코넛 총수요량은 코코넛 총 공급량과 같아야 한다. 그것이 바로 시장청산조건이다. 이 시장청산조건은 다음과 같이 표현된다.

$$\begin{aligned} c_0^A + c_0^B &= y_0^A + y_0^B \qquad \text{(식 2–8)} \\ c_1^A + c_1^B &= y_1^A + y_1^B \end{aligned}$$

이 시장 청산조건은 크루소와 행크스의 오늘 소비의 합은 그들의 오늘 부존의 합과 같고, 내일 소비의 합은 내일 부존의 합과 같다는 것이다. 이 시장청산 조건의 두 번째 조건은 부수적인(redundant) 조건이고, 첫 번째 시장청산 조건만 고려하면 충분하다. 이제 위의 (식 2−6)의 극대화문제를 푸는 과정은 다음과 같다.

$$\begin{aligned} &\text{Max}_{c_0^A, c_1^A, \lambda^A}\ L(c_0^A, c_1^A, \lambda^A) = u(c_0^A, c_1^A) + \lambda^A(\phi y_0^A + y_1^A - \phi c_0^A - c_1^A) \\ &\frac{\partial L}{\partial c_0^A} = MU_0^A - \lambda^A \phi = 0 \\ &\frac{\partial L}{\partial c_1^A} = MU_1^A - \lambda^A = 0 \ \Rightarrow\ MRS_{0,1}^A = \frac{MU_0^A}{MU_1^A} = \phi \end{aligned} \qquad \text{(식 2–9)}$$

그림 II-7 크루소가 대부자인 경우의 최적 선택

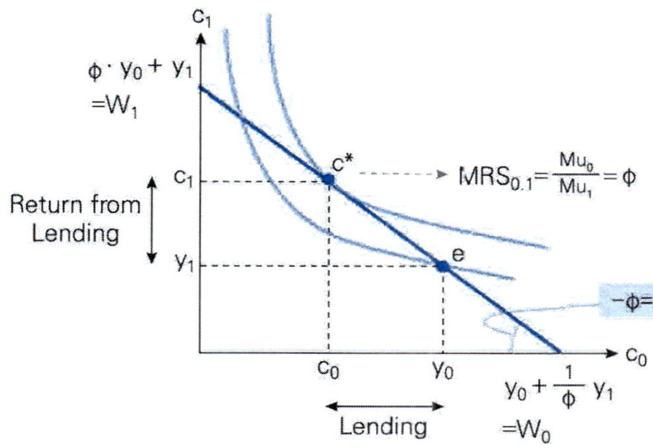

$$\frac{\partial L}{\partial \lambda^A} = \phi y_0^A + y_1^A - \phi c_0^A - c_1^A = 0 \qquad \text{(식 2-10)}$$

그리고 위의 (식 2-7)의 극대화문제를 푸는 과정은 다음과 같다.

$$\text{Max}_{c_0^B\ c_1^B,\ \lambda^B}\ L(c_0^B, c_1^B, \lambda^B) = u(c_0^B, c_1^B) + \lambda^B(\phi y_0^B + y_1^B - \phi c_0^B - c_1^B)$$

$$\frac{\partial L}{\partial c_0^B} = MU_0^B - \lambda^B \phi = 0$$

$$\frac{\partial L}{\partial c_1^B} = MU_1^B - \lambda^B = 0 \Rightarrow MRS_{0,1}^B = \frac{MU_0^B}{MU_1^B} = \phi \qquad \text{(식 2-11)}$$

$$\frac{\partial L}{\partial \lambda^B} = \phi y_0^B + y_1^B - \phi c_0^B - c_1^B = 0 \qquad \text{(식 2-12)}$$

이처럼 크루소의 최적화 과정에서 (식 2-9)와 (식 2-10)이 도출되었다. 그리고 행크스의 최적화 과정에서 (식 2-11)과 (식 2-12)가 도출되었다. 나머지 시장청산조건 (식 2-8)을 고려하면 최적화 과정에서 이용할 수 있는 식은 총 5개로 정리된다. 그리고 결정되어야 할 내생변수의 개수도 c_0^A, c_1^A, c_0^B, c_1^B, ϕ로 총 5개이므로 최적해가 존재할 조건이 마련되었다. 만약 크루소가 행크스에게 자신의 코코넛 일부를 빌려주고 내일 돌려받는 거래를 한다면 그 상황은 [그림 Ⅱ−7]에서와 같이 묘사할 수 있다.

이 그림은 크루소를 대부자로 가정하고 최적선택을 수행할 때 효용수준이 원래 부존점보다 증가한다는 사실을 보여주고 있다. 크루소는 오늘 행크스에게 $y_0 - c_0$만큼의 코코넛을 빌려주고 내일 행크스로부터 $c_1 - y_1$만큼을 돌려받게 된다. 따라서 시장이자율은 $\phi = \dfrac{y_0 - c_0}{c_1 - y_1}$이 됨을 알 수 있다. 크루소의 원래 부존점을 지나면서 기울기가 ϕ와 같은 직선을 그으면 크루소의 소비가능집합을 나타내는 예산선을 그릴 수 있다. 이 예산선의 x축 좌표값은 $y_0 + \dfrac{1}{\phi} y_1$으로 표시되는데 이 값은 크루소의 부존점$(y_0, y_1)$의 가치를 현재가치로 환산한 값을 나타낸다. 이 예산선의 y축 좌표값은 $\phi y_0 + y_1$으로 표시되는데, 이 값은 크루소의 부존점 (y_0, y_1)의 가치를 미래가치로 환산한 값을 나타낸다. 이 예산선 상에서 크루소의 효용을 극대화시키는 소비점은 $c^* = (c_0, c_1)$임을 확인할 수 있다. 효용극대화 소비점에서 크루소 무차별곡선의 기울기, 즉 크루소의 시점간 코코넛 소비의 한계대체율 $IMRS_{0,1}$은 크루소가 주관적으로 평가했을 때의 오늘 코코넛 한단위의 내일 코코넛 단위로 표시한 상대가격을 나타낸다. 이 소비점에서 크루소의 코코넛에 대한 주관적 상대가격이 시장의 객관적 상대가격인 1기간 이자율 즉, $\phi = (1 + r)$과 같다는 사실은 기억할 필요가 있다.

1) 교환경제의 사례분석(효용함수와 수치사례를 중심으로)

이제 크루소의 효용함수는 오늘 소비와 내일 소비의 곱으로 주어져 있고, 행크스의 효용함수는 오늘 소비와 내일소비의 제곱의 곱으로 주어져 있다고 가정해보자.

$$u(c_0^A, c_1^A) = c_0^A c_1^A, \quad u(c_0^B, c_1^B) = c_0^B (c_1^B)^2 \qquad \text{(식 2–13)}$$

이 경우 크루소의 효용극대화 조건 (식 2−9)와 (식 2−10)을 활용하면 크루소의 효용극대화 소비점을 다음과 같이 계산할 수 있다.

$$MRS_{0,1}^A = \frac{c_1^A}{c_0^A} = \phi \;\Rightarrow\; c_1^A = \phi c_0^A$$

$$\phi y_0^A + y_1^A - \phi c_0^A - c_1^A = 0$$

$$\Rightarrow\ c_0^{A*}=\frac{\phi y_0^A+y_1^A}{2\phi} \qquad \text{(식 2–14)}$$

$$c_1^{A*}=\frac{\phi y_0^A+y_1^A}{2}$$

그리고 행크스의 효용극대화 조건 (식 2−11)과 (식 2−12)를 이용하면 행크스의 효용극대화 소비점을 다음과 같이 계산할 수 있다.

$$MRS_{0,1}^B=\frac{c_1^{B2}}{2c_0^Bc_1^B}=\phi\ \Rightarrow\ c_1^B=2\phi c_0^B$$

$$\phi y_0^B+y_1^B-\phi c_0^B-c_1^B=0$$

$$\Rightarrow\ c_0^{B*}=\frac{\phi y_0^B+y_1^B}{3\phi} \qquad \text{(식 2–15)}$$

$$c_1^{B*}=\frac{2(\phi y_0^B+y_1^B)}{3}$$

이제 시장이자율을 결정해야 하는데, 시장이자율 ϕ는 이 경우 (식 2−8)의 시장청산 조건을 이용하면 구할 수 있다. 즉,

$$c_0^A+c_0^B=y_0^A+y_0^B \qquad \text{(식 2–16)}$$

$$\Rightarrow\ \frac{\phi y_0^A+y_1^A}{2\phi}+\frac{\phi y_0^B+y_1^B}{3\phi}=y_0^A+y_0^B$$

$$\Rightarrow\ \phi^*=\frac{3y_1^A+2y_1^B}{3y_0^A+4y_0^B}$$

위의 효용함수의 구체적 형태에 대한 분석결과를 수치사례를 통하여 추가적으로 검토해보자. 크루소의 초기부존이 $y_0^A=500$, $y_1^A=500$으로 주어졌다고 하자. 그리고 행크스의 초기부존은 $y_0^B=250$, $y_1^B=1{,}000$으로 주어졌다고 하자.

이를 풀어내기 위해 (식 2−16)과 (식 2−14), (식 2−15)를 이용하면 시장이자율과 크루소의 현재소비와 미래소비, 그리고 행크스의 현재소비와 미래소비의 구체적인 값을 다음과 같이 차례대로 구할 수 있다.

$$\phi^*=\frac{3y_1^A+2y_1^B}{3y_0^A+4y_0^B}=\frac{3\times500+2\times1{,}000}{3\times500+4\times250}=1.4\ \Rightarrow\ r^*=0.4$$

$$c_0^{A*} = \frac{\phi y_0^A + y_1^A}{2\phi} = \frac{1.4 \times 500 + 500}{2 \times 1.4} = 428.57,\ c_1^{A*} = \phi c_0^{A*} = 1.4 \times 428.57 = 600$$

$$c_0^{B*} = \frac{\phi y_0^B + y_1^B}{3\phi} = \frac{1.4 \times 250 + 1,000}{3 \times 1.4} = 321.43,\ c_1^{B*} = 2\phi c_0^{B*} = 2 \times 1.4 \times 321.43 = 900$$

원래 크루소의 코코넛 부존은 오늘과 내일 동일하게 500씩 주어졌다. 위의 수치 결과를 보면 크루소는 오늘 부존 500보다 작은 428.57을 소비하고 내일 부존보다 많은 600을 소비한다. 따라서 이 경우 크루소는 대부자(lender)가 된다. 크루소가 대부자가 되었으므로 당연하지만 행크스는 차입자가 되어야 한다. 행크스는 오늘 자신의 부존 250개보다 많은 321.43개를 소비하였다. 그리고 내일은 크루소가 부존에 비해 소비를 늘린 양인 100(=600−500)만큼 부존량 1,000에서 100만큼 줄인 900개를 소비한다. 크루소가 오늘 대부해 준 수량, 즉 부존에서 소비량을 차감한 값(500−428.57=71.43)은 행크스가 오늘 차입한 수량, 즉 소비량에서 부존량을 차감한 수량(321.43−250=71.43)과 같다. 행크스가 내일 상환하는 수량, 즉 부존에서 소비량을 차감한 값(1000−900=100)은 크루소가 내일 상환받는 수량, 즉 소비량에서 부존량을 차감한 값(600−500=100)과

그림 Ⅱ-8 크루소의 최적 선택(수치 예시)

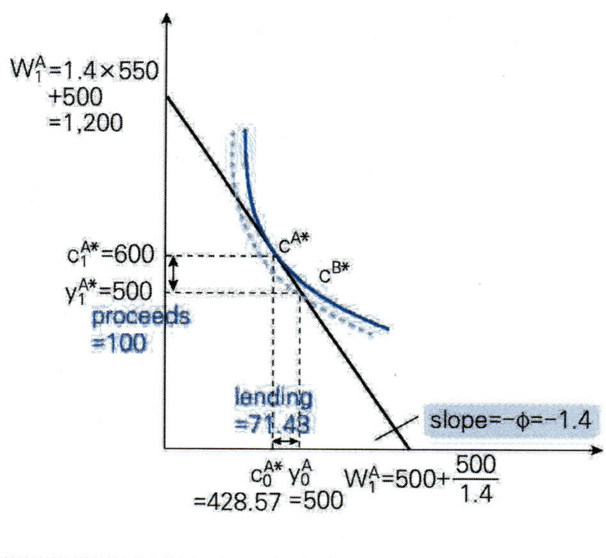

같다. 이 경우 이자율은 크루소의 입장에서는 내일 상환받는 수량을 오늘 대부해준 수량으로 나눈 값(100/71.43=1.4)로 구할 수 있고, 행크스 입장에서는 내일 상환하는 수량을 오늘 차입한 수량으로 나눈 값으로 구할 수 있다.

크루소의 효용함수의 형태를 보면 오늘소비와 내일소비에 대한 중요도의 가중치가 동일하다. 행크스의 효용함수 형태를 보면 오늘소비에 비해 내일 소비를 선호하는 사람임을 알 수 있다. 이는 오늘 소비의 지수(power)는 1이지만 내일 소비의 지수가 2로 설정되어 있기 때문이다. 그렇지만 행크스는 부존의 분포가 오늘과 내일 극단적으로 비대칭적이다. 즉, 상대적으로 내일 부존이 오늘 부존에 비해 극단적으로 많은 경우이다. 결과적으로 행크스는 오늘 소비보다 내일 소비를 중요하게 생각하기는 하지만 부존의 분포가 극단적으로 비대칭적으로 나타나 오늘 소비를 늘이고 내일 소비를 줄이는 선택을 하게 된 것이다. 그리고 행크스의 이와 같은 사정이 오늘과 내일 소비의 중요성을 동일하게 평가하는 동시에 부존의 분포도 동일하게 주어진 크루소로 하여금 대부자가 되게 만들고 있다. 이들 둘의 코코넛 교환은 상당히 높은 수준인 1.4의 이자율 수준에서 이루어지고 있는 것을 보면 행크스의 극단적인 부존의 분포가 둘 간의 교역에 적극적인 영향을 미치고 있음을 확인할 수 있다.

다음으로 크루소의 경우 애초의 부존점에서 최적 소비점으로 어떻게 옮겨가는지를 그림을 통해서 살펴보자. [그림 Ⅱ-8]은 [그림 Ⅱ-7]에서와 같이 크루소가 대부자가 되는 경우 크루소의 최적 소비점의 효용수준이 원래 부존점보다 증가한다는 사실을 보여주고 있다. [그림 Ⅱ-8]의 원래 부존점을 지나가는 무차별곡선을 살펴보자. 만약 크루소가 원래 부존점을 소비하였다고 가정한다면, 무차별곡선의 기울기인 $IMRS^A_{0,1}$, 크루소가 오늘 소비하는 코코넛의 주관적인 상대가격이 오늘 소비하는 코코넛의 객관적인 시장에서의 교환비율인 예산선의 기울기, 즉 1.4보다 작게 나타나고 있음을 확인할 수 있다. 즉, 크루소가 소비하는 코코넛의 주관적 가치가 시장에서 판매할 수 있는 객관적 가치보다 낮게 평가되므로 크루소는 오늘 자신이 갖고 있는 코코넛의 일부를 시장에 판매하려고 하는 유인이 존재한다. 그 결과 크루소는 오늘 행크스에게 $y^A_0 - c^A_0 = 500 - 428.57 = 71.43$만큼의 코코넛을 빌려주고 내일 행크스로부터 $c^A_1 - y^A_1 = 600 - 500 = 100$만큼을 돌려받게 된다. 크루소가 내일 돌려받는 코코넛 수량을 오늘 빌려준 수량으로 나누어서 시장이자율을 계산해 보아도 $\phi = \dfrac{c^A_1 - y^A_1}{y^A_0 - c^A_0} = \dfrac{100}{71.43} = 1.4$가 됨을 확인할 수 있다.

그림 Ⅱ-9 행크스의 최적 선택(수치 예시)

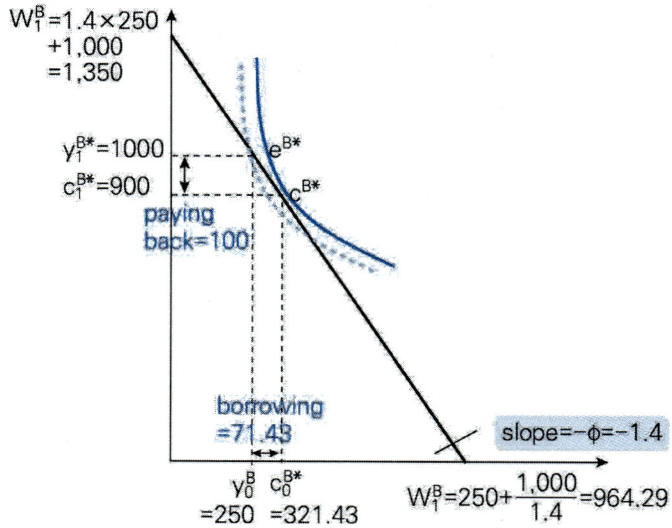

크루소의 원래 부존점을 지나면서 기울기가 1.4인 직선을 그으면 크루소의 예산선을 그릴 수 있다. 이 예산선의 x축 좌표값은 $y_0^A+\dfrac{1}{\phi}y_1^A=500+\dfrac{500}{1.4}=857.14$으로 표시되는데 이 값은 크루소의 부존점 $(y_0^A, y_1^A)=(500,500)$의 가치를 현재가치로 환산한 값을 나타낸다. 이 예산선의 y축 좌표값은 $\phi y_0^A+y_1^A=1.4*500+500=1,200$으로 표시되는데, 이 값은 크루소의 부존점 $(y_0^A, y_1^A)=(500,500)$의 가치를 미래가치로 환산한 값을 나타낸다. 이 예산선 상에서 크루소의 효용을 극대화시키는 소비점은 $c^{A*}=(c_0^A, c_1^A)$ $=(428.57,600)$임을 확인할 수 있다. 앞서 설명한 바와 같이 효용극대화 소비점에서 크루소가 소비하는 오늘 코코넛의 주관적 상대가격을 표시하는 $IMRS_{0,1}^A$가 오늘 소비하는 코코넛의 객관적 가치를 내일의 코코넛 수량으로 표시한 객관적 상대가격인 1기간 이자 즉, $\phi=(1+r)=1.4$와 동일하게 나타난다.

이어서 행크스의 경우 마찬가지로 애초의 부존점에서 최적 소비점으로 어떻게 옮겨가는지를 [그림 Ⅱ－9]를 통해 살펴보자.

위 그림에서 행크스의 원래 부존점은 $(y_0^B, y_1^B)=(250,1000)$으로 주어져 있다. 이 부존점을 지나가는 무차별곡선을 살펴보자. 만약 행크스가 이 점을 소비하였다고 가정한다면 이 부존점에서의 무차별곡선의 기울기는 행크스가 오늘 소비하는 코코넛의 주관적 가치를 내일 코코넛의 수량으로 표시한 것, 즉 $IMRS_{0,1}^{B}$ 이 된다. 그런데 행크스가 이 점에서 평가하는 오늘 코코넛의 주관적 교환비율이 시장에서 교환되는 객관적 교환비율, 즉 예산선의 기울기인 1.4보다 더 크다는 것을 확인할 수 있다. 따라서 행크스가 오늘 소비하는 코코넛의 주관적 가치가 시장에서 매입할 수 있는 객관적 가치보다 높게 평가되므로 행크스는 내일 풍부하게 남아도는 코코넛의 일부를 주고 오늘 코코넛을 몇 개 시장에서 사들여서 오늘 소비를 늘리려는 유인을 갖게 된다. 그 결과 행크스는 오늘 크루소로부터 $c_0^B - y_0^B =$ 321.43−250=71.43만큼의 코코넛을 빌려와서 내일 크루소에게 $y_1^B - c_1^B$=600−500=100만큼을 돌려주게 된다. 행크스가 내일 돌려주는 코코넛 수량을 오늘 빌려온 수량으로 나누어서 시장이자율을 계산해 보아도 시장이자율은 여전히 $\phi = \dfrac{y_1^B - c_1^B}{c_0^B - y_1^B} = \dfrac{100}{71.43} = 1.4$임을 확인할 수 있다.

행크스의 원래 부존점을 지나면서 기울기가 1.4인 직선을 그으면 행크스의 예산선을 그릴 수 있다. 이 예산선의 x축 좌표값은 $y_0^B + \dfrac{1}{\phi} y_1^B = 250 + \dfrac{1000}{1.4} =$ 964.29으로 표시되는데 이 값은 행크스의 부존점 $(y_0^B, y_1^B) = (250, 1,000)$의 가치를 현재가치로 환산한 값을 나타낸다. 이 예산선의 y축 좌표값은 $\phi y_0^B + y_1^B = 1.4*250 +$ 1,000=1,350으로 표시되는데, 이 값은 행크스의 부존점 $(y_0^B, y_1^B) = (250,1,000)$의 가치를 미래가치로 환산한 값을 나타낸다. 이 예산선 상에서 행크스의 효용을 극대화시키는 소비점은 $c^{B*} = (c_0^B, c_1^B) = (321.43, 900)$임을 확인할 수 있다. 앞서 설명한 바와 같이 효용극대화 소비점에서 행크스가 소비하는 오늘 코코넛의 주관적 상대가격을 표시하는 $IMRS_{0,1}$가 오늘 소비하는 코코넛의 객관적 가치를 내일의 코코넛 수량으로 표시한 객관적 상대가격인 1기간 이자율 즉, $\phi = (1+r) = 1.4$와 동일하게 나타난다.

2) 시간 간 대체탄력성(Elasticity of Intertemporal Substitution, EIS)

가. 시간 간 대체탄력성의 정의

대체효과란 x재화의 가격이 상승하게 되면 x재화의 상대가격 즉, P_x/P_y의 변화에 대해서 소비가 어떻게 달라지는가를 측정해준다. x재화 가격이 상승하면 x재화 수요는 감소하고, y재화 수요는 늘어난다. 대체효과는 상대적으로 비싸진 x재화의 소비를 줄이고, 상대적으로 가격이 싸진 y재화의 소비를 늘리는 소비자의 대응을 반영한다.

대체효과에 따르면 오늘의 코코넛 가격이 상승했을 때 오늘의 코코넛 가격은 상대적으로 비싸져서 소비가 줄어들고 내일의 코코넛 가격은 상대적으로 싸져서 소비가 늘어나게 되는데, 그것이 얼마나 변화하는가에 대한 측도가 EIS(Elasticity of Intertemporal Substitution)이다.

미시경제학에서는 일반적으로 재화간의 대체탄력성(Elasticity of Substitution, ES) 개념이 존재한다. y재화 가격에 대한 x재화의 상대가격 즉, $\frac{P_x}{P_y}$가 1% 증가한다면 x재화 소비 대비 y재화의 소비 즉 $\frac{y}{x}$는 몇 퍼센트 증가할 것인가? 참고로 $\frac{y}{x}$가 늘어나는 것은 당연하다. 왜냐하면 대체효과에 따르면 x재화 상대가격이 증가하면 x재화 소비는 줄어들고 y재화 소비는 늘어나는 쪽으로 소비자들의 선택이 이루어지기 때문이다. x재화와 y재화, 두 재화가 존재하는 경우의 대체탄력성의 정의는 다음과 같다.

$$ES = \frac{\partial \ \ln\left(\frac{y}{x}\right)}{\partial \ \ln\left(\frac{P_x}{P_y}\right)} \quad \text{(식 2-17)}[2]$$

이 식에서 대체탄력성은 x재화의 상대가격이 1% 증가하면 y재화의 x재화에 대한 상대적 수요는 몇 % 증가하는가를 측정해준다. 이처럼 일반적으로 정의된 x재화와 y재화를 오늘의 코코넛 소비와 내일의 코코넛 소비로 대체하게 되면 그것이 시간 간 대체탄력성(Elasticity of Intertemporal Substitution, EIS) 개념이 된다. 우리의 맥락에서 오늘의 코코넛의 한단위의 가격은 그것과 교환되는 내일 코코넛의 수량으로 측정한다는 점을 기억하자. 따라서 (식 2−17)의 P_x/P_y는 ϕ가 된다. 왜냐하면 이 식의 P_x에 대응하는 오늘 코코넛 가격은 ϕ이고, P_y에 대응하는 내일 코코넛 가격은 1이 되기 때문이다. 이 점을 고려하여 크루소의 시간간 대체탄력성 EIS^A와 행크스의 시간간 대체탄력성 EIS^B는 다음과 같이 쓸 수 있다.

2 참고로 미시경제학에서의 수요의 교차탄력성은 일반적으로 다음과 같이 정의된다.
elasticity$= \frac{\partial \ \ln y}{\partial \ \ln x} = \frac{\partial \ y/y}{\partial \ x/x} = \frac{\partial \ y}{\partial \ x} \times \frac{x}{y}$
이렇게 일반적으로 정의된 교차탄력성의 의미는 x재화 수요가 1% 상승했을 때 y재화 수요는 몇 퍼센트 변화하는가를 나타낸다.

$$EIS^A = \frac{\partial \ \ln\left(\frac{c_1^A}{c_0^A}\right)}{\partial \ \ln\phi}, \ EIS^B = \frac{\partial \ln\left(\frac{c_1^B}{c_0^B}\right)}{\partial \ln\phi} \qquad \text{(식 2–18)}$$

크루소의 시간간 대체탄력성은 이자율이 1%[3] 증가했을 때 오늘 자신의 소비하는 코코넛 개수 대비 내일 소비하는 코코넛 소비의 개수가 몇 퍼센트 늘어나는가를 측정해 준다. 여기서 이자율이 상승하게 되면 오늘의 코코넛 1개의 가치가 상대적으로 늘어났다는 것을 의미하며 오늘의 코코넛이 비싸지니까 오늘의 소비는 줄이고, 상대적으로 저렴해진 내일의 소비는 늘어나게 된다.

즉, 이자율이 상승하면 $\frac{c_1^A}{c_0^A}$는 항상 양(+)의 방향으로 증가하게 된다. 이를 다르게 해석하자면, 이자율이 높아질수록 오늘의 소비를 줄이고 내일의 소비를 늘리려고 할 것이다. 만약 차입자의 입장이라면 이자율 상승에 따라 차입비용이 증가하므로 오늘 소비를 줄이려고 할 것이다. 만약 대부자의 입장이라면 이자율 상승에 따라 대부의 이익이 증가하므로 오늘 소비를 줄여서 이득을 취하려고 할 것이다. 어떤 경우이든지 이자율이 비싸지면 상대적으로 오늘의 소비는 줄어들고 내일의 소비는 증가하게 된다.

다음의 예를 살펴보자. 앞서 [그림 Ⅱ–8], [그림 Ⅱ–9]와 동일하게 크루소의 초기부존은 $y_0^A = 500$, $y_1^A = 500$으로 주어졌다고 하자. 그리고 행크스의 초기부존은 $y_0^B = 250$, $y_1^B = 1{,}000$으로 주어졌다고 하자. 이 경우 이자율이 1.4에서 1.6으로 증가하였다면 각각의 선택점이 어떻게 달라지는지를 살펴보고, 크루소와 행크스의 EIS를 차례대로 구해보자.

나. 이자율 변화에 따른 크루소의 최적소비 변화와 EIS^A

이자율이 1.4에서 1.6으로 상승하는 경우, $\frac{d\phi}{\phi} = \frac{0.2}{1.4} = 0.142853$이다. [예제 1]에서와 같이 크루소의 오늘과 내일 소비를 구해보면 다음과 같다.

$$c_0^{A*} = \frac{\phi y_0^A + y_1^A}{2\phi} = \frac{1.6 \times 500 + 500}{2 \times 1.6} = 406.25, \qquad c_1^{A*} = \phi c_0^{A*} = 1.6 \times 406.25 = 650$$

3 이자율이 1%point가 아니라 1% 증가한다는 점과 상대적 소비도 %point가 아니라 %단위로 측정된다는 점을 주의할 필요가 있다.

그림 Ⅱ-10 이자율 변화에 따른 크루소의 소비선택점의 변화

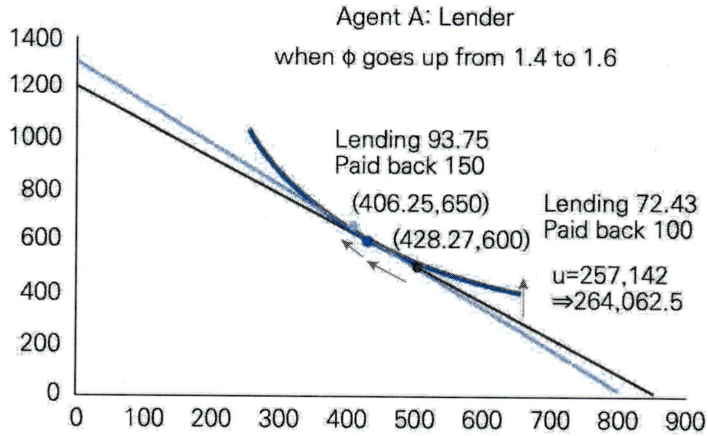

크루소의 경우를 먼저 보면, 크루소의 부존점은 $(y_0^A, y_1^A) = (500, 500)$이었으며, [예제 1]에서 이자율이 1.4일 때 크루소의 최적 소비점은 $c^{A*} = (c_0^A, c_1^A) = (428.57, 600)$이었다. 따라서 [그림 Ⅱ −8]에서 크루소는 오늘의 대부자였으며, 이자율 1.4 하에서 크루소는 오늘 71.43을 행크스에게 빌려주고 내일 행크스로부터 100개를 돌려받기로 약속을 하였다. 이제 이자율이 1.6으로 상승하게 되면 새로운 예산선을 그릴 수 있고, 새로운 예산선 상에서 최적 선택점은 $c^{A**} = (c_0^A, c_1^A) = (406.25, 650)$임을 알 수 있다. 참고로 [그림 Ⅱ −8]에서의 크루소의 총 효용은 $u(c_0^A, c_1^A) = c_0^A c_1^A = 428.27 \times 600 = 256,962$였으나 이제 크루소의 총 효용은 $406.25 \times 650 = 264,062.5$로 더 크게 늘어났음을 확인할 수 있다. 즉, 새로운 선택점을 지나가는 무차별곡선이 [그림 Ⅱ −8]에서의 선택점을 지나는 무차별곡선보다 더 위에 있음을 알 수 있다.

이자율이 1.4에서 1.6으로 상승하게 되면 오늘의 코코넛 소비가 더 비싸지고 따라서 오늘의 코코넛 소비를 줄이고 내일의 코코넛 소비를 늘리게 된다. 이자율이 1.6이 되면 이제 크루소는 오늘 93.75를 빌려주고 내일 150개를 돌려받으려고 할 것이다. 크루소는 대부자였는데, 이자율이 상승하면 현재소비가 더 비싸지므로 더 많이 빌려주려 한다는 것을 알 수 있다. 이자율이 1.4인 경우보다 빌려주는 수량과 돌려받는 수량이 더

늘어났음을 확인할 수 있다. 여기서 돌려받는 수량이 100에서 150으로 큰 폭으로 늘어난 데에는 두 가지 효과가 존재한다. 더 많이 빌려주어서 돌려받는 수량이 늘어난 부분과 이자율이 상승해서 동일한 부분을 빌려주더라도 더 많이 돌려받는 부분의 두 효과가 그것이다.

이러한 선택점의 변화에 기초하여 오늘 코코넛 소비에 비해 내일 코코넛 소비가 얼마나 증가했는가를 나타내는 소비증가율을 계산해보자. [그림 Ⅱ −8]에서의 소비증가율은 $\frac{c_1^A}{c_0^A}=\frac{600}{428.57}=1.4$로 계산되었다. 이제 이자율이 1.6으로 상승한 지금시점에서 소비증가율은 $\frac{c_1^A}{c_0^A}=\frac{650}{406.25}=1.6$으로 계산된다. 소비증가율은 이자율과 동일하게 계산되되었다. 그런데 사실 이처럼 소비증가율이 이자율과 같아야 한다는 조건은 크루소의 소비최적화의 1계조건식인 (식 14) $MRS_{0,1}^A=\frac{c_1^A}{c_0^A}=\phi \Rightarrow c_1^A=\phi c_0^A$에서 이미 명시되어 있는 조건임을 확인할 수 있다. 이 때, 소비증가율의 변화율은 이자율의 변화율과 동일하게 계산된다. 즉, 소비증가율의 변화율은 $d\left(\frac{c_1^{A\prime}/c_0^{A\prime}}{c_1^A/c_0^A}\right)=\frac{0.2}{1.4}=0.142853$로 쓸 수 있는데, 이는 이자율의 변화율과 동일하다. 따라서 $EIS^A=1$임을 알 수 있다.

분석적으로 보더라도 (식 14)에서 $\frac{c_1^A}{c_0^A}=\phi$임을 확인하였으므로, $\ln\left(\frac{c_1^A}{c_0^A}\right)=\ln\phi$임을 알 수 있다. 따라서 다음 식이 성립한다.

$$EIS^A=\frac{\partial\ \ln\left(\frac{c_1^A}{c_0^A}\right)}{\partial\ \ln\phi}=\frac{\partial\ \ln\phi}{\partial\ \ln\phi}=1$$

즉, 크루소는 이자율이 1% 증가하면 소비증가율도 1% 증가시킨다는 것을 알 수 있다.

다. 이자율 변화에 따른 행크스의 최적소비 변화와 EIS^B

이자율이 1.4에서 1.6으로 상승하는 경우, 행크스의 최적소비 선택점은 다음과 같다.

$$c_0^{B*}=\frac{\phi y_0^B+y_1^B}{3\phi}=\frac{1.6\times 250+1,000}{3\times 1.6}=291.6667$$
$$c_1^{B*}=2\phi c_0^{B*}=2\times 1.6\times 291.6667=933.3333$$

행크스의 부존점은 $(y_0^B, y_1^B) = (250, 1,000)$이었으며, [그림 Ⅱ-9]에서 이자율이 1.4일 때 행크스의 최적 소비점은 $c^{B*} = (c_0^B, c_1^B) = (321.43, 900)$이었다. 행크스는 [그림 Ⅱ-9]에서는 오늘의 차입자였으며, 이자율 1.4 하에서 행크스는 오늘 72.43을 크루소로부터 빌리고 내일 크루소에게 100개를 돌려주는 계약을 체결하였다. 이 경우 행크스의 효용수준은 $u(c_0^B, c_1^B) = c_0^B (c_1^B)^2 = 321.43 \times 900^2 = 260,358,300$이 된다. 이제 이자율이 1.6으로 상승하게 되면 [그림 Ⅱ-11]에서와 같이 부존점을 지나는 새로운 예산선을 그릴 수 있고, 새로운 예산선 상에서 최적 선택점은 $c^{B**} = (c_0^B, c_1^B) = (291.6667, 933.3333)$가 된다. 이자율이 1.6일 때 행크스의 효용수준은 $291.6667 \times 933.3333^2 = 254,074,085$가 되어 이자율이 1.4일 때 보다 더 작아짐을 알 수 있다. 즉, 위 그림에서 기울기가 1.6인 예산선과 접하는 무차별곡선은 기울기가 1.4인 예산선과 접하는 무차별곡선보다 아래에 있음을 알 수 있다.

이자율이 1.4에서 1.6으로 상승하게 되면 오늘의 코코넛 소비가 더 비싸지고 따라서 오늘의 코코넛 소비를 줄이고 내일의 코코넛 소비를 늘리게 되는데, 이는 크루소와 행크스에게 공통적인 행동으로 나타난다. 이자율이 1.6이 되면 이제 행크스는 오늘 41.6667개를 빌려오고 내일 66.6666개를 돌려주려고 할 것이다. 내일 상환하는 코코넛

그림 Ⅱ-11 이자율 변화에 따른 행크스의 소비선택점의 변화

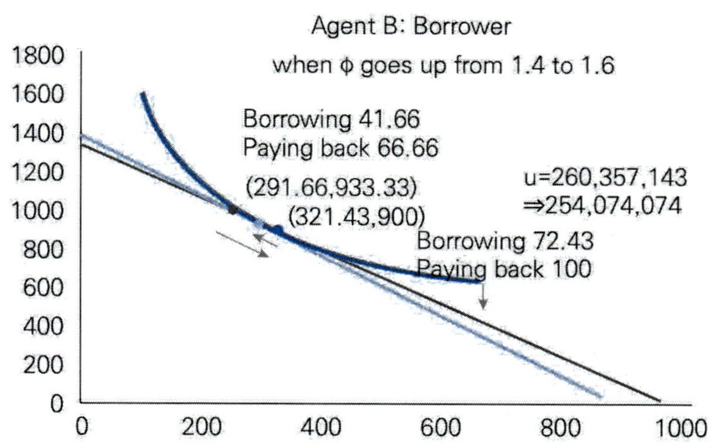

의 개수가 큰 폭으로 줄어든 것은 두 가지 원인이 있다. 첫째 더 적게 빌려왔기 때문에 더 적게 돌려준다는 의미가 있다. 둘째, 이자율이 1.4에서 1.6으로 큰 폭 상승하여 더 많이 돌려주어야 하는 효과가 있으나 이 두 번째 효과는 첫째 효과보다 힘이 약해 전반적으로 코코넛 상환 개수가 줄어들었다. 결과적으로 이자율이 1.4인 경우보다 빌려오는 수량은 감소했고 돌려주는 수량도 감소했음을 확인할 수 있다.

이러한 선택의 변화에 기초하여 행크스의 오늘 코코넛 소비에 비해 내일 코코넛 소비가 얼마나 증가했는가를 나타내는 소비증가율을 계산해보자. [그림 II-9]에서의 소비증가율은 $\frac{c_1^B}{c_0^B}=\frac{900}{321.43}=2.8$로 계산되었다. 이제 이자율이 1.6으로 상승한 지금시점에서 소비증가율은 $\frac{c_1^B}{c_0^B}=\frac{933.3333}{291.6667}=3.2$으로 계산된다. 따라서 소비증가율의 변화율을 계산해보면, $d\left(\frac{c_1^{B\prime}/c_0^{B\prime}}{c_1^B/c_0^B}\right)=\frac{0.4}{2.8}=0.142853$이 된다. 그런데 이와 같은 소비증가율의 변화율은 이자율의 변화율 $\frac{d\phi}{\phi}=\frac{0.2}{1.4}=0.142853$과 같은 수치이다. 따라서 $EIS^B=1$이 된다.

분석적으로 보더라도 (식 15)에서 $MRS_{0,1}^B=\frac{c_1^{B2}}{2c_0^Bc_1^B}=\phi \Rightarrow c_1^B=2\phi c_0^B$임을 확인하였으므로, $\ln\left(\frac{c_1^B}{c_0^B}\right)=\ln 2\phi$임을 알 수 있다. 따라서 다음 식이 성립한다.

$$EIS^B=\frac{\partial \ln\left(\frac{c_1^B}{c_0^B}\right)}{\partial \ln\phi}=\frac{\partial \ln 2\phi}{\partial \ln\phi}=1$$

즉, 행크스는 이자율이 1% 증가하면 소비증가율도 1% 증가시킨다는 것을 알 수 있다.

마지막으로 이자율이 1.4인 경우에는 시장청산조건이 만족되어 크루소가 오늘 빌려준 코코넛의 개수(72.43개)와 행크스가 빌려간 코코넛 개수(72.43개)와 동일하다. 그리고 내일 행크스가 돌려주는 코코넛 개수(100개)가 크루소가 받게 되는 코코넛 개수(100개)와 일치한다. 그러나 위에서 우리가 살펴본 이자율이 1.6인 경우에는 이와 같은 시장청산조건을 별도로 고려하지 않았다. 그래서 크루소가 오늘 빌려준 코코넛 개수(93.75개)는 행크스가 오늘 빌려가는 코코넛 개수(41.6667개)와 같지 않다. 그리고 내일 크루소가 받아가는 코코넛 개수(150개)도 행크스가 내일 되갚아주는 코코넛 개수(66.6667)개와 다르다. 이러한 관찰을 통해서 말할 수 있는 것은 이자율이 1.4가 시장의 균형이자율이라는 것이다. 이자율이 1.6이 되면 시장에서 코코넛의 수요와 공급의 균형이 깨지게 됨을 알 수 있다. 그럼에도 불구하고 본 절의 분석은 균형이자율이 아닌 1.6을 가정했을 때 각각의 소비자들이 자신의 최적 소비 선택을 어떤 식으로 변경시킬 것인지를 살펴보는 동시에 크루소의 EIS^{A}와 행크스의 EIS^{B}를 계산해 보았다는 데 의의를 둘 수 있다.

라. *EIS*와 효용함수의 오목성과의 역관계

이상의 논의에서 *EIS*는 대체효과와 직접적 관련이 있음을 알 수 있다. 위에서 크루소나 행크스 모두 이자율이 상승하면 오늘의 소비를 줄이고 내일의 소비를 늘이려는 유인이 존재함을 확인하였다. 그렇다면 이자율이 상승했을 때 오늘의 소비 대비 내일소비의 비율, 즉 소비증가율이 얼마나 증가할지는 사람마다 각기 다를 것이라는 점을 짐작할 수 있다. *EIS*가 높은 사람은 이자율의 변화에 대해서 굉장히 민감하게 오늘과 내일 소비를 조정한다. 또한 *EIS*가 낮은 사람은 이자율의 변화에 대해서 둔감하게 오늘과 내일의 소비를 조정한다.

그런데 일반적으로 소비자들은 오늘의 코코넛 소비와 내일의 코코넛 소비를 비슷하게 하기를 원한다. 이를 소비평탄화(consumption smoothing)라고 부른다. *EIS*가 높은 사람은 이자율 상승에 대응하여 오늘의 소비를 내일의 소비로 더 민감하게 대체하기 때문에, 혹은 더 많이 대체하기 때문에 소비평탄화의 의지가 낮은 사람이다. 반대로 이자율이 하락하면 *EIS*가 높은 사람은 이자율 하락에 대응하여 내일의 소비를 희생하여 오늘의 소비를 더 많이 늘리려고 하기 때문에 역시 마찬가지로 소비평탄화 의지가 낮다. 그러므로 *EIS*가 높은 사람은 동일한 이자율 변동에 대해서 소비의 시계열적 변동이 상대적으로 크게 나타나는 소비자이다.

한편 *EIS*가 낮은 사람은 이자율 상승에 대응하여 오늘의 소비를 내일의 소비로 더 적게 대체하기 때문에 소비평탄화 의지가 높다. 또한 *EIS*가 낮은 사람은 이자율이 하락에 대응해서도 내일 소비를 줄여서 오늘 소비를 늘리려는 행동을 상대적으로 더 적게 하기 때문에 역시 마찬가지로 소비평탄화 의지가 높다. 따라서 *EIS*가 낮은 사람은 동일한 이자율 변동에 대해서 소비의 시계열적 변동이 상대적으로 낮게 나타나는 소비자이다.

이처럼 사람들마다 동일한 조건(즉 시계열적으로 이자율 변동이 특정한 형태로 주어진 경우) 하에서 어떤 사람은 소비를 많이 변동시키고 어떤 사람은 소비를 적게 변동시킨다. 동일한 이자율 변동에 대해서 사람들이 소비증가율을 얼마나 변경시키는가에 대한 1차적 측도로 *EIS*가 편리하게 사용할 수 있다. 그런데 *EIS*는 이러한 소비변동 측도로서 의미뿐만 아니라 사람들의 효용함수의 오목성의 정도와 역의 관계를 갖는다는 것이 알려져 있다.

효용함수의 형태가 더 오목한 사람일수록 *EIS*가 작아진다. 효용함수의 오목성은 위험기피도와 관련되는데, [그림 Ⅱ－12]를 살펴보자. 이 그림과 같은 오목한 효용함수를 갖고 있는 사람이 오늘 코코넛 10개를 소비하여 효용을 얻고 내일 코코넛 90개를 소비하여 효용을 얻는다면 이 사람의 평균적인 효용수준은 $\frac{u(10)+u(90)}{2}$로 표시된다. 그런데 이 사람이 오늘 $\frac{10+90}{2}=50$개의 코코넛을 소비하고 내일도 $\frac{10+90}{2}=50$개의 코코넛을 소비한다면 그가 얻게 되는 평균적인 효용수준은 $\frac{u(50)+u(50)}{2}=u(50)$이 되어 오늘 10개 소비하고 내일 90개 소비하는 경우보다 평균적인 효용수준이 더 높음을 그림으로 확인할 수 있다. 그림에 대한 분석으로 확인할 수 있는 바와 같이 효용함수가 더 오목하게 생긴 사람일수록 소비평탄화의 욕구가 더 클 것임을 예상할 수 있다. 즉 위 그림을 놓고 본다면 효용함수가 더 오목하게 생긴 사람일수록 오늘과 내일 모두 코코넛을 50개씩 소비하는 경우의 평균적인 효용수준과 오늘 10개를 소비하고 내일 90를 소비하는 경우의 평균적인 효용수준의 차이, 즉 $u(50)-\frac{u(10)+u(90)}{2}$ 값이 더욱 커질 것이다. 즉 효용함수가 더 오목한 사람일수록 이자율 변동에 대응하여 오늘과 내일 사이의 소비증가율을 변경시킬 유인이 적다는 것이고 *EIS* 값이 더 낮게 나타날 것이다.

그림 Ⅱ-12 *EIS*와 효용함수 오목성의 역관계

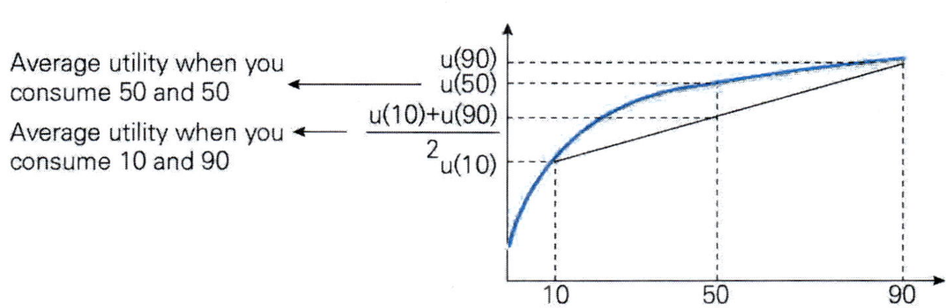

왜냐하면 효용함수가 더 오목한 사람일수록 이자율 변동에 대해서 자신의 소비증가율을 덜 변동시키는 것이 자신의 소비증가율을 많이 변동시키는 경우에 비해서 평균적인 효용을 더 증가시킬 수 있는 방법이기 때문이다. 즉 효용함수가 더 오목한 사람일수록 오늘의 소비와 내일의 소비를 평탄화(smoothing)하려는 욕구가 더 강하게 나타난다.

마. *EIS*와 시간분리적 효용함수(Time separable utility function)

소비자의 오늘과 내일의 코코넛 소비가 주는 효용이 다음과 같이 시간 분리적인 함수형태를 띤다고 가정하자. 즉,

$$u(c_0, c_1) = u(c_0) + \beta u(c_1) \qquad \text{(식 2–19)}$$

$u(c_0, c_1)$은 오늘과 내일의 코코넛 소비흐름에 대해서 오늘 시점에서 얻게 되는 효용을 의미한다. 오늘 소비하는 코코넛이 발생시키는 효용은 시간분리적 효용함수의 값에 포함되는 것이 당연하지만 내일 소비하게 되는 코코넛도 오늘 시점의 효용값에 포함되어 있다는 부분은 주의가 필요하다. 이 효용함수에서 β는 시간선호 파라미터인데, 만약 $\beta = 1$이라면 오늘 소비하는 코코넛이 주는 효용과 내일 소비하는 코코넛이 주는 효용의 가중치가 동일하다는 것을 의미한다. β는 1보다 작은 값을 가지는 것이 일반적인데 만약 $\beta = 0.9$라면 오늘 소비로부터 얻는 효용에 대해서는 가중치 1을 주고 내일 소비로부터 얻는 효용에 대해서는 가중치 0.9를 주어서 오늘 소비보다 가중치를 낮게 평가한다. β가 작으면 작을수록 오늘 소비에 대해 얻는 효용에 대한 상대적 중요도를 크게 평가한다. 즉 β 값이 작으면 작을수록 오늘 소비에 대한 중요도를 높게 평가하여 의사결정을 수행한다.

이와 같은 시간 분리적 효용함수는 시간 가산적(time additive)이라고 표현하기도 한다. 시간분리적 효용함수는 오늘과 내일의 효용함수의 형태가 동일하며 시계열적으로 일관성을 갖고 있는 것으로 가정한다. 만약 오늘의 코코넛 소비가 100개라면 오늘 코코넛 소비에서 발생하는 효용은 $u(100)$이다. 또한 내일의 코코넛 소비가 100개라면 내일 코코넛 소비에서 발생하는 효용 또한 $u(100)$이다. 즉, 소비량이 동일하다면 오늘과 내일의 효용값이 동일하다. 효용함수의 구체적인 형태는 다음과 같은 멱효용함수(power utility function)로 설정하고자 한다.

$$u(c) = \frac{c^{1-\gamma}}{1-\gamma} \tag{식 2-20}$$

이 효용함수를 소비에 대해서 두 번 미분한 것의 한 번 미분한 것에 대한 비율을 소비 수준으로 규모 조정한 것을 멱효용함수의 오목성 측도 γ로 표시한다. 즉

$$u'(c) = c^{-\gamma}, \quad u''(c) = -\gamma c^{-\gamma-1}$$
$$\Rightarrow -\frac{cu''(c)}{u'(c)} = \gamma \tag{식 2-21}$$

이와 같은 γ의 정의에 따라서 효용함수의 오목성 측도, 즉 γ값이 높은 사람의 효용함수는 γ값이 낮은 사람의 효용함수에 비해서 상대적으로 더 오목한 형태를 갖는다는 것을 알 수 있다. 이제 어떤 사람이 위에 주어진 바와 같은 형태의 시간분리 멱효용함수를 갖는 경우에 이 사람의 시간간 대체탄력성 EIS를 계산해보자. 앞서 살펴본 (식 2−9)와 (식 2−11)에 의하면 일반적으로 소비자는 오늘과 내일의 코코넛 소비에 있어서 $IMRS_{0,1}$가 이자율과 같아지도록 소비하는 것이 효용극대화의 1계조건이 됨을 기억하자. 이 조건을 현재의 시간분리적 파워 효용함수에 그대로 적용해보자. 그러면 다음 조건이 도출된다.

$$\left[MRS_{0,1} = \frac{MU_0}{MU_1} = \frac{c_0^{-\gamma}}{\beta c_1^{-\gamma}} = \frac{1}{\beta}\left(\frac{c_1}{c_0}\right)^{\gamma}\right] = \phi \;\Rightarrow\; \ln\phi = \gamma\ln\left(\frac{c_1}{c_0}\right) - \ln\beta \tag{식 2-22}$$

이 식을 보면 시장이자율 ϕ와 효용함수의 오목성 측도 γ 및 시간선호 β가 주어져 있는 경우에는 항상 이 사람의 최적소비증가율 $\ln\left(\frac{c_1}{c_0}\right)$를 구할 수 있게 된다. 이 식을 활용하여 이 사람의 EIS는 다음과 같이 계산된다.

$$EIS = \frac{\partial\ln\left(\frac{c_1}{c_0}\right)}{\partial\ln\phi} = \frac{\partial\ln\left(\frac{c_1}{c_0}\right)}{\partial\left[\gamma\ln\left(\frac{c_1}{c_0}\right) - \ln\beta\right]}$$

이 식의 세 번째 항에서 γ는 양(+)의 값을 갖기 때문에 미분하기 전의 분모는 미분하기 전 분자의 1차 증가함수가 되어서 역함수가 존재한다. 역함수가 존재하는 경우에는 분모함수를 분자함수로 미분하여 역수를 취한 것과 동일하게 된다. 따라서 위 식

은 다음과 같이 쓸 수 있다.

$$EIS=\frac{\partial\ln\left(\frac{c_1}{c_0}\right)}{\partial\ln\phi}=\frac{\partial\ln\left(\frac{c_1}{c_0}\right)}{\partial\left[\gamma\ln\left(\frac{c_1}{c_0}\right)-\ln\beta\right]}=1/\frac{\partial\left[\gamma\ln\left(\frac{c_1}{c_0}\right)-\ln\beta\right]}{\partial\ln\left(\frac{c_1}{c_0}\right)}=\frac{1}{\gamma} \qquad \text{(식 2–23)}$$

결과적으로 어떤 사람의 효용함수가 시간분리 멱효용함수 형태를 갖는 경우에는 이 사람의 시간간 대체탄력성 EIS는 $\frac{1}{\gamma}$와 같이 간단한 형태로 주어진다. 위에서 살펴본 바와 같이 일반적으로 소비자는 효용함수의 형태가 오목할수록 소비 평탄화(smoothing)를 하려는 욕구가 강하며 소비 평탄화의 욕구가 강할수록 이자율 변동에 대해서 오늘과 내일 소비의 조정을 덜하게 된다. 따라서 γ가 높은 사람일수록 EIS가 낮다. γ가 높은 사람일수록 소비평탄화의 욕구가 강하고, 소비 평탄화의 욕구가 강할수록 이자율 변동에 대해서 소비조정이 둔감하다. 결론적으로 효용함수의 오목성(γ)과 (이자율 변동에 대응한) 시간 간 소비의 대체욕구(EIS)는 서로 반비례 관계가 있음을 알 수 있다. 이상의 결론은 1900년대 초반에 제시된 Fisher의 '1기간 이자율 결정이론'에서 가장 중요한 결론이다. 이처럼 단순한 1기간 모형에서 얻게 된 이 단순한 결과는 1960년대 이후에 수학적으로 복잡하게 전개되는 다기간 동학모형인 CCAPM(consumption capital asset pricing model)의 이자율기간구조 이론에서도 여전히 유용하게 사용되고 있다는 점을 확인해 나가도록 하겠다.

효용함수가 HARA(Hyperbolic Absolute Risk Aversion)계열인 경우 1인의 대표적 대리인의 최적 선택이 시장전체의 최적 선택을 대변할 수 있다는 것이 알려져 있다. 참고로 HARA 계열의 효용함수는 개인의 위험감내도(risk tolerance)가 부의 수준에 비례하는 형태를 갖는다. 우리가 위에서 사용한 멱효용함수도 HARA 계열 효용함수에 해당한다. 따라서 대표적 대리인의 최적 소비증가율이 주어져 있는 경우 시장이자율이 결정될 수 있다. 이 사실을 받아들인 상태에서 위의 (식 2−22)를 재해석해보자.

$$\ln\phi=-\ln\beta+\gamma\ln\left(\frac{c_1}{c_0}\right) \qquad \text{(식 2–24)}$$

이 식에 따르면 대표적 대리인의 소비증가율이 주어지면 시장이자율이 결정된다. 이 식에서 $\ln\phi=\ln(1+r)\approx r$ 즉 연속복리수익률을 의미한다. 위 식의 $-\ln\beta$는 내일 소비에 대한 시간선호의 역수로서 $\ln\left(\frac{1}{\beta}\right)$와 같고 이는 오늘 소비에 대한 시간선호로 해석할 수 있다. 그리고 $\gamma\ln\left(\frac{c_1}{c_0}\right)$에서 $\gamma=\frac{1}{EIS}$이므로, 이 식은 (소비증가율/EIS)로 쓸 수 있다. 따라서 연속복리수익률은 오늘 소비에 대한 시간선호와 (소비증가율/EIS)의 합으로 정의된다. 연속복리수익률이 오늘 소비에 대한 시간선호와 비례하는 이유는 소비자가 오늘 소비를 증가시키기 위하여 차입을 원하게 되고 이는 이자율을 높이는 원인으로 작용한다는 해석이 가능하다. 다음으로 오늘과 내일의 초기부존의 차이로 인해서 오늘과 내일의 소비증가율이 기본적으로 높게 나타나는 상황을 가정해보자. 이 경우 소비자는 소비평탄화를 위해 많은 노력을 하게 되고 이 노력이 이자율을 높이는 원인으로 작용한다. 마지막으로 EIS가 낮은 사람은 γ가 높은 사람이고 효용함수의 오목성이 크기 때문에 소비평탄화 욕구가 더 강하고 그 경우에 이자율을 높이는 원인으로 작용한다.

결론적으로 Fisher의 교환경제에서의 이자율은 오늘의 소비를 선호하면 이자율이 높아지고, 소비증가율이 높아지면 이자율이 높아지고, 효용함수의 형태가 오목하면 오목할수록 즉, γ가 높아지고 EIS가 낮아질수록 이자율이 높아진다. 여기에서 소비증가율은 경제성장률과 관련된다. 일반적으로 성장하고 있는 나라, 즉 후진국의 경제성장률(혹은 소비증가율)이 상대적으로 높기 때문에 이들 나라에서 이자율이 상대적으로 높게 나타난다는 것을 이해할 수 있다. 또한 선진국의 경우 이자율이 낮게 결정되는 것은 경제성장률(혹은 소비증가율)이 낮기 때문임을 이해할 수 있다.

4. 생산–교환 경제에서의 실질이자율의 결정

생산–교환 경제(production–exchange economy)에서는 크루소와 행크스가 생산을 통해서 초기 부존을 변경시키는 것이 가능하다고 가정한다. 만약 오늘 코코넛을 소비하지 않고 땅에 묻어서 싹을 틔운다면 그 나무가 하루 만에 다 자라서 내일 코코넛 열매를 추가로 제공해준다고 가정하자. 코코넛 나무를 한그루 심으면 코코넛 열매가 2개 열린다. 이 상황에서 크루소와 행크스는 투자 혹은 생산 의사결정을 해야 한다. 만약 이들이 각각 나무를 한그루만 심는 경우를 예로 들어보자. 만약 크루소의 최초 부존점이 (3,2)라면 새로운 부존점은 (2,4)로 바뀌게 된다. 만약 행크스의 부존점이 (4,5)라면 새

그림 Ⅱ-13 생산-교환 경제하에서의 크루소의 의사결정

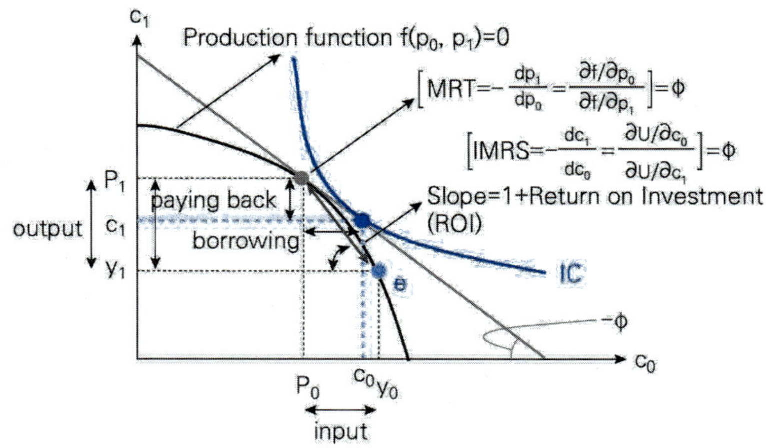

로운 부존점은 (3,7)로 바뀌게 된다. 이처럼 이들은 최초 부존점을 생산을 통해서 새로운 부존점으로 전환시킬 수 있다. 이들은 이제 그 새로운 부존점 상에서 교환 의사결정을 수행해야 한다. 즉 이들 간에 형성된 시장을 통해서 오늘 코코넛을 몇 개 빌려주고 빌려올 것인지, 내일 코코넛을 몇 개 되돌려주고 되돌려 받을 것인지에 관한 의사결정을 통해서 자신들의 효용을 극대화하기 위해 노력할 것이다. 이처럼 생산과 교환이 순차적으로 혹은 동시에 이루어지면서 이자율이 결정되는 경제를 생산−교환 경제라고 부른다. 생산−교환 경제에서도 코코넛은 부패하여 저장이 불가능한 것으로 가정한다.

1) 생산−교환 경제에서의 크루소의 의사결정

생산−교환 경제 모형을 동원해서 궁극적으로 알고 싶은 것은 시장이자율 ϕ가 어떻게 결정되는가이다. 그렇지만 논의의 전개를 위해서 ϕ가 일정한 값으로 주어져 있는 것으로 가정하고 크루소와 행크스가 개별소비자 입장에서 어떻게 생산을 수행하고(생산 의사결정) 얼마나 소비를 할 것인지(소비 의사결정)를 살펴본다. 이 과정에서 크루소와 행크스 각각의 소비에 대한 수요함수를 먼저 결정하고 시장청산 조건을 활용하여 ϕ를 결

정하는 방식으로 논의를 진행한다. 그럼 먼저 생산－교환 경제 하에서 크루소의 생산 의사결정과 소비 의사결정 과정을 살펴보도록 하자.

먼저 위의 [그림 Ⅱ－13]의 생산가능곡선(production opportunity line) 혹은 생산함수를 살펴보자. 이 그림에 나타난 생산가능곡선은 음함수[4] $f(p_0, p_1) = 0$ 형태로 묘사할 수도 있다. 이 생산가능곡선은 부존점 $e = (y_0, y_1)$을 지나가고 있다. 만약 크루소가 오늘의 부존량에서 $y_0 - p_0$만큼의 코코넛을 투자를 하면 $p_1 - y_1$만큼의 산출량을 얻게 된다는 것을 생산가능곡선이 보여주고 있다. 부존점으로부터 투입량을 크게 할수록 산출량이 증가하게끔 생산가능곡선이 그려져 있다. 음의 투자(disinvestment)는 고려하지 않으므로 부존점 오른쪽의 생산가능곡선은 실현가능하지 않다고 가정한다. 이 경우 크루소는 오늘 몇 개의 코코넛을 투자할 것인지(투자 의사결정)를 결정해야 하고, 투자한 이후에 오늘 행크스에게 몇 개를 빌려줄 것인지 아니면 빌려올 것인지를 결정함과 동시에 최종적으로 오늘 몇 개의 코코넛을 소비해야 할 것인지(소비 의사결정)를 결정해야 한다. 크루소가 최종적으로 풀어야 할 문제는 주어진 이자율 하에서 p_0, p_1, c_0, c_1의 네 가지 미지수를 결정하는 문제이다. 엄밀하게 말하면 p_0가 결정되면 생산함수 제약에 의해서 p_1이 자동적으로 결정되고, c_0가 결정되면 예산선 제약에 의해서 c_1이 자동적으로 결정될 수 있으므로 실제로는 두 개의 미지수를 결정하는 문제로 볼 수도 있다.

이들 변수를 결정하기 위하여 먼저 생산가능곡선을 다시 한번 살펴보자. 위 그림 상에서 생산가능곡선의 모양은 원점에 대해서 오목하게 그려져 있다. 생산가능곡선이 원점에 대해서 오목하다는 것은 부존점 (y_0, y_1)에서 오늘 시점에서 투자를 코코넛 한 개씩 늘려나가면 수확량이 점차 작아진다는 것을 의미한다. 이를 규모수확 체감(decreasing return to scale) 현상이 나타난다고 볼 수 있다. 부존점에서 코코넛 투자를 한 개씩 늘려나갈 때 얻게 되는 한계적 수확량의 크기는 특정 생산점에서의 접선이 기울기이다. 일반적으로 생산가능곡선 상의 특정한 생산점 (p_0, p_1)에서 생산가능곡선에 접선을 그었을 때 그 접선의 기울기를 한계전환율(marginal rate of transformation, MRT)라고 부른다. MRT는 특정한 생산점에서 추가적으로 한 단위의 코코넛을 더 투자했을 때 얻게 되는 내일의 코코넛 수확량을 의미한다. 생산가능곡선의 모양이 원점에 대해서 오목하게 그려져 있기 때문에 부존점으로부터 생산점이 점차 멀리 떨어질수록 MRT가 점

4 통상적인 함수형태인 y=f(x)의 양함수(explicit function) 표현이 곤란할 경우, F(x,y)=0의 형태로 표기하는 함수형을 음함수(implicit function)로 정의한다.

차 감소한다. MRT의 수학적 표현은 다음과 같다.

$$MRT = -\frac{dp_1}{dp_0}$$

이 경우 생산가능곡선이 음함수 $f(p_0, p_1) = 0$ 형태로 표현되어 있으므로,

$$df = \frac{\partial f}{\partial p_0} dp_0 + \frac{\partial f}{\partial p_1} dp_1 = 0$$

우변의 $\frac{\partial f}{\partial p_0}$이 부분은 민감도 측도(sensitivity measure)이다. 이 식을 활용하면 MRT 표현을 다음과 같이 구체적으로 얻을 수 있다.

$$MRT = -\frac{dp_1}{dp_0} = \frac{\partial f / \partial p_0}{\partial f / \partial p_1} \quad \text{(식 2-25)}$$

생산가능곡선이 원점에 대해서 오목하다는 것은 p_0가 작아져서 투자량 $y_0 - p_0$이 늘어나게 되면 MRT가 작아진다는 것을 의미하며 결국 규모수확 체감(decreasing return to scale)을 의미한다. 그리고 크루소가 초기 부존점에서 오늘 30개의 코코넛을 투자하여 내일 50개의 수확량을 확보하여 생산가능곡선 상의 특정한 생산점에 이르게 되었다면 그 평균수익률을 ROI(return on investment)라고 부른다. 이 경우 $ROI = \frac{50}{30} - 1$로 계산된다. 이 경우 생산가능곡선 상의 특정한 생산점에서 한계생산성을 나타내는 MRT와 평균생산성을 나타내는 ROI의 크기를 비교해보면 항상 ROI가 더 크게 나타남을 알 수 있다. 이렇게 되는 이유는 생산가능곡선이 원점에 대해서 오목하게 그려져 있기 때문이다. 크루소가 오늘 30개의 코코넛을 투자했다면 30번째 코코넛의 한계생산성(생산가능곡선의 접선의 기울기)이 1번째, 2번째, …, 30번째 투자한 코코넛의 한계생산성들 중에서 가장 작은 값을 갖는데, 그것이 그 생산점에서의 MRT 값이 된다. 반면 ROI는 1번째, 2번째, …, 30번째 투자한 코코넛의 한계생산성을 일종의 평균값으로 나타낸 것이므로 마지막 30번째 투자한 코코넛의 한계생산성보다 항상 더 큰 값을 갖게 되는 것이다.

일반적으로 생산–교환 경제에서는 생산기회와 교환기회라는 2개의 투자기회가 있다고 볼 수 있다. 크루소의 사례에서 본다면 크루소는 코코넛 나무를 심는 투자기회가 있고, 코코넛을 이자를 받고 행크스에게 빌려주는 일종의 대부 투자기회도 존재한

다. 본 절의 논의에서는 당분간 이자가 ϕ가 특정한 값으로 주어져 있는 경우를 가정하고 있다. 이 경우에 만약 크루소가 코코넛 1개를 사용하여 나무를 심는 투자를 수행한다면 그 실물 투자의 한계수익률은 시장이자율인 ϕ보다는 높아야 의미가 있다. 만약 첫 번째 코코넛을 땅에 심었을 때의 한계수익률이 시장이자율 ϕ보다 낮다면 굳이 코코넛을 땅에 묻는 것보다는 이자를 받고 행크스에게 빌려주는 것이 더 낫다. 이처럼 크루소는 코코넛을 추가적으로 1개씩 땅에 심을 때 마다 자신이 방금 투자한 마지막 코코넛 1단위의 한계수익률(이 한계수익률은 생산가능곡선의 기울기인 MRT와 동일하다)이 시장이자율 ϕ보다 큰지 작은지를 비교해볼 것이다. MRT가 ϕ보다 큰 경우에는 실물투자가 의미를 갖게 되는데, 투자량이 늘어날수록 MRT가 점차적으로 감소하는 반면 시장이자율은 고정되어 있다는 점을 주의할 필요가 있다. 이 때문에 투자량을 늘려나가다 보면 최종적으로 $MRT = \phi$가 되는 시점이 나타나게 된다. 이처럼 $MRT = \phi$가 되는 생산점 (p_0, p_1)을 넘어서 실물투자를 하게 되면, $MRT < \phi$가 되어 실물투자를 하는 것 보다는 빌려주는 것이 더 유리하다. 투자수준이 $MRT = \phi$가 되는 생산점 우측에서는 $MRT > \phi$가 되어서 실물투자를 늘려야 하고, $MRT = \phi$가 되는 생산점 좌측에서는 $MRT < \phi$가 되어 실물투자를 줄여야 된다. 따라서 $MRT = \phi$가 되는 생산점이 최적 생산점이 된다.

여기서 $MRT = \phi$가 되는 생산점, 즉 최적 생산점은 크루소가 획득한 새로운 부존점으로 간주할 수 있다. 이 새로운 부존점을 지나는 예산선 상에서 소비가능집합이 형성되고, 그 새로운 소비가능집합 상에서 최종 소비가 가능하게 된다. 부존점을 바꾸어 놓았다고 생각하고 이전의 부존점과 생산과정은 잊어버리면 된다. 이제 크루소는 새로운 부존점에서 소비가능 집합을 만들고 자신의 무차별곡선이 이 새로운 예산선과 접하는 포인트를 자신의 최적소비점으로 선택한다.

이상의 설명을 적용하여 [그림 Ⅱ-13]을 다시 정리해보자. 크루소는 최초 부존점 $e = (y_0, y_1)$에서 실물투자를 수행하게 되는데, $MRT = \phi$가 되는 생산점으로 이동하기 위하여 $y_0 - p_0$만큼의 실물투자를 위한 투입량을 결정하고 그로부터 $p_1 - y_1$만큼의 산출량을 얻게 된다. 이 경우 실물투자의 수익률 $\frac{p_1 - y_1}{y_0 - p_0} - 1$을 ROI라고 부른다. 이와 같은 실물투자의 결과 원래 부존점 $e = (y_0, y_1)$에서 최적 생산점 혹은 새로운 부존점 $P^* = (p_0, p_1)$ 점으로 이동하게 된다. 그리고 이 새로운 부존점 $P^* = (p_0, p_1)$을 지나면서 기울기가 시장이자율과 같은 새로운 예산선을 그릴 수가 있고 그 새로운 예산선과 크루소의 무차별곡선이 접하는 최종 소비점 $c^* = (c_0, c_1)$을 찾을 수 있게 된다. $P^* = (p_0, p_1)$에서 $c^* = (c_0, c_1)$로 이동하기 위해서 크루소는 오늘 $c_0 - p_0$만큼의 코코넛을 행크스로부터 빌려오고 내일 $p_1 - c_1$만큼의 코코넛을 돌려주면 된다. 이 경우 $\frac{p_1 - c_1}{c_0 - p_0} = \phi$가 됨을 됨을 알 수 있다.

2) 크루소의 최적선택에 대한 수학적 표현1(1-step 접근 방법)

이제 크루소의 최적선택 행위를 수학적으로 표현해보자. 생산-교환경제에서 크루소의 효용극대화 문제는 다음과 같다.

$$
\begin{aligned}
&\text{Max } u(c_0, c_1) \\
&s.t.\ f(p_0, p_1) = 0 \\
&\qquad \phi \cdot c_0 + c_1 = \phi \cdot p_0 + p_1 \\
&\Rightarrow \underset{c_0, c_1, p_0, p_1, \lambda_f, \lambda_c}{\text{Max}} L(c_0, c_1, p_0, p_1, \lambda_f, \lambda_c) \\
&\qquad = u(c_0, c_1) - \lambda_f \cdot f(p_0, p_1) + \lambda_c \cdot (\phi \cdot p_0 + p_1 - \phi \cdot c_0 - c_1)
\end{aligned}
$$

$$
\begin{aligned}
&\frac{\partial L}{\partial c_0} = u_0 - \phi \cdot \lambda_c = 0 && \frac{u_0}{u_1} = \phi \\
&\frac{\partial L}{\partial c_1} = u_1 - \lambda_c = 0 && IMRS = MRT \\
&\frac{\partial L}{\partial p_0} = -\lambda_f \cdot f_0 + \phi \cdot \lambda_c = 0 && \frac{f_0}{f_1} = \phi \\
&\frac{\partial L}{\partial p_1} = -\lambda_f \cdot f_1 + \lambda_c = 0 \\
&\frac{\partial L}{\partial \lambda_f} = -f(p_0, p_1) = 0 \\
&\frac{\partial L}{\partial \lambda_c} = \phi \cdot p_0 + p_1 - \phi \cdot c_0 - c_1 = 0
\end{aligned}
$$

이 효용극대화 문제에서 주의할 사항은 크루소가 자신의 원래부존점 $e = (y_0, y_1)$을 지나는 예산선에서 최적소비를 하는 것이 아니라 생산가능곡선 상의 생산점 $P = (p_0, p_1)$을 지나는 예산선 상에서 최적소비를 수행한다는 점이다. 그렇지만 원래 부존점도 생산가능곡선 상에 있기 때문에 $f(y_0, y_1) = 0$을 만족해야 한다. 하지만 원래 부존점은 생산점을 지나는 새로운 예산선 내부에 존재하기 때문에 고려대상에서 제외된다. 위에서 볼 수 있는 바와 같이 크루소의 효용 $u(c_0, c_1)$을 극대화하기 위한 제약조건은 두 개다. 첫째는 새로운 생산점이 생산가능곡선 상에 존재한다는 것이고, 둘째는 최적 소비점 (c_0, c_1)의 미래가치가 생산점 (p_0, p_1)의 미래가치와 동일하다는 조건이다. 크루소는 자신의 소비의 효용극대화를 위해 통상적인 라그랑지언의 1계조건을 이용한다. 위의 풀이 과정에서 볼 수 있는 바와 같이 c_0, c_1, p_0, p_1의 네 가지 변수의 해를 구하기 위해서 4개의 1계조건 식을 이용할 수 있다. 먼저 $IMRS_{0,1} = \frac{MU_0}{MU_1} = \phi$라는 조건, $MRT_{0,1} = \frac{f_0}{f_1} = \phi$라는 조건이다. 그리고 나머지 두 개는 제약식을 이용하면 된다. 따라서 구해야 할 미지수 4개, 1계 조건식 4개로 해를 구할 수 있는 조건이 만들어진다.

이제 크루소의 구체적 효용함수 형태를 이용하여 예제를 풀어보자. 크루소의 효용함수는 $u(c_0, c_1) = c_0 \cdot c_1$로 주어져 있다. 생산함수는 $f(p_0, p_1) = p_1 - 1{,}000 + 0.001p_0^2 = 0$으로 주어져 있으며, 최초 부존점 $e = (y_0, y_1) = (1{,}000, 0)$으로 주어져 있다. 그리고 이자율은 $\phi = 1.05$라고 가정한다. c_0, c_1, p_0, p_1의 네 가지 변수값을 구해보자. 예시를 위한 효용극대화 문제는 다음과 같이 수립할 수 있다.

$$
\begin{aligned}
&\text{Max } u(c_0, c_1) = c_0 \cdot c_1 \\
&s.t.\ f(p_0, p_1) = p_1 - 1{,}000 + 0.001p_0^2 = 0 \\
&\qquad \phi \cdot c_0 + c_1 = \phi \cdot p_0 + p_1
\end{aligned}
$$

$$
\Rightarrow \underset{c_0, c_1, p_0, p_1, \lambda_f, \lambda_c}{\text{Max}} L(c_0, c_1, p_0, p_1, \lambda_f, \lambda_c)
$$

$$
= u(c_0, c_1) - \lambda_f \cdot f(p_0, p_1) + \lambda_c \cdot (\phi \cdot p_0 + p_1 - \phi \cdot c_0 - c_1)
$$

$$
\frac{\partial L}{\partial c_0} = MU_0 - \phi \cdot \lambda_c = c_1 - \phi \cdot \lambda_c = 0
$$

$$
\frac{\partial L}{\partial c_1} = MU_1 - \lambda_c = c_0 - \lambda_c = 0 \qquad IMRS = \frac{c_1}{c_0} = \phi
$$

$$
\frac{\partial L}{\partial p_0} = -\lambda_f \cdot Tf_0 + \phi \cdot \lambda_c = 0
$$

$$
\frac{\partial L}{\partial p_1} = -\lambda_f \cdot f_1 + \lambda_c = 0 \qquad MRT = \frac{0.002\ p_0}{1} = \phi
$$

$$
\frac{\partial L}{\partial \lambda_f} = -f(p_0, p_1) = 0
$$

$$
\frac{\partial L}{\partial \lambda_c} = \phi \cdot p_0 + p_1 - \phi \cdot c_0 - c_1 = 0
$$

그림 Ⅱ-14 크루소의 소비 효용극대화 사례(1-step 접근 방법)

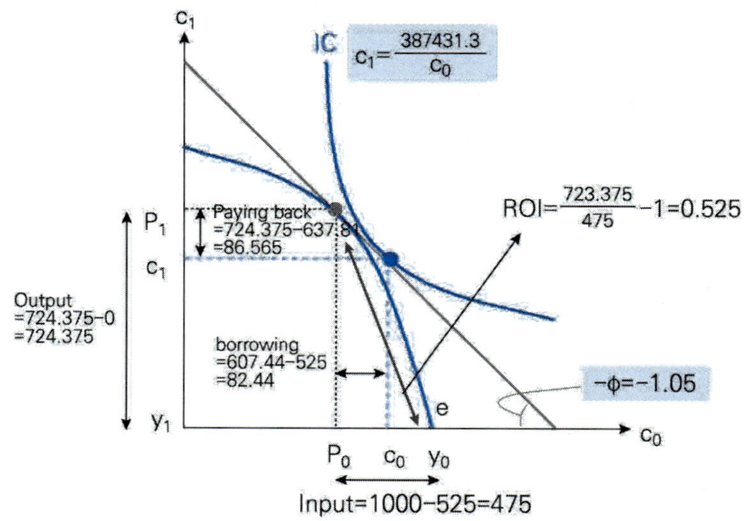

이제 위의 식에서 $\phi = 1.05$인 경우에 $IMRS_{0,1} = MRT_{0,1} = \phi = 1.05$ 조건을 활용하여 다음과 같이 변수들을 차례대로 구할 수 있다.

$$\Leftrightarrow \frac{c_1}{c_0} = \frac{0.002\,p_0}{1} = \phi = 1.05,$$

$$\therefore p_0^* = 525 \Rightarrow p_1^* - 1{,}000 + 0.001 \times 525^2 = 0$$

$$\therefore p_1^* = 724.375$$

예산선 제약조건에서, $1.05 \times c_0 + c_1 = 1.05 \times 525 + 724.375 = 1{,}275.625$

$$\Rightarrow \frac{c_1}{c_0} = \frac{1{,}275.625 - 1.05 \times c_0}{c_0} = 1.05$$

$$c_0^* = \frac{1{,}275.625}{2 \times 1.05} = 607.44$$

$$\rightarrow c_1^* = 1{,}275.625 - 1.05 \times c_0^* = 637.81$$

따라서 우리가 얻은 결과는 다음과 같다.

$$p_0^* = 525,\ p_1^* = 724.375,\ c_0^* = 607.44,\ c_1^* = 637.81$$
$$u^* = 387,431.3$$

[그림 Ⅱ −14]는 이상의 논의를 수치사례로 제시하고 있다. 이 그림에서 크루소의 최초 부존점은 $e = (y_0, y_1) = (1{,}000, 0)$인데, 크루소가 생산활동을 하지 않으면 그가 얻는 효용값은 $u = 1{,}000 \times 0 = 0$이 된다. 따라서 크루소는 생산가능곡선 상에서 기울기가 $\phi = 1.05$인 예산선과 접하는 생산점까지 이동하면 효용을 극대화할 수 있다. 이 경우 크루소는 오늘의 코코넛 1,000개 중에서 $p_0 = 525$개를 뺀 475개만큼을 땅에 심는 실물투자를 수행하게 된다. 이 경우 크루소가 얻는 산출물의 양은 724.375임을 그림에서 확인할 수 있다. 또한 크루소가 최초 부존점에서 생산점까지 실물투자를 통해서 얻게 되는 투자수익률은 $ROI = \frac{724.375}{475} - 1 = 0.525$가 된다. 이제 새로운 생산점은 새로운 부존점으로 생각할 수 있으며, 이 생산점에서 크루소는 효용을 극대화하기 위해서 오늘 행크스로부터 $c_0 - p_0 = 607.44 - 525 = 82.44$개의 코코넛을 빌리며, 내일 행크스에게 $p_1 - c_1 = 724.375 - 637.81 = 86.565$를 돌려주게 된다. 이 경우 내일 행크스에게 돌려주는 코코넛 수량을 오늘 빌리는 수량으로 나누어 주면 ϕ가 됨을 확인할 수 있다.

3) 크루소의 최적선택에 대한 수학적 표현2(2-step 접근 방법)

본 절에서는 생산−교환 경제의 최적 해를 2−step으로 접근하는 방법을 소개한다. 이 접근법의 첫 번째 단계에서는 크루소가 생산을 통해서 자신의 부(wealth)를 극대화하는데, 이는 생산가능곡선 상에서의 최적 생산점을 찾는 문제, 즉 생산에 대한 의사결정이다. 두 번째 단계에서는 주어진 새로운 생산점을 지나는 새로운 예산선 상에서 효용을 극대화하는데, 이는 최적 소비에 대한 의사결정이다.

먼저 부의 극대화 과정을 살펴보자. 생산가능곡선이 주어진 상황에서 그 생산가능곡선 상의 원래 부존점 (y_0, y_1)을 지나는 최초의 예산선을 그릴 수 있다. 그리고 원래 부존점을 지나는 이 최초의 예산선의 수평축 절편은 원래 크루소가 가진 부의 현재가치 $\left(y_0 + \frac{y_1}{\phi}\right)$, 즉 오늘의 코코넛과 내일 코코넛의 현재가치의 합계를 의미한다. 그리고 이

그림 Ⅱ-15 크루소의 부(wealth)극대화 사례(2-step 접근 1단계)

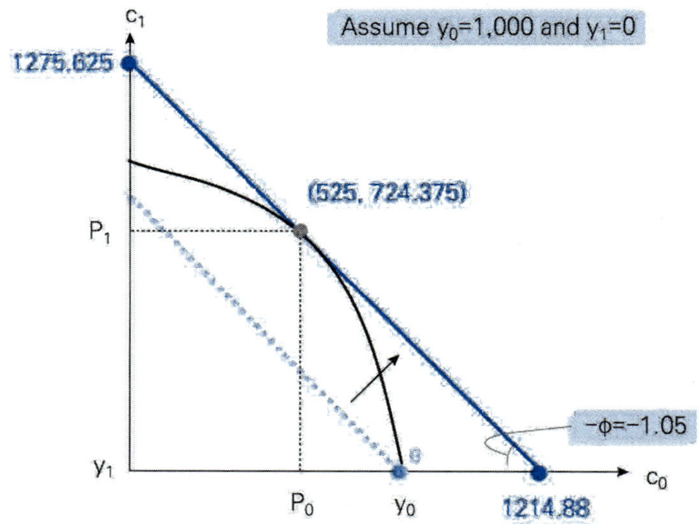

예산선의 수직축 절편은 원래 크루소가 가진 부의 미래가치($\phi y_0 + y_1$), 즉 오늘 코코넛의 미래(내일)가치와 내일의 코코넛의 합계를 의미한다. 이 경우 생산을 통해서 크루소의 부를 극대화하기 위해서는 생산가능곡선 상에서 크루소의 부를 극대화 해주는 생산점을 찾아내는 것이 관건이다. 어떻게 이 점을 찾을 것인가? 원래 예산선을 위로 평행이동 시켜서 생산가능곡선과 접하는 접점을 찾으면 그 점이 바로 크루소의 부를 극대화시켜주는 생산점이 된다. [그림 Ⅱ−15]에서 볼 수 있는 바와 같이 생산가능곡선과 만나게 하면서 원래 예산선을 위로 최대한 끌어올리게 되면 접점이 오직 한 개 존재하게 되는데 그 점이 바로 새로운 생산점이다. 이 새로운 생산점에서 생산가능곡선의 기울기와 예산선의 기울기는 같아지게 되고 부의 극대화를 위한 1계조건 $MRT = \phi$ 조건이 만족된다. 이 새로운 생산점을 지나는 예산선은 크루소의 부를 극대화한 예산선인데, 이 예산선의 수평축 절편은 새로운 생산점의 현재가치, 즉 $\left(p_0 + \dfrac{p_1}{\phi}\right)$이 되고 이 예산선의 수직축 절편은 새로운 생산점의 미래가치, 즉 $(\phi p_0 + p_1)$된다. 이와 같이 주어진 생산기술 하에서 크루소가 자신의 부를 극대화하는 과정은 최초 부존점에서 그의 생산/투자에 관한 의사결정이다. 이 의사결정 과정을 수학적으로 라그랑지언을 써서 표현하면 다음과 같다.

$$\text{Max } \phi \cdot p_0 + p_1 \qquad (\text{or } p_0 + \frac{1}{\phi} p_1)$$

$$s.t. \ f(p_0, p_1) = p_1 - 1{,}000 + 0.001 p_0^2 = 0$$

$$\Rightarrow \underset{p_0, p_1, \lambda_f}{\text{Max}} \ L(p_0, p_1, \lambda_f) = \phi \cdot p_0 + p_1 - \lambda_f \cdot f(p_0, p_1)$$

$$\frac{\partial L}{\partial p_0} = \phi - \lambda_f \cdot f_0 = 0$$

$$\frac{\partial L}{\partial p_1} = 1 - \lambda_f \cdot f_1 = 0 \qquad \phi = \frac{f_0}{f_1} = \frac{0.002 p_0}{1} = MRT$$

$$\frac{\partial L}{\partial \lambda_f} = - f(p_0, p_1) = 0$$

$\phi = 1.05$인 경우, $\frac{0.002 p_0}{1} = 1.05$의 조건이 만족된다.

$$\Rightarrow p_0^* = 525, \ p_1^* = 1{,}000 - 0.001 \times 525^2 = 724.375$$

따라서 극대화된 부의 미래가치는 $1.05 \times 525 + 724.375 = 1{,}275.625$로 계산된다. 그리고 극대화된 부의 현재가치는 $525 + \frac{724.375}{1.05} = 1{,}214.88$로 계산된다.

이제 두 번째 단계의 효용극대화 과정을 살펴보자. 주어진 예산선 상에서 효용을 극대화하는 것인데 이 경우 예산선은 소비점 (c_0, c_1)의 미래가치가 예산선의 수직축 절편과 같다는 제약조건을 활용한다. [그림 Ⅱ-16]에서 확인할 수 있는 바와 같이 이 효용극대화 과정에서 주어진 새로운 예산선을 지나가게 하면서 크루소의 무차별곡선을 최대한 위로 끌어올리면 한 점에서 접하게 되는데 그것이 최적 소비점이 된다. 이 효용극대화 과정을 수학적으로 라그랑지언을 이용하여 표현하면 다음과 같다.

$$\text{Max } u(c_0, c_1) = c_0 \cdot c_1$$

$$s.t. \ \phi \cdot c_0 + c_1 = 1{,}275.625$$

$$\Rightarrow \underset{c_0, c_1, \lambda_c}{\text{Max}} \ L(c_0, c_1, \lambda_c) = u(c_0, c_1) + \lambda_c \cdot (1{,}275.625 - \phi \cdot c_0 - c_1)$$

$$\frac{\partial L}{\partial c_0} = u_0 - \phi \cdot \lambda_c = c_1 - \phi \cdot \lambda_c = 0$$

그림 Ⅱ-16 크루소의 효용 극대화 사례(2-step 접근 2단계)

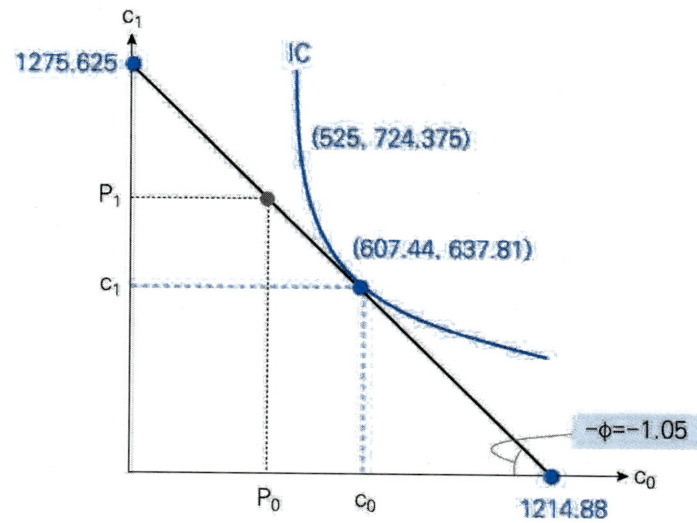

$$\frac{\partial L}{\partial c_1} = u_1 - \lambda_c = c_0 - \lambda_c = 0 \qquad \phi = \frac{u_0}{u_1} = \frac{c_1}{c_0} = MRS$$

$$\frac{\partial L}{\partial \lambda_c} = 1{,}275.625 - \phi \cdot c_0 - c_1 = 0$$

이 경우, $\phi = 1.05$인 경우, $c_1^* = 1.05 \times c_0^*$.

$$\Rightarrow 1{,}275.625 - \phi \cdot c_0^* - c_1^* = 1{,}275.625 - 2 \times \phi \times c_0^* = 0$$

$$\Rightarrow c_0^* = \frac{1{,}275.625}{2 \times \phi} = \frac{1{,}275.625}{2 \times 1.05} = 607.44$$

$$c_1^* = 1.05 \times 607.44 = 637.81$$

이처럼 생산 의사결정과 소비 의사결정을 분리하여 2-step 접근을 해도 생산의사결정과 소비의사결정을 동시에 해결하는 1-step 접근과 동일한 결과가 나온다는 것을 확인할 수 있다. 이처럼 생산 의사결정과 소비 의사결정이 별개의 것으로 분리되어도 여전히 효율적 결과를 제공한다는 것을 '피셔의 분리정리(Fisherian separation theorem)'

라고 한다. 이와 같은 분리정리를 기업의 소유(ownership)와 경영(management)의 분리에 대한 최초의 시사점을 주었다고 볼 수 있다. 즉, 주어진 생산기술 하에서 최적의 생산/투자에 관한 의사결정은 전문경영인이 수행하고, 전문경영인이 결정한 생산점이 주는 예산선 상에서 주주들은 자신의 효용을 극대화하는 소비점을 선택하게 된다.

4) 실질이자율의 결정

본 절에서도 우리의 코코넛은 여전히 부패하는 소비재(perishable good)라고 가정한다. 위에서는 생산-교환 경제에서 실질이자율이 주어졌다고 가정하고 최적생산 및 최적소비 문제를 풀어보았다. 이것은 사실상 가격이 주어져 있을 때 재화의 수요함수를 구하는 과정이라고 보면 된다. 즉, 앞서 우리가 살펴본 최적화 문제는 일반적인 재화의 가격 P_x, P_y가 주어져 있을 때 x재와 y재의 수요함수를 구하는 문제와 정확하게 대응되는 구조이다. 본 절의 논의는 일반적인 x재 및 y재의 수요를 결정하는 문제가 아니라 오늘의 코코넛 소비와 내일의 코코넛 소비를 결정하는 문제라는 차이를 가질 뿐 문제의 구조는 정확히 동일하다. 이제 이러한 수요함수에 기초하여 시장의 균형이자율이 어떻게 결정되는지를 살펴보자. 오늘과 내일의 코코넛 소비 수요함수를 찾아가는 과정은 피셔의 분리정리에 의하여 두 단계로 분리될 수 있다. 첫째, 최초로 주어진 부존점에서 생산가능곡선 상에 있는 최적 생산점으로 이동하는 생산/투자 의사결정을 먼저 수행한다. 둘째, 이 최적 생산점을 새로운 부존점으로 간주하고 이 부존점을 지나는 새로운 예산선을 그릴 수 있으며, 이 새로운 예산선 상에서 효용을 극대화하는 최적 소비점을 찾는다.

만약 이자율이 주어졌다면 생산-교환 경제를 대표하는 두 명의 대리인으로 등장한 크루소와 행크스는 각각의 생산점을 결정할 수 있을 것이다. 그리고 주어진 이자율 하에서 각 생산점을 지나는 새로운 예산선을 그릴 수 있고, 이 새로운 예산선 상의 최적 소비점을 찾게 된다. 이 경우 이자율 결정을 위해서는 시장청산조건을 추가적으로 고려하기만 하면 된다. 크루소와 행크스는 각각 자신들의 최적 생산점 즉 (P_0^{A*}, P_1^{A*})와 (P_0^{B*}, P_1^{B*})를 먼저 결정하고 다음으로 이들의 각각의 최적 소비점 (c_0^{A*}, c_1^{A*})와 (c_0^{B*}, c_1^{B*})을 결정하게 된다. 이들은 생산점(혹은 새로운 부존점)에서 소비점으로 이동해야 하는데 그 과정에서 오늘의 코코넛의 수요와 공급이 발생하기 때문에 여기에 시장 청산 조건을 명시적으로 고려하게 되면 ϕ가 결정되는 것이다. 이처럼 피셔의 분리정리를 그대로 활용하는 것으로 문제를 풀어나가면 손쉽게 시장청산 이자율을 결정할 수가 있다. 최초 부존을 생산점으로 바꾸고, 그 새로운 생산점을 새로운 부존점을 간주한 이후에 그 부존점 하에서 소비 최적화를 달성하는 소비점을 결정하는 과정에서 시장을 청산시키면, 균형 이자율을 쉽게 찾을 수 있다. 이상의 논의를 바탕으로 시장이자율을 결정하는 전체 과정을 수학적 모형으로 살펴보자. 먼저 크루소의 최적화 문제는 다음과 같다.

$$\text{Max}_{c_0^A, c_1^A, p_0^A, p_1^A} \ u^A(c_0, c_1)$$

$$s.t. \ f_A(p_0^A, p_1^A) = 0$$

$$\phi c_0^A + c_1^A = \phi p_0^A + p_1^A$$

$$\Rightarrow \left[MRT_{0,1}^A = \frac{\partial f_A / \partial p_0^A}{\partial f_A / \partial p_1^A} \right] = \phi \qquad (1)$$

$$\left[IMRS_{0,1}^A = \frac{MU_0^A}{MU_1^A} \right] = \phi \qquad (2)$$

$$f_A(p_0^A, p_1^A) = 0 \qquad (3)$$

$$\phi c_0^A + c_1^A = \phi p_0^A + p_1^A \qquad (4)$$

위의 1계 조건 중 (1)번 조건은 크루소가 오늘의 코코넛을 한계적으로 1단위 더 심었을 때 수익이 시장이자율과 같다는 조건을 만족해야 생산가능곡선과 예산선이 접하게 됨을 의미한다. 또한 (2)번 조건은 크루소가 코코넛을 1단위 더 소비했을 때 얻게 되는 주관적인 가치 혹은 코코넛의 한계대체율, 즉 오늘 코코넛을 한 단위 더 소비하기 위하여 내일 코코넛 몇 단위를 포기할 의사를 나타내는 주관적 교환비율인 *IMRS*인데 이것이 시장의 이자율과 같아야 한다는 조건이다. 위의 1계 조건 중 (1)번과 (3)번을 활용하면 생산/투자 의사결정을 수행할 수 있다. 또한 (2)번과 (4)번을 활용하면 소비선택 의사결정을 수행할 수 있다. 그런데 (1)번과 (3)번 조건을 활용한 생산/투자 의사결정에는 소비와 관련된 내용이 전혀 존재하지 않는다. 다만, (1)번과 (3)번 조건은 생산/투자 의사결정에 의해서 생산점을 도출해 줄 뿐이다. 이 생산점에 관한 정보를 (2)와 (4)에 대입하게 되면 최종적인 소비점을 구할 수 있다. 즉, 최종적인 소비 의사결정에서 초기 부존점인 (y_0^A, y_1^A)를 대입하는 것이 아니라 생산점인 (p_0^A, p_1^A)를 새로운 부존점으로 간주하고 이 점을 대입하여 소비 최적화 문제를 풀어야 한다는 것이다. 이는 피셔의 분리

정리와 관련지을 수 있다. 그 정리의 내용을 다시 요약하면 먼저 부를 극대화하는 최적 생산점을 결정하는 단계에서는 소비를 고려할 필요가 없다는 점. 그리고 일단 최적 생산점이 결정되고 나면 그 점을 새로운 부존점으로 간주하고 소비 최적화를 달성하면 된다.

다음으로 행크스의 최적화 문제는 다음과 같다.

$$\text{Max}_{c_0^B, c_1^B, p_0^B, p_1^B}\ u^B(c_0, c_1)$$
$$s.t.\ f_B(p_0^B, p_1^B) = 0$$
$$\phi c_0^B + c_1^B = \phi p_0^B + p_1^B$$

$$\Rightarrow \left[MRT_{0,1}^B = \frac{\partial f_B / \partial p_0^B}{\partial f_B / \partial p_1^B} \right] = \phi \quad (5)$$

$$\left[IMRS_{0,1}^A = \frac{MU_0^A}{MU_1^A} \right] = \phi \quad (6)$$

$$f_B(p_0^B, p_1^B) = 0 \quad (7)$$

$$\phi c_0^B + c_1^B = \phi p_0^B + p_1^B \quad (8)$$

이처럼 크루소와 행크스의 경우 자신들의 최적화 문제에서 최적 소비점을 결정하게 되는데 그것은 시장이자율의 함수로 표현되는 일종의 수요함수를 도출한 것이다. 이렇게 된 상태에서 시장 이자율을 최종적으로 결정하기 위해서는 시장 청산 조건을 도입해야 한다. 시장청산 조건은 다음과 같다.

$$c_0^A + c_0^B = p_0^A + p_0^B \quad (9)$$
$$c_1^A + c_1^B = p_1^A + p_1^B$$

시장청산 조건은 오늘 크루소가 소비하는 코코넛의 양과 행크스가 소비하는 코코넛의 양의 합계는 각각의 새로운 생산점 혹은 새로운 부존점에서 크루소와 행크스가 오늘 갖는 코코넛 양의 합과 같아야 한다는 것이다. 간단히 말하면 오늘의 코코넛 소비의 총합은 오늘의 전체 부존량의 총합과 같아야 한다는 것이다. 위 시장청산 조건의 두 번째 조건은 첫 번째 조건이 성립하면 자동적으로 성립하는 부가적(redundant) 조건이다. 시장 전체의 왈라스적 균형(Walras' Law) 조건에 따르면 하나의 시장이 균형이면 나머지 시장도 자동균형이 성립한다. 두 번째 조건도 역시 내일 코코넛 소비의 총 합은 내일 전체 부존량의 총 합과 같아야 한다는 것을 표현하고 있다.

정리하자면 위에서 살펴본 생산-교환 경제에서 이자율의 결정 문제는 크루소의 최적화 문제와 행크스의 최적화 문제 그리고 이자율 결정 과정에서 총 9개의 내생변수를 구하는 문제이다. 즉, 크루소의 최적화 문제에서 내생변수 c_0^A, c_1^A, p_0^A, p_1^A 4개, 행크스의 최적화 문제에서 내생변수 c_0^B, c_1^B, p_0^B, p_1^B 4개, 마지막으로 시장이자율 ϕ 1개 총 9개의 내생변수를 결정하는 문제이다. 이 문제를 푸는 1계조건 또한 (1)번부터 (9)번까지 총 9개의 연립 방정식이 주어진다는 것을 확인할 수 있다. 해가 존재할 충분조건이 마련되었다. 이제 이러한 수학적 논리를 적용하여 예제를 풀어보자.

먼저 크루소의 효용극대화 문제를 살펴보자. 크루소의 효용은 오늘의 코코넛과 내일의 코코넛의 곱으로 나타난다.

$$u_A(c_0, c_1) = c_0^A c_1^A$$

$$y_0^A = 700, \quad y_1^A = 510$$

$$f_A(p_0^A, p_1^A) = p_1^A - 1{,}000 + 0.001(p_0^A)^2 = 0$$

$$MRS_{0,1}^A = \frac{MU_0^A}{MU_1^A} = \frac{c_1^A}{c_0^A} = \phi \cdots \quad ①$$

$$MRT_{0,1}^A = \frac{f_{A0}}{f_{A1}} = \frac{0.002p_0^A}{1} = \phi \cdots \quad ②$$

$$p_1^A - 1{,}000 + 0.001(p_0^A)^2 = 0 \cdots \quad ③$$

$$\phi c_0^A + c_1^A = \phi p_0^A + p_1^A \cdots \quad ④$$

크루소의 초기부존점은 $e = (y_0^A, y_1^A) = (700, 510)$으로 나타나 있다. 이 초기부존점을 음함수 형태인 생산가능곡선 식에 대입하면 0의 값을 만족해야 한다. 위에서 구한 4개의 1계조건 식, 즉 ①, ②, ③, ④번 식 조건을 활용하면 c_0^A, c_1^A, p_0^A, p_1^A의 미지수 4개의 값을 ϕ의 함수꼴로 확정할 수 있다. 그 과정을 살펴보자.

②번 식에서, $p_0^A = 500\phi$

③번 식에서, $p_1^A = 1{,}000 - 0.001(500\phi)^2 = 1000 - 250\phi^2$

①번과 ④번 식에서, $2\phi c_0^A = 500\phi^2 + 1{,}000 - 250\phi^2 = 1{,}000 + 250\phi^2$

$$c_0^A = \frac{500}{\phi} + 125\phi$$

$$c_1^A = 500 + 125\phi^2$$

$$p_0^A = 500\phi$$

$$p_1^A = 1{,}000 - 250\phi^2$$

마찬가지로 행크스의 최적화 문제도 다음과 같이 주어진다. 행크스의 코코넛 소비가 주는 효용함수 및 초기 부존점은 크루소의 경우와 다르게 다음과 같이 주어진다.

$$u_B(c_0, c_1) = c_0^B (c_1^B)^2$$

$$y_0^B = 500,\ y_1^B = 1{,}000$$

$$f_B(p_0^B, p_1^B) = p_1^B - 1{,}500 + 0.002(p_0^B)^2 = 0$$

$$MRS_{0,1}^B = \frac{MU_0^B}{MU_1^B} = \frac{c_1^B}{2c_0^B} = \phi \cdots \qquad ⑤$$

$$MRT_{0,1}^B = \frac{f_{B0}}{f_{B1}} = \frac{0.004p_0^B}{1} = \phi \cdots \qquad ⑥$$

$$p_1^B - 1{,}500 + 0.002(p_0^B)^2 = 0 \cdots \qquad ⑦$$

$$\phi c_0^B + c_1^B = \phi p_0^B + p_1^B \cdots \qquad ⑧$$

행크스의 경우 효용함수 형태가 크루소와 다르기 때문에 1계조건 식도 다르게 나타난다는 사실을 주의해야 한다. 그러나 행크스의 경우에도 위의 네 가지 1계조건, 즉 ⑤, ⑥, ⑦, ⑧번 식 조건을 활용하면 4개의 미지수, 즉 c_0^B, c_1^B, p_0^B, p_1^B 값을 ϕ의 함수 형태로 확정지을 수 있다. 그 과정을 살펴보자.

⑥번 식에서, $p_0^B = 250\phi$

⑦번 식에서, $p_1^A = 1{,}500 - 0.002(250\phi)^2 = 1{,}500 - 125\phi^2$

⑤번 식과 ⑧번 식에서, $3\phi c_0^B = 250\phi^2 + 1{,}500 - 125\phi^2 = 1{,}500 + 125\phi^2$

$$c_0^B = \frac{500}{\phi} + \frac{125}{3}\phi$$

$$c_1^B = 1{,}000 + \frac{250}{3}\phi^2$$

$$p_0^B = 250\phi$$
$$p_1^B = 1{,}500 - 125\phi^2$$

이상의 결과를 살펴보면 지금까지 크루소와 행크스가 구한 8개의 내생변수들이 모두 다 ϕ의 함수로 나타나 있음을 확인할 수 있다. 이제 이 결과와 시장청산 조건을 활용해서 ϕ의 값을 구하면 된다. 시장청산 조건은 다음과 같다. 즉, 두 사람의 오늘의 코코넛 소비의 합은 새롭게 만들어진 생산점 혹은 새로운 부존점에서의 처분가능한 오늘 코코넛의 합계와 같으며, 다음 식과 같이 주어져 있다. 이 식의 각 변수들에 위에서 구한 ϕ함수를 차례대로 대입하면 ϕ값을 확정할 수 있고, ϕ값이 구체적인 숫자로 확정되면 나머지 변수들의 구체적인 값도 확정된다. 즉, ϕ의 값과 크루소와 행크스의 오늘 및 내일의 생산점과 소비점의 값들은 다음과 같이 구할 수 있다.

$$c_0^A + c_0^B = p_0^A + p_0^B$$

그림 Ⅱ-17 크루소의 생산 및 소비 의사결정과 이자율

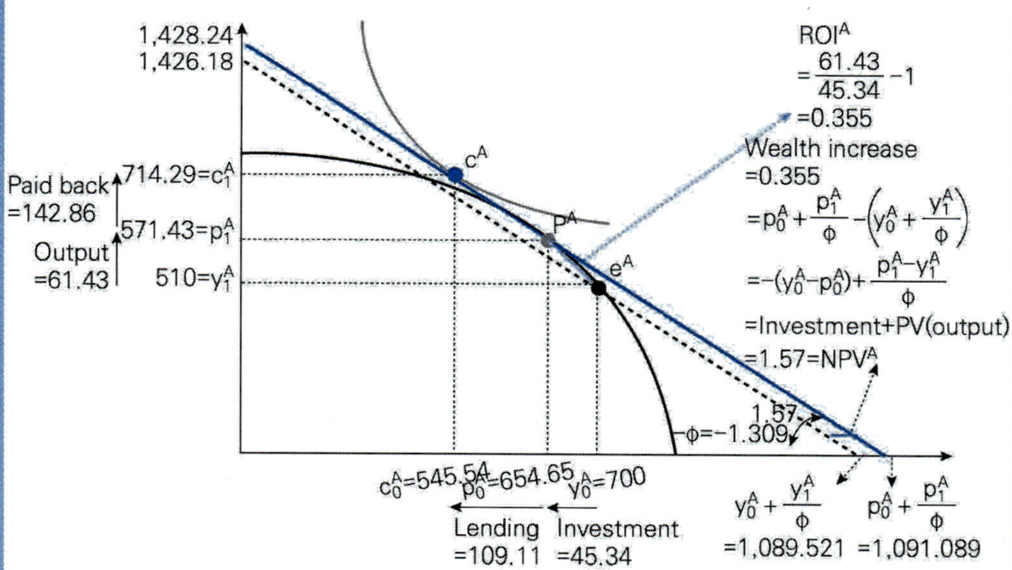

$$\rightarrow \frac{500}{\phi} + 125\phi + \frac{500}{\phi} + \frac{125}{3}\phi = 500\phi + 250\phi$$

$$\phi^* = \frac{2\sqrt{21}}{7} = 1.309$$

$$c_0^A = 545.54, \quad c_0^B = 435.44$$

$$c_1^A = 714.29, \quad c_1^B = 1,142.86$$

$$p_0^A = 654.65, \quad p_0^B = 327.33$$

$$p_1^A = 571.43, \quad p_1^B = 1,285.71$$

이제 크루소가 이 상황에서 수행한 생산/투자 의사결정과 소비의사결정 및 이자율의 결정 과정을 위에서 구한 수치 사례를 적용하여 그림으로 살펴보면 [그림 Ⅱ－17]과 같이 나타낼 수 있다.

크루소의 원래 부존점은 $e = (y_0^A, y_1^A) = (700, 510)$으로 주어져 있다. 이 초기 부존점은 생산가능곡선상에 존재함을 확인할 수 있다. 그리고 최초 부존점에서 생산을 수행하지 않고 소비의사결정을 수행했다면 위의 초기부존점을 지나는 점선이 원래의 예산선이 될 것이다. 그러나 초기 예산선을 생산가능곡선과 접하도록 최대한 위로 이동시키면 생산점 p^A점에서 접하게 되고 그 점은 생산점 혹은 새로운 부존점이 된다. 위에서 수치적으로 구한 결과에 따르면 생산점은 $p^A = (p_0^A, p_1^A) = (654.65, 571.43)$으로 주어진다. 이 경우 코코넛의 투자량을 계산해보면 $y_0^A - p_0^A = 700 - 654.65 = 45.34$이다. 산출량은 $p_1^A - y_1^A = 571.43 - 510 = 61.43$으로 계산된다. 이 경우 크루소의 ROI^A는 산출량을 투입량으로 나누어서 1을 뺀 값이므로 $\frac{61.43}{45.34} - 1 = 0.355$로 나타나서 ROI^A가 예산선의 기울기를 나타내는 시장이자율 $\phi - 1 = 0.309$보다 큰 값으로 나타남을 확인할 수 있다. ROI^A가 ϕ보다 크게 나타나는 이유는 생산가능곡선이 원점에 대해서 오목한 형태를 띠고 있기 때문이다.

이제 크루소는 생산점을 찾았기 때문에 그 생산점을 새로운 부존점으로 간주하게 되고 그 점을 지나는 새로운 예산선을 자신의 소비가능 집합으로 간주하게 되며, 그 새로운 소비가능 집합에서 자신의 효용을 극대화해주는 소비점을 찾게 된다. 위의 수치 사례에서 우리는 크루소의 현재소비와 미래소비가 각각 $c_0^A = 545.54$, $c_1^A = 714.29$임을 알 수 있었다. 크루소의 오늘의 소비 $c_0^A = 545.54$는 오늘의 새로운 부존량 $p_0^A = 654.65$보다 작은 값을 갖기 때문에 크루소는 오늘의 코코넛을 행크스에게 $p_0^A - c_0^A =$

그림 Ⅱ-18 행크스의 생산 및 소비 의사결정과 이자율

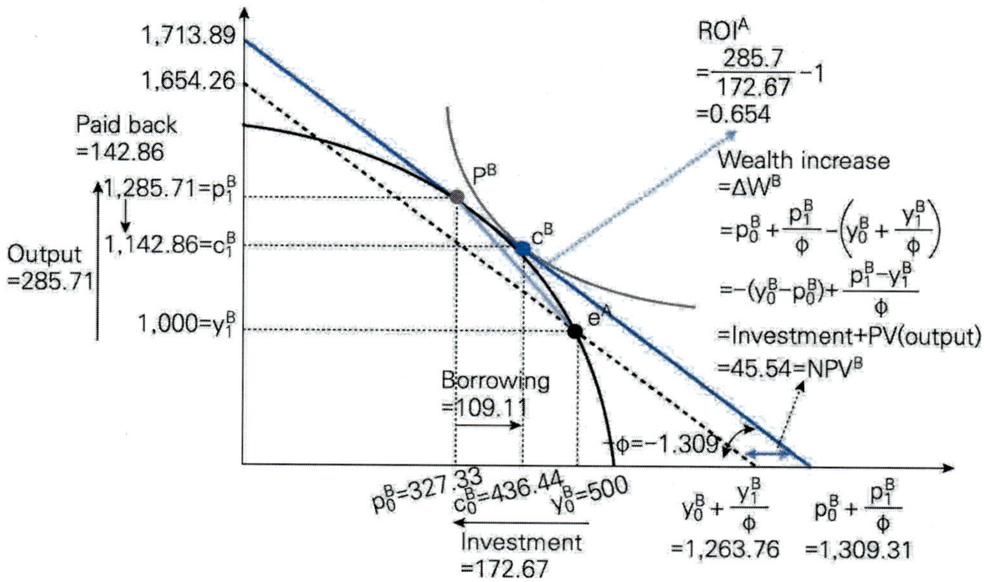

$654.65-545.54=109.11$만큼 빌려주었다는 것을 의미한다. 그리고 크루소는 오늘 빌려준 코코넛의 대가로 내일 행크스로부터 $c_1^A-p_1^A=714.29-571.43=142.86$개만큼 돌려받게 된다. 내일 돌려받는 코코넛 개수를 오늘 빌려준 코코넛 개수로 나누어준 값은 당연하게도 시장이자율이 된다. 즉 $\frac{142.86}{109.11}=1.309$.

한편, 크루소의 원래 부존점의 현재가치는 $y_0^A+\frac{y_1^A}{\phi}=700+\frac{510}{1.309}=1{,}089.61$이고, 미래가치는 1,426.3이다. 또한 크루소의 생산점의 현재가치는 $p_0^A+\frac{p_1^A}{\phi}=654.65+\frac{571.43}{1.309}=1{,}091.189$로 나타난다. 따라서 크루소가 생산활동을 통해서 자신의 부를 얼마만큼 증가시켰는가를 계산해보면 다음과 같다.

$$\Delta W^A=p_0^A+\frac{p_1^A}{\phi}-\left(y_0^A-\frac{y_1^A}{\phi}\right)=-(y_0^A-p_0^A)+\frac{p_1^A-y_1^A}{\phi} \quad \text{(식 2–26)}$$

즉, 크루소가 자신의 생산활동을 통해서 증가시킨 부의 양은 내일의 코코넛 산출량

의 현재가치에서 현재 투자한 코코넛의 가치를 차감한 것이다. 크루소의 경우에 투자를 통해서 증가한 부의 순 증가분은 1.579로 계산된다.

다음으로 행크스가 수행한 생산/투자 의사결정과 소비의사결정 및 이자율의 결정 과정을 위에서 구한 수치 사례를 적용하여 그림으로 살펴보면 [그림 Ⅱ－18]과 같이 나타낼 수 있다.

행크스의 원래 부존점은 $e=(y_0^B, y_1^B)=(500, 1,000)$으로 주어져 있다. 이 초기 부존점은 생산가능곡선 상에 놓여 있다. 그리고 행크스가 최초 부존점에서 생산에 투자하지 않았다면 초기부존점을 지나는 점선이 행크스에게 소비 가능한 예산집합, 즉 예산선이 될 것이었다. 행크스가 자신의 초기 예산선을 생산가능곡선과 접하도록 최대한 위로 이동시키면 생산점 p^B점에서 접하게 되고 그 점은 생산점 혹은 새로운 부존점이 된다. 위에서 구한 수치적 결과에 따르면 행크스의 생산점은 $p^B=(p_0^B, p_1^B)=(327.33, 1,285.71)$로 주어졌다. 행크스가 내일의 코코넛 생산을 위해서 오늘 시점에서 투자한 코코넛 수량을 계산해보면 $y_0^B-p_0^B=500-327.33=172.67$이다. 오늘의 투자를 통해 내일 얻게 되는 코코넛 산출량은 $p_1^B-y_1^B=1,285.71-1,000=285.71$로 계산된다. 이 경우 행크스의 ROI^B는 산출량을 투입량으로 나누어서 1을 뺀 값이므로 $\frac{285.71}{172.67}-1=0.654$가 된다. 시장이자율 $\phi-1=0.309$보다 ROI^B는 두 배 이상의 큰 값을 나타내고 있다. 행크스의 ROI^B는 크루소의 ROI^A보다도 확연하게 큰 값을 보이는데, 이를 통해 행크스가 크루소에 비해 탁월한 생산기술을 갖고 있음을 알 수 있다.

이제 행크스의 원래 부존점의 현재가치는 $y_0^B+\frac{y_1^B}{\phi}=500+\frac{1,000}{1.309}=1,263.942$이다. 그리고 생산점의 현재가치는 $p_0^B+\frac{p_1^B}{\phi}=327.33+\frac{1,285.71}{1.309}=1,309.538$로 나타난다. 행크스가 생산활동을 통해서 증가시킨 자신의 부의 순증가분을 현재가치로 나타내면 45.596이다. 크루소가 자신의 생산활동을 통허서 만들어낸 부의 순증가분은 1.579였다는 점을 감안한다면 행크스의 코코넛 나무 농사기술이 월등하게 우수함을 알 수 있다.

그런데 행크스의 경우 원래 부존점의 미래부존값 $y_1^B=1,000$은 현재 부존값 $y_0^B=500$의 2배였는데, 생산점에서의 미래 처분가능 코코넛 수량은 $p_1^B=1,285.71$로 현재의 처분가능 코코넛 수량 $p_0^B=327.33$의 약 4배에 이르고 있다. 따라서 행크스가 정상적인 선호체계를 갖는 한, 새로운 생산점에서 소비평탄화를 위해서 노력할 유인이 크고 따라서 오늘 크루소로부터 코코넛을 빌려서 내일 상환하는 형태의 최적 소비점 선택을 하게 되는 것이다.

Ⅲ. 명목이자율의 결정과 통화정책

전 장에서는 [그림 Ⅰ-1]에서 살펴본 수익률 곡선 중에서 만기가 아주 짧은(보통 만기 1일짜리) 채권의 실질이자율이 어떻게 결정되는지를 살펴보았다. 보통 만기가 1년 이상인 금융상품이 거래되는 시장을 자본시장이라고 부르고, 만기가 1년 미만인 상품들이 거래되는 시장을 단기금융시장이라고 한다. 앞서 학습한 내용은 하루짜리 만기를 가지는 채권의 실질이자율 결정과정을 살펴본 것이다. 1일 만기 채권금리는 대부분의 나라에서 기준금리로 사용하고 있어서 중요한 금리이다.[1]

그런데 실질이자율이란 무엇인가? 일단 실질이자율은 관측이 불가능하다. 앞서 우리가 공부한 내용은 코코넛 실물자산을 빌려주거나 빌릴 때 다음 기에 얼마만큼의 코코넛을 돌려주고 돌려받을 것인가와 관련해서 실질이자율을 정의하였다. 앞서 우리가 공부한 내용에 따르면 교환경제에서는 $IMRS=\phi$ 조건이 성립되어야 하고, 생산-교환경제에서는 $MRT=IMRS=\phi$조건이 성립하였다.

그런데 실질이자율은 음(-)의 값도 가질 수 있다. 예를 들어 크루소와 행크스의 두 섬 모두에 오늘은 코코넛이 굉장히 많이 열리고 내일은 코코넛이 굉장히 작게 열린다면 크루소와 행크스는 마이너스 금리로 코코넛을 거래하는 것이 가능하다. 예를 들어 크루소 입장에서 오늘 코코넛 1개를 행크스에게 빌려주고 내일 1개 이하로 돌려받아도 상관없다는 것이다. 이처럼 ϕ가 1보다 작은 경우는 오늘 코코넛이 굉장히 많고, 내일 코코넛이 굉장히 적으면 내일 코코넛의 개수로 표시한 오늘 코코넛의 가치는 떨어진다. 따라서 오늘 코코넛 1단위의 가치는 내일 코코넛의 1단위 이하가 되어 음의 실질이자율이 나타나게 된다.

그런데 명목이자율이 음의 값을 가질 수 있겠는가? 명목이자율이 존재하기 위해서는 오늘의 코코넛과 내일의 코코넛 사이에 거래수단으로 화폐가 존재해야 한다. 예를 들어 오늘 은행에 100원을 예금한 후 다음날 90원을 돌려받는 상황이 가능할까? 화폐는

1 참고로 우리나라는 과거에 1일 만기 call 금리를 기준금리로 삼고 있었으나 현재는 기준만기 7일짜리 RP금리를 기준금리로 삼고 있다.

부패하지 않으므로 굳이 은행에 맡길 필요 없이 그냥 화폐를 보유하고 있기만 하면 100원이 90원으로 줄어드는 상황은 피할 수 있다. 그래서 명목이자율은 마이너스가 될 수 없고 항상 0보다 같거나 커야 한다. 그런데 최근에 들어와 명목이자율의 하한선이 0이라는 이론은 현실에서 부정당하고 있다. 본 절에서는 앞 절에서 실질이자율이론을 제공한 바 있는 피셔방정식(Fisher Equation)[2]을 통해서 명목이자율이 어떻게 결정되는지를 살펴보도록 하자. 본서에서는 명목이자율을 i로 표시하고, 실질이자율을 r로 표시하며, 기대인플레이션율을 π^e로 표시한다. 이 경우, 피셔방정식은 다음과 같다.

$$\begin{aligned}(1+i) &= (1+r)(1+\pi^e) \\ &= 1+r+\pi^e+r\cdot\pi^e \\ &\cong 1+r+\pi^e\,(r\cdot\pi^e\text{는 매우 작은값}) \\ i &= r+\pi^e:\ \text{피셔방정식}\end{aligned} \qquad \text{(식 3–1)}$$

혹은 원래의 피셔방정식 $(1+i)=(1+r)+(1+\pi^e)$ 양변에 로그함수를 취하면 연속복리수익률(continuously compounding interest rate)의 관계로 다음과 같이 쓸 수 있다.

$$\begin{aligned}&(1+i)=(1+r)(1+\pi^e) \\ &\Leftrightarrow\ \ln(1+i)=\ln(1+r)+\ln(1+\pi^e) \\ &\ \to\ i=r+\pi^e\end{aligned}$$

참고: x가 매우 작은 값을 가질 때 $\ln(1+x)\approx x$라는 것이 테일러 근사치로 알려져 있다.

피셔방정식은 항등식으로, 반드시 성립해야 하는 식이다. 피셔방정식을 구성하는 변수들 중에서 명목이자율 i는 현실에서 관측가능하다. 반면, 실질이자율 r은 현실에서 관측 불가능하다. 기대인플레이션율 π^e도 현실에서 관측 불가능하다. 즉, 피셔방정식의 우변의 두 변수는 모두 관측 불가능하고, 좌변의 명목이자율만 관측가능하다. 그러면 피셔방정식에 나타난 피셔의 경제적 이론 즉, 가설은 무엇인가? 피셔의 가설은 피셔방정식의 우변에 나타난 두 변수, 즉 실질이자율과 기대인플레이션율이 시계열적으로 어떻게 움직이고 있는지에 대한 이론이다. 단, 피셔방정식이 항등식이라고 할 때 그것은 하나의 이론으로 보면 안 되고 정의식에 가까워서 항상 그 관계가 만족해야 한다는 것이다. 따라서 피셔방정식 자체는 이론이 아니고 정의식이지만 피셔방정식의 우변에 나

2 Fisher, Irving(1907), The Rate of Interest, Mansfield Centre, CT: Martino Publishing(2009); MacMillan(1907).

타난 두 변수의 시계열적 움직임에 대해서는 이론이 개입할 수 있는 여지가 존재한다. 피셔의 가설은 실질이자율과 기대인플레이션이 직교(orthogonal)한다는 것이다. 이를 식으로 표현하면 다음과 같다.

$$i = r + \pi^e \ \rightarrow \ r \perp \pi^e : \ \text{피셔의가설} \qquad \text{(식 3-2)}$$

직교한다는 것은 r과 π^e의 시계열적 움직임이 서로 아무런 관계가 없다는 것이다. 이들 변수 각각이 정규분포를 따른다고 가정한다면 실질이자율과 기대인플레이션율은 상호 독립(independent)이라는 것을 알 수 있다. 이러한 실질이자율과 기대인플레이션율의 시계열적 움직임에 관한 피셔의 가설을 화폐이론의 관점에서 본다면 그것은 바로 통화중립성(money neutrality)을 의미한다. '통화중립성'이란 통화량 변동이 실질 변수에 아무런 영향을 주지 않는다는 일련의 관점을 지칭한다. 이러한 통화중립성 가설은 명목이자율과 인플레이션율 간에는 1:1의 조정관계(one-to-one adjustment) 혹은 상관계수가 1이어야 함을 의미한다. 그런데 역사적 데이터를 이용해서 명목이자율과 인플레이션의 움직임을 분석해보면 1:1 상관관계가 나타나지 않는다. 실질이자율과 기대인플레이션의 관계도 상호 독립은 아니며 낮은 수준의 음(−)의 상관관계를 갖고 있는 것으로 나타나고 있어서 통화중립성 가설이 성립하지 않는다. 이처럼 몇몇 실증연구에 의해서 통화중립성 가설이 반박되고 있음에도 불구하고 현재에도 여전히 통화중립성의 성립 여부에 대한 논쟁이 지속되고 있다. 그것은 실질이자율과 기대인플레이션율이 현실에서 관측불가능한 변수이기 때문이다. 관측 불가능한 변수를 복원해서 그 관계를 추정해야 하므로 통화가 중립적인지 비중립적인지에 대한 논쟁에 명확한 해답을 찾기가 쉽지 않은 상황이다.

보통 기대인플레이션율은 전문가 집단을 대상으로 하는 설문조사 결과 나타나는 기대인플레이션을 받아들여서 분석을 진행하는 경우도 있지만, 그러한 방식보다 좀 더 정확도가 높은 방법으로 미국의 경우 'Linkers' 즉, TIPS(treasury inflation protected security)라는 국채가 의미하는 *BEI*(break even inflation rate)를 기대인플레이션율의 대리변수로 사용하는 방법이 있다. 미국의 경우 TIPS의 yield curve 데이터가 구축된 것이 2008년 이후인 반면, 영국의 Linkers(guilt)는 최초의 인플레이션 연계채권으로 1981년 등장한 이후 미국에 비해 상대적으로 더 오랜 거래 역사를 갖는다. 아래에서는 이 상품에 대해서 간략하게 살펴본다.

1. Linkers

Linkers는 우리나라,[3] 미국, 영국, 일본, 호주 등 많은 나라에서 발행되고 있다. 그러나 해당 상품의 가격 결정모형은 아직 제대로 된 모형이 거의 없을 정도로 복잡한 상품이다. 일반적으로 linkers는 기대인플레이션율이 올라가면 가격이 오르는 구조로 되어 있다. 따라서 linkers는 이론적으로 정확한 기대인플레이션율을 제공해주는 상품이라는 점에서 독자들이 정확히 이해해야 할 필요성이 크다.

	t=0	t=1	t=2
Pre-specified CF		C	C+M
(core) CPI	I_0	I_1	I_2
Gross inflation rate		$\frac{I_1}{I_0}=1+\pi_1$	$\frac{I_2}{I_0}=(1+\pi_1)(1+\pi_2)$
Ex-post CF		$C\frac{I_1}{I_0}=C(1+\pi_1)$	$(C+M)\frac{I_2}{I_0}=(C+M)(1+\pi_1)(1+\pi_2)$

linkers의 구조는 위의 그림과 같이 설명할 수 있다. linkers의 사전적(ex-ante, pre-specified) 현금흐름은 현재시점의 화폐가치를 기준으로 명목적으로 고정되어 설정된다. 즉, 현재시점에서 볼 때 미래에 지급되는 현금흐름의 가치가 실질적으로 고정된다고 보면 된다. 이러한 의미에서 linkers가 약속한 사전적 현금흐름은 실질현금흐름(real cash-flow)이다. 그런데 사후적(ex-post)으로 지급되는 현금흐름은 고정된 명목단위를 인플레이션율을 감안하여 조정해주기 때문에 현재시점에서는 향후에 얼마의 현금흐름이 지급될지 알 수 없으며 오직 사후적으로만 지급액이 얼마인지 알 수 있는 명목현금흐름(nominal cash-flow)이다. 이처럼 사후적으로 지급되는 현금흐름을 기준으로 보면 linkers는 변동금리 채권으로 볼 수도 있다. 그렇지만 재미있는 것은 이자만 사후적으로 명목가치를 조정해주는 것이 아니라 채권의 원금도 사후적으로 명목가치를 조정하여 지급한다는 사실이다.

위 그림에서 나타난 인플레이션율은 다음과 같이 계산된다. 발행날짜의 기준 물가지수(통상적으로 CPI의 변동성을 줄인 core CPI 지수[4]를 사용한다)를 I_0라고 하자. 1년 후에

3 우리나라는 물가연동국고채권(inflation linked Korea treasury bond)을 2007년 3월부터 발행해 오고 있다.

core CPI 지수는 I_1이 되고, 2년 후에 core CPI 지수는 I_2가 된다. 그래서 발행시점부터 1년까지 인플레이션율은 $\frac{I_1}{I_0} = 1+\pi_1$이 되고, 1년부터 2년까지 인플레이션율은 $\frac{I_2}{I_0} = 1+\pi_2$가 된다. 1년 후 사전적으로 지급 약속된 명목이자 C를 사후적 명목가치로 조정해주면, $C(1+\pi_1)$로 된다. 2년 후에 사전적으로 지급하기로 약속된 명목 이자율과 액면가(M)를 사후적 명목가치로 조정해주면, $(C+M)(1+\pi_1)(1+\pi_2)$로 된다.

그런데 이렇게 미래에 지급되는 사후적 명목현금흐름을 현재가치로 환산할 때에는 논의를 간단하게 진행하기 위해서 '모든 사람이 위험중립적이라서 위험에 대해서 특별히 초과수익을 요구하지 않는다'라는 위험중립성 가정을 전제로 한다. 아래 식에서 E^Q는 위험중립적 기대를 나타내는데, linkers의 가격은 다음과 같이 결정된다.

$$\begin{aligned}P &= E^Q\left[\frac{C(1+\pi_1)}{(1+r_1)(1+\pi_1)}\right] + E^Q\left[\frac{(C+M)(1+\pi_1)(1+\pi_2)}{(1+r_1)(1+\pi_1)(1+r_2)(1+\pi_2)}\right] \\ &= CE^Q\left[\frac{1}{(1+r_1)}\right] + (C+M)E^Q\left[\frac{1}{(1+r_1)(1+r_2)}\right] \\ &= \frac{C}{(1+y_{r2})} + \frac{(C+M)}{(1+y_{r2})^2}\end{aligned}$$

이 식의 결과를 보면, linkers의 현재시점에서의 시장가격 P를 알면 linkers의 실질만기수익률(real yield to maturity) y_{r2}를 알 수 있다. linkers가 제공하는 실질만기수익률을 이용하여 정확한 기대인플레이션율을 끌어내기 위해서는 일반적인 고정이자 채권의 가격결정에서 명목 만기수익률 y_{i2}도 알아야 한다. 일반적인 고정이자 채권의 가격결정은 다음과 같다.

$$\begin{aligned}P &= E^Q\left[\frac{C}{(1+r_1)(1+\pi_1)}\right] + E^Q\left[\frac{(C+M)}{(1+r_1)(1+\pi_1)(1+r_2)(1+\pi_2)}\right] \\ &= CE^Q\left[\frac{1}{(1+r_1)(1+\pi_1)}\right] + (C+M)E^Q\left[\frac{1}{(1+r_1)(1+\pi_1)(1+r_2)(1+\pi_2)}\right] \\ &= \frac{C}{(1+y_{i2})} + \frac{(C+M)}{(1+y_{i2})^2}\end{aligned}$$

이 식에서도 마찬가지로 일반적인 고정이자 채권의 현재시점에서의 시장가격 P를 알면 명목 만기수익률 y_{i2}를 알 수 있다. 이 경우 2년 동안의 기대인플레이션율이

4 core CPI, 즉 근원소비자물가지수는 가격변동이 심한 식품과 에너지를 제외한 상품과 서비스의 가격변동 측도로 상대적으로 안정적인 가격변동을 보여준다.

그림 Ⅲ-1 만기 10년짜리 TIPS의 BEI

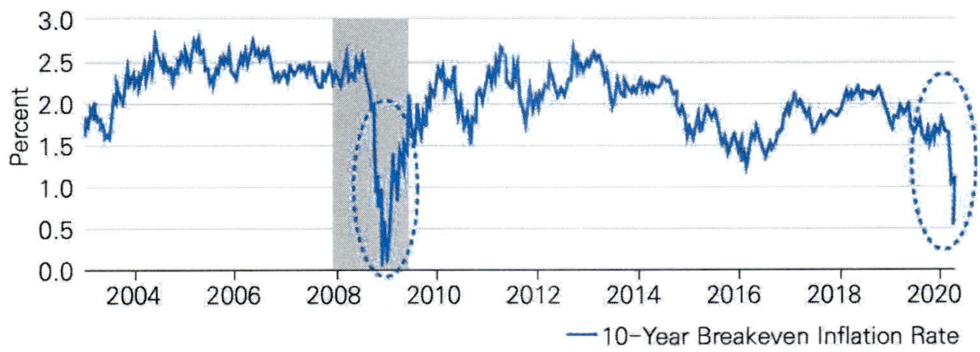

linkers를 발행한 시점에서 얼마가 될 것인지는 위의 (식 3−1) 피셔방정식을 이용하여 계산할 수 있다.

$$BEI(break\ even\ inflction\ rate) = \pi^{e}_{0,2} = y_{i2} - y_{r2} \qquad \text{(식 3–3)}$$

이처럼 특정 시점에서 특정 만기 linkers의 시장가격을 알게 되면 그 특정 만기에 해당하는 실질 만기수익률을 알 수 있게 되고 그것을 동일한 특정만기 고정금리 국채에서 나타나는 명목 만기수익률과 비교하면 그 시점에서 시장에서 예상하는 정확한 기대인플레이션율을 구할 수 있다. 만약 사후적으로 실현된 실제 인플레이션율이 linkers를 발행하는 시점에서 예상한 기대인플레이션율과 같다면 사람들은 사후적으로 linkers를 사거나 고정금리 국채를 사거나 무차별하게 된다. 간약 사후적으로 실현된 인플레이션율이 linkers 발행 시점에서 예상된 기대인플레이션율보다 높게 나타나면 linkers를 구입한 사람들이 사후적으로 상대적인 이득을 보게 되고, 사후적으로 실현된 실제의 인플레이션율이 링커를 발행한 시점에서 예상한 기대인플레이션율보다 낮게 나타나면 고정금리 국채를 구입한 사람들이 사후적으로 상대적인 이득을 보게 된다.

이처럼 linkers를 이용하면 실질이자율을 계산해 낼 수 있고, 명목이자율과 실질이자율의 차이인 기대인플레이션율을 알 수 있게 된다. 드디어 피셔 항등식에서 기대인플레이션율을 찾아낼 수 있게 되었으며 실질이자율을 확인할 수 있게 되었다.

대부분의 linkers는 위의 단순 모형과는 달리 6개월에 한번 혹은 3개월에 한번씩 표면이자를 지급한다. [그림 Ⅲ-1]은 만기 10년짜리 TIPS의 *BEI*의 변화를 보여주고 있다. 10년 동안 연평균 인플레이션율이 얼마나 되는가에 대한 사람들의 기대감이 매 시점마다 달라진다는 것을 잘 보여주고 있다.

2008년 글로벌 금융위기 이전에는 2.5% 정도 수준이었으나 금융위기 때 거의 0까지 떨어졌음을 확인할 수 있다. 만약 이 당시의 *BEI*를 그대로 받아들인다면, 2008년 11월 사람들의 생각은 '앞으로 10년 동안 미국의 연평균 인플레이션율은 0일 것이다'라는 기대감이 형성되었다는 것인데 현실성이 없는 예상이라고 볼 수 있다. 향후 10년 동안 연평균 인플레이션율이 0이라면 미국의 실질이자율은 마이너스로 결정된다. 통상 실질이자율은 실질GDP 성장률과 1:1 대응관계를 보인다는 점을 감안하면, 이는 향후 10년간 미국의 실질GDP 성장률이 마이너스값을 보인다는 의미인데 신뢰성이 떨어진다. 그러다 2009년 이후에 *BEI*는 크게 반등하고 이후 2016년에 1.5%까지 떨어졌다가 반등 이후 코로나 사태로 인해서 급락했다가 다시 반등하는 양상을 나타내고 있다.

이러한 인플레이션 연계상품 도입 이후 경제학자들이 기대인플레이션율에 대한 신뢰성 있는 측도로 *BEI*를 얻게 되었고, 피셔 가설을 검정할 수 있게 되었다는 의견이 있었다. 그런데 *BEI*가 사람들의 진정한 기대인플레이션율을 항상 적절하게 반영하는지에 대한 의문이 존재한다. *BEI*는 기본적으로 TIPS의 수급에 따른 시장가격에 의해 결정되는데, 금융위기가 발생하게 되면 시장의 유동성에 문제가 생겨 *BEI*의 신뢰성에 문제가 발생한다. 기대인플레이션의 대리변수로 *BEI*를 사용하는 데에는 이와 같은 약점이 존재한다는 점에 주의해야 한다.

2. 통화정책

앞에서 실질 이자율곡선(real yield curve)의 초단기 수익률 즉, 실질이자율 곡선의 수직축 절편값이 어떻게 결정되는지를 피셔의 이자율이론을 통해서 학습하였다. 또한 명목 이자율곡선의 수직축 절편값이 어떻게 결정되는지를 피셔방정식을 통해서 공부하였다. 그렇다면 학습한 이론에 부합하도록 현실에서 '명목 초단기수익률은 과연 시장에서 결정되는가?'라는 질문을 던져볼 수 있다.

현실에서는 초단기 명목금리의 결정은 시장보다는 중앙은행이 목표 기준금리 설정을 통해서 이를 통제하는 부분이 크다고 볼 수 있다. 우리나라의 경우 한국은행 7일 만기 RP 금리를 목표 기준금리로 사용하고 있다. 따라서 초단기 명목금리의 결정은 완전히 시장에 의해서 결정되지 않고 통화정책과 관련이 있다는 것을 강조할 필요가 있다. 그렇다면 중앙은행은 어떤 식으로 목표 기준금리를 결정하는가? 통화당국은 명목 단기금리를 어떤 방식으로 결정하는가?

참고로 프리드만(1960)[5]은 화폐수량 방정식 MV=PY(M: 통화공급량, V: 화폐유통속도, P: 물가수준, Y: 완전고용상태의 총생산량)을 통해서 통화량의 직접 조정이 통화정책에서 중요하다는 것을 강조하였다. 통화량 직접조정이 경제에 영향을 주기 위해서 전제되어야 할 것은 화폐유통속도의 안정성이었다. 그러나 화폐유통속도는 2008년 이후에는 굉장히 불안정해졌고, 큰 폭으로 하락하였다. 2008년 이후에 통화량을 큰 폭으로 증가시켰으나 물가도 올라가지 않고 성장률도 떨어졌다. 즉, 풀린 통화량 대비 시장에 화폐가 유통되지 않고, 유통속도는 계속 감소하는 현상이 심화된 것이다. 이렇듯 전통적인 화폐수량방정식으로는 이를 설명할 수 없기 때문에 이 상황을 뉴노멀(New Normal)이라고 부른다. 참고로 화폐수량방정식도 항상 성립해야 하는 항등식이므로, 통화량의 변화를 다음과 같이 분해해서 나타낼 수가 있다. 먼저 화폐수량방정식의 양변에 로그함수를 취하고 그것에 대한 변화분을 취하면 다음과 같다.

$$\ln M + \ln V = \ln P + \ln Y, \qquad \Delta M = \pi + \Delta q - \Delta v \qquad \text{(식 3–4)}$$

즉, 화폐수량설에 따르면 필요한 통화량의 증가분(ΔM)은 인플레이션(π)과 경제성장률(Δq)에서 화폐유통속도 변화분(Δv)을 차감해준 것과 같다는 것이다. 그러나 이러한 논의 틀은 2008년 이후에 통화량 증가에도 불구하고 낮은 인플레이션율과 낮은 경제성장률 상황에서 탈피하지 못하고 있는 현재의 '뉴노멀' 상황을 설명하기에는 역부족이다.

통화정책과 관련하여 다음으로 고려할 수 있는 논의는 Taylor(1993)[6]가 제시한 테일러 준칙(Taylor Rule)이다. 최근에 들어와 통화정책은 통화량을 중간목표로 설정하기

5 Friedman, M.(1960). A program for monetary stability(No. 3). Ravenio Books.

6 Taylor, John B.(1993). "Discretion versus Policy Rules in Practice", Carnegie-Rochester Conference Series on Public Policy, 39; 195-214.

그림 Ⅲ-2 테일러 준칙(연방금리)

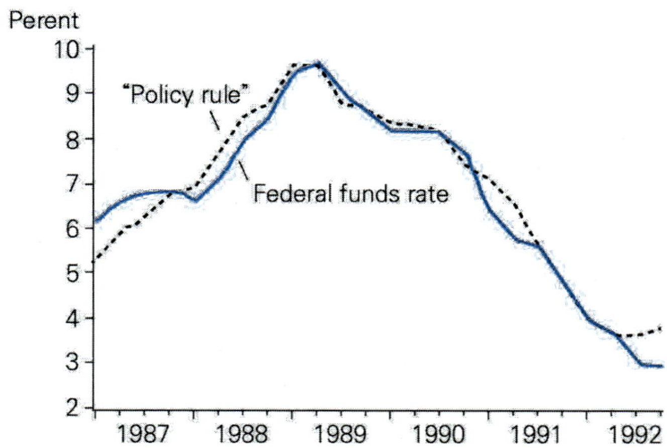

보다는 금리를 중간목표로 설정하는 것이 일반적이다. 이 경우 과거에 미국 연준이 목표 기준금리를 어떤 식으로 결정해 왔는가를 보여주기 위해서 테일러 준칙을 이해할 필요가 있다. 테일러 준칙은 이론적 모형이라기보다는 경험칙(empirical rule)에 가깝다. 테일러 준칙에 따르면 과거의 데이터를 근거로 제시한 목표 기준금리 설정 방법은 다음과 같다.

$$i_t = r_t^* + \pi_t + \beta_y(y_t - y_t^*) + \beta_\pi(\pi_t - \pi_t^*) \quad \text{(식 3–5)}$$

i_t = 목표 금리

r_t^* = 균형실질이자율

π_t = 인플레이션율(GDP deflator)

$y_t = \log(GDP)$

$y_t^* = \log$(잠재적 GDP)

π_t^* = 목표 인플레이션율

β_y = 산출량갭에 대한 가중치 파리미터(약 0.5)

β_π = 인플레이션갭에 대한 가중치 파리미터(약 0.5)

테일러 준칙은 기본적으로 피셔방정식을 확장한 것으로 이해할 수 있다. 피셔방정식에 기초해서 미국 연준의 목표금리 설정을 설명할 수 있는 방법을 개발한 것이다. 피셔방정식에 따르면 명목이자율은 실질이자율과 기대인플레이션율의 합으로 나타난다. 이 경우 균형실질이자율은 경제의 잠재성장률 수준에 근접하게 잡는 것이 일반적이다. 이 균형실질이자율은 앞 절의 교환경제 및 생산－교환경제에서 결정한 실질이자율 수준을 반영한다고 이해할 수 있다. 테일러는 실질이자율을 균형실질이자율과 실질부문의 산출량갭을 이용한 조정(가중치 0.5)값의 합($r_t^* + \beta_y(y_t - y_t^*)$)으로 추정하였다. 그리고 기대인플레이션은 부분은 실제 발생한 인플레이션율과 인플레이션갭을 이용한 조정(가중치 0.5)값의 합($\pi_t + \beta_\pi(\pi_t + \pi_t^*)$)으로 추정하였다. 미국의 경우 2008년 이전까지는 이와 같은 방식으로 추정한 테일러 준칙을 이용한 금리추정치와 실제 기준금리가 잘 맞아떨어졌다. 그러나 2008년 이후에는 비전통적 통화정책이 대세를 차지하고 있어서 테일러 준칙에 의한 기준금리 추정치의 유용성은 더 이상 인정되지 않고 있다.

2008년 이후 테일러 준칙이 맞아 들어가지 않는 데에는 2008년 이후 양적완화 등 비전통적 통화정책의 영향 때문이다. 통화정책과 관련해서 최근에 가장 이슈가 되고 있는 것이 이자율의 수준이다. 미국 금리는 거의 0 수준에 근접해 있다. 명목금리가 어디까지 떨어질 수 있는가에 대해서 0이 최저한도라는 견해가 일반적이었다.

그런데 최근에는 목표 기준금리가 마이너스 수준으로 떨어진 나라들이 속속 등장하고 있다. 전통적으로 경제학자들의 주장에 따르면 명목금리 하한선이 0이었지만 마이너스까지 내려간 것이 현실이다. 마이너스 명목 금리를 설명할 수 있는 유일한 근거는 보관비용이다. 은행 금고에 현찰을 맡기고 보관비용을 지불한다는 것이다. 경제학자들의 견해는 명목금리가 마이너스가 될 수 없다는 것이었으나 이러한 주장이 현실에서 부정당하고 있는 실정이다. 각국이 경쟁적으로 금리를 인하하고 있는 배경에는 실질금리를 낮추어서 소비를 진작시키고 투자를 증가시키자는 주장이 힘을 얻고 있기 때문이다. 그러나 최근에 나타나는 현상은 실질금리를 마이너스로 결정하는 정책의 수준을 넘어서 명목금리 자체가 마이너스로 결정되고 있는 상황이다. 명목금리를 마이너스로 만드는 것의 정책적 목표는 실질이자율을 절대값이 큰 마이너스 값으로 만들어서 사람들로 하여금 소비와 투자를 확실하게 증가시키겠다는 것이다.

그림 Ⅲ-3 미국 Zero Lower Bound

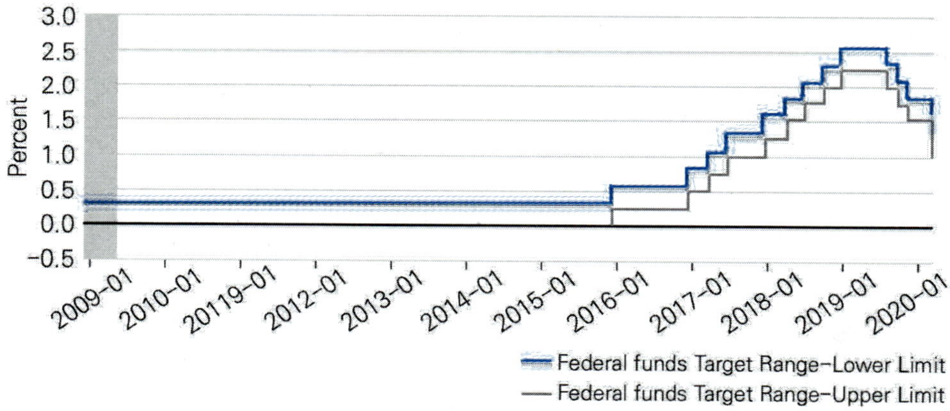

그림 Ⅲ-4 중앙은행별 이자율 정책

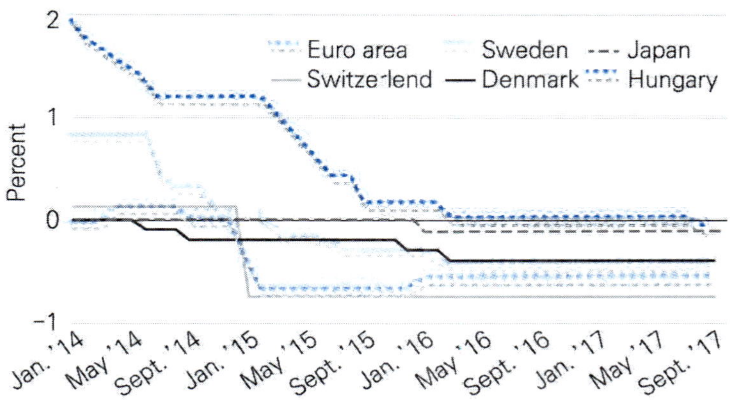

그림 Ⅲ-5 독일 정부채 bond yield

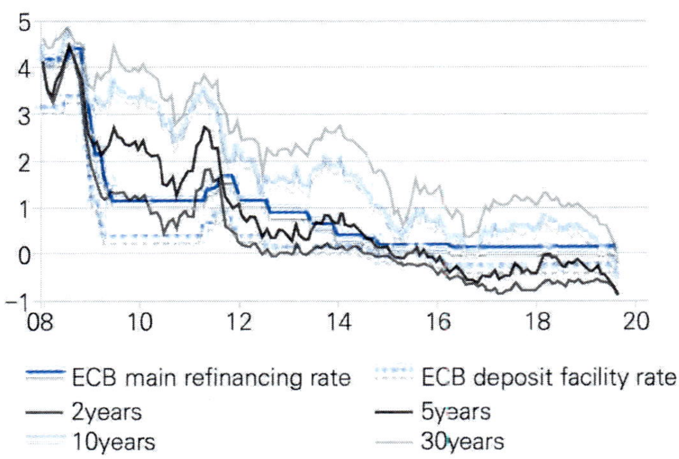

Source: Thomson Financial.

미국의 경우 마이너스 명목금리에 대해서는 아직 터부시 하고 있고 zero 금리까지 허용하고 있는 상황이다. 나라마다 실효하한선이 다른 실정이다. 기축통화국이나 외환

그림 Ⅲ-6 우리나라 정책금리 변화

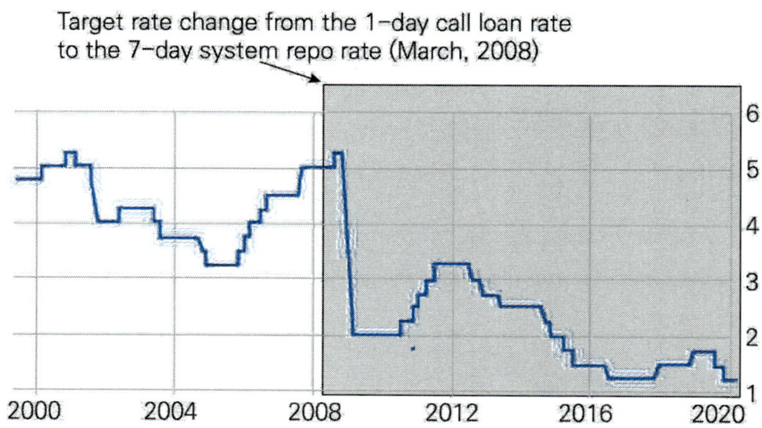

위기를 겪을 가능성이 없는 나라는 마이너스 금리를 활용할 수 있으나 소국 개방경제인 한국의 경우 zero 금리 혹은 마이너스 금리는 실현가능하지 않다. 외환위기 가능성을 촉발시키기 때문이다. 한국의 정책금리 하한선을 어느 수준으로 둘 수 있을 것인가에 대해서 2020년 5월부터 2021년 8월까지 지속되었던 0.5% 수준의 금리가 하한선에 육박하고 있다는 견해가 지배적이다.

3. 비전통적 통화정책

1) 양적완화(QE)의 세부적 분류

비전통적 통화정책에는 양적완화(Quantitative Easing, QE), 질적완화(Qualitative Easing, QuaE), QQE(Quant/Qual Easing), Operation Twist, Forward Guidance, OMF 등이 존재한다. 이들 비전통적 통화정책들은 모두 이자율곡선에 큰 충격을 준다. 본 절에서는 이와 관련해서 이들 비전통적 통화정책의 내용을 간략하게 살펴본다. 먼저 양적완화(quantitative easing, QE)라는 용어는 Richard Werner가 1994년에 Jardine Fleming Securities Ltd.의 일본 수석경제학자로서 기관투자자들에게 일본경제를 설명하면서 처음 사용하였다. 그리고 1995년에 일본의 신문에 칼럼[7]을 기고하면서 QE라는 용어를 또한 차례 사용하면서 널리 회자되기 시작하였다. 그런데 Werner가 사용했던 QE라는 용어는 현재 미국에서 수행되고 있는 양적완화(QE)와는 맥락이 좀 다르다. Werner는 일본의 버블이 깨지면서 일본의 심각한 경기침체 문제를 해결하기 위해서는 전통적인 금리 인하정책이나 통화량 확대정책으로는 역부족이고 '신용창출(credit creation)'을 수행해야 한다고 주장하였으며, 그 신용창출의 내용이 바로 QE라고 설명하였다. QE의 내용을 구체적으로 보면 일본중앙은행(BOJ)이 직접적으로 유동성을 산업부문에 투입해야 하며, 건설이나 수출산업에 대한 구제금융(bail out)을 BOJ가 직접적으로 수행하라는 것이었다. 이를 위해서 BOJ가 직접 시중은행의 부실대출(non performing loans, NPL)을 매입해야 하고 건설이나 수출산업에 속한 기업 혹은 정부에 직접대출을 수행하라는 것이다. 그리고 필요한 경우 이들 부실기업들이 발행한 기업어음(CP)이나 주식을 직접 매입하라는 것이다.

Werner가 제기한 이와 같은 논의는 모든 나라들의 현재의 경기침체 상황에서 각국의 중앙은행이 직접 나서서 최후의 대부자(last resort) 역할을 수행해야 한다는 최근의 논의와 맥락을 같이 한다. 이러한 Werner의 정책처방은 Shumpeter의 화폐－신용이론을 확장한 것이라고 스스로 밝히고 있다. 그는 심각한 경기침체에서 벗어나기 위해서 중앙은행은 유동성에 어려움을 겪고 있는 은행이나 기업들 심지어 정부에 대해서 부족한 유동성을 채워주는 역할을 해야 한다고 주장한다. 그의 이러한 주장은 중앙은행의 독립성 원칙, 보편성의 원칙(통화정책의 중립성 원칙)을 무너뜨리고 있다는 점에서 이단적인 주장으로 이해되어 왔다. 그러나 이러한 중앙은행의 보편성의 원칙은 2008년 글로벌 금융위기 이후에 각국에 양적완화(QE)와 질적완화(QuaE) 정책이 시행되면서 훼손되고 있고, 통화정책에 있어서의 무차별 원칙이 무너지고 있는 현실이다. Werner가 1994년에 BOJ에 추천한 통화정책 처방이 이제 모든 나라가 활용하는 통화정책으로 자리매김하고 있는 상황이다.

7 Richard A, Werner(1995), Keiki Kaifuku, Ryoteki Kinyu Kanwa Kara, (How to Creat a Recovery through 'Quantitative Monetary Easing'), The Nihon Keizai Shinbun(Nikkei), 'Keizai Kyoshitsu'('Economics Classroom'), 2 September 1995(morning edition), p. 26.

표 Ⅲ-1 양적완화의 세부적 분류

	Werner' QE	Bernanke's QE	Qualitative Easing(QuaE)	Quant/Qual Easing(QQE)
목적	산업구조조정과 구제금융	경기부양	경기부양 및 구제금융	경기부양 및 구제금융
정책처방	BOJ가 부도위기에 빠진 기업들이 발행한 CPs, 회사채 매입	Fed가 Treasury notes와 MBSs와 같은 정부기관 발행 채권 매입	중앙은행이 CPs, 회사채, 주식 등을 매입하고, 재무적 곤경 기업에 직접 구제금융	중앙은행이 시장에서 거래되는 모든 종류의 유가증권 매입
중앙은행 재무상태표	자산 구성내역의 변동	규모 증가	자산 구성내역 변동	규모 증가 및 자산구성 내역 변동
시장개입	강함	약함	매우 강함	강함
유동성 주입의 크기	작거나 중간정도	대규모	중간정도	중간 혹은 대규모
통화정책의 중립성	낮음	높음	낮음	중간
OMF(MMT)의 가능성	낮음	높음	낮음	중간
기타	QuaE와 유사	Fed의 QE1, QE2, QE3		ECB, BOJ 그리고 Fed의 새로운 QE

통상적으로 최근 언론에서 양적완화(QE)라는 용어를 쓸 때는 [표 Ⅲ-1]의 내용을 모두 양적완화라고 하는 광의의 의미에서 쓰이고 있다. 그러나 양적완화를 세부적으로 구분해 볼 필요성이 있는데, 그것은 정책 처방에 있어서 상당한 차이가 있고, 중앙은행의 독립성, 중립성, 보편성 등에 대한 영향에서도 큰 차이를 보이기 때문이다. 다만, 학계에서는 양적완화와 같은 통화정책은 이론적으로 아직 규명이 되어 있지 않다는 식의 반응을 보이고 있어서 이 분야에 대한 학술적인 연구는 많지 않은 실정이다.

양적완화는 크게 4가지 정도의 범주로 구분할 수 있으며, Fed, ECB, BOJ 등 각국 중앙은행 별로 양적완화를 실시하는 유형이 다르게 나타나고 있다.

먼저 Werner의 QE의 특성을 살펴보자. Werner가 제기한 양적완화의 목적은 산업구조조정과 구제금융이다. 정책처방은 BOJ가 부도위기에 빠진 은행들 및 기업들이 발행한 기업어음(CPs) 및 회사채를 직접 매입하라는 것이다. 이 경우 QE의 유형을 구분하기 위해 중앙은행의 재무상태표의 구성내역 변동을 살펴볼 필요가 있다. 먼저 중앙은행의 자산부분을 보면 일반적으로 중앙은행의 보유자산은 주로 국채, 정부발행 MBSs, 공기업 발행 채권 등 안전자산 위주로 구성되어 있다. 중앙은행은 위험자산을 보유하지 않는 경우가 일반적이다. 재무상태표의 부채 부분을 보면 법정지준금, 초과지불준비금, 본원통화 등이 부채의 구성내역이다. Werner의 처방을 좁게 정의하면 중앙은행이 안전자산을 시장에 팔아서 CPs, 회사채 등을 매입하라는 것이다. 무위험자산을 위험자산과 자산 스왑을 실시하라는 것으로 볼 수 있다. 이 과정에서 재무상태표 자산의 구성내역만 바뀔 뿐 자산의 규모 자체는 불변이다. 그러나 현실에 있어서 많은 양적완화 정책들은 중앙은행의 부채 항목에서 발권력을 동원하여 본원통화를 늘리게 되고 그 늘어난 부채를 동원해서 위험자산을 매입하는 방식을 사용한다. 이 경우 재무상태표의 자산규모도 늘어나고 부채규모도 늘어나게 된다.

다음으로 Werner의 처방은 특정 산업에 대한 구제금융이나 직접지원이기 때문에 시장개입의 정도가 매우 강한 것으로 볼 수 있다. 이 부분은 중앙은행의 통화정책의 중립성, 보편성의 원칙이 위배되는 부분이다. 이 경우 중앙은행은 어떤 산업부문 어떤 기업에 대한 구제금융을 실시할 것인지 직접 선별해야 한다. 다음으로 시장에 대한 유동성 주입의 규모를 보면, 자산스왑의 경우 발권력 동원이 불필요하며, 발권력을 동원하는 경우에도 특정 부문에만 유동성을 주입하기 때문에 시장에 대한 유동성 주입의 규모가 크지 않다. 그리고 정부가 국채를 발행해서 중앙은행이 직접 인수하는 방식의 OMF[8](overt monetary finance) 가능성은 크지 않다. 왜냐하면 중앙은행이 유동성 주입 부문을 선별하기 때문이다. 이와 같은 특성으로 인해 Werner의 QE는 이후에 보게 될 질적완화의 일종으로 볼 수도 있다.

다음으로 Bernanke가 실시한 QE의 특성을 살펴보자. Bernanke의 양적완화를 보통 협의의 양적완화라고 정의하고 있다. 이 정책의 목적은 경기부양이다. 정책처방은 Fed가 유통시장에서 은행이 보유한 국채와 주택담보부증권 MBS를 매입하는 방식으로 시장 전체에 유동성을 공급한다. 이 과정에서 누수현상이 발생할 수 있으므로 유동성 공급의 규모가 상대적으로 커질 수밖에 없다. 이에 따라 중앙은행의 재무상태표의 규모가 커지게 된다. 그러나 통화정책의 중립성과 보편성은 유지되고 있기 때문에 시장개입의 정도는 낮다고 볼 수 있다. 그런데 정부가 국채를 발행해서 중앙은행이 직접 인수하는 방식의 OMF(overt monetary finance)가 발생할 가능성은 상당히 크다고 볼 수 있다. 중앙은행이 발행시장에서 국채를 인수하는 것은 아니지만, 유통시장에서 중앙은행이 기

8 국가 재정적자에 대한 공개된 자금조달방식으로 QE가 간접적이고 임시적인 개념이라면, OMF는 직접적이고 지속적인 자금조달 개념이 된다. 본 장의 (바)에서 세부적으로 살펴본다.

발행 국채를 구입하더라도 채권수요가 일정한 가운데 중앙은행의 수요 증가로 OMF의 가능성은 상존한다고 볼 수 있다. 따라서 Bernanke의 QE의 경우 자금의 사용처에 대해서는 국채를 발행한 정부가 상당 수준의 재량권을 갖는다고 볼 수 있다.

다음으로 질적완화(Qualitative easing, QuaE)를 살펴보자. 질적완화 정책의 목적은 경기부양과 구제금융이다. 질적완화는 Werner의 QE와 유사한 측면이 있지만, 질적완화는 구제금융뿐만 아니라 경기부양에 목적을 두고 있다는 점에 차이가 있다. 그리고 질적완화의 경우 재무적 곤경을 겪고 있는 기업의 CPs, 회사채뿐만 아니라 주식 및 ETF까지 매수한다는 점에서도 차이가 있다. 따라서 질적완화는 Werner의 원래 QE보다 정책의 범위가 더 확장되었다고 볼 수 있다. 그리고 중앙은행의 역할이 매우 확대된다. 질적완화의 경우 중앙은행의 자산구성을 보면 Werner의 QE와 마찬가지로 무위험자산을 위험자산으로 자산 스왑을 실시하라는 것으로 볼 수 있다. 이 경우, 재무상태표 자산의 구성내역만 바뀔 뿐 자산의 규모 자체는 불변이다. 시장개입의 정도를 보면 중앙은행이 주식을 사야한다면 ETF 형식으로 구매하기는 하지만 여전히 시장 개입정도는 매우 강하다고 볼 수 있다. 따라서 통화정책의 중립성은 낮은 수준이다. 시장에 대한 유동성 주입의 크기를 보면, 자산스왑의 특성상 추가적으로 유동성 주입이 많지 않다고 볼 수 있으나, 현실에서는 발권력을 동원하여 중앙은행의 부채항목에 속하는 본원통화를 늘리게 되고 그 늘어난 부채를 동원해서 위험자산을 매입하는 방식을 사용한다. 이 경우 중앙은행의 재무상태표의 자산규모도 늘어나고 부채규모도 늘어나게 된다. 따라서 시장에 대한 유동성 주입량은 무차별적 유동성 공급을 실시하는 Bernanke의 QE보다는 많지 않지만 상당한 규모의 유동성이 주입된다고 볼 수 있다. 다만 OMF의 가능성은 상대적으로 낮다고 볼 수 있다.

그런데 현실에서는 QE와 QuaE를 섞어서 정책을 수행하는 경우가 많다. ECB, BOJ, Fed의 새로운 QE 등은 현실에서 양적완화와 질적완화를 섞어서 정책처방을 내리고 있다. 이를 QQE라고 지칭한다. 이 경우 정책목적은 경기부양과 구제금융이다. 정책의 내용은 중앙은행이 모든 종류의 시장성 있는 유가증권을 매입하는 것이다. 따라서 중앙은행의 자산구성도 바뀔 뿐만 아니라 재무상태표의 자산과 부채의 규모 자체도 증가한다. 시장 개입의 정도는 매우 강한 편이며, 유동성 주입의 규모도 큰 편이다. 그렇지만 Bernanke의 QE보다는 유동성 주입의 규모는 크지 않다. 또한 OMF의 가능성도 상대적으로 크지 않다.

그림 Ⅲ-7 각국의 QE 정책 수행 현황

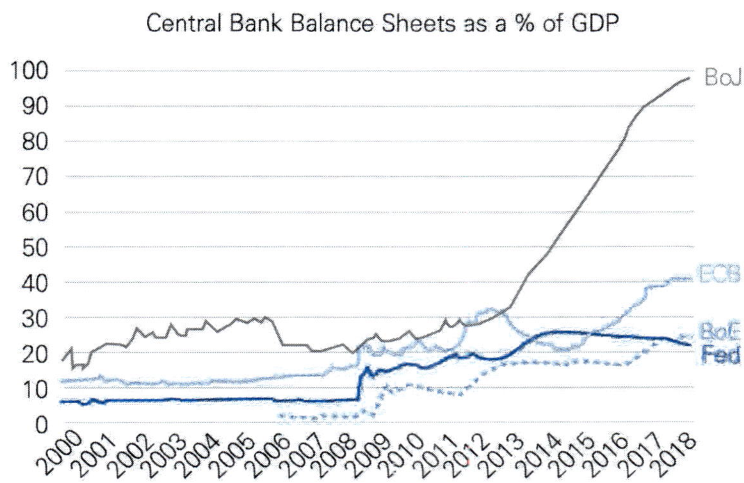

Source: Bloomberg Professional (BSPGCPUS, BSPGCPEU, BSPGCPJP, BSPGCPGB)

[그림 Ⅲ-7]은 각국의 GDP 대비 중앙은행의 자산 비중을 통해서 QE 수행 현황을 보여주고 있다. 대표적으로 미국, 영국, 유럽, 일본 등 네 경우를 보여주고 있다. Fed의 경우 2008년 금융위기에 한번 상승했고 현재 20% 수준을 유지하고 있다. 영국중앙은행 BOE의 경우 미국보다 낮았다가 높아지는 모양새를 보이고 있다. ECB와 BOJ는 QQE를 수행하고 BOE와 FED는 양적완화를 수행한 나라들이다. 일본의 부채비율은 세계 최고수준으로 중앙은행 자산의 GDP 비중이 높게 나타나고 있다.

Bernanke가 실시한 QE를 다시 정리해보자. 중앙은행은 국채와 MBS를 매수하는데, 어떤 채권을 어떤 규모로 살 것인지에 따라서 해당 채권의 yield curve의 모양이 달라지게 된다. 중앙은행은 은행, 기업, 가계의 재정적 건전성을 관리하는 입장이다. 분할시장이론이나 prefered habitat 이론[9]에 따르면 단기금융시장에서는 은행이 주로 자본을 조달하며, 중기자본시장(만기 5년에서 10년 사이)에서는 기업들이 주로 자본을 조달하고 장기자본시장(만기 10년 이상)에서는 가계가 주로 자본을 조달한다. 따라서 중앙은행

9 채권투자자별로 특정한 만기를 선호하고 그외 만기에 대해서는 위험 프리미엄이 있는 경우에만 매수할 의향이 있음을 나타내는 기간구조 가설.

그림 Ⅲ-8 서브프라임 위기에 대응한 통화정책

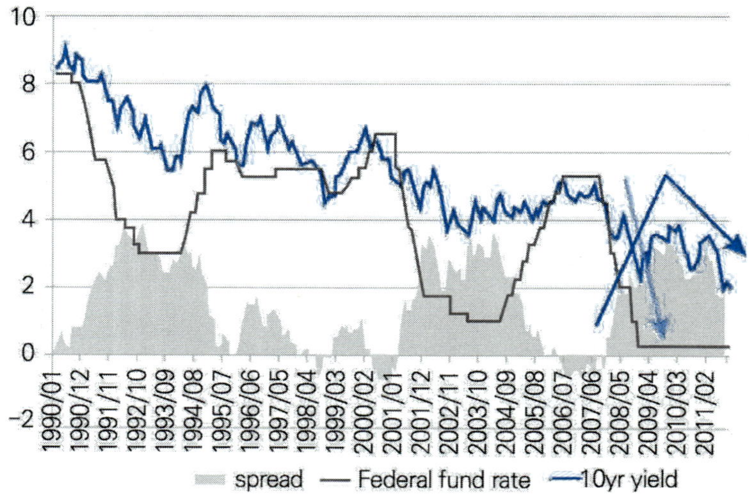

이 가계부문을 지원하기 위해서는 만기 10년 이상 장기국채를 매입하므로 가계가 부담하는 금리 수준이 떨어지게 된다. Bernanke는 QE1에서 주로 가계부문을 지원하기 위하여 장기국채를 매입하였다. 또한 QE2에서는 주로 기업부문을 지원하기 위해 중기국채를 주로 매입하였다. 또한 QE3에서는 다시 가계부문을 지원하기 위해 장기 국채를 매입하였다. 은행의 경우에는 단기 유동성 공급을 통해서 은행부문을 지원하였고 직접적인 구제금융 지원도 수행하였다. 결국 Bernanke의 양적완화는 두 가지 목표를 추구하였다. 일차적으로 국채 매수를 통해 시장에 대한 유동성 공급과 국채금리를 낮추어 가계 및 기업의 부담을 덜어주자는 것이었다.

미국의 금리정책을 다시 살펴보면, 2007년 중반 이후부터 지속적으로 하락을 지속하고 있었다. 그리고 2012년까지 중앙은행 초과지불준비금에 대해서 은행에 마이너스 금리를 부과하였으나 이 정책은 소기의 성과를 거두지 못한 측면도 있다. 참고로 Fed의 서브프라임 위기를 전후 한 유동성 공급 정책을 살펴보면, 리만사태(2008년 9월) 이전에는 채권보증사(모노라인[10])에 대한 구제금융, IB $30억 자본금 확충, JP모건 베어스턴스 인수에 $300억 지원, 페니메이/프레디맥[11] $2,000억 공적자금 투입 등을 수행하였으며,

리만 사태(2008년 9월) 이후에는 AIG에 $850억 지원, 부실채권 매입기구(TARP)에 $7,000억 지원, 기업어음 매입프로그램 $1조 8,000억 지원, 금융회사 우선주 매입에 $2,500억 지원, 단기금융 투자지원제도에 $5,400억 지원, FDIC 은행채 보증에 $1조 4,000억 지원, 지방은행 공적자금 투입으로 $350억 지원 등의 사례를 들 수 있다.

한편 양적완화 정책을 구체적으로 살펴보면, 2012년까지 총 3차례의 양적완화에 총 $3조 7,000억을 지원하였는데 주로 화폐발행을 통한 채권매입으로 통화량이 증가하였다. 2008년 11월 실시된 QE1은 $1조 7,500억 정도를 지원하였는데, 지원자금은 MBS, 만기 20년에서 30년 장기 국채(T-bonds) 매입 등에 사용되었다. QE2는 2010년 11월 실시되었는데, $6,000억을 지원하였다. 주로 5년에서 12년 만기 T-notes와 T-bonds를 구입하였다. QE3는 2012년 1월에 시행되었는데 총 $1조 4,000억이 지원되었다. 주로 MBSs와 장기국채 매입에 사용되었다. 또한 2012년 9월에는 매월 $400억의 MBS를 매입하고, 2012년 12월에는 매월 $450억의 MBS를 추가로 매입하였다.

또한 QE 정책이 시행되던 중간에 오퍼레이션 트위스트(operation twist) 정책을 실시하였는데, 대략 $1조 정도의 자금이 사용되었다. 오퍼레이션 트위스트는 중앙은행이 보유한 단기채권 매각 대금으로 중기채를 매입하는 정책이다. 중앙은행의 재무상태표 자산항목 중에 T-bill(만기 1년 이하) T-Notes(만기 1년 이상 10년 미만), T-Bonds(만기 10년 이상) 중에서 T-Bill을 팔고 T-Notes의 보유량을 늘리는 전형적인 자산스왑 정책이다. 이에 따라 수익률 곡선이 단기채 금리는 올라가고 중기채 금리는 내려가는 수익률 곡선이 평탄화(flattening) 현상이 나타나게 된다. 오퍼레이션 트위스트 정책을 실시하게 되면 기업은 조달금리가 떨어지지만 은행은 조달금리가 상승하게 된다. 은행을 희생해서 기업을 부양하는 효과가 나타나기 때문에 은행을 지원하기 위해서 Fed는 추가적으로 Forward Guidance를 발표하여 2015년 중반까지 zero 금리를 올리지 않겠다는 공언을 하게 된다. 단기금리를 통제하는 주체는 Fed이기 때문에 단기금리를 올리지 않겠다는 Forward Guidance를 오퍼레이션 트위스트 정책과 동시에 발표하게 되면 단기금리도 낮추고 중기금리도 낮추는 효과를 누릴 수 있게 된다. 발권력을 동원하지 않고 중

10 Monoline은 1970년대 설립된 지방정부 등의 금융채권 보증업무만 전담하던 은행으로 서브프라임 ABS, CDO 등 다수의 구조화 채권에 대한 과다한 보증으로 2008년 금융위기 발생시 대규모 채무불이행 사태를 야기시킨 은행임.

11 Fannie Mae와 Freddie Mac은 주택구입 희망자들이 금융기관에서 쉽게 자금을 빌릴 수 있도록 주택대출시장을 활성화하는 역할을 하던 정부보증기업(GSE)으로 2008년 주택가격 급락, 모기지 대출가계의 연체 급증 등으로 손실이 급격히 커지며 2008년 구제금융을 통해 국유화됨.

그림 Ⅲ-9 Bernanke의 QE

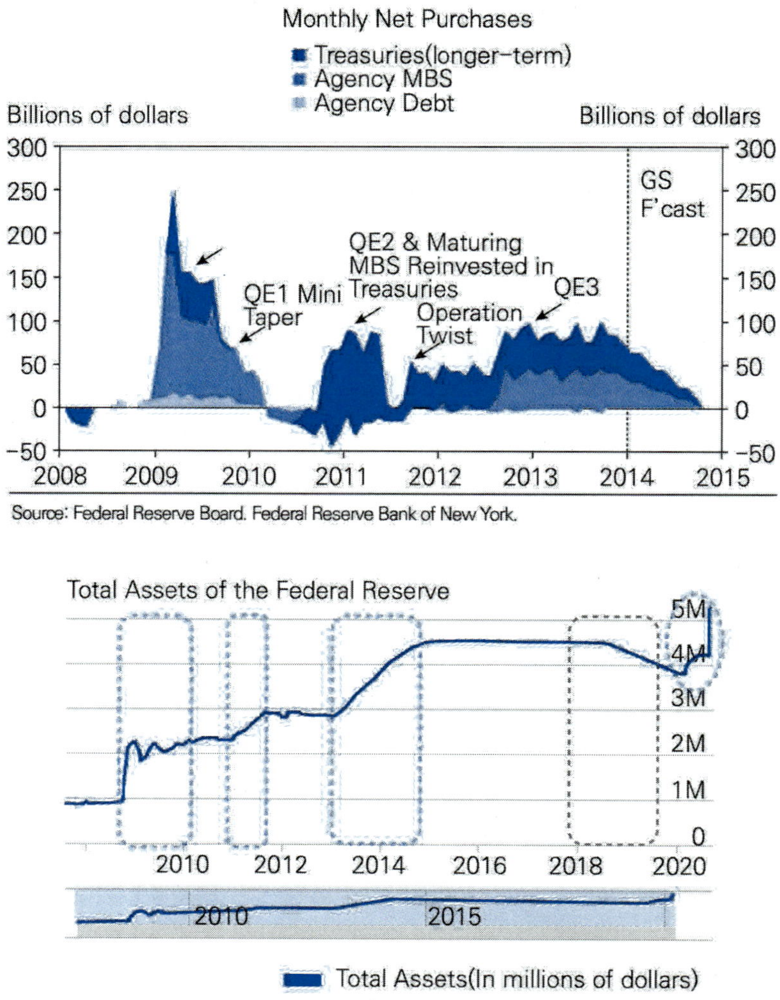

Source: Federal Reserve Board. Federal Reserve Bank of New York.

기채 금리를 떨어뜨릴 수 있는 정책이라고 볼 수 있다. 원래 오퍼레이션 트위스트는 1961년 최초로 시행되었는데, 당시 유행하던 트위스트 춤으로 채권수익률 곡선을 마치 뒤트는 것과 같다고 해서 이름이 유래하게 되었다. 오퍼레이션 트위스트 정책의 이론적 배경은 Modigliani & Sutch(1966),[12] Swanson(2011)[13] 등에 제시한 바 있다.

2) 미국과 영국의 QE(Bernanke의 정책을 중심으로)

위에서 QE1은 대부분이 MBS를 매입하였고, QE2에서는 대부분 중기국채를 매입하였고, QE3에서는 MBS와 중기국채가 각각 절반 비중을 차지하고 있다. Fed의 총 자산규모를 보면 QE1에서 큰 폭으로 상승하고, QE2, QE3에서도 큰 폭 증가하고 있음을 확인할 수 있다. $3조 6,000억 정도가 QE를 통해서 늘어나고 있음을 알 수 있다. 한편 2018년 이후에 reverse QE를 수행하여 Fed의 총자산이 줄어들다가 최근에 코로나 사태로 다시 증가하는 양상을 보여주고 있다.

Bernanke는 이미 2002년에 zero까지 금리가 내려가면 통화정책 목표를 금리목표에서 통화량 목표로 변경하여 통화량을 늘리는 것이 효과적인 통화정책 수단이 될 수 있다는 주장을 개진하였으며, 이후에 자신이 Fed 의장이 되자 평소 자신의 학문적 소신

그림 Ⅲ-10 QE에 따른 Fed 자산부문의 변화

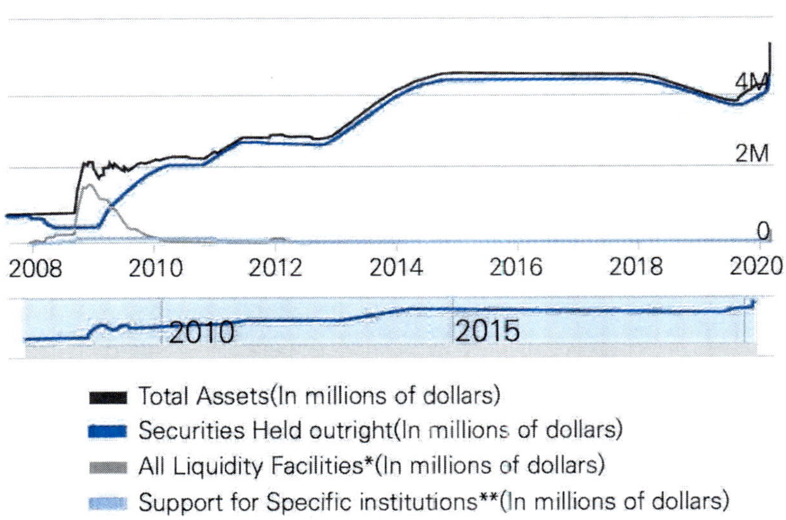

12 Modigliani, F., & Sutch, R.(1966). Innovations in interest rate policy. The American Economic Review, 56(1/2), 178-197.

13 Swanson, Eric T.(2011) "Let's Twist Again: A High-Frequency Event-Study Analysis of Operationi Twist and Its Implications for QE2." Brookings Paper on Economic Activity, Spring.

그림 Ⅲ-11 QE에 따른 Fed 부채부문의 변화

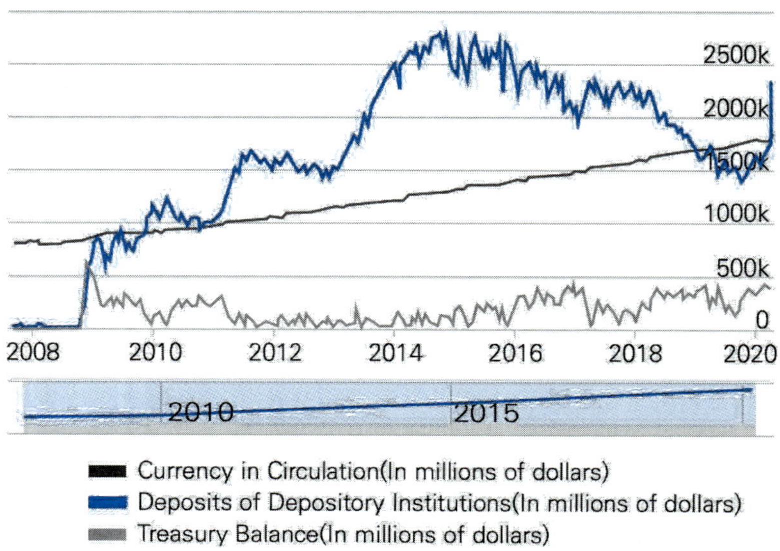

을 그대로 실행한 것으로 유명하다. [그림 Ⅲ－10]은 Bernanke의 QE의 결과 중앙은행의 자산이 큰 폭으로 증가하게 된 데에는 중앙은행의 발권력을 동원한 국채의 직접매입(하단 그래프의 오렌지색 선)이 직접적인 원인이 되었음을 보여주고 있다. QE를 통한 시장에 대한 유동성 주입은 리만 사태 이후 전체 유동성 주입 $4.48조 중에서 $3.7조에 달하고 있다.

이어서 [그림 Ⅲ－11]에서 Fed의 부채 부문 중에서 초과지불준비금에 주목할 필요가 있다. Fed가 QE를 통해서 $3.7조를 은행권에 주입하였으나 은행권은 $2.7조를 중앙은행에 다시 초과지불준비금으로 예치하였음을 알 수 있다. 즉, 실물부문에 주입된 유동성은 $1조 정도에 지나지 않았다. 누수율이 굉장히 높았음을 알 수 있다. 이러한 결과는 금융위기 당시 은행이 가장 큰 피해를 보았던 경험으로 은행들에 유동성을 공급했으나 은행들이 중앙은행에 대한 자발적인 초과지불준비금 예치로 대응한 결과이다.

다음으로 QE가 경제성장에 얼마나 유효한, 긍정적인 영향을 끼쳤는가를 살펴보자. [그림 Ⅲ－12]를 보면 QE가 실시되었던 시기에 전년 동기대비 성장률을 보면, QE1의

그림 Ⅲ-12 Fed 재무상태표 자산의 GDP 비중과 전년 동기대비(YoY) 성장률

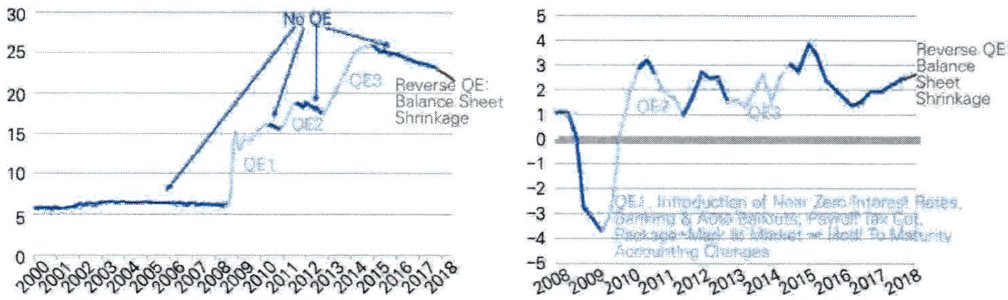

Source: Bloomberg Professional(BSPGCPUS)   Source: Bloomberg Professional(GDP CYOY)

경우 기저효과로 인해서 성장률이 높게 나타났다고 볼 수 있으며, QE2 기간 동안에는 성장률이 떨어졌고, QE3에서는 성장률의 회복세가 뚜렷하지 않다. 또한 reverse QE 기간 동안에는 성장세가 나타났다. 참고로 reverse QE의 경우에는 중앙은행이 보유채권을 시장에 매도하는 것이 아니라 채권의 만기가 도래하면 유동성을 자동적으로 중앙은행이 흡수하고 재투자를 수행하지 않는 방식으로 수행한다. 전반적으로 평가했을 때 QE가 성장률에 긍정적인 영향을 미친다고 보기에는 실증적 근거가 미흡하다고 볼 수 있겠다.

그림 Ⅲ-13 BoE 재무상태표 자산의 GDP 비중과 전년 동기대비(YoY) 성장률

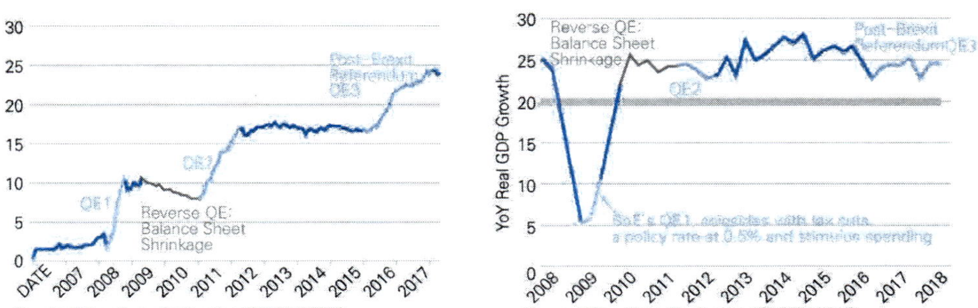

Source: Bloomberg Professional(BSPGCPGB)   Source: Bloomberg Professional(BSPGCPGB)

[그림 Ⅲ-13]에서 영국의 경우를 살펴보면, 영국은 미국과 유사한 통화정책을 사용한다고 볼 수 있으나 유럽재정위기 및 브랙시트 등으로 미국과 QE의 기간은 다르게 나타나고 있다. 영국의 경우 QE1의 경우 기저효과로 인해서 성장률이 증가한 것을 알 수 있고, QE2에서도 성장률의 상승세가 나타나지 않으며, QE3에서도 특별한 성장률 회복세가 나타나지 않고 있다.

3) ECB와 JOB의 QE(질적완화 QQE(QE+QuaE)를 중심으로)

질적완화 QuaE란 중앙은행이 위험자산을 매입함으로써 안전자산과 위험자산 간의 금리 스프레드를 줄여 경제 전체적으로 위험선호도를 상승시키려는 정책이라고 볼 수 있다. 협의의 의미에서 QuaE는 국채를 팔아서 회사채를 사는 방식으로 유동성 지원을 수행하는 정책으로 발권력을 동원하지 않고 지원하는 방식이다. 오퍼레이션 트위스트는 수익률 곡선의 만기구조를 변경시키는 정책이라면 QuaE는 국채와 회사채를 맞바꾸는 정책이다. QE가 중앙은행의 재무상태표의 자산을 확대하는 정책이라면 QuaE는 중앙은행의 재무상태표의 자산구성을 변경시키는 것이다.

질적 완화란 명칭은 언론인 Willem Buiter가 2008년 Financial Times의 blog에서 처음 사용하였다. 이후 2012년 Columbia 대학의 Michael Woodford[14]가 QuaE의 비효율성을 지적하였으나 이후 UCLA의 Roger. Farmer[15]가 일련의 논문들을 통해 QuaE의 우수성을 이론적으로 증명하고 Woodford의 주장을 반박하면서 현재는 학계의 공식용어로 정립되었다. 특히 Buiter(2010)[16]나 Farmer는 동 정책을 중앙은행이 실행하는 재정정책(fiscal policy) 또는 준 재정정책(quasi-fiacal policy)으로 간주해야 한다고 주장하였다. 이들이 '재정정책(fiscal policy)'이라는 용어를 사용하는 이유는 중앙은행이 위험자산 매입으로 손실이 발생할 때 정부가 지급보증을 하고 결국 납세자의 세금으로 그 손실을 충당해야 한다는 측면을 강조하는 것이다. 그러나 최근 ECB나 BOJ, 심지어 연준까지

14 Woodford, M.(2012): "Methods of Policy Accommodation at the Interest-Rate Lower Bound," Columbia University mimeo, Paper presented at the Jackson Hole Symposium, "The Changing Policy Landscape," August 31-September 1, 2012.

15 Farmer, R. E.(2012), Qualitative easing: how it works and why it matters(No. w18421). National Bureau of Economic Research.

16 Buiter, W. H.(2010). The limits to fiscal stimulus. Oxford Review of Economic Policy, 26(1), 48-70.

그림 Ⅲ-14 ECB 재무상태표 자산의 GDP 비중과 전년 동기대비(YoY) 성장률

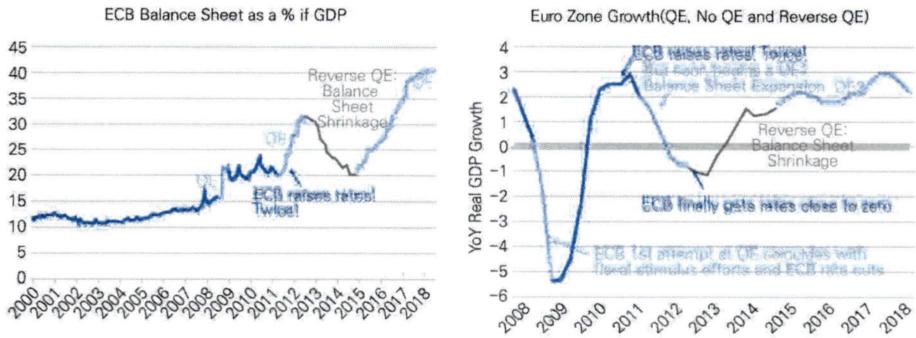

Source: Bloomberg Professional(GDP CYOY)　　Source: Bloomberg Professional(EUGNEMUY)

위험자산 매입에서 손실이 발생할 때 이를 세금으로 충당하는 것이 아니라 중앙은행의 발권력으로 충당하는 방식으로 변경하고 있다. 발권력을 동원하게 되면 발생하는 인플레이션 세금으로 손실을 충당하는 방식을 활용하는 것이다. 이러한 발권력 동원을 정당화하는 논리는 경기침체가 너무 심각해서 디플레이션 우려가 있는 경우에 발권력을 동원하게 되면 일반적인 증세를 하는 경우보다 더 효율적으로 자원을 동원할 수 있다는 것이다. 디플레이션 상황에서 발권력을 동원하게 되면 인플레이션의 비용을 최소화할 수 있다는 논리다. 그리고 통화정책의 측면에서 질적완화에 발권력을 동원하게 되면 개념적으로 질적완화 정책이 양적완화 정책과 뒤섞이게 된다. 이같은 현상은 2008년 금융위기 이후 재정정책과 통화정책의 이분법적 사고가 붕괴되면서 나타나는 질적완화와 양적완화의 통합추세라고 볼 수 있다. 실제로 중국의 중국인민은행(PBOC)은 부실회사채를 매입한 것이나 ECB나 BOJ가 현재도 주식을 매입하는 정책을 사용한 사례들도 질적완화 정책의 일종이라고 볼 수 있겠으나 발권력을 동원한다는 측면에서 양적완화와 질적완화가 합쳐진 정책으로 QQE로 명명한다.

[그림 Ⅲ-14]에서는 ECB의 QQE가 경제성장률에 어떠한 긍정적 영향을 제공했는가를 살펴볼 수 있다. ECB는 QQE의 일환으로 주로 회사채와 ETFs를 매입하였다. ECB의 QE1은 선제적으로 실시되어 QE1과 QE2에서 경제성장률이 하락하던 시점에 QE가 실시되었음을 볼 수 있다. QE3에서 어느 정도 성과를 거두고 있는 것이 확인된다.

그림 Ⅲ-15 JOB의 재무상태표 자산의 GDP 비중과 전년 동기대비(YoY) 성장률

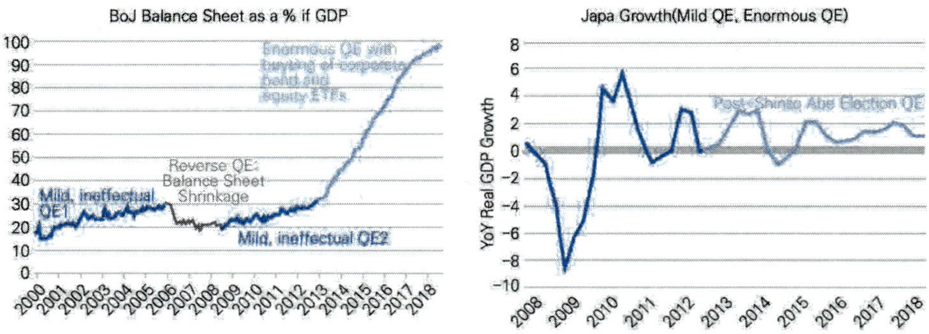

Source: Bloomberg Professional(BSPGCPJP)

Source: Bloomberg Professional(ENGKUKY)

다음으로 [그림 Ⅲ－15]에서는 JOB의 QQE가 경제성장률에 어떠한 긍정적 영향을 제공했는가를 살펴보고 있다. ECB는 QQE의 일환으로 가장 공격적으로 회사채와 ETFs를 매입하였다. 일본의 경우 중앙은행의 자산이 GDP의 거의 100%에 육박할 정도이다.

각국의 QE 정책의 평가를 종합해보면 다음과 같다. 먼저 QE가 성장을 견인했다는 근거는 거의 없는 실정이다. 그리고 reverse QE가 성장률을 떨어뜨렸다는 결정적인 근거도 없다고 볼 수 있다. 다만 회사채나 ETFs를 매입했을 때 조금 더 효과적이지 않았나 하는 추측이 가능하다. 그러나 이러한 결론은 엄밀한 결론은 아니며 논란의 여지는 여전히 남아 있다. 그런데 QE의 원래 목적은 시장에 유동성을 공급하여 생산적인 경제활동을 부양하는 것이나 위에서 살펴본 바와 같이 이러한 목적이 제대로 달성되고 있는가에 의문이 제기되고 있는 실정이다. QE가 결과적으로는 주가나 부동산 가격 등 자산의 가격을 지나치게 상승시켜 자산가격 거품우려를 제기하고 있는 현실도 주의할 필요가 있다.

4) 오퍼레이션 트위스트(OT; operation twist)

오퍼레이션 트위스트는 본원통화 증발을 이용하지 않고 단기채권을 매각하고 장기채권을 매입하는 방식으로 이자율곡선을 평활화(flatten)하는 경기부양책을 지칭한다. 단

기채권을 매각하면 단기채권 가격이 떨어져 단기채권 금리가 상승하고, 장기채권을 매입하면 장기채권 가격이 상승하여 장기채권 금리가 하락하여 이자율곡선이 수평화된다. 미 연준이 사용하는 공식명칭은 만기확장정책(Maturity Expansion Program; MEP)이다. 왜냐하면 연준의 재무상태표의 자산에 단기채(T-bill) 비중이 줄어들고 장기채(T-note, T-bond) 비중이 증가하기 때문이다. 1961년 동 정책이 처음 실행되었을 때 미 연준의 정책 담당자들은 이를 'Operation Nudge'라고 불렀다. 즉, 단기 이자율은 약간 상승시키고 장기 이자율은 낮은 방향으로 'nudge'(팔꿈치로 밀쳐 특정 수준으로 몰고 가는)하는 정책이란 점에서 이와 같이 명명하였다. 그러나 같은 해 발매된 Chubby Checker의 'Let's Twist Again'이란 록큰롤이 그래미상을 받을 정도로 공전의 히트를 치면서 당시 트위스트 춤이 사상 유래 없이 유행했는데 이자율곡선을 트위스트 한다는 점에서 착안하여 오퍼레이션 트위스트란 이름으로 불리게 되었다.

OT는 이자율곡선의 형태를 변경시킨다는 측면에서는 앞서 살펴본 양적완화와 동일한 효과를 초래한다. 그러나 장기채권 매입을 위한 필요자금을 발권력을 동원하지 않고 단기채권 매각 대금으로 조달함으로써 통화량을 증가시키지는 않는다. 따라서 중앙은행의 재무상태표의 크기에 변화를 초래하지는 않는다. 다만 중앙은행 보유 국채의 만기구조를 변화(증가)시킨다. 그런데 OT는 중앙은행이 단기 채권을 매각함으로써 수급상 단기금리를 상승시킬 수 있는 위험이 있다. 따라서 단기금리 상승이 억제될 수 있는 상황이거나 아니면 이를 제어할 수 있는 추가정책이 필요하다. 따라서 일반적으로 정책금리가 제로이거나 다른 제약으로 인해 금리를 인하할 여력이 없는 경우에 주로 활용한

표 Ⅲ-2 OT의 특성 요약

항목	영향	비고
중앙은행 재무상태표 크기	불변	
중앙은행 재무상태표 구성항목	보유국채 총량은 불변	보유국채 만기 확장
중앙은행 자산스왑	단기국채를 중장기 국채로 스왑	
금리하한선에서만 활용 여부	필요조건	
이자율곡선에 대한 영향	평활화(flattening)	중장기금리 하락
신용곡선에 대한 영향	평활화(flattening)	국채곡선 평활화에 따른 외부효과
신용스프레드에 대한 영향	불변	

다. 비전통적 통화정책이라는 측면에서 QE와 맥락을 같이 하고 있다. OT는 미국 역사상 두 번 실행되었다. 첫 번째(OT1)은 1961년 2월부터 1965년 12월까지 실행되었고, 두 번째(OT2)는 2011년 9월부터 2012년 6월까지 시행되었다. [표 Ⅲ-2]에 OT의 특성을 요약하였다.

5) Forward Guidance

기본적으로 이자율 정책이란 이자율기간구조의 절편 값을 변경시키는 것이다. 비전통적 통화정책 중에서 양적완화나 오퍼레이션 트위스트는 이자율 기간구조 형태를 직접 변화시킨다. 그에 반해 Forward Guidance는 선제적 안내를 통해서 시장의 기대를 변화시키는 방식을 사용한다. Evance, Fisher and Justiniano(2012)[17]에 따르면, Forward Guidance에는 Odyssean Forward Guidance와 Delphic Forward Guidance 두 가지 형태가 존재한다. 전자는 보다 명시적이고 무조건적 통화정책의 기조를 유지하겠다는 강력한 행동선언(commitment)을 발표한 것이고 후자는 경제 전망에 기초한 통화정책 기조를 펼치겠다는 것이다. Forward Guidance의 사례를 보면 다음과 같다.

- 2008년 12월(글로벌 금융위기 발발 직후 FOMC 미팅에서)
  "The committee anticipates that weak economic conditions are likely to warrant exceptionally low levels of the federal funds rate for **some time**"
- 2009년 3월(양적완화 QE1 실시하면서)
  some time → "extended period"
- 2011년 8월(오퍼레이션 트위스트 발표 시)
  extended period → "at least as long as mid−2013"
- 2012년 1월
  at least as long as mid−2013 → "late 2014"
- 2012년 12월
  "until the unemployment rate falls below 6.5%"

17 Evans, J. R, C. L., Justiniano, J. D. F. A.(2012). Macroeconomic effects of FOMC forward guidance. Brooks Paper Econ. Act, 1-80.

표 Ⅲ-3 금융위기 이후 미 연준의 FG

날짜	FG 내용	O/D	세부종류	시장금리
12/16/2008	위원회는 부진한 경기상채로 인해 일정기간(some time) 동안 초저금리 상태가 불가피할 것으로 전망	Odyssean	Qualitative	↓
3/18/2009	경기상태가 초저금리를 확장된 기간(extended period) 동안은 불가피할 것으로 전망	Odyssean	Qualitative	↓
8/9/2011	경기상태가 적어도 2013년 중반까지는 초저금리 상태를 유지할 것으로 전망	Odyssean	Data-based	↓
1/25/2012	경기상태가 적어도 2014년까지는 초저금리 상태를 유지할 것으로 전망	Delphic	Data-based	↓
9/13/2012	완화적 통화기조는 경기회복이 강화된 이후에도 상당기간(for a considerable time) 동안 유지될 것으로 보이며, 경기상태에 따르면 적어도 2015년 중반까지는 초저금리 상태를 유지할 것으로 전망	Odyssean	Qualitative/Data-based	↓
12/12/2012	실업률이 6.5% 이상을 유지하고 (시장으) 12년 단기 인플레이션 기대감이 연준의 장기 목표인 2%에서 0.5%를 넘지는 않으며 (마지막으로) 장기 인플러이션 기대가 안정적인 한 현재의 초저금리를 계속 유지	Odyssean	Qualitative/Quantitative	불명확
12/18/2012	자산매입프로그램을 축소함. 인플레이션율이 위원회의 장기 목표인 2%를 유지하는 한 실업률이 6.5% 이하로 내려가더라도 한동안(well past the time) 초저금리를 유지	Odyssean	Qualitative/Quantitative	불명확
7/18/2014	자산 매입프로그램이 끝나고 상당기간(a considerable time) 동안 초저금리 유지	Odyssean	Qualitative	불명확
10/29/2014	양적완화III가 마침내 종료. 실업률과 인플레이션율이 목표치에 가까워지더라도 한동안(for some time) 경제상황은 평균보다 낮은 이자율을 유지할 것으로 예상	Odyssean	Qualitative	↑

선제적 안내의 효율성을 위한 조건을 생각해보면 통상적 중앙은행의 행동 또는 목표에서 벗어난 행동선언(commitment)이 필요하다. 예를 들어 인플레이션과 실업률 목표를 특정 수준으로 결합하는 것 등이다. 폴 크루그만은 다음과 같은 말을 남겼다. “The central bank needs to credibly promise to be irresponsible”. 중앙은행의 기본적인 정책목표는 인플레이션을 방지하는 것인데, 인플레이션이 발생한다고 약속을 지키고 인플레이션 방지를 위해서 금리를 올리지 않겠다는 약속을 지켜야 한다는 것이다.

또한 시장의 예측을 적극적으로 변경시킬 수 있는 신뢰성이 중요하며, 시장의 위험선호도를 강화시켜 소비와 투자를 촉진할 필요가 있다. 행동선언(commitment)을 자주 변경시킬 경우 시장에 충격을 줄 수 있으며, 신뢰도 훼손은 물론 향후 정책 효율성을 약화시키는 결과를 낳게 된다. 반대로 너무 강한 행동선언(commitment)을 수행할 경우 정책 수단 카드가 제한될 수가 있다. 예를 들어 돌발적 인플레이션이나 버블에 대응할 기회를 놓치게 되며, 사람들의 위험선호도를 왜곡시킬 위험이 있다.

6) OMF(Overt Monetary Finance)

최근 주목을 받고 있는 것으로 전 FSA(영국의 전 금융감독원) 청장인 Adair Turner가 주창한 것으로 재정정책의 재원을 중앙은행의 발권력을 동원하여 충당하자는 정책이다. 20세기 초반의 Alfred Mitchell-Innes, Abba Lerner, Hyman Minsky 등의 Modern Monetary Theory(MMT)의 현대판이다. MMT의 핵심은 불경기에 정부 주도의 화폐창출을 통해 재정지출을 제한없이 늘려 완전고용과 같은 정책목표를 달성함을 지향한다. MMT는 법정화폐(Fiat Money)를 발행하는 정부는 결코 부도가 날 수 없다는 이론으로 Keynes 역시 이에 동조했으나 당시는 금본위제도라서 시행할 수 없었으며, 이후에도 정부가 발권력을 통해 통화량을 증대시켜 인플레이션을 유발하는 정책에 대한 거부감으로 MMT 이론은 거의 사장되다시피 하였다.

재정정책과 전통적 통화정책이 모두 효과가 없는 극심한 유효수요 부족 시 고려할 수 있는 정책이다. 재정정책의 경우 재원을 마련하는데 있어 세금이 늘어나거나 금리를 상승시키는 부작용 등으로 구축효과가 발생한다. 통화정책의 경우 유동성 함정에 빠져 효과가 없을 수 있다. 재정정책의 경우 정부가 지출을 하기 때문에 확실히 내수를 진작시키지만 비용의 부작용이 있다. 통화정책은 통화량을 늘려도 가계나 기업의 소비나 투자를 유발하지 못한다. 즉, 확실한 소비 주체는 정부 밖에 없다. 이럴 경우 유효수요를 진작시키는 방법으로 발권력을 통해 자본조달을 할 경우 재정정책의 구축효과라는 부작용을 없애면서 정부의 지출 증가를 통한 경기부양을 할 수 있다는 것이다.

물론 이러한 극단적인 정책은 통화정책의 독립성을 비롯해 정부가 악용할 소지가 있기 때문에 터부시 되어 왔다. 그러나 만약 정부가 악용할 소지만 없앨 수 있도록 견제장치를 한다면 고려할 수 있는 정책이라는 것이 Turner의 주장이다.

실제 OMF의 사례는 2008년 이후 빈번하게 볼 수 있다. 대표적인 것이 JP Morgan

그림 Ⅲ-16 BOJ의 일본 국채 보유 비중

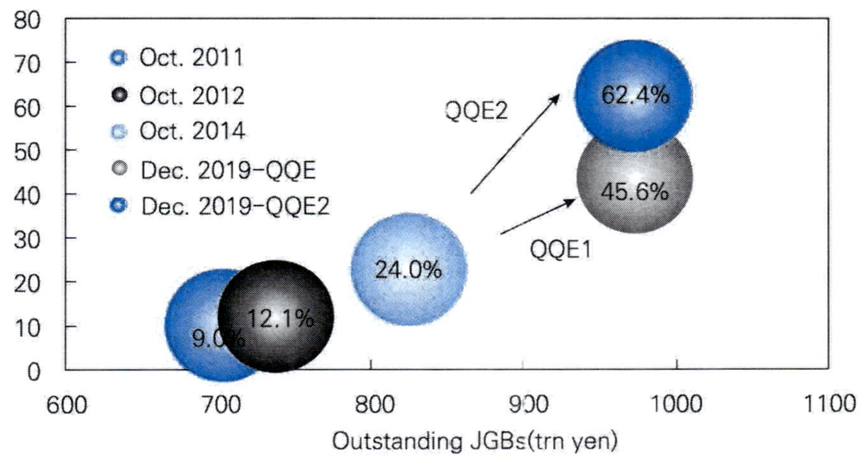

자료: Bank of Japan.

이 Bear Stearns를 매입하는 데 Fed가 300억 달러의 구제금융을 투입했고 AIG에 850억 달러를 지원한 것이다. 또한 Fed가 미 재무부의 TARP(Troubled Asset Relief Program)를 통해 미국 자동차 업계에 자금지원을 한 것이다. 더불어 위의 양적완화에 있어 Fed가 유통시장에서 국공채를 매입하는 것이 아니라 발행시장에서 국채를 매입한 경우도 있다. 이것 역시 OMF의 일종으로 볼 수 있다.

따라서 최근 대부분의 선진국들의 재정이 취약해지고, 중앙은행의 역할이 확대되는 과정에서 중앙은행이 발권력을 통해 주도권을 쥐고 재정정책을 지원하거나 또는 정부를 통하지 않는 실질적 재정정책을 펴고 있다. 결국 이러한 OMF 입안에 대한 논의는 정부의 모럴헤저드를 통제할 수 있는 견제장치를 얼마나 잘 만들 수 있는가로 초점이 맞추어져야 할 것이다. 이 때문에 Turner 역시 OMF는 결국 'An Essentially Political Issue'라고 강조한 것이다. 향후 위기 탈출 시 OMF가 가능한 국가가 비교우위를 가질 수 있다. 중앙은행이 독립적이며 정부의 모럴헤저드를 견제할 수 있을 정도의 위상을 가진 국가가 위기 시 비교우위를 가진다고 볼 수 있다.

이러한 OMF가 최근에 일본에서 본격적으로 진행된 바 있는데 이와 관련해서 [그림 Ⅲ－16]을 참조할 수 있다. 일본은 최근 2019년 양적완화에서 OMF를 본격 실행하여 일본중앙은행의 일본국채 비중이 큰 폭으로 위험할 정도로 증가한 것을 보여주고 있다. 일본의 경우 기축통화국이라서 이렇게 대규모의 OMF가 가능한 측면도 있다고 볼 수 있다. 한국의 경우 이미 1997년 외환위기의 아픈 경험이 있는 만큼 OMF의 추진은 현실적으로 어렵다고 볼 수 있겠다.

Ⅳ. 동태적 기간구조 모형(Dynamic Term Structure Model)

지금까지 시장의 이자율곡선(yield curve)의 y－절편값에 해당하는 초단기 실질이자율이자율이 어떻게 결정되는지를 피셔의 이자율이론(Fisher's interest theory)을 이용하여 살펴보았다. 그리고 피셔방정식(Fisher equation)을 이용하여 실질이자율에 기대인플레이션율을 더하면 초단기 명목이자율이 된다는 것을 살펴보았다. 그리고 바로 이 초단기 명목이자율의 결정에 대한 통화정책과 관련된 최근의 주요한 이슈들을 살펴보았다.

본 장에서는 이제 실질이자율곡선(real yield curve)이 어떻게 결정되는지를 살펴보고자 한다. 피셔의 이자율이론에서는 2기간 모형 즉, 오늘과 내일 사이에 만기 하루짜리 실질이자율이 어떻게 결정되는지를 살펴보았는데, 이는 실질이자율곡선의 수직축 절편에 해당한다. 이 하루짜리 실질이자율을 앞에서는 $\phi = 1 + r$로 표시하였는데 이것은 일종의 무위험이자율 $(1 + r_f)$로 정의할 수 있다. 이제 수직축 절편에서 시작하여 만기가 늘어날 때 실질이자율이 어떤 모양의 곡선형태를 그리게 되는지를 파악하기 위해서는 2기간 모형인 피셔의 이자율 이론을 다기간 모형(multi－period model)으로 확장해야 한다.

1. 다기간 모형

다기간모형으로의 확장은 단순히 시간지평을 넓히는 것뿐만 아니라 추가적으로 시간연장에 따라 불가피하게 나타나는 불확실성을 고려할 것을 요구한다. 다기간 모형에서는 확실성(certainty) 하에서가 아니라 불확실성(uncertainty) 하에서 이자율이 어떻게 결정되는지를 논의한다. 불확실성 하에서는 무위험자산 뿐만 아니라 위험자산의 수익률도 명시적으로 고려해야 한다. 투자수익률이 확실한 자산은 무위험자산이고 투자수익률이 불확실한 것은 위험자산이다. 다기간 모형에서 자산은 크게 무위험자산과 위험자산 이렇게 두 범주로 구분되며, 위험자산들도 위험－수익 특성(risk return characteristic)이 어떤 형태를 띠고 있는가에 따라 세부적으로 구분될 수 있다.

2기간 모형에서는 고려해야 할 상태(state)의 개수는 1개뿐이었으나 다기간모형으로 확장하게 되면 여러 경우의 상태(state)를 구체적으로 고려해야 한다. 간단한 예로 3기간 모형에서 한 기간이 경과하면서 나타나는 상태가 3개임을 가정하고 수형도를 그려보면 다음과 같다.

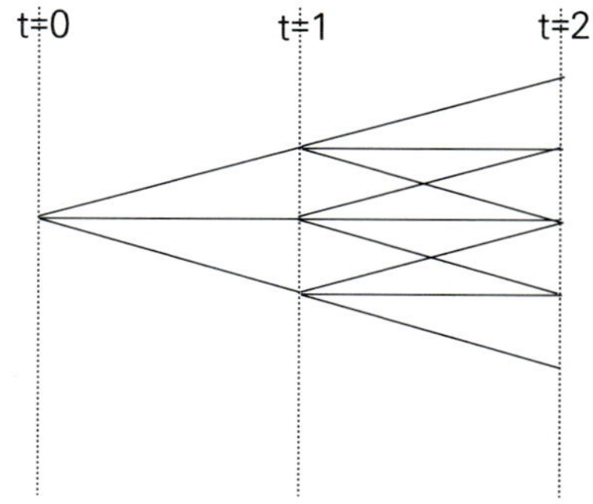

실제에 있어서는 한 기간이 경과하면서 나타나는 상태의 개수가 3개뿐만 아니라 무한대까지 될 수 있다. 어찌되었건 중요한 점은 고려하는 기간의 길이가 길어지게 되면 고려해야 하는 최종적 상태의 숫자가 늘어나게 된다는 점이다. 이 경우 위험(risk)을 구체적으로 정의할 수 있는데, 그것은 특정한 시점에서 다음 시점에 나타날 각 상태의 확률값을 알고 있는 경우, 즉 매 기간 별 상태의 확률분포를 알고 있는 경우를 지칭한다. 협의의 불확실성(uncertainty)은 이와 같은 확률분포를 모르는 경우를 지칭하는데, 이 경우를 Knightian uncertainty[1]라고 한다. 본 장에서는 전자의 경우, 즉 위험(risk) 하에서의 의사결정을 주로 논의한다.

이처럼 본 장에서는 피셔의 이자율 이론을 다기간 모형으로 확장하면서 위험을 명시적으로 고려한다. 이 경우 무위험자산의 투자수익률과 위험자산의 투자수익률을 동시에 도출할 수 있다. 무위험자산의 기대수익률은 사후적인 실현수익률과 같다. 그러나 위험자산의 기대수익률은 사후적인 실현수익률과 달라질 수 있으며, 그렇기 때문에 위험한 자산이라고 부른다. 본 장의 다기간 모형에서는 무위험자산의 수익률(r_f)과 위험자산의 요구수익률(required rate of return, $E(r_j)$)을 동시에 결정한다. 이 위험자산의 요구수익률은 적정수익률, 공정수익률, 기대수익률 등 다양하게 지칭하는 용어들이 존재

1 F. Knight, Risk, Uncertainty and Profit(1921), Houghton Miffin, Boston.

한다. 이 위험자산의 요구수익률은 위험자산에 대한 수익률이기 때문에 위험에 대한 프리미엄이 존재하여 보통 무위험자산 수익률보다는 높다.

일반적으로 위험자산의 요구수익률을 결정하는 모형으로 CAPM 모형이 대표적이다. 그런데 CAPM 모형은 부분균형모형이다. 무위험이자율 즉, r_f가 어떻게 결정되는지 말해주지 않는다. CAPM의 SML(security market line) 식은 다음과 같다.

$$E(r_j) - r_f = \beta_j (E(r_M) - r_f)$$

여기서 CAPM은 위험자산의 초과수익률이 어떻게 결정되는가에 대해서만 말해주고 있다. 무위험이자율 r_f가 어떻게 결정되는지는 말해주지 않는다. 본 장에서 공부하는 소비－자본자산가격결정모형(Consumption Capital Asset Pricing Model, CCAPM)에서는 무위험이자율에 대해서 r_f에 논의의 초점을 맞추겠지만, 위험자산의 기대수익률 $E(r_j)$도 동시에 같이 결정한다. 동 모형은 위험자산의 위험프리미엄의 결정도 같이 살펴보기 때문에 CAPM 모형보다 내적으로 일관성이 있는 모형이다.

CCAPM은 이자율의 변화에 대한 확률과정(stochastic process)을 명시적으로 도입하기 때문에 다기간모형에서 불확실성을 고려할 수 있으며 그 결과 동 모형에 의거하여 실질이자율곡선(term structure)을 도출할 수 있다. 실질이자율곡선은 시간이 지나면서 이자율이 어떻게 달라지는가를 보여줄 뿐만 아니라 특정 시점에서 횡단면적으로 만기에 따라 이자율이 어떻게 결정되는가를 보여준다.

본격적인 논의에 들어가기에 앞서 위에서 공부하였던 Fisher의 교환경제 실질이자율 결정모형을 다시 한번 간략하게 살펴보자.

[그림 Ⅳ－1]을 보면, 원래의 부존점은 예산선 상의 e점에 표시되어 있다. 그리고 최적소비점은 예산선 상의 C^*점으로 표시되어 있다. 이 소비점의 최적화 조건은 이 점에서의 한계대체율이 시장이자율과 같아야 한다는 것이었다. 즉 내일 코코넛의 개수로 표시한 오늘 한 개의 코코넛에 대한 크루소의 주관적 가치($MRS_{0,1}$)는 시장에서 오늘 코코넛 한 개와 교환되는 내일 코코넛의 개수 즉 오늘 코코넛의 객관적 가치(ϕ)와 동일해야 한다는 조건이다. 이 조건을 약간 변형하면,

$$\frac{\phi}{MRS_{0,1}} = 1 \qquad \text{(식 4–1)}$$

그림 IV-1

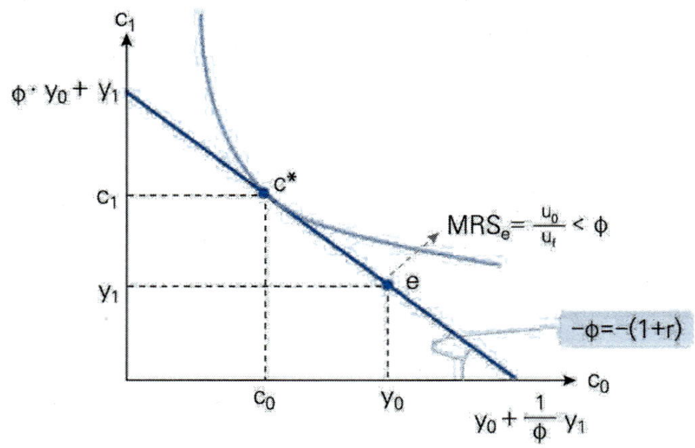

이 성립한다. 이 경우 소비자의 선호가 시간분리적 선호에 따른다고 할 때 효용함수는 $u(c_0, c_1) = u(c_0) + \beta(u(c_1))$의 형태로 쓸 수 있다. 이 경우 위의 (식 4−1)은 다음과 같이 쓸 수 있다.

$$\frac{\beta \cdot u'(c_1)}{u'(c_0)} \cdot (1 + r_f) = 1 \qquad \text{(식 4–2)}$$

한편, 이자율이 1% 올라갔을 때 소비증가율이 몇 퍼센트 변하는가를 측정하는 탄력성 개념이 *EIS*라는 것도 다시 한번 상기할 필요가 있다.

$$EIS = \frac{d\ln\left(\frac{c_1}{c_0}\right)}{d\ln\phi} = \frac{d\ln\left(\frac{c_1}{c_0}\right)}{d\ln MRS} \qquad \text{(식 4–3)}$$

*EIS*의 값은 양수임을 알 수 있는데, 당연히 이자율이 올라가면 사람들은 오늘의 소비보다는 내일의 소비를 늘리려고 할 것이고 그것은 소비증가율을 상승시키기 때문이다. 그런데 *EIS*가 높은 사람들은 소비평활화(consumption smoothing) 성향이 작아서 이자율 상승에 따라 소비의 쏠림이 심한 사람이라고 볼 수 있다. 반대로 *EIS*가 낮은 사

그리고 $W_t - c_t$ 금액 중에서 위험자산에 투자한 부분의 원금과 투자수익은 다음과 같이 계산된다.

$$(W_t - c_t)\begin{pmatrix} \theta_1(1+\widetilde{r_1}) \\ \theta_1(1+\widetilde{r_2}) \\ \cdots \\ \theta_N(1+\widetilde{r_N}) \end{pmatrix}$$

$$\text{이때, } \Theta\text{: } N\times 1 \text{ 벡터, } r\text{: } N\times 1 \text{ 벡터 } \begin{pmatrix} r_1 \\ r_2 \\ \cdots \\ r_N \end{pmatrix}$$

따라서 위험자산에 대한 투자수익을 모두 다 더하면 $(W_t - c_t)(\Theta'(1_N + r))$이 된다. 이것이 위험자산에 투자한 원금과 수익의 합계액이다. 결과적으로 무위험자산 원리합계와 위험자산 투자결과 얻은 총수익을 모두 합치면,

$$\begin{aligned} \widetilde{W_{t+1}} &= (W_t - c_t)\left[(1-\Theta' 1_N)(1+r_f) + \Theta'(1_N + r)\right] \\ &= (W_t - c_t)\left[1 + r_f - \Theta' 1_N(1+r_f) + \Theta'(1_N + r)\right] \\ &= (W_t - c_t)\left[1 + r_f + \Theta'(1_N + r - 1_N - r_f 1_N)\right] \\ &= (W_t - c_t)\left[1 + r_f + \Theta'(\tilde{r} - r_f 1_N)\right] \end{aligned}$$

이 식이 위의 (식 4-4)의 예산제약식이다. 내일의 부(wealth)가 얼마가 될지 모르는 이유는 바로 이 식에서의 $\tilde{r}$ 때문이다. 소비도 오늘 내가 결정하고 위험자산에 대한 가중치도 오늘 결정하는 것이지만, $N\times 1$벡터인 위험자산의 사후적 수익률 $\tilde{r}$은 오늘 시점에서 얼마가 될지 알 수 없다. 그래서 불확실한 상황임을 강조할 필요가 있다.

위의 (식 4-4)에서 오늘의 소비는 얼마가 될지 현재시점에서 결정할 수 있지만 내일의 소비는 얼마가 될지 알 수 없다. 왜냐하면 내일의 위험자산의 사후적 수익률이 얼마가 될지 오늘 시점에서는 알 수 없고, 따라서 내일의 부가 얼마가 될지 알 수 없기 때문이다. 이러한 불확실 상황에서 오늘 시점에서 결정할 수 있는 오늘의 소비와 오늘의 포트폴리오 가중치는 오늘 결정하고 오늘 시점에서 가용한 모든 정보를 이용하여 시간 간 효용의 기대치의 극대화를 시도한다.

이 극대화 문제를 풀기 위한 기본적인 아이디어는 무한대의 다기간 모형을 마치 Fisher의 2기간 모형인 것처럼 문제의 구조를 바꾸는 것이다. 무한대의 다기간 모형의 구조는 수학적으로 편리한 측면이 있다. 오늘부터 무한대까지 고려하여 문제를 푸는 것

이나 내일부터 무한대+1기까지 고려하여 문제를 푸는 것이나 문제의 구조는 동일하게 된다. 이 경우 문제구조를 오늘과 미래의 문제로 전환해서 마치 2기간 문제인 것처럼 문제의 구조를 바꾸기 위해서 (식 4−4)의 문제를 다음과 같이 표현해보자.

$$V(W_t) = \underset{c_t, \theta_t}{\text{Max}} \left[u(c_t) + E_t \left[\sum_{s=1}^{\infty} \beta^s \cdot u(c_{t+s}) \right] \right] \qquad \text{(식 4–5)}$$

위의 (식 4−5)의 괄호안의 식은 (식 4−4)를 다시 쓴 것에 불과하다. 즉, (식 4−4)에서 $s=0$을 취하면 $\beta^0 \cdot u(c_{t+0}) = u(c_t)$가 된다. 그런데 이 $u(c_t)$에 대해서는 기대치를 취할 필요가 없다. c_t는 오늘 확실하게 소비자가 결정하기 때문에 $u(c_t)$에는 불확실성이 존재하지 않는다. 따라서 $u(c_t)$는 기대치 밖으로 끌어낸다. (식 4−5)의 극대화된 기대효용은 오늘의 확정적 효용과 나머지 미래의 불확정적 효용의 기대치의 합으로 구성된다. 결과적으로 문제의 구조가 현재와 미래 2기간 모형으로 만들어졌다.

이 식에서, 매 기에 남아 있는 미래의 시간 간 효용의 기대치를 극대화하는 방식으로 매 시점 선택 가능한 c_t와 Θ_t를 결정하면서 최적의 선택을 해 나간다고 했을 때 그 극대화된 기대효용 값은 바로 $V(W_t)$라고 표현하였다. 이렇게 표현된 시간 간 기대효용의 극대치는 W_t만의 함수라는 점에 유의할 필요가 있다. 이 문제 구조에서 외생적으로 소비자에게 주어진 유일한 변수는 그가 가진 부(W_t)가 전부이다. 만약 W_t가 달라지면 그의 현재 소비c_t와 포트폴리오 선택 Θ_t도 달라진다. W_t는 외생변수이고 c_t 및 Θ_t는 내생변수이다. 이 경우 (식 4−5)의 괄호안의 미래의 불확정적 효용의 합의 기대치 항은 다음과 같이 표현할 수 있다.

$$E_t \left[\sum_{s=1}^{\infty} \beta^s \cdot u(c_{t+s}) \right] = E_t \left[E_{t+1} \left[\sum_{s=1}^{\infty} \beta^s \cdot u(c_{t+s}) \right] \right] \qquad \text{(식 4–6)}$$

위의 (식 4−6)에서와 같이 $E_t \left[\sum_{s=1}^{\infty} \beta^S \cdot U(c_{t+S}) \right]$를 $E_t \left[E_{t+1} \left\{ \sum_{s=1}^{\infty} \beta^S \cdot U(c_{t+S}) \right\} \right]$로 표현할 수 있는데 이것은 반복 기대치의 법칙(the law of iterated expectation)에 따른 표현이다. 즉, t시점에서 기대를 취하는 것은 $t+1$시점에서 더 세부적인 정보를 가지고 기대치를 취한 것에 대해서 다시 t시점에서 기대를 취한 것과 동일하다. 참고로 반복기대치의 법칙과 관련하여 다음 수형도의 사례를 살펴보자.

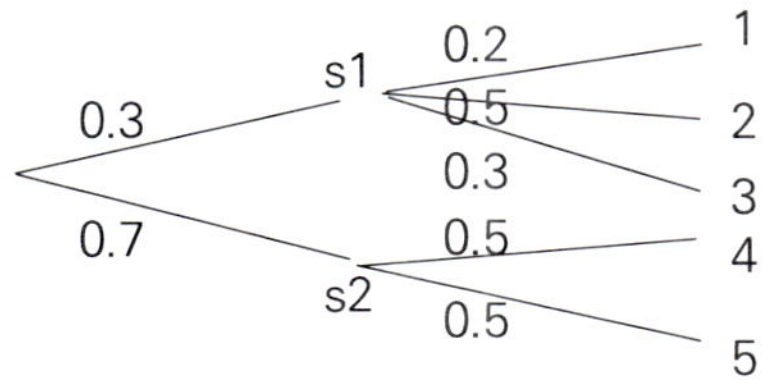

이 수형도를 이용하면 반복기대치의 법칙을 이해하는 데 도움을 얻을 수 있다. 먼저 현재 시점에서 최종적 기대치 $E_t(x)$는 다음과 같이 결정된다.

$$E_t(x) = 1 \times 0.06 + 2 \times 0.15 + 3 \times 0.09 + 4 \times 0.35 + 5 \times 0.35 = 3.78$$

그리고 다음 기의 각 상태(state)에서의 기대치는 $E_{t+1}(x|s_1)$과 $E_{t+1}(x|s_2)$는 다음과 같이 결정된다.

$$E_{t+1}(x|s_1) = 1 \times 0.2 + 2 \times 0.5 + 3 \times 0.3 = 2.1$$
$$E_{t+1}(x|s_2) = 4 \times 0.5 + 5 \times 0.5 = 4.5$$

이 경우 $E_t(x)$를 다음과 같이 표현할 수 있다.

$$E_t(x) = E_{t+1}(x|s_1) \times 0.3 + E_{t+1}(x|s_2) \times 0.7 = 2.1 \times 0.3 + 4.5 \times 0.7 = 3.78$$

이 경우에 현재 시점에서의 수형도의 확률분포에 대한 정보를 모두 활용하여 기대치를 취한 $E_t(x)$와 미래 시점에서 기대치를 취한 것 $E_{t+1}(x|s_1)$과 $E_{t+1}(x|s_2)$를 구한 다음에 거기에 대해서 다시 현재 시점에서 기대를 취한 것이나 동일한 값을 갖는다는 것을 확인할 수 있다. 다음 기에 얻게 되는 정보가 현재 시점에서 갖고 있는 정보보다 더 세분화된(finer) 정보인 경우에는 반복기대치의 법칙을 사용하는 것이 정당화 될 수 있다. 반복기대치의 법칙을 활용하면, 위 (식 4−6)의 첫 번째 등식의 우변은 다음과 같이 풀어서 쓸 수 있다.

$$\begin{aligned} E_t\left[E_{t+1}\left\{\sum_{s=1}^{\infty} \beta^s \cdot U(c_{t+s})\right\}\right] &= E_t\left[\beta E_{t+1}\left[u(c_{t+1}) + \beta u(c_{t+2}) + \cdots\right]\right] \\ &= E_t\left[\beta E_{t+1}\left[\sum_{s=0}^{\infty} \beta^s U(c_{t+1+s})\right]\right] \\ &= \beta E_t\left[V(W_{t+1})\right] \end{aligned} \quad \text{(식 4-7)}$$

여기에서 (식 4−7)의 세 번째 등식이 왜 성립하는지 잠시 생각해보자. 위의 (식 4−4)에서,

$$E_t\left[\sum_{s=0}^{\infty}\beta^s\cdot u(c_{t+s})\right]=V(W_t)$$

임을 확인 할 수 있다. 이 등식의 꼴을 잘 보면 (식 4−7)의 두 번째 등식의 우변항을 꼴과 흡사하다. 이 유사성을 이용하면 다음과 같이 쓸 수 있다.

$$E_{t+1}\left[\sum_{s=0}^{\infty}\beta^s\cdot u(c_{t+1+s})\right]=V(W_{t+1})$$

이 결과를 이용하면 CCAPM 모형의 기대효용 극대화 문제는 다음과 같이 간단한 꼴로 축약된다.

$$\begin{aligned}E_t\left[\sum_{s=0}^{\infty}\beta^s u(\widetilde{C_{t+s}})\right]=V(W_t)&=\underset{c_t,\Theta_t}{\text{Max}}\left[U(c_t)+E_t\left[\sum_{s=1}^{\infty}\beta^s\cdot U(c_{t+S})\right]\right]\\&=\underset{c_t,\Theta_t}{\text{Max}}\left[U(c_t)+E_t\left[\beta E_{t+1}\left[\sum_{s=0}^{\infty}\beta^s\cdot U(c_{t+1+S})\right]\right]\right]\\&=\underset{c_t,\Theta_t}{\text{Max}}\left[U(c_t)+\beta\cdot E_t[V(W_{t+1})]\right]\end{aligned}$$

(식 4−8)

위의 (식 4−8)에 따르면, 오늘 시점에서 극대화된 효용은 오늘의 확정적 효용과 미래의 극대화된 효용에 가중치 β를 곱한 것의 합과 같다. 효용함수의 형태는 시간의 경과에도 동일하게 유지되고, 오직 부만 지속적으로 변화하게 된다. 위험자산투자의 실현된 수익률에 따라 부는 계속 변화한다. 부가 변화하면 소비와 포트폴리오 가중치도 달라진다. 이 와중에 위험자산 수익률의 프로파일은 어떤 분포를 가지게 되는데, 시간이 지나도 동일한 분포를 갖는다고 가정한다. 이 경우 극대화된 효용구조는 불변이고 시간 동질적(time homogeneous) 형태를 계속 유지한다. 고려하는 기간이 무한대이기 때문에 이런 현상이 나타난다. 시간에 따라서 소비자가 얻게 되는 효용 구조는 동일하게 유지된다. 시간이 유한하다면 극대화된 효용이 시간의 함수가 될 수 있지만 시간이 무한한 경우에는 극대화된 효용의 형태가 시간의 경과에도 불구하고 일정한 형태로 유지된다. 여기에서 유의해야 할 점은 무한대 시계열의 극대화 문제를 오늘과 미래, 2기간의

문제로 축약하였다는 사실이다.

이제 목적함수를 극대화하기 위해서 V를 c_t, Θ_t, W_t 각각에 대해서 미분한 1계조건을 구해보자. 먼저 V를 c_t에 대해서 미분한 1계 조건은 다음과 같다.

$$u^{'}(c_t)+\beta\cdot E_t\left[\frac{\partial V}{\partial W_{t+1}}\cdot T(-(1+r_f+\theta_t^{'}(r-r_f1_N)))\right]=0$$

$$\Rightarrow u^{'}(c_t)-\beta\cdot E_t\left[\frac{\partial V}{\partial W_{t+1}}\cdot(1+r_f+\theta_t^{'}(r-r_f1_N))\right]=0 \qquad \text{(식 4-9)}$$

다음, V를 Θ_t에 대해서 미분한 1계 조건은 다음과 같다.

$$\beta\cdot E_t\left[\frac{\partial V}{\partial W_{t+1}}\cdot(W_t-c_t)(r-r_f1_N)\right]=0$$

이 경우 (W_t-c_t)는 0이 될 수 없다. 이번 기에 모든 부를 소비해버리면 미래에 소비할 재원이 사라지기 때문이다. 따라서 V를 Θ_t에 대해서 미분한 1계 조건은 다음과 같다.

$$\beta\cdot E_t\left[\frac{\partial V}{\partial W_{t+1}}\cdot(r-r_f1_N)\right]=0 \qquad \text{(식 4-10)}$$

다음, V를 외생변수인 W_t에 대해서 미분한 1계 조건을 살펴보자. 참고로 W_t가 변화하면 c_t와 Θ_t도 변화하여 연쇄미분법칙(chain rule)을 적용하여 문제가 번거롭게 될 것을 우려할 수 있다. 그런데 Envelop Theorem[2]에 의하면 최적화된 V에서 W_t가 변했을 때 c_t가 변하고 Θ_t가 변하고 연쇄적으로 함수전체가 변화하는 것은 무시해도 된다는 것이 알려져 있다. 즉, $\frac{\partial V}{\partial W_t}$를 구하는 과정에서 $\frac{\partial c_t}{\partial W_t}$, $\frac{\partial \Theta_t}{\partial W_t}$ 등은 굳이 구할 필요가 없다. 왜냐하면 결과적으로 모두가 상쇄되어 없어지기 때문이다. 그래서 최적화된 V함수에 대해서는 오직 W_t에 대해서만 미분하면 충분하다. 이 점을 감안하여 $\frac{\partial V}{\partial W_t}$를 구해보면 다음과 같다.

2 변수가 변화할 때 목적함수의 최적해 변화효과를 구하기 위한 정리로 함수 곡선은 미분인 접선의 모임인 포락선으로 형성된다는 논리를 담고 있음.

$$\begin{aligned}\frac{\partial V}{\partial W_t} &= \beta \cdot E_t\left[\frac{\partial V}{\partial W_{t+1}} \cdot \frac{\partial W_{t+1}}{\partial W_t}\right] \\ &= \beta \cdot E_t\left[\frac{\partial V}{\partial W_{t+1}} \cdot (1 + r_f + \theta_t'(r - r_f 1_N))\right] \\ &= u'(c_t)\end{aligned} \tag{식 4-11}$$

(식 4－11) 두 번째 등식의 우변 항은 (식 4－9)와 동일한 꼴임에 유의하자. (식 4－11)은 우리의 맥락에서 V 함수의 구체적 형태를 굳이 알 필요가 없게 만들어주는 편리한 결과이다. (식 4－11)의 결과를 활용하면 (식 4－9)와 (식 4－10)에 들어가 있는 $\frac{\partial V}{\partial W_{t+1}}$도 간단하게 구할 수 있다.

$$\frac{\partial V}{\partial W_{t+1}} = u'(c_{t+1}) \tag{식 4-12}$$

이제 (식 4－12)를 (식 4－9)에 대입하면,

$$u'(c_t) - \beta \cdot E_t\left[u'(c_{t+1}) \cdot (1 + r_f + \theta_t'(r - r_f 1_N))\right] = 0$$

이 식의 양 변을 $u'(c_t)$로 나누어주면,

$$1 - \beta \cdot E_t\left[\frac{u'(c_{t+1})}{u'(c_t)} \cdot (1 + r_f + \Theta_t'(r - r_f 1_N))\right] = 0$$

이 식을 배분법칙을 이용하여 두 개의 항으로 분할시키면,

$$1 - \beta \cdot E_t\left[\frac{u'(c_{t+1})}{u'(c_t)} \cdot (1 + r_f)\right] - \beta \cdot \Theta_t' \cdot E_t\left[\frac{u'(c_{t+1})}{u'(c_t)} \cdot (r - r_f 1_N)\right] = 0$$

이 식 좌변의 세 번째 항은 (식 4－10)을 $u'(c_t)$로 나누어 준 것과 같으므로 0이 된다. 따라서

$$\therefore 1 = \beta \cdot E_t\left[\frac{u'(c_{t+1})}{u'(c_t)} \cdot (1 + r_f)\right] \tag{식 4-13}$$

다음으로 (식 4－12)를 (식 4－10)에 대입하면,

$$\beta \cdot E_t\left[u'(c_{t+1}) \cdot (r - r_f 1_N)\right] = 0$$

이 식의 양 변을 $u'(c_t)$로 나누어주면,

$$\beta \cdot E_t\left[\frac{u'(c_{t+1})}{u'(c_t)} \cdot (r - r_f 1_N)\right] = 0$$

이 식을 배분법칙을 이용하여 두 개의 항으로 분할시키면,

$$\beta \cdot E_t\left[\frac{u'(c_{t+1})}{u'(c_t)} \cdot r\right] - \beta \cdot E_t\left[\frac{u'(c_{t+1})}{u'(c_t)} \cdot r_f 1_N\right] = 0$$

이 식의 좌변의 첫 번째 항에 $\beta \cdot E_t\left[\frac{u'(c_{t+1})}{u'(c_t)} \cdot 1_N\right]$를 더해주고 두 번째 항에 $\beta \cdot E_t\left[\frac{u'(c_{t+1})}{u'(c_t)} \cdot 1_N\right]$를 빼주면 여전히 다음과 같은 등식이 성립한다.

$$\beta \cdot E_t\left[\frac{u'(c_{t+1})}{u'(c_t)} \cdot (1_N + r)\right] - \beta \cdot E_t\left[\frac{u'(c_{t+1})}{u'(c_t)} \cdot (1_N + r_f 1_N)\right] = 0$$

이 식의 좌변의 두 번째 항은 (식 4-13)에 의하여 1_N이 된다. 따라서

$$\beta \cdot E_t\left[\frac{u'(c_{t+1})}{u'(c_t)} \cdot (1_N + r)\right] = 1_N$$

이상의 결과를 종합하면 다음과 같은 두 개의 1계조건 오일러 방정식이 도출되었다.

$$\Rightarrow \beta \cdot E_t\left[\frac{u'(c_{t+1})}{u'(c_t)} \cdot (1 + r_f)\right] = 1 \qquad \text{(식 4-14)}$$

$$\Rightarrow \beta \cdot E_t\left[\frac{u'(c_{t+1})}{u'(c_t)} \cdot (1_N + r)\right] = 1_N$$

동일한 꼴의 오일러 방정식이 $n+1$개가 도출되었다. 위험자산과 무위험자산의 오일러 방정식의 형태가 동일하게 나타났다. 이 식들은 자산가격 결정에서 중요한 식으로, 근본적 가격결정식(Fundamental Valuation Equation), 핵심 가격결정식(Canonical Valuation Equation) 등으로 불리며 학문적으로 많이 활용되는 식이다. 그런데 (식 4-14)는 Fisher

의 2 기간 모형의 효용극대화 조건인 (식 4-2)와 거의 유사한 형태를 나타내고 있다. Fisher 모형은 확실성 하에서 효용극대화를 추구하고 있기 때문에 (식 4-2)에서는 기대치가 빠져 있을 뿐이다. 이처럼 Fisher의 모형이 제시한 효용극대화 조건은 그 단순함에도 불구하고 거의 반세기라는 시간의 벽을 뛰어넘어 이후에 학자들이 개발한 위험자산을 고려한 경우에서의 효용극대화 조건과 동일한 형태를 보이고 있다.[3] 경제학에서 단순한 이론적 분석이 갖고 있는 강력한 직관적 힘을 확인해주는 좋은 사례이다.

이제 구체적인 멱효용함수(power utility function)를 이용하여 CCAPM 모형 하에서 이자율이 어떻게 결정되는지 그 과정을 살펴보자. 멱효용함수는 경제학자들이 일반적으로 가장 많이 사용하는 효용함수이다. 이 효용함수에서 γ는 상대적 위험기피도를 나타낸다.

$$u(c) = \frac{c^{1-\gamma} - 1}{1-\gamma}$$

이 효용함수를 두 번 미분하여 c를 곱하고 한 번 미분한 것으로 나누어주면 멱효용함수가 얼마나 아래로 오목하게 휘어졌는가를 측정해주는 상대적 위험기피도를 다음과 같이 구할 수 있다.

$$RRA(Relative\ \ risk\ \ aversion) = -\frac{c \cdot u''(c)}{u'(c)} = -\frac{c \cdot (-\gamma \cdot c^{-\gamma-1})}{c^{-\gamma}} = \gamma$$

멱효용함수의 γ가 높다는 것은 두 가지 의미를 가진다. 첫째, γ는 EIS의 역수이므로 효용함수의 상대적 위험기피도 γ가 높다면 이 사람은 EIS가 낮다. EIS가 낮다는 것은 이 소비자가 이자율 변동에 대해서 소비증가율에 변화를 주지 않는다는 것을 의미하며, 따라서 이 소비자는 시계열적으로 소비를 평활화(smoothing) 하려는 욕구가 높다는 것을 의미한다. 둘째, 효용함수의 γ 계수가 높은 사람은 효용함수의 곡도가 높기 때문에 특정 시점에서 자산수익의 횡단면적인 위험을 회피하려는 성향도 크게 나타난다. 내일의 소비는 얼마가 될지 모르는 상황($\widetilde{c_{t+1}}$)에서 내일 두 개의 상태(state), 즉 실현된

3 Irving Fisher의 이자율 이론은 그의 저서 "The Theory of Interest(1930)"에 기초해 있다. 이로부터 거의 반세기가 지나서 CCAPM 모형이 제시되는데, CCAPM의 기초를 제공한 논문들은 Robert Lucas의 "Asset Prices in an Exchange Economy(1978)"과 Douglas Breeden의 "An Intertemporal Asset Pricing Model with Stochastic Consumption and Investment Opportunities(1979)" 등이 대표적이다.

그림 Ⅳ-2 아래로 오목한 효용함수와 위험기피성향

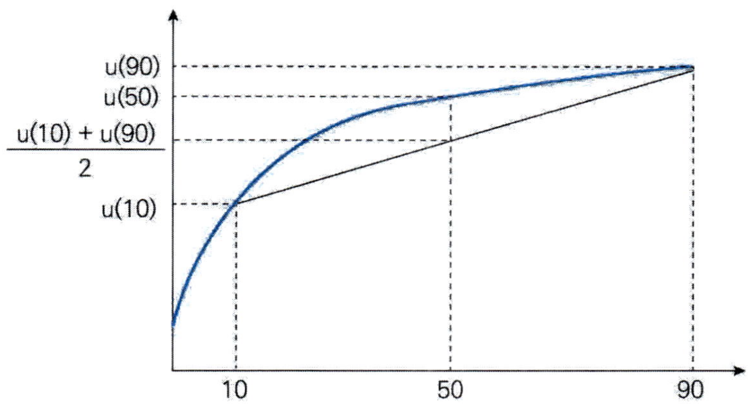

투자수익률이 높은 상태(S_1)와 실현된 투자수익률이 낮은 상태(S_2)가 있다고 가정해보자. [그림 Ⅳ-2]에서와 같이 이 투자수익률 상태에 따라서 투자자의 부가 결정되고 투자자의 소비도 $c_{t+1}(S_1)=90$으로 결정되거나 $c_{t+1}(S_2)=10$로 결정된다고 해보자. 이 경우 효용함수의 γ 계수가 높은 사람은 투자수익률이 높은 상태에서 얻게 되는 소비($c_{t+1}(S_1)=90$)와 투자수익률이 낮은 상태에서 얻게 되는 소비($c_{t+1}(S_2)=10$)와 같이 서로 다른 상태에서 발생하는 소비의 격차를 싫어한다. 왜냐하면 γ 계수가 높은 사람에게는 서로 다른 소비에서 얻게 되는 평균적 효용($\frac{u(90)+u(10)}{2}$)보다 이 두 소비수준 중간 정도 수준의 소비($c=\frac{90+10}{2}=50$)를 했을 때의 효용($u(50)$)이 더 크다는 것을 그림으로 확인할 수 있다. 그런데 γ가 크면 클수록 아래 그림의 효용함수가 아래로 오목한 정도가 더 커지게 되고 그에 따라 그림에서 표시된 $\frac{u(90)+u(10)}{2}$과 $u(50)$의 차이가 더 커질 것이다. 효용함수의 γ 계수가 커서 $\frac{u(90)+u(10)}{2}$과 $u(50)$의 차이를 더 크게 느끼는 사람일수록 횡단면적인 위험을 더욱 기피하게 된다.

이처럼 효용함수에서의 γ 계수가 표현하는 것은 두 가지이다. 하나는 시계열적으로 소비를 평활화하려는 욕구를 나타내고, 다른 하나는 특정 시점에서 각 상태(state)별로 소비를 평활화하려는 욕구를 나타내고 있다. 학문적으로는 γ가 이처럼 시계열적 소비 평활화도 설명해야 하고 특정 시점에서 상태별 소비 평활화도 설명하려다 보니까 실증분석에서 설명력이 떨어지는 문제가 있다. 그래서 최근에는 멱효용함수를 사용하지 않고, 시계열적 소비평활화를 결정하는 모수와 횡단면적 상태(state) 별 소비평활화를 결정하는 모수를 애초부터 다르게 설정하는 경우가 있다. 결국 감마가 커지면 특정 시점에서 어떤 상태가 발생하더라도 소비를 일정하게 하려는 욕구가 강하게 나타난다. 이런 욕구가 강하다면 투자에 있어서도 포트폴리오 설정에 더욱 신중을 기하게 된다. 멱효용함수가 주어진 경우에 오일러 방정식은 다음과 같다.

$$\beta \cdot E_t\left[\frac{u'(c_{t+1})}{u'(c_t)} \cdot (1+r_j)\right] = E_t\left[\beta \cdot \left(\frac{c_{t+1}}{c_t}\right)^{-\gamma} \cdot (1+r_j)\right] = 1 \qquad \text{(식 4–15)}$$

이 경우 소비의 로그성장률과 위험자산의 연속복리 수익률이 다음과 같이 2－변수 정규분포(log－normal distribution)를 따른다고 가정하자.

$$\begin{pmatrix} \ln\frac{c_{t+1}}{c_t} = g_{t+1} \\ \ln(1+r_j) \end{pmatrix} \sim MVN_2\left[\begin{pmatrix} \mu_g \\ \mu_j \end{pmatrix}, \begin{pmatrix} \sigma_g^2 & \sigma_{gj} \\ \sigma_{gj} & \sigma_j^2 \end{pmatrix}\right] \qquad \text{(식 4–16)}$$

이 식에서 g_{t+1}의 평균은 μ_g이고 분산은 σ_g^2이다. $\ln(1+r_j)$의 평균은 μ_j이고 분산은 σ_j^2이다. g_{t+1}과 $\ln(1+r_j)$의 공분산은 σ_{gj}이다. 이제 후술하는 내용의 이해를 돕기 위해서 다음과 같은 보조정리(lemma) 하나를 소개한다.

(보조정리(lemma) 1)

$\ln x \sim N(\mu, \sigma^2) \Rightarrow E(x) = e^{\mu + \frac{1}{2}\sigma^2}$ 따라서, $\ln E(x) = \mu + \frac{1}{2}\sigma^2$

즉, x가 로그정규분포를 따르는 경우 x의 기대치의 값은 $e^{\mu + \frac{1}{2}\sigma^2}$이라는 것이다. 간혹 $E(\ln x)$를 $\ln E(x)$와 혼동하는 경우가 있다. 위 보조정리에 따르면 $E(\ln x) = \mu$이고, $\ln E(x) = \mu + \frac{1}{2}\sigma^2$이기 때문에 이 둘은 엄연히 다르다는 사실에 주의하자. 이제 위 (식 4－15)의 기대치 괄호 안의 항을 x라고 정의하자.

$$x \equiv \beta \cdot \left(\frac{c_{t+1}}{c_t}\right)^{-\gamma} \cdot (1+r_j)$$

이 식의 양 변에 로그를 취하자. 이 경우 $\ln x$의 분포는 (식 4－16)의 가정에 의해서 다음과 같이 주어진다.

$$\Rightarrow \ln x = \ln\beta - \gamma \cdot \ln\left(\frac{c_{t+1}}{c_t}\right) + \ln(1+r_j) \sim N\left[\ln\beta - \gamma \cdot \mu_g + \mu_j,\quad \gamma^2 \cdot \sigma_g^2 + \sigma_j^2 - 2 \cdot \gamma \cdot \sigma_{gj}\right]$$

이제 (식 4－15)의 양변에 로그를 취하게 되면 위의 따름정리에 의해서 다음과 같이 쓸 수 있다.

$$\ln E_t\left[\beta \cdot \left(\frac{c_{t+1}}{ct}\right)^{-\gamma} \cdot (1+r_j)\right] = \ln\beta - \gamma \cdot \mu_g + \mu_j + \frac{1}{2}(\gamma^2 \cdot \sigma_g^2 + \sigma_j^2 - 2 \cdot \gamma \cdot \sigma_{gj})$$
$$= \ln 1 = 0$$

이 식의 좌변에 μ_j만 남기고 모두 우변으로 이항하면,

$$\mu_j = -\ln\beta + \gamma \cdot \mu_g - \frac{1}{2}(\gamma^2 \cdot \sigma_g^2 + \sigma_j^2 - 2 \cdot \gamma \cdot \sigma_{gj}) \qquad \text{(식 4–17)}$$

이와 동일한 과정을 무위험자산의 수익률에 대해서 적용하면 다음 식을 도출할 수 있다.

$$\mu_f = -\ln\beta + \gamma \cdot \mu_g - \frac{1}{2} \cdot \gamma^2 \cdot \sigma_g^2 \qquad \text{(식 4–18)}$$

앞서 언급한 바와 같이 일반적인 자산가격결정 모형은 이자율도 결정해야 하지만 위험자산의 위험프리미엄도 결정할 수 있어야 한다. 위의 (식 4－17)에서 (식 4－18)을 빼면 위험자산의 위험프리미엄은 다음과 같이 구할 수 있다.

$$\mu_j - \mu_f = \gamma \cdot \sigma_{gj} - \frac{1}{2} \cdot \sigma_j^2 \qquad \text{(식 4–19)}$$

(식 4－19)의 우변의 두 번째 항은 그 절대값이 매우 작은 수준이어서 경제학적으로 큰 의미는 없다. 중요한 것은 첫 번째 항인 $\gamma\sigma_{gj}$ 항이다. 이것의 의미를 살펴보자. 일단 사람들의 효용함수의 상대적 위험기피도 γ가 커지면 위험프리미엄도 커진다는 것을 알 수 있다. 위험을 싫어하는 투자자들은 위험한 자산을 외면하여 가격을 떨어뜨리게 되고 가격이 떨어진 자산은 수익률이 상승한다. 이런 자산의 수익률이 상승하기 때문에

무위험자산수익률을 차감한 위험프리미엄도 동반 상승한다.

다음으로 σ_{gj}는 소비증가율과 위험자산 수익률의 공분산이다. 다른 것이 일정할 때 소비증가율과 위험자산 수익률의 공분산이 크면 위험 프리미엄이 높아진다. 어떤 자산의 수익률이 소비증가율과 공분산이 크겠는가를 생각해보자. 일반적으로 소비증가율이 커지는 경우는 경기가 호황일 때이다. 경기가 호황일 때 수익률이 높고 경기가 불황일 때 수익률이 낮은 자산은 시장에서 좋은 평가를 받기가 힘들다. 좋은 시절에는 별로 필요도 없는 수익을 제공해주고 나쁜 시절에는 사람들에게 도움을 주기는커녕 포트폴리오의 평균적 수익률을 깎아 먹는 악성 자산으로 돌변한다. 사람들은 이런 자산을 싫어하기 때문에 시장에서 가격이 떨어지고 수익률과 위험프리미엄은 상승한다.

반대로 소비증가율과 위험자산 수익률의 공분산이 낮은 자산은 어떨지 생각해보자. 좋은 시절에 평균적 수익률을 깎아 먹어도 크게 문제가 되지 않지만 나쁜 시절에 대부분의 자산들의 수익률이 낮을 때 평균적 수익률을 올려주는 진정한 도움이 되는 자산이다. 사람들에게 최악의 시나리오 하에서 일종의 보험을 제공해주는 자산이다. 소비증가율과의 수익률의 공분산이 심지어 마이너스로 나타나는 경우에도 사람들은 그 자산을 선호하여 시장가격을 상승시키고 그 자산의 수익률을 무위험수익률보다 더 떨어뜨려 위험프리미엄이 마이너스 값을 갖게 된다. 평균수익률이 무위험수익률보다 낮은 자산이라고 하더라도 힘들 때 도움이 되는 자산이라면 사람들은 여전히 그 자산을 선호한다.

이와 관련하여 앞서 도출한 위험자산의 위험프리미엄 결정식을 CAPM 모형과 비교해보자. CAPM 모형의 위험프리미엄은 다음과 같다.

$$\mu_j - r_f = \beta_j(\mu_m - r_f) = \frac{Cov(r_j, r_M)}{Var(r_M)}(\mu_m - r_f) \qquad \text{(식 4–20)}$$

CAPM 하에서도 시장수익률이 높아질 때 수익률이 높아지는 자산에 대한 시장의 평가는 좋지 않다. 즉, CAPM 하에서도 시장수익률과의 공분산이 높은 자산의 위험프리미엄이 커지는 특성을 보인다. 이는 CCAPM 하에서 소비증가율이 증가할 때 수익률이 높아지는 자산에 대한 시장의 평가가 좋지 않은 것과 유사한 특성이다. 우리가 위에서 CCAPM 모형 하에서 도출한 위험자산의 위험프리미엄은 다음과 같이 간단하게 쓸 수 있다.

$$\mu_j - \mu_f = \gamma Cov(g, r_j) \quad \forall j = 1, \cdots, N \qquad \text{(식 4-21)}$$

그리고 이 식은 모든 자산에 대해서 다 성립해야 하므로 시장포트폴리오에 대해서도 성립한다. 따라서 다음과 같이 쓸 수 있다.

$$\mu_m - \mu_f = \gamma \cdot Cov(g, r_m), \qquad \gamma = \frac{\mu_m - \mu_f}{cov(g, r_m)}$$

이 γ값을 (식 4-21)에 대입하면,

$$\mu_j - \mu_f = \frac{\mu_m - \mu_f}{Cov(g, r_m)} \cdot cov(g, r_j) = \frac{Cov(g, r_j)}{Cov(g, r_m)} (\mu_m - r_f) \qquad \text{(식 4-22)}$$

(식 4-22)의 형태는 CAPM 하에서의 가격결정식인 (식 4-20)과 거의 유사하다. 이와 같은 유사성의 원천은 무엇일까 생각해보자. CAPM은 CCAPM 모형과 달리 오늘과 내일 두 기간만 고려하는 2기간(2 period) 모형이다. 2기간 모형에 있어서 현재시점에서 소비를 하고 나머지를 투자했을 때 그림은 다음과 같다.

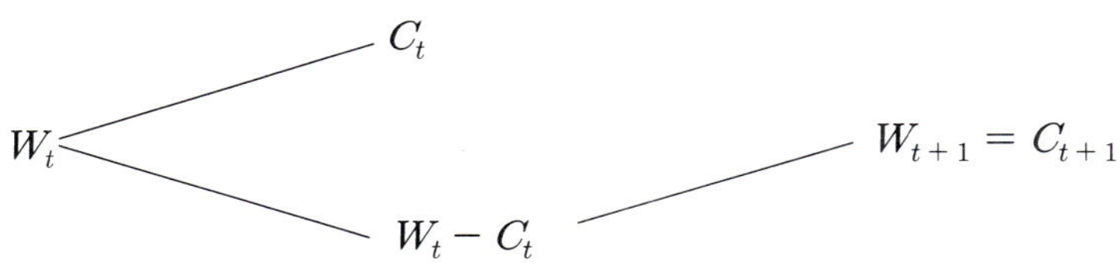

CAPM에서는 오늘의 $W_t - C_t$를 투자해서 W_{t+1}을 얻는 것에 주목하여 시장 포트폴리오 수익률을 자산가격결정 요인(factor)으로 설정한다. CCAPM에서는 오늘의 소비 C_t와 내일의 C_{t+1}의 증가율을 자산가격결정 요인(factor)으로 설정하였다. 얼핏 보면 CCAPM의 가격결정요인과 CAPM 모형의 가격결정요인은 전혀 성격이 다르다. 그러나 이 둘이 완전히 다른 것일까? 생각해보자.

부가 굴러가는 통이 따로 있고, 소비가 굴러가는 통이 따로 있다면 CAPM에서는 부가 굴러가는 통에 주목하고, CCAPM에서는 소비가 늘어나는 통에 주목한다. 부의 증가와 소비의 증가, 이 둘 사이에는 매우 밀접한 연관이 존재한다. CCAPM 모형에서 살펴본 바와 같이 대표적 대리인은 초기 부를 활용하여 매 시점에서 얼마만큼을 소비하고 얼마만큼을 투자할지를 결정하는데, 매 시점에서 투자를 수행하여 부를 증가시키는 궁극적인 목적은 미래의 각 기간에 소비를 수행하기 위해서이다. 결국 CCAPM 모형 하에서 부와 소비의 경로는 동시적으로 진행되는 과정이며 상호 불가결하게 연관되어 있다. CCAPM 모형에서와 같이 다기간 모형을 설정하면 매 시점에서 발생하는 소비가 궁극적으로 가장 긴요한 관심의 대상이 된다. 반면 CAPM 모형과 같이 2기간 모형을 설정하게 되면 최종적으로 부의 증가가 가장 중요한 관심사가 된다.

다음으로 무위험수익률에 대해서 살펴보자. 위의 (식 4－18)을 다시 써보면 다음과 같다.

$$\mu_f = \ln(1+r_f) = -\ln\beta + \gamma \cdot \mu_g - \frac{1}{2} \cdot \gamma^2 \cdot \sigma_g^2 \qquad \text{(식 4–23)}$$

이 식에서 $\ln(1+r_f)$는 연속복리수익률이라고 부른다. (식 4－23)의 우변의 두 번째 항까지 보면 (식 2－22) 및 (식 2－24)와 유사하다.

$$\ln\phi = \ln(1+r_f) = -\ln\beta + \gamma\ln\left(\frac{c_1}{c_0}\right) \qquad \text{(식 2–24)}$$

(식 2－24)는 Fisher의 이자율이론, 즉 확실한 상황 하에서 2기간 모형을 이용한 분석이므로 기대치를 취할 필요가 없었다. 반면 (식 4－23)은 다기간 모형 하에서 불확실성을 고려하므로 기대치가 취해져 있다. 기대치를 취한 것 말고는 (식 4－23)의 두 번째 항까지와 (식 2－24)는 완전히 동일하다. Fisher의 이자율 이론 이후 거의 반세기가 지나서 개발된 CCAPM 모형의 이자율 결정 요인들의 핵심적인 골자가 동일하다는 사실은 상대적으로 단순한 Fisher의 이자율 이론이 갖고 있는 직관의 강력한 힘을 여실히 보여준다.

이제 (식 4－23)의 의미를 살펴보자. 먼저 β는 미래 소비에 대한 가중치이다. 일반적으로 $\beta<1$이지만 β가 1에 가까울수록 미래에 가중치를 크게 주는 것이고, 베타가 1보다 점점 작아질수록 현재 소비에 대한 가중치가 커지는 경우이다. (식 4－23)을 보면 β가 작아질수록 이자율이 높아진다. 상대적으로 현재소비를 증가시키려는 노력이 차입 노력 등으로 나타나 이자율 상승 압력으로 작용한다. 다음으로 γ는 EIS의 역수이다. γ 값이 높아지면 시계열적 소비평활화와 횡단면적 소비평활화 욕구가 커진다. γ 값이 높은 상황에서 소비증가율 μ_g가 높으면 사람들은 소비를 시계열적으로 평활화하기 위해

노력하고 차입의지가 강해져서 이자율이 높아진다. (식 4-23)의 세 번째 항도 경제학적인 의미를 갖는다. 세 번째 항에서 σ_g^2은 소비불확실성과 관련되어 있다. 소비불확실성이 증가하면 소비자 입장에서는 예비적 동기의 화폐수요가 발생하게 되고 저축이 늘어난다. 이 경우 저축, 즉 대부가 늘어나므로 이자율이 낮아진다는 것을 알 수 있다.

3. Vasicek 모형

본 절에서는 이자율 기간구조를 풀어보고자 한다. 이자율 기간구조란 만기가 늘어날 때 만기수익률(yield to maturity, YTM)이 변해가는 모양을 보여주는 곡선이다. 일반적으로 만기수익률은 연평균이자율로 표시하기 때문에 만기가 길어진다고 연평균이자율이 무조건 올라간다고 말 할 수는 없다. 본 절에서는 특정시점에서 단기이자율이 주어져 있을 때, 나머지 만기의 이자율들이 어떻게 결정되는지를 살펴보고자 한다. 이를 풀기 위한 출발점은 앞서 도출한 (식 4-14)의 오일러 방정식, 즉 근본적 가격결정식(fundamental valuation equation)이다.

$$E_t\left[\beta \cdot \frac{u'(c_{t+1})}{u'(c_t)} \cdot (1+r_j)\right] = 1 \qquad \forall_j = 1,2,\cdots,N$$

이 식에서 $\beta \cdot \dfrac{u'(c_{t+1})}{u'(c_t)}$는 $IMRS_{t,t+1}$의 역수로, 이를 m_{t+1}이라고 명명하자. 이 경우 위의 식은 다음과 같은 간단한 형태가 된다.

$$E_t[m_{t+1} \cdot (1+r_j)] = 1 \qquad \forall_j = 1,2,\cdots,N \qquad \text{(식 4-24)}$$

이 식에서 $(1+r_j)$는 j번째 위험자산이 제공하는 배당을 포함하는 수익률이다. 이제 이 식의 양 변에 j번째 위험자산의 가격 $P_j(t)$를 곱하면 다음과 같다.

$$E_t[m_{t+1} \cdot P_j(t) \cdot (1+r_j)] = P_j(t) \quad \forall_j = 1,2,\cdots,N \qquad \text{(식 4-25)}$$

(식 4-25)의 괄호 안의 $P_j(t) \cdot (1+r_j)$는 j번째 위험자산이 배당과 자본이득을 포함하여 시장에서 평가되는 $t+1$ 시점에서의 가격이다. j번째 위험자산의 $t+1$ 시점에서의 가격에 m_{t+1}을 곱하여 기대치를 취하게 되면 j번째 위험자산의 현재시점에서

의 가격이 된다는 것이므로, m_{t+1}는 일종의 할인인자로 해석할 수 있다. 이 m_{t+1}에 대해서 좀 더 자세히 살펴보자.

$$m_{t+1} = \beta\frac{u'(c_{t+1})}{u'(c_t)} = \frac{1}{IMRS_{t,t+1}} \quad \text{(식 4–26)}$$

앞서 언급한 바와 같이 m_{t+1}는 이와 같이 정의하였는데, β를 주어진 값으로 본다면 m_{t+1}을 결정하는 것은 결국 소비 c_t와 c_{t+1}임을 알 수 있다. 그런데 현재시점을 t기라고 하면 현재시점의 소비 c_t는 확실하게 알고 있지만, 그 다음 기의 소비 즉 c_{t+1}은 얼마가 될지 알 수 없다. 현재시점에서 소비하고 나머지를 투자하여 $t+1$기에 얻게 되는 실현 수익이 얼마가 될지 알 수 없고 따라서 $t+1$기의 부 W_{t+1}가 얼마인지 확정되지 않았기 때문이다. 따라서 m_{t+1}는 c_{t+1}의 실현된 값에 따라 달라질 것이다.

이 소비자가 노출된 위험은 $t+1$기에 실현되는 상황(state)과 관련되어 있다. $t+1$기의 상황이 w_1, w_2, $\cdots$, w_k가 있다고 해보자. 이 각각의 상황에 따라서 c_{t+1}이 달라질 것이기 때문에 그에 따라 m_{t+1}도 $m_{t+1}(w_1)$, $m_{t+1}(w_2)$, $\cdots$, $m_{t+1}(w_N)$와 같이 다른 값을 갖게 될 것이다. $t+1$기에 실현된 상황에 따라서 할인인자 m_{t+1}의 값이 다르게 결정된다.

할인인자 m_{t+1}을 이용한 자산가격결정의 사례로 먼저 무위험자산의 경우를 살펴보자. 무위험자산은 $t+1$기의 상황에 관계없이 항상 확정적인 1원을 준다. 이 경우 무위험자산의 가격은 아래 표에서와 같이 구할 수 있다.

예를 들어 $t+1$ 시점에서 w_1 상황이 발생하였을 경우에 $m_{t+1}(w_1)=0.91$이라고

표 IV-1 무위험자산 가격산출

상태 (state)	$t+1$기의 무위험자산 payoff	확률할인인자	state의 확률값	t 시점의 가격
w_1	1	$m_{t+1}(w_1)$	$\Pr(w_1)$	$\Pr(w_1)\cdot m_{t+1}(w_1)\cdot 1$
w_2	1	$m_{t+1}(w_2)$	$\Pr(w_2)$	$\Pr(w_2)\cdot m_{t+1}(w_2)\cdot 1$
…	…	…	…	…
w_3	1	$m_{t+1}(w_N)$	$\Pr(w_N)$	$\Pr(w_k)\cdot m_{t+1}(w_k)\cdot 1$
합계				$P_f(t)=E_t[m_{t+1}\cdot 1]$

가정해보자. 이것의 의미는 $t+1$ 시점의 w_1 상황 하에서 주는 1원의 현재가치가 0.91 이라는 것이다. 또한 $m_{t+1}(w_2)=1.1$이라고 가정해보자. 이것의 의미는 $t+1$ 시점의 w_2 상황 하에서 주는 1원의 현재가치가 1.1원이라는 것이다. 이처럼 $t+1$ 시점에서 어떤 상황이 발생하는가에 따라 그 시점에서 주는 1원의 현재 가치가 다르게 나타난다. 그리고 각 상황은 그 상황이 발생할 확률을 갖기 때문에 각 상황이 주는 1원의 현재가치에 확률을 곱해서 더하면 무위험자산의 현재 가격이 된다. 무위험자산의 t시점에서의 가격은 [표 Ⅳ-1]의 제일 오른쪽 열에서 확인할 수 있는 바와 같이 각 상황의 $m_{t+1}(w_k)\cdot 1$에 확률 $\Pr(w_k)$를 곱한 것을 다 더해주면 $m_{t+1}\cdot 1$의 기대치로 다음과 같이 표시된다.

$$P_f(t)=E_t[m_{t+1}\cdot 1]$$

그렇다면 m_{t+1}의 값이 왜 어떤 경우에는 0.91이 되어서 상대적으로 낮게 나타나고 어떤 경우에는 1.1이 되어서 상대적으로 높게 나타나는지를 생각해보자. 그 원인은 m_{t+1}의 정의식인 (식 4-26)에 이미 나타나 있다. 이 식에서 m_{t+1}이 크다는 것은 $\frac{c_{t+1}}{c_t}$가 낮아졌다는 것을 의미한다. 왜냐하면 우리가 가정하는 효용함수의 형태는 아래 그림에서와 같이 아래로 오목(concave)한 형태를 보이기 때문에 $u'(c_t)$의 값이 주어진 상태에서 c_{t+1}이 작아지면 $u'(c_{t+1})$의 값이 증가하게 된다.

그림 Ⅳ-3 아래로 오목한 효용함수

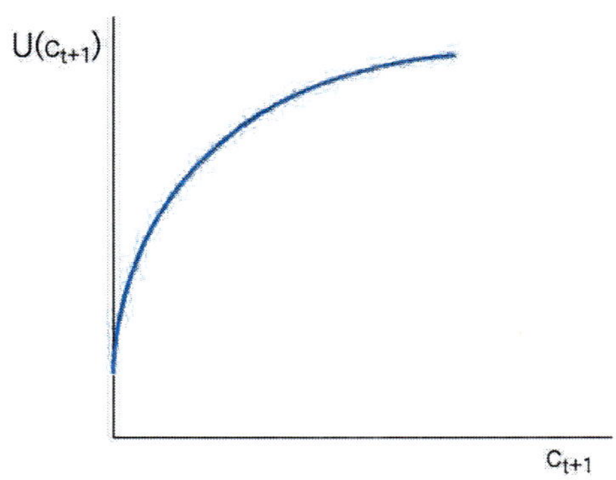

표 Ⅳ-2 위험자산 가격산출

상태 (state)	$t+1$ 시점의 위험자산의 가격	확률할인인자	state의 확률값	t 시점의 가격
w_1	$P_j(w_1)$	$m_{t+1}(w_1)$	$\Pr(w_1)$	$\Pr(w_1)\cdot m_{t+1}(w_1)\cdot P_j(w_1)$
w_2	$P_j(w_2)$	$m_{t+1}(w_2)$	$\Pr(w_2)$	$\Pr(w_1)\cdot m_{t+1}(w_1)\cdot P_j(w_2)$
…	…	…	…	…
w_3	$P_j(w_k)$	$m_{t+1}(w_N)$	$\Pr(w_N)$	$\Pr(w_1)\cdot m_{t+1}(w_1)\cdot P_j(w_k)$
합계				$P_j(t)=E_t[m_{t+1}\cdot \widetilde{P_j(t+1)}]$

이 경우 c_{t+1}이 낮다는 것은 경기침체가 온 것으로 해석할 수 있다. 위의 사례에서 w_2 상황에서 경기침체가 가장 심했다면 이 시기에 모두가 힘들 때 얻게 되는 1원은 누구에게나 매우 귀중한 가치를 갖게 되고 따라서 현재시점에서 그 가치는 1보다 큰 1.1원이 되는 것이다. 반대로 경기 호황이 오게 되면 c_{t+1}의 값이 높아지게 되고 이에 따라 $u'(c_{t+1})$의 값이 낮아져서 m_{t+1}의 값이 작아진다. 위에서 만약 w_1이 경기가 가장 좋은 상황이었다면, 그리고 그 경우 $m_{t+1}=0.91$이라면 경기 고점에서 주는 1원의 현재가치가 0.91이라는 것이다. 즉, 경기호황에서 얻게 되는 1원은 별로 높은 평가를 받지 못하게 되고 그것을 현재시점에서 평가하면 1원보다 작은 0.91원이 되는 것이다.

여기서 m_{t+1}은 $t+1$기에 각 상황에 따라서 값이 달라지는 확률변수(random variable)이기도 하지만, $t+2$기에도 각 상황에 따라서도 그 값이 달라지는 확률변수이다. 이처럼 m_{t+j}는 시간의 경과에 따라서 확률변수의 배열(sequence)를 이루기 때문에 m_{t+1}을 확률할인인자(stochastic discount factor, SDF)라고 부른다. 또 확률할인인자 m_{t+1}는 위에서 살펴본 것처럼 근본가격결정식(fundamental valuation equation)에서 핵심적인 역할을 수행하기 때문에 pricing kernel이라고 부르기도 한다. m_{t+1}를 알게 된다면 모든 자산의 가격을 알 수 있게 되기 때문에 m_{t+1}은 재무경제학자들의 주된 관심의 대상이 되고 있다.

다음으로 확률할인인자 m_{t+1}을 이용하여 위험자산의 가격결정을 어떻게 수행하는지를 살펴보자. 위험자산은 $t+1$기의 각 상황에서 서로 다른 가격 $P_j(w_k)$를 갖게 된다. 이 경우 현재시점, 즉 t 시점의 위험자산의 가격은 [표 Ⅳ-2]에서와 같이 구할 수 있다.

위의 [표 Ⅳ-2]에서와 같이 각 상황은 그 상황이 발생할 확률을 갖기 때문에, 각

표 Ⅳ-3 증권 가격 산출

상태 (state)	$t+1$ 시점의 AD 증권의 가격	확률할인인자	state의 확률값	t 시점의 AD 증권의 가격
w_1	1	$m_{t+1}(w_1)$	$\Pr(w_1)$	$\Pr(w_1)\cdot m_{t+1}(w_1)\cdot 1$
w_2	0	$m_{t+1}(w_2)$	$\Pr(w_2)$	$\Pr(w_1)\cdot m_{t+1}(w_1)\cdot 0=0$
…	…	…	…	…
w_3	0	$m_{t+1}(w_N)$	$\Pr(w_N)$	$\Pr(w_k)\cdot m_{t+1}(w_k)\cdot 0=0$
합계				$P_{AD}=\Pr(w_1)\cdot m_{t+1}(w_1)\cdot 1$

상황에서의 위험자산 가격의 현재가치에 확률을 곱해서 모두 다 더하면 현재시점에서의 위험자산 가격이 된다. 위험자산의 t시점에서의 가격은 위 표의 제일 오른쪽 열에서 확인할 수 있는 바와 같이 각 상황의 $m_{t+1}\cdot P_j(t+1)$과 각 상황에 대한 확률값을 곱해서 다 더해주면 $m_{t+1}\cdot P_j(t+1)$의 기대치로 다음과 같이 표시된다.

$$P_j(t)=E_t[m_{t+1}\cdot P_j(t+1)]$$

이 식의 양 변을 $P_j(t)$로 나눠주면 다음과 같이 (식 4-24)가 결정된다.

$$1=E_t\left[m_{t+1}\cdot\frac{P_j(t+1)}{P_j(t)}\right]=E_t[m_{t+1}\cdot(1+r_j)]$$

다음으로 확률할인인자 m_{t+1}을 이용한 자산가격결정의 추가적 사례로 원초적 증권(primitive security)의 경우를 살펴보자. 이 원초적 증권은 Arrow-Debreu Security이라고도 부르며, 보통 이를 줄여서 AD 증권이라고 한다. 증권은 다음 기에 특정 상황이 벌어졌을 경우에만 1원을 주고 나머지 모든 상황에서는 0을 주는 증권이다. 이 증권의 대표적인 사례는 복권이다. 예를 들어 $t+1$기에 w_1 상황에서는 1원을 주고 나머지 상황에서 0원을 준다면 t 시점에서 이 증권의 가격은 [표 Ⅳ-3]과 같이 구할 수 있다.

[표 Ⅳ-3]의 가장 우측열에는 w_1에서 1원을 주고 나머지 상황에서 0원을 주는 AD 증권을 가격을 나타내고 있다. w_k 상황에서 1원을 주고 나머지 상황에서 0원을 주는 AD 증권의 가격은 일반적으로 다음과 같이 쓸 수 있다.

$$P_{AD}(w_k) = \Pr(w_k) \cdot m_{t+1}(w_k)$$

AD 증권의 가격을 이용하여 무위험자산의 가격도 설명할 수 있다. 무위험자산은 모든 상황에서 1원을 주기 때문에 각 상황별 AD 증권을 모두 다 구입한 것으로 해석할 수 있다. 이처럼 AD 증권의 가격만 알 수 있다면 무위험자산의 가격뿐만 아니라 모든 종류의 위험자산가격을 다 알 수 있다. 이 경우 상태 확률 $\Pr(w_k)$는 알려져 있다고 가정하고 있기 때문에 근본적으로 $m_{t+1}(w_k)$을 안다면 AD 증권의 가격인 $P_{AD}(w_k)$를 알 수 있고, 모든 종류의 자산가격을 다 결정할 수 있게 된다. 자산가격결정을 가장 중요한 과제로 삼고 있는 재무경제학자들에게 있어서 m_{t+1}은 항상 주된 관심의 대상이 되는 이유도 이 때문이다.

앞에서 우리는 소비자의 효용함수를 다음과 같은 멱효용함수로 정의했다.

$$u(c_t) = \frac{c_t^{1-\gamma}}{1-\gamma}$$

이 효용함수로부터 확률할인인자를 다음과 같이 도출하였다.

$$m_{t+1} = \beta \frac{u'(c_{t+1})}{u'(c_t)} = \beta \frac{c_{t+1}^{-\gamma}}{c_t^{-\gamma}} = \beta \left(\frac{c_{t+1}}{c_t} \right)^{-\gamma}$$

이 식에서 양변에 로그를 취하면,

$$\ln m_{t+1} = \ln \beta - \gamma \cdot \ln \left(\frac{c_{t+1}}{c_t} \right)$$

그런데 위의 (식 4－16)에서 $\ln \frac{c_{t+1}}{c_t}$의 평균이 μ_g, 분산이 σ_g^2인 정규분포를 따른다고 가정하였다. 따라서 정규분포를 따르는 변수 $\ln \frac{c_{t+1}}{c_t}$는 평균 μ_g과 표준편차 σ_g와 표준 정규분포를 따르는 확률변수 $\epsilon_{g,t+1}$의 곱으로 다음과 같이 표현할 수 있다.

$$\begin{aligned} \ln m_{t+1} &= \ln \beta - \gamma \cdot \ln \left(\frac{c_{t+1}}{c_t} \right) = \ln \beta - \gamma \cdot (u_g + \sigma_{g,t+1} \cdot \epsilon_{g,t+1}) \\ &= \ln \beta - \gamma \cdot \mu_g - \gamma \cdot \sigma_g \cdot \epsilon_{g,t+1} \end{aligned} \qquad \text{(식 4–27)}$$

참고로 위에서 (식 4－18)은 다음과 같았다.

$$\mu_f = -\ln\beta + \gamma \cdot \mu_g - \frac{1}{2} \cdot \gamma^2 \cdot \sigma_g^2 \qquad \text{(식 4–18)}$$

이 식에서 μ_g는 다음과 같이 치환된다.

$$\mu_g = \frac{1}{\gamma}\left[\mu_f + \ln\beta + \frac{1}{2}\gamma^2 \cdot \sigma_g^2\right]$$

이 식을 위의 (식 4－27)에 대입하면 다음과 같다.

$$\begin{aligned}\ln m_{t+1} &= \ln\beta - \mu_f - \ln\beta - \frac{1}{2}\gamma^2 \cdot \sigma_g^2 - \gamma \cdot \sigma_g \cdot \epsilon_{g,t+1} \\ &= -\mu_f - \frac{1}{2}\gamma^2 \cdot \sigma_g^2 - \gamma \cdot \sigma_g \cdot \epsilon_{g,t+1}\end{aligned}$$

이 식에서 $\gamma \cdot \sigma_g$를 λ라고 두면 $\ln m_{t+1}$은 다음과 같이 간단한 형태로 쓸 수 있다.

$$\ln m_{t+1} = -\mu_f - \frac{1}{2}\lambda^2 - \lambda \cdot \epsilon_{g,t+1}$$

이 식에서 $\mu_f = E[\ln(1+r_f)] = \ln(1+r_f) = z_t$라고 설정한다.

$$\ln m_{t+1} = -z_t - \frac{1}{2}\lambda^2 - \lambda \cdot \epsilon_{g,t+1} \qquad \text{(식 4–28)}$$

이 때, z_t가 갖는 확률과정(stochastic process)을 다음과 같이 평균회귀(mean－re－version) 형태로 가정한다.

$$z_{t+1} = (1-\psi) \cdot v + \psi \cdot z_t + \sigma \cdot \epsilon_{t+1} \qquad \text{(식 4–29)}$$

이 이자율의 확률과정은 이자율이 미래의 각 시점에서 확률변수의 형태를 취하게 되는데 그 변화의 양상이 특정한 법칙성을 따르게 된다는 것을 의미한다. 이를 보다 자세히 살펴보자. 위 (식 4－29)의 양변에 기대치를 취하면 우변의 셋째 항은 0이 된다. 왜냐하면 ϵ_{t+1}은 표준정규분포를 따르는 확률변수로서 평균이 0이기 때문이다. 그리고 ψ를 0과 1 사이의 값으로 가정한다. 이 경우 z_{t+1}은 v와 z_t의 기대치의 가중평균이 된다. 만약 z_t가 v의 값과 같다면, z_{t+1}의 기대치는 v가 된다. 오늘의 이자율이 높아지면 내일의 이자율의 기대치도 높아진다. z_{t+1}과 z_t의 관계는 둘을 차분하면 더 파악하기가

그림 IV-4 Z_{t+1}과 Z_t의 관계

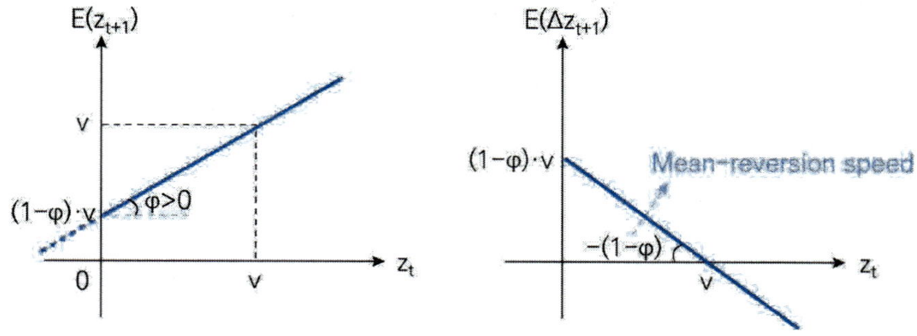

쉽다.

$$\Delta z_{t+1} = z_{t+1} - z_t = (1-\varphi)\cdot v + (\varphi - 1)\cdot z_t + \sigma\cdot\epsilon_{t+1}$$
$$= (1-\psi)\cdot(v - z_t) + \sigma\cdot\epsilon_{t+1} \quad \text{(식 4-30)}$$

위 (식 4−30)의 양 변에 기대치를 취하면, 수직축 $E(\Delta z_{t+1})$의 절편값은 z_t의 값이 0이 될 때의 $(1-\psi)\cdot v$값이 된다. 수평축 z_t의 절편 값은 v가 됨을 확인할 수 있다. 그리고 직선의 기울기는 위의 [그림 Ⅳ−4]의 우측 그림과 같이 $-(1-\psi)$가 되는데, ψ가 0과 1 사이에 있으므로 기울기가 0보다 작은 값임을 확인할 수 있다. 이 그래프의 의미를 생각해보자. 소비자들은 t와 $t+1$ 사이의 이자율 변화 $E(\Delta z_{t+1})$에 대해서 다음과 같이 예상한다. 만약 현재 이자율 z_t의 값이 v보다 작은 값이면 $E(\Delta z_{t+1})$ 값이 플러스 값으로 나타나 이자율이 올라갈 것으로 예상한다. 그리고 현재 이자율 z_t 값이 v보다 큰 값이면 $E(\Delta z_{t+1})$ 값이 마이너스 값으로 나타나 이자율이 떨어질 것으로 예상한다.

만약 z_t가 v보다 많이 크다면 $E(\Delta z_{t+1})$의 마이너스 절대값도 크게 나타나 금리의 큰 폭 하락이 예상된다. z_t가 v보다 조금 크다면 $E(\Delta z_{t+1})$의 마이너스 절대값도 작게 나타나 금리의 소폭 하락이 예상된다. z_t가 v와 같아지면 이자율의 기대변화는 0이 된다. 만약 z_t가 v보다 많이 작다면 $E(\Delta z_{t+1})$의 플러스 절대값도 크게 나타나 큰 폭의 금리상승이 예상된다. z_t가 v보다 조금 작다면 $E(\Delta z_{t+1})$의 플러스 절대값도 작게 나타타나 소폭의 금리상승이 예상된다. 이처럼 v는 이자율 z_t의 중력의 중심으로 작용하며 장기적으로 이자율이 v 값으로 수렴하는 이자율의 장기 기대치임을 알 수 있다. 이 경우 $(1-\psi)$의 절대값은 평균으로 회귀하는 속도를 나타낸다. 이 절대값이 크면 평균으로 회귀하려는 속도가 더 크게 나타난다. 만약 ψ 값이 1보다 커서 $(1-\psi)<0$이면 평균으로 회귀하지 못하게 된다.

미국의 경우 2008년 이전에는 v의 값이 명목금리 기준으로 5% 정도에 고정되어 있는 것으로 보았다. 그러나 2008년 이후에 v의 값이 하락하여 명목금리 기준으로 2.5%~3% 정도로 추정되고 있다.

이제 이자율의 만기구조가 어떻게 결정되는지를 살펴보자. 이를 위해 먼저 1기간 후에 1원을 주는 순할인채의 이자율부터 구해보자. 이 순할인채는 무위험자산이다. 다음 기의 현금흐름이 확실하고 현재의 가격도 확정적이기 때문이다. 이 순할인채의 현재 가격은 다음과 같이 결정된다.

$$p_{f_t}(1) = e^{-y_t(1)\cdot 1} \quad \text{(식 4-31)}$$

$P_{f_t}(1)$에서 괄호 안의 1은 만기가 1기간 남았음을 의미하며, 하첨자 t는 현재시점에서 이 순할인채의 가격을 나타낸다. 양 변에 로그를 취하여 정리하면 이 순할인채의 1기간 수익률은 다음과 같음을 알 수 있다.

$$y_t(1) = -\frac{\ln P_{f_t}(1)}{1} \quad \text{(식 4-32)}$$

통상적으로 이자율기간구조 모형에서 이 순할인채의 1기간 수익률은 주어진 것으로 간주하고 나머지 만기수익률을 결정한다. 다음으로 2기간 후에 1원을 주는 순할인채의 현재가격은 다음과 같이 결정된다.

$$P_{f_t}(2) = e^{-y_t(2)\cdot 2} \quad \text{(식 4-33)}$$

$P_{f_t}(2)$에서 괄호 안의 2는 만기가 2기간 남았음을 의미하며, 하첨자 t는 현재시점에서 이 순할인채의 가격을 나타낸다. 그런데 $P_{f_t}(2)$는 이론적으로 이자율의 확률과정(stochastic process)을 이용하여 계산되어야 할 값이지 현실에서 주어진 값은 아니라는

점에 유의하자. 이 경우에는 만기 2기인 순할인채 기간당 수익률을 알아내기 위해서 아래에서 제시하는 이자율기간구조 모형에 따른 계산과정이 필요하다. 만기 2기인 순할인채의 가격이 주어진 상태라면 기간당 수익률은 다음과 같이 구할 수 있다.

$$y_t(2) = -\frac{\ln P_{f_t}(2)}{2} \tag{식 4-34}$$

마찬가지로 k 기간 후에 1원을 주는 순할인채의 현재 가격은 다음과 같이 결정된 것이다.

$$P_{f_t}(k) = e^{-y_t(k)\cdot k} \tag{식 4-35}$$

이 경우에도 $P_{f_t}(k)$는 모형에서 계산되어야 할 값이지 현실에서 주어진 값은 아니라는 점에 유의하자. 만기 k인 순할인채의 가격 $P_{f_t}(k)$가 주어진다면 이론적인 기간당 수익률은 다음과 같다.

$$y_t(k) = -\frac{\ln P_{f_t}(k)}{k} \tag{식 4-36}$$

이처럼 만기에 따른 순할인채의 단위 기간당 수익률은 각 순할인채의 가격을 알고 있다면 다음과 같이 구해질 수 있다.

$$y_t(1) = -\frac{\ln P_{f_t}(1)}{1},\ y_t(2) = -\frac{\ln P_{f_t}(2)}{2},\ \ldots,\ y_t(K) = -\frac{\ln P_{f_t}(K)}{K}$$

이러한 만기별 이자율을 나열하여 그래프에 표시한 것이 바로 이자율 기간구조 즉, YTM 구조이다. 그렇지만 이 이자율 기간구조는 각 만기별 순할인채의 가격을 알아야 결정될 수 있다. 이제 이자율 z_t가 갖는 확률과정(stochastic process) (식 4-29)를 이용하여 각 기간을 만기로 하는 순할인채의 가격이 어떻게 결정되는지를 모형을 통해서 살펴보자. 먼저 1기간 만기 순할인채의 이론적 가격은 다음과 같이 결정된다.

$$P_t(1) = E_t[m_{t+1}\cdot 1] \tag{식 4-37}$$

그런데 위의 (식 4-28)에서 $\ln(m_{t+1}) = -z_t - \frac{1}{2}\lambda^2 - \lambda\cdot\epsilon_{t+1}$이라는 것을 알고

있다. 즉, $\ln(m_{t+1})$는 평균이 $-z_t - \frac{1}{2}\lambda^2$이고, 분산은 λ^2인 정규분포를 따른다. 이 경우 m_{t+1}은 로그정규분포를 따르기 때문에 위의 (보조정리 1)에 의하여 다음 식이 성립한다.

$$E(m_{t+1}) = \exp(-z_t - \frac{\lambda^2}{2} + \frac{\lambda^2}{2}) = \exp(-z_t)$$

이 식에 따르면, $P_t(1) = \exp(-z_t)$임을 알 수 있다. 따라서 위의 (식 4−32)에 의해서 다음 식이 성립한다.

$$y_t(1) = -\frac{\ln P_{f_t}(1)}{1} = -\frac{\ln(\exp(-z_t))}{1} = z_t \qquad \text{(식 4–38)}$$

이 경우 2기 이상을 만기로 하는 순할인채의 가격을 결정해 주기 위해서 (식 4−37)의 각 변에 로그를 취하여 계수값 A_1과 B_1을 다음과 같이 설정한다.

$$\ln(P_{f_t}(1)) = -A_1 - B_1 \cdot z_t \qquad A_1 = 0, \quad B_1 = 1 \qquad \text{(식 4–39)}$$

이제 2기간 만기 순할인채의 가격은 다음과 같이 결정된다.

$$P_{f_t}(2) = E_t[m_{t+1} \cdot \widetilde{P_{f_{t+1}}}(1)] \qquad \text{(식 4–40)}$$

이 식에서 $\widetilde{P_{f_{t+1}}}(1)$은 2기 후에 1원을 주는 순할인채의 $t+1$시점에서의 가격이며, 현재시점 t에서는 이 값을 알 수 없으므로 확률변수의 꼴을 취하고 있다. 그리고 $\widetilde{P_{f_{t+1}}}(1)$는 시점만 다를 뿐 (식 4−39)과 동일한 계수꼴을 갖게 되어 다음과 같이 쓸 수 있다.

$$\ln(\widetilde{P_{f_{t+1}}}(1)) = -A_1 - B_1\widetilde{z_{t+1}} \qquad \text{(식 4–41)}$$

이 경우 (식 4−40)의 양 변에 로그를 취하면,

$$\ln P_{f_t}(2) = \ln E_t[m_{t+1} \cdot \widetilde{P_{f_{t+1}}}(1)] \qquad \text{(식 4–42)}$$

(식 4−28)과 (식 4−41) 및 (식 4−29)의 이자율의 확률과정 등을 활용하여 이

식의 우변의 괄호 안을 정리하면 다음과 같다.

$$\begin{aligned}
&\ln m_{t+1} + \ln P_{t+1}(1) \\
&= -z_t - \frac{\lambda^2}{2} - \lambda \cdot \epsilon_{t+1} - A_1 - B_1 \cdot z_{t+1} \\
&= -z_t - \frac{\lambda^2}{2} - \lambda \cdot \epsilon_{t+1} - A_1 - B_1 \cdot \{(1-\varphi)\cdot \upsilon + \varphi \cdot z_t + \sigma \cdot \epsilon_{t+1}\} \\
&= -A_1 - B_1 \cdot (1-\varphi)\cdot \upsilon - \frac{\lambda^2}{2} - (1 + B_1 \cdot \varphi)\cdot z_t - (\lambda + B_1 \cdot \sigma)\cdot \epsilon_{t+1}
\end{aligned}$$

(식 4-43)

참고로 (식 4−28)의 $\epsilon_{g,t+1}$과 (식 4−29)의 ϵ_{t+1}은 서로 다른 교란항이기는 하지만 여기에서는 같다고 가정하였다. 논의의 편의를 위해 이 두 교란항을 같다고 보아도 무방하다.

결과적으로 (식 4−42)의 우변의 괄호 안을 로그를 취한 값이 (식 4−43)과 같이 평균은 $-A_1 - B_1 \cdot (1-\varphi)\cdot \upsilon - \frac{\lambda^2}{2} - (1+B_1 \cdot \varphi)\cdot z_t$이고, 표준편차는 $\lambda + B_1 \cdot \sigma$로 이루어진 정규분포를 따른다. 따라서 (보조정리 1)에 의하여 $E_t[m_{t+1} \cdot \widetilde{P_{f_{t+1}}}(1)]$는 다음과 같이 쓸 수 있다.

$$\begin{aligned}
E_t[m_{t+1} \cdot P_{t+1}(1)] &= e^{-\frac{\lambda^2}{2} - A_1 - B_1 \cdot (1-\varphi)\cdot \upsilon - (1+B_1\cdot\varphi)\cdot z_t + \frac{(\lambda + B_1 \cdot \sigma)^2}{2}} \\
&= e^{-\frac{\lambda^2}{2} + \frac{(\lambda + B_1 \cdot \sigma)^2}{2} - A_1 - B_1 \cdot (1-\varphi)\cdot \upsilon - (1+B_1\cdot\varphi)\cdot z_t}
\end{aligned} \quad \text{(식 4–44)}$$

따라서 양 변에 로그함수를 취하면 다음과 같다.

$$\begin{aligned}
\ln P_t(2) &= \ln E_t[m_{t+1} \cdot P_{t+1}(1)] \\
&= -\frac{\lambda^2}{2} + \frac{(\lambda + B_1 \cdot \sigma)^2}{2} - A_1 - B_1 \cdot (1-\varphi)\cdot \upsilon - (1+B_1\cdot\varphi)\cdot z_t
\end{aligned} \quad \text{(식 4–45)}$$

이 경우 3기 이상을 만기로 하는 순할인채의 가격을 결정해 주기 위해서 (식 4−45)의 계수값 A_2과 B_2을 다음과 같이 설정한다.

$$\ln(P_{f_t}(2)) = -A_2 - B_2 \cdot z_t \quad \text{(식 4–46)}$$

이때, $A_2 = \frac{\lambda^2}{2} - \frac{(\lambda + B_1 \cdot \sigma)^2}{2} + A_1 + B_1 \cdot (1-\varphi)\cdot \upsilon$

$B_2 = 1 + B_1 \cdot \varphi$

이제 동일한 방식으로 3기간 만기 순할인채의 가격은 다음과 같이 결정된다.

$$P_{f_t}(3) = E_t[m_{t+1} \cdot \widetilde{P_{f_{t+1}}}(2)] \quad \text{(식 4–47)}$$

이 식에서 $\widetilde{P_{f_{t+1}}}(2)$은 3기 후에 1원을 주는 순할인채의 $t+1$시점에서의 가격이며, 현재시점 t에서는 이 값을 알 수 없으므로 역시 마찬가지로 확률변수의 꼴을 취하고 있다. 그리고 $\widetilde{P_{f_{t+1}}}(2)$는 시점만 다를 뿐 (식 4−46)과 동일한 계수꼴을 갖게 되어 다음과 같이 쓸 수 있다.

$$\ln(\widetilde{P_{f_{t+1}}}(2)) = -A_2 - B_2\widetilde{z_{t+1}} \quad \text{(식 4–48)}$$

이 경우 (식 4−47)의 양 변에 로그를 취하면,

$$\ln P_{f_t}(3) = \ln E_t[m_{t+1} \cdot \widetilde{P_{f_{t+1}}}(2)] \quad \text{(식 4–49)}$$

(식 4−49)의 우변의 괄호 안을 로그를 취하면 다음과 같다.

$$\begin{aligned}
&\ln m_{t+1} + \ln P_{f_{t+1}}(2) \\
&= -z_t - \frac{\lambda^2}{2} - \lambda \cdot \epsilon_{t+1} - A_2 - B_2 \cdot z_{t+1} \\
&= -z_t - \frac{\lambda^2}{2} - \lambda \cdot \epsilon_{t+1} - A_2 - B_2 \cdot \{(1-\varphi) \cdot \upsilon + \varphi \cdot z_t + \sigma \cdot \epsilon_{t+1}\} \\
&= -A_2 - B_2 \cdot (1-\varphi) \cdot \upsilon - \frac{\lambda^2}{2} - (1 + B_2 \cdot \varphi) \cdot z_t - (\lambda + B_2 \cdot \sigma) \cdot \epsilon_{t+1}
\end{aligned}$$

(식 4–50)

결과적으로 (식 4−49)의 우변의 괄호 안을 로그를 취한 값이 (식 4−50)과 같이 평균은, $-A_2 - B_2 \cdot (1-\varphi) \cdot \upsilon - \frac{\lambda^2}{2} - (1 + B_2 \cdot \varphi) \cdot z_t$이고, 표준편차는 $\lambda + B_2 \cdot \sigma$로 이루어진 정규분포를 따른다. 따라서 (보조정리 1)에 의하여 $E_t[m_{t+1} \cdot \widetilde{P_{f_{t+1}}}(2)]$는 다음과 같이 쓸 수 있다.

$$\begin{aligned}
E_t[m_{t+1} \cdot P_{t+1}(2)] &= e^{-\frac{\lambda^2}{2} - A_2 - B_2 \cdot (1-\varphi) \cdot \upsilon - (1 + B_2 \cdot \varphi) \cdot z_t + \frac{(\lambda + B_2 \cdot \sigma)^2}{2}} \\
&= e^{-\frac{\lambda^2}{2} + \frac{(\lambda + B_2 \cdot \sigma)^2}{2} - A_2 - B_2 \cdot (1-\varphi) \cdot \upsilon - (1 + B_2 \cdot \varphi) \cdot z_t}
\end{aligned} \quad \text{(식 4–51)}$$

따라서 양 변에 로그를 취하면 다음과 같다.

$$\ln P_t(3) = \ln E_t[m_{t+1} \cdot P_{t+1}(2)]$$
$$= -\frac{\lambda^2}{2} + \frac{(\lambda + B_2 \cdot \sigma)^2}{2} - A_2 - B_2 \cdot (1-\varphi) \cdot v - (1 + B_2 \cdot \varphi) \cdot z_t$$

(식 4-52)

이 경우 4기 이상을 만기로 하는 순할인채의 가격을 결정해 주기 위해서 (식 4−52)의 계수값 A_3과 B_3을 다음과 같이 설정한다.

$$\ln(P_{f_t}(3)) = -A_3 - B_3 \cdot z_t$$

이때, $A_3 = \frac{\lambda^2}{2} - \frac{(\lambda + B_2 \cdot \sigma)^2}{2} + A_2 + B_2 \cdot (1-\varphi) \cdot v$

$B_3 = 1 + B_2 \cdot \varphi$

이런 식으로 기계적으로 풀어나가면 3기뿐만 아니라 4기, 5기 등 모든 기에 1원을 주는 순할인채의 가격을 구할 수 있게 되고, 해당 채권의 기간당 수익률을 구할 수 있게 된다. 그 결과 이자율 기간구조를 손쉽게 그릴 수 있다.

본 장에서 이렇게 이자율 기간구조를 구하는 방법은 Vasicek모형에 따른 것이다. Vasicek모형은 단기이자율이 주어져 있을 때 이자율 기간구조를 구하는 문제는 쉽게 구해줄 수 있다. 이 모형은 현실에서의 이자율 기간구조를 어느 정도 잘 나타내는 것으로 알려져 있다. 즉, 특정 시점에서 특정 만기의 이자율이 주어져 있을 때 나머지 만기의 이자율을 잘 설명하고 있다. 따라서 시장에서의 특정 만기 채권의 가격이 모형이 제시하는 채권의 가격과 다르게 나타나는 경우에 수행할 수 있는 차익거래 전략에는 유용한 모형이다. 그러나 동 모형의 문제는 오늘의 이자율기간구조가 주어져 있을 때 내일 이자율기간구조가 어떻게 바뀔지에 대한 예측력은 전혀 없다는 점이다. 이자율기간구조에 대한 예측력이 없으므로 이자율의 방향성에 대한 베팅에는 전혀 도움이 되지 않는 단점을 갖고 있다. 이로써 실질이자율 결정에 관한 이론적 모형들을 모두 살펴보았다.

4. 경기변동에 따른 이자율곡선의 형태변화

경기 상태가 경기변동의 저점(trough)에 존재하는 경우 중앙은행은 경기를 부양하기 위해 단기금리를 떨어뜨린다. 이 경우 이자율곡선의 형태를 보면 단기금리는 낮고 장기금리는 장기 평균금리 수준을 유지하여 우상향하는(upward sloping) 형태를 그리게 된다. 경기가 점차 회복됨에 따라 중앙은행은 단기금리를 조금씩 상향조정 하게 되고 단기금리와 장기금리의 차이가 점차 감소하여 이자율곡선의 우상향하는 기울기가 점차 완만해 진다. 그러다가 경기가 과열상태에 접어들게 되면 중앙은행은 인플레이션을 방어하기 위하여 단기금리를 장기 평균금리보다 더 높은 수준으로 상향 조정하게 된다. 이 경우 시장이 향후 단기금리가 더 상승할 것이라고 예상하면 혹등고래형(hump shape) 이자율곡선의 형태가 일시적으로 나타난다. 그 이후 경기과열이 진행되어 경기가 고점(peak)근방에 이르게 되고 시장의 예상대로 중앙은행이 단기금리를 상향조정하게 되면 이자율곡선은 우하향하는 모양(inverted shape)을 그리게 된다. 반대로 경기 고점에서 경기가 하락하여 경기가 침체기로 접어들게 되면 중앙은행은 금리를 낮추게 되는데, 시장에서 중앙은행이 단기금리를 더욱 인하할 것으로 예측하는 경우에는 역전된 혹등고래형(inverted hump shape) 이자율곡선이 나타나게 된다. 그리고 경기침체가 본격

그림 IV-5 이자율곡선 및 양적완화

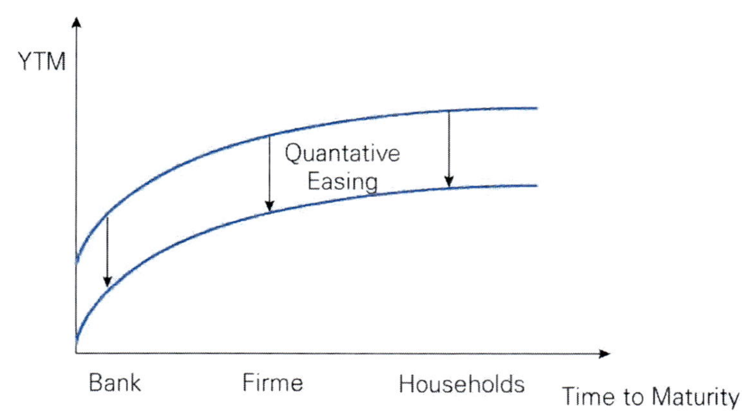

적으로 진행되면 중앙은행이 단기금리를 하향조정하여 우상향하는(upward sloping) 이자율곡선이 나타나게 된다.

각국 중앙은행들은 경기침체에 대해 금리인하로 대응하고 있는데, 단기금리인하의 혜택은 주로 은행들의 유동성을 풍부화하는 효과를 갖는다. 만기가 단기인 채권은 주로 은행들의 자금조달 수단이기 때문이다. 만기가 5년 이상 12년 이하 정도 채권은 주로 기업들의 자금조달 수단이 되며, 만기가 12년 이상인 채권은 가계의 자금조달 수단이 된다. 중앙은행이 단기금리를 인하하게 되면 전반적으로 금리 인하효과를 갖지만 은행 이외의 경제주체에게는 유동성 공급이 미흡한 부분이 있다. 미국의 경우 이러한 상태에 대해서 양적완화로 대응하였으며, 시장금리를 단기금리뿐만 아니라 중기와 장기금리까지도 인하하는 효과를 양적완화를 통해서 달성하고 있다. 중기와 장기금리를 인하하는 양적완화 정책은 은행뿐만 아니라 기업과 가계에 대한 유동성 공급을 증가시키는 효과를 갖는다. 또한 Fed는 단기금리의 불안을 확실하게 해소하기 위하여 예를 들면 향후 3년간은 zero 금리를 유지하겠다는 forward guidance를 발표함으로써 정책의 불확실성을 불식시키고자 노력한 바 있다.

[그림 Ⅳ-6]을 참조하여 지금까지 배운 내용을 정리해보면 다음과 같다. 먼저 단기 실질이자율, 즉 A점이 어떻게 결정되는지에 관해서 Fisher의 이자율 이론을 통해서

그림 Ⅳ-6 실질이자율곡선 vs. 명목이자율곡선

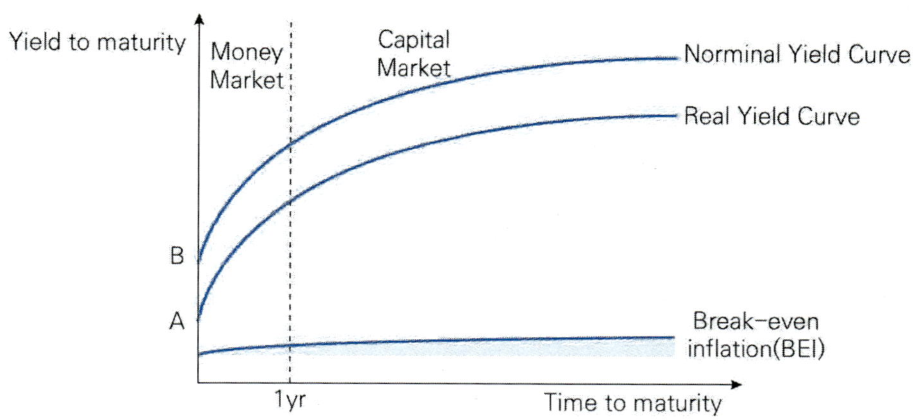

살펴보았다. 그 다음으로 A점에 기대 인플레이션을 얹어서 단기 명목이자율 즉, B점이 어떻게 결정되는지를 설명하였다. 그리고 위에서 살펴본 Vasicek 모형을 이용하여 아래 그림의 실질이자율곡선(Real Yield Curve)이 어떻게 결정되는지를 살펴보았다. 그리고 명목이자율곡선(Nominal Yield Curve)은 사람들의 인플레이션 예상과 관련되어 있다는 점을 설명하였고, Linkers에 대한 설명을 통해서 그것은 Break−even inflation(BEI)와 관련됨을 살펴보았다. Linker 시장이 정상적인 상황이라면 BEI는 사람들의 인플레이션 예상을 거의 근사치로 표현하기 때문에 실질이자율곡선과 명목이자율곡선의 차이를 설명할 수가 있다.

지금까지 본서에서 학습한 내용으로 명목이자율곡선까지 이해할 수 있게 되었다. 본서의 후반부에서는 명목이자율곡선 위에 존재하는 스왑커브(Swap Curve)에 대해서 살펴보고, 그 위에 회사채의 이자율곡선(Yield Curve)이 신용프리미엄에 따라서 순차적으로 존재한다는 사실을 살펴볼 것이다.

V. 현물이자율과 선도이자율

본 장에서는 국채의 가격결정에서 1차적 중요성을 갖는 현물이자율과 현물이자율에서 파생된 선도이자율의 정의와 활용법에 대해서 살펴본다. 특히 시장에서 현물이자율과 선도이자율 간에 불일치(mismatch)가 발생하는 경우 차익거래를 어떻게 수행하는지를 살펴본다. 현물이자율을 이해하기 위해서 먼저 순할인채와 이표채를 간단히 비교해보고 순할인채의 단위기간당 수익률 개념을 살펴보자.

1. APR과 APY

채권을 이자지급 방식으로 보면 크게 순할인채(pure discount bond)와 이표채(coupon bond)로 대별된다. 순할인채는 만기에 액면가만 지급하는 채권으로 중간에 액면이자를 지급하지 않는 채권이다. 예를 들어 1년 후에 100원을 지급하는데 현재 90원으로 발행되는 채권이 순할인채에 해당한다. 순할인채는 만기가 도래하기 이전에는 항상 액면가보다 낮은 가격에 거래되는 특징이 있다. 또한 순할인채에 투자한 경우 모든 수익은 자본이득(capital gain) 형태로만 존재한다.

한편, 이표채의 예를 보면 만기가 1년인데 6개월 후에 액면이자 5원을 주고 1년 후에 액면이자 5원과 액면가 100을 주는 채권을 예로 들 수 있다. 채권의 수익률의 기준이 되는 1기간을 설정할 때는 해당 국가의 국채의 액면이자를 지급하는 기간이 얼마인가에 따라 결정된다. 미국국채의 경우 1년에 2회 액면이자를 지급(semi-annual coupon payment)하기 때문에 6개월을 1기간으로 설정한다.

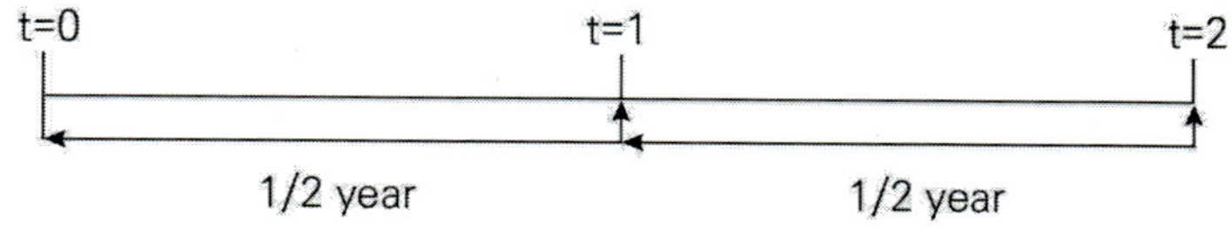

그런데 국채이든 회사채이든 모든 이표채는 액면가로 발행되는 것이 시장의 관례이다. 국채와 회사채가 모두 액면가로 발행되기 위해서는 액면이자를 조정하여 현재 가격을 액면가로 맞춘다. 예를 들어 국채의 액면이자율은 연 10%(연 10%는 6개월에 5%의 액면이자에 해당한다)이고, 회사채의 액면이자율은 연 14%(연 14%는 6개월 당 7%의 액면이자에 해당한다)인 경우에 이들 국채와 회사채의 현재가격이 100이 될 수 있는 것이다. 6개월 단위로 이자가 지급되는 경우 만기가 각각 1년인 국채와 회사채가 발행되는 시점에서의 가격 계산 사례를 다음과 같이 제시할 수 있다.

$$\text{국채의 가격: } \frac{5}{1.05^1}+\frac{105}{1.05^2}=100$$
$$\text{회사채의 가격: } \frac{7}{1.07^1}+\frac{107}{1.07^2}=100$$

식에서 6개월 후에 들어오는 현금흐름은 $(1+r)^1$으로 할인하였고, 1년 후에 들어오는 현금흐름은 $(1+r)^2$로 할인하였다. 할인할 때 1기간 이자율의 승수는 기간의 숫자에 해당하는 것이다. 6개월 후에 지급되는 현금흐름은 1기간 후이므로 1승으로 할인하였고, 1년 후에 지급되는 현금흐름은 2기간 후이므로 2승으로 할인하였다. 그리고 국채의 할인율은 연 10%로 계산하였고, 회사채의 할인율은 연 14%로 계산한 것은 위험의 차이에 따른 것이다. 국채의 할인율이 현재 시장에서 연 10%이므로 기간 당(6개월 당) 5%의 액면이자를 지급하고, 회사채의 할인율이 현재 시장에서 연 14%에 해당하므로 기간 당 7%의 액면이자를 지급하면 채권의 가격이 정확하게 액면가와 같은 100이 된다. 이처럼 모든 이표채는 발행 시에 시장에서 평가되는 그 채권의 할인율에 해당하는 액면이자를 지급하여 그 채권의 가격이 액면가와 같아지도록 하는데, 이를 '액면발행'이라고 부른다. 액면발행이 시장에서 채권발행의 기본적 원칙이지만, 경매를 통해서 채권가격이 결정되는 경우에 채권의 발행가는 이러한 원칙적인 액면가 가격결정과 약간의 차이가 나는 경우는 있을 수 있다.

이 경우 이표채의 액면이자 수익을 보통 보유이익(carry yield)이라고 부른다. 이표채에 투자했을 경우에 얻게 되는 수익은 이러한 액면이자 수익 이외에도 자본이득(capital gain)이 존재한다. 앞서 언급한 바와 같이 순할인채의 투자 수익은 액면이자 수익은 존재하지 않고 자본이득만 존재하는데 순할인채 수익률을 이표채의 수익률과 비교하기 위해서 coupon equivalent yield라는 용어를 사용한다. 즉, coupon equivalent yield는 순할인채에 적용되는 이자율을 연리로 표시한 것이다. 구체적으로 순할인채의 수익률을 연수익률로 환산하여 coupon equivalent yield로 표시하는 방법은 다음과 같다.

coupon equivalent yield:

$$\frac{\text{액면가}(M) - \text{매입가}(P)}{\text{매입가}(P)} \times \frac{365}{time\ to\ maturity(\#\ of\ days)} \qquad \text{(식 5–1)}$$

참고로 순할인채의 수익률을 연수익률로 환산할 때 일수를 계산하는 방법, 즉 토요일, 일요일, 법정 공휴일을 넣을 것인가 뺄 것인가 등이 나라마다 달라서 일수 계산이 까다롭다. 또한 coupon equivalent yield의 연수익률 환산법은 복리법이 아니라 단리법으로 표시하고 있다. 여기에서 coupon equivalent yield 즉 APR(annual percentage rate)은 순할인채의 수익률을 연수익률로 표시하는 방법 중 하나에 불과하다는 점을 인식할 필요가 있다. 단, 이처럼 단리 방식으로 표시된 연수익률 정보에서 끌어내야 할 중요한 정보는 단위기간 당 이자율이 얼마인가 하는 점이다. 이 단위기간 당 이자율이 얼마인가에 따라서 1년 동안 실질적으로 부담하게 되는 이자금액이 달라지게 된다. 만약 APR이 8%로 표시된 경우라고 한다면 우선적으로 1 단위 기간 즉 6개월에 해당하는 이자율이 4%라는 점을 인식할 필요가 있다. APR이 8%로 표시된 경우 100원을 차입한 소비자가 1년 동안 실질적으로 지불하는 이자 금액을 $100 \times (1 + 0.08)$으로 계산하는 혼동은 피해야 한다. APR이 8%로 표시된 경우 단위기간, 즉 6개월 당 이자율이 4%라는 것을 인식한다면, 소비자가 실질적으로 1년 동안 부담하는 이자금액은 자연스럽게 $100 \times (1 + 0.04)^2$와 같이 복리로 계산이 가능하게 된다.

참고로 이자를 APR로 표시하는 경우에 소비자들은 단위기간을 1년인 것으로 착각하여 자신이 부담하는 실질적인 이자부담을 실제보다 낮은 것으로 착각하는 경우가 있다. 기억해야 할 것은 복리계산의 주기(compounding frequency), 즉 1 단위기간을 6개월로 설정했다는 사실이다. 이 복리계산의 주기가 얼마인가에 따라서 소비자가 1년 동안 실질적으로 부담하는 이자금액이 달라지게 된다.

그리고 위의 사례에서 $100 \times (1 + 0.04)^2 - 1$을 APY(annual percentage yield, 이를 effective annual rate, EAR로 표기하기도 한다)라고 표기한다. APY도 연 이자율을 표기하는 한 가지 방법에 지나지 않기 때문에 APY가 주어진 경우에도 단위 기간 즉 6개월간의 이자율이 얼마인지를 계산할 수 있다. 다만 APY가 주어진 경우에는 APR이 주어진 경우보다 단위기간 당 이자율을 계산하는 방법이 조금 더 번거롭다는 차이점이 있을 뿐이다. 예를 들어 APY가 8%로 주어진 경우에 단위 기간 당 수익률 y_1은 다음과 같이 계산된다.

$$(1+y_1)^2-1=APY$$
$$y_1=(1+APY)^{1/2}-1=(1+0.08)^{1/2}-1=0.03923$$

이 경우 APR은 $0.03923\times2=0.07846$으로 계산된다. 이처럼 APR이 주어진 경우 단위기간 당 수익률을 찾아내고 그것을 이용하여 APY를 알아낼 수 있으며, APY가 주어진 경우에도 단위 기간 당 수익률을 찾아내고 그것을 이용하여 APR을 알아낼 수 있다. 일단 단위기간 당 수익률을 알고 있다면 단리방식으로 계산하여 연수익률을 표기한 것이 APR이고 복리방식으로 계산하여 연수익률을 표기한 것이 APY이다. 따라서 복리인 APY는 단리인 APR보다 항상 높은 값을 갖는다. 연수익률 표기법이 APR로 주어져 있든 APY로 주어져 있든 실질적인 차이가 없다. 중요한 것은 단위 기간이 얼마인가, 그리고 그 단위기간 당 수익률이 얼마인가 하는 것이며, 단위기간 당 수익률과 복리계산주기(단위기간의 길이)를 이용하여 필요에 따라 자유롭게 연수익률을 표기할 수 있다. 그런데 미국의 경우 화폐시장에서 거래되는 만기가 1년 미만인 단기채권의 호가방식으로 APR이 사용된다는 점은 기억할 필요가 있다.

참고로 단위기간이 1개월, 3개월, 6개월 등으로 주어지는 경우를 생각해보자. 아래 표에서는 단위기간 당 수익률 y가 주어진 경우에 단위기간이 달라질 때 APR과 APY로 표기된 연수익률이 어떻게 계산되는가를 보여주고 있다.

표 V-1 APR vs. APY

	단위기간이 1개월인 경우	단위기간이 3개월인 경우	단위기간이 6개월인 경우
APR	$12\times y$	$4\times y$	$2\times y$
APY	$(1+y)^{12}-1$	$(1+y)^4-1$	$(1+y)^2-1$

이처럼 단위기간 당 수익률이 주어진 경우 단위기간의 길이가 얼마인가에 따라서 연수익률 표기법인 APR과 APY가 달라진다. 이번에는 반대로 연수익률 APR과 APY가 주어진 경우 단위기간 당 수익률을 구하는 방법을 보여주고 있다.

	단위기간이 1개월인 경우	단위기간이 3개월인 경우	단위기간이 6개월인 경우
APR 단위기간 수익률	$\frac{APR}{12}$	$\frac{APR}{4}$	$\frac{APR}{2}$
APY 단위기간 수익률	$(1+APY)^{1/12}-1$	$(1+APY)^{1/4}-1$	$(1+APY)^{1/2}-1$

현실적으로 어떤 채권의 연 수익률 표기법이 APR이 주어지든, APY가 주어지든 단위기간 당 수익률은 동일하게 계산된다. 이 단위기간 당 수익률을 이용하여 표기한 APR과 APY는 내재적 연관성을 갖게 되는 것이다. 즉, APR과 APY는 단위기간 당 수익률이라는 동일한 실체를 연수익률로 다르게 표기한 것일 뿐이라는 점을 기억할 필요가 있다.

2. 현물이자율(spot rate)

현물이자율(spot rate)은 학문적인 협의의 의미에서는 순할인채(zero coupon bond, pure discount bond, zero)의 만기수익률을 지칭한다. 그런데 현실업계에서는 현물이자율을 순할인채 만기수익률 뿐만 아니라 이표채의 만기수익률도 지칭하는 경우가 있다. 왜냐하면 현실에서는 순할인채의 종류가 많지 않아 거래도 제한되어 있고 관련 업계의 거래자들이 기존의 이표채의 이자율기간구조에 익숙해져 있어서 이표채의 이자율기간구조를 사용하는 경우가 대부분이기 때문이다. 미국의 경우 순할인채는 T－bill만 존재한다. 만기 1년 미만의 국채만 순할인채로 발행되고 만기 1년 이상의 경우에는 이표채로 발행된다. 이표채의 경우에는 만기도 다르고 액면이자도 다르기 때문에 그 만기수익률은 액면이자의 영향을 받게 된다. 액면이자의 영향을 제거한 순할인채 현물이자율의 이자율기간구조가 학문적으로 정확한 개념이다.

이후의 논의에서 이제 1기간은 6개월로 간주한다. 1기간이 6개월인 경우. 최초 가격 P로 투자하여 t 기간 이후에 액면가 M을 받은 순할인채의 기간 당 수익률을 계산해보자.

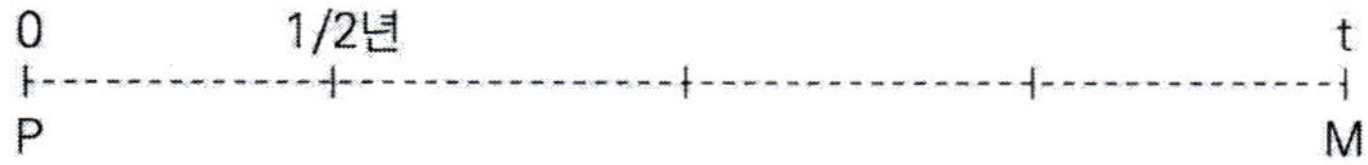

보통 채권의 만기 가치를 M(maturity value)이라고 하거나 F(Face value)라고 쓴다. 당연히 P는 만기가치보다 작다. 만약 $P=M$인 경우에는 순할인채 이자율이 0이다. 통상적인 플러스 이자율 하에서는 $P<M$ 이다.

이 경우 순할인채에 투자했을 때 얻게 되는 사후적 총수익률은 $\frac{M-P}{P}$로 계산된다. 이 경우 단위기간 당 수익률은 다음과 같이 계산된다.

$$(1+y)^t = \frac{M}{P}, \quad y = \left(\frac{M}{P}\right)^{1/t} - 1$$

예를 들어 $t=4$를 가정하면 복리계산(compounding)의 횟수는 4번이 된다. 일단 단위기간(6개월)당 수익률을 계산한 이후에는 그것을 연이자율로 환산할 때 APR로 표기하는데 그것은 $2\times y$가 된다. 마찬가지로 이 순할인채의 현물이자율(spot rate)도 APR 혹은 coupon equivalent yield인 $2\times y$로 표시한다. 앞서 언급한 바와 마찬가지로 만기가 1년 미만인 채권은 이자율로 가격을 표기(quote)하고, 만기가 1년 이상인 경우에는 액면가의 퍼센티지로 가격을 표기(quote)한다. 그런데 순할인채의 일종인 STRIPS도 액면가의 퍼센티지로 가격을 표기(quote)한다. 참고로 STRIPS가 발생한 역사적 배경을 간략하게 소개하면 다음과 같다.

예를 들어서 다음과 같은 액면가 100, 액면이자율(연이자율) 10%인 2년 만기 treasury note가 있다고 하자.

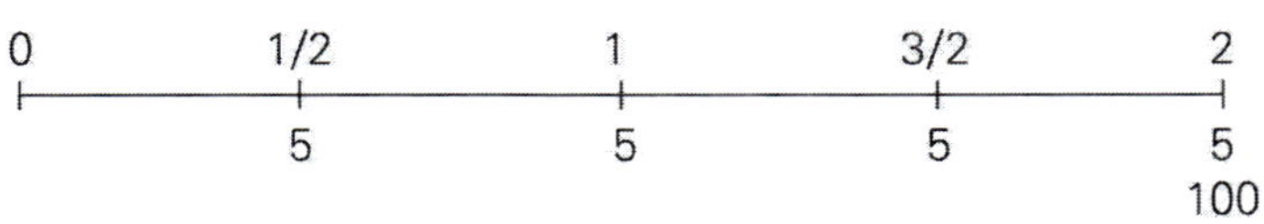

위 그림을 보면 이표채는 순할인채의 포트폴리오임을 알 수 있다. 2년 만기 국채를 분해해서 5개의 순할인채를 만들 수가 있다. 1980년대에 미국의 투자은행들의 시장 조사 결과 시장에서 만기가 1년 이상인 장기 순할인채에 대한 수요가 매우 높다는 것을 발견하였다. 이러한 조사결과는 통상적인 투자자 판단과 배치되는 점이 있어서 의외로 받아들여졌다. 통상적으로 투자자 입장에서는 이표를 지급받으면서 만기이전에 채권 발행자의 신용도를 확인할 수 있기 때문에 장기 채권의 경우에는 이표채를 선호하는 것이 일반적이다. 예를 들어 10년 만기 회사채에 투자한 경우 10년 동안 아무런 현금흐름이 없다가 10년 후에 원금과 이자를 한꺼번에 주는 채권이 투자자들에게 어떤 매력을 가질 수 있을지 의문을 제기할 수 있다. 만기가 10년이 아니라 30년이라면 이러한 채권에 대한 투자자들의 의구심은 더 커질 것이다. 30년 만기 채권의 경우 30년 동안 중간에 돈이 들어오는 것이 없으면 시장에서 매력이 없을 것이다. 1년 이상 만기를 갖는 채권들이 대부분 이표를 지급하는 것은 그것이 투자자들에게 발행자가 신용도를 유지하고 있다는 신호를 제공해주기 때문이다. 이러한 상황에서 투자은행들이 시장조사를 해보니 순할인채에 대한 수요가 상당히 큰 것으로 확인되었다. 이 조사결과에 따라 투자은행들이 위와 같은 2년 만기 이표채를 매입한 후 5개의 순할인채로 분할해서 매도하였더니 원래 매입한 이표채의 가격보다 분할한 5개의 순할인채 가격의 합계액이 더 커서 투자은행들은 높은 수익을 얻을 수 있었다. 투자은행들이 이러한 방식으로 발행한 순할인채를 stripped zero coupon bond라고 한다. 이러한 시장상황에 직면하여 미국 재무부가 투자은행들과 경쟁하는 stripped zero coupon bond를 만들어 내고 그것을 STRIPS(Separated Trading of Registered Interest and Principal of Securities)라고 명명하였다. STRIPS의 호가(quote) 방식의 사례를 살펴보자. 만기 6개월짜리 STRIPS의 가격이 다음과 같이 표기되었다.

$$P = 98:09$$

이러한 표기는 액면가의 퍼센티지로 가격을 표기하는 것으로서 그 구체적 의미는 다음과 같다.

$$98:09 = \left(98 + \frac{9}{32}\right)\%$$

즉, 이 STRIPS의 액면가는 $100,000이기 때문에 이 STRIPS의 달러 표시 가격은 $100,000 \times (98 + 9/32)\% = 98,281.25$가 된다. 이 경우 이 STRIPS의 단위기간 당 수익률은 다음과 같이 계산된다. 여기에서 괄호안의 두 번째 항의 분모에 32가 들어가는 것은 STRIPS 채권가격 변화의 최소단위, 즉 tick size가 액면가의 1/32%라는 것을 의미한다.

$$y_1 = \left(\frac{100,000}{98,281.25}\right) - 1 = 1.7488\%$$

따라서 이 채권의 현물이자율(spot rate)는 다음과 같이 계산된다.

$$2 \times y_1 = 3.4976\%$$

또 하나의 사례를 살펴보자. 1년 만기 STRIPS가 있다. 가격은 $P = 96:06$으로 표시되어 있다. 이 채권의 달러표시 가격은 다음과 같다.

$$P = 100,000 \times \left(96 + \frac{6}{32}\right)\% = 96,187.5$$

이 채권의 단위기간당 수익률은 다음과 같다.

$$y_2 = \left(\frac{100,000}{96187.5}\right)^{\frac{1}{2}} - 1 = 1.96254\%$$

이 채권의 spot rate는 다음과 같다.

$$2 \times y_t = 3.9251\%$$

또 하나의 사례를 살펴보자. 2.5년(5기간) 만기 STRIPS가 있다. 가격은 $P = 89:09$으로 표시되어 있다. 이 채권의 달러표시 가격은 다음과 같다.

$$P = 100,000 \times \left(89 + \frac{9}{32}\right)\% = 89,281.25$$

이 채권의 단위기간 당 수익률은 다음과 같다.

$$y_5 = \left(\frac{100,000}{89281.25}\right)^{\frac{1}{5}} - 1 = 2.2935\%$$

이 채권의 spot rate는 다음과 같다.

$$2 \times y_t = 4.5870\%$$

이처럼 순할인채로 단위기간 당 이자율을 계산하는 경우 그것으로 할인인자(discount factor, DFs)를 직접적으로 계산할 수 있다는 것이 순할인채의 장점이다. 단위기간 당 이자율과 할인인자(discount factor)의 관계는 다음과 같이 생각해볼 수 있다.

$$y_t = \left(\frac{M}{P}\right)^{1/t} - 1 = \left(\frac{1}{d_t}\right)^{1/t} - 1 \qquad \text{(식 5-2)}$$

즉, 이 식에서 discount factor는 다음과 같이 정의할 수 있다.

$$d_t = \frac{1}{(1+y_t)^t} \qquad \text{(식 5-3)}$$

이 할인인자를 이용하면 이표채의 가격을 다음과 같이 편리하게 구할 수 있다.

$$P = \sum_{t=1}^{n} d_t \times CF_t = \sum_{t=1}^{n} \frac{CF_t}{(1+y_t)^t} \qquad \text{(식 5-4)}$$

그런데 1980년대 STRIP의 높은 인기는 시장의 유동성 확대에 도움을 주는 동시에 1년 이상 순할인채의 할인인자를 손쉽게 구할 수 있게 해주었다는 점에서 매우 고무적인 일로 평가되었다. 시장에서 특정 만기의 STRIPS가 존재하는 경우 그 만기에 해당하는 할인인자 뿐만 아니라 현물이자율곡선을 손쉽게 구할 수 있게 된 것이다. 그러나 미국의 세법에 따르면 예를 들어 2년 만기 순할인채가 중간 이자를 주지 않았음에도 불구하고 매년 말에 이자를 받았다고 의제하고 그 의제 이자에 대해서 세금을 부과한다. 또 한편에서는 일본인 투자자들에 대해서는 장기채권투자의 자본이득에 세금을 부과하지 않아 일본인들의 장기 STRIPS에 대한 투자가 늘어나는 결과를 낳게 되었다. 이러한 불합리하고 복잡한 세제로 인해서 STRIPS의 가격과 현물이자율에 왜곡이 발생하였다.

3. 선도이자율

선도계약(forward contract)이란 미래 특정날짜에 특정자산을 오늘 정의한 특정한 가격(forward price)으로 사기(팔기)로 계약을 맺은 것이다. 선도계약이란 계약은 오늘 맺

어놓고 실제 실행은 그 특정 날짜에 가서 실행하는 것을 말한다. 선도계약의 사례로 선도대출의 사례를 살펴보자.

아래 그림을 보면 n기간 이후에 t기간 동안 $1을 빌려주기로 약속했는데, 그 단위기간 당 이자율 ${}_nf_t$를 오늘 확정했다. 그때 시장이자율이 얼마가 되든지 간에 상관없이 오늘 미리 이자율을 확정한 것이다. 즉 오늘 시점에서 n기간 이후에 t기간 동안 $1을 ${}_nf_t$ 이자율로 빌려주기로 오늘 확정한 계약을 맺은 것을 선도대출이라고 정의한다. 이 경우 만약 5%로 빌려주기로 했는데, 계약을 수행하기로 약속한 미래의 특정 시점에서 시장 이자율이 4%가 되면 선도대출자가 이익을 보게 되고, 시장이자율이 6%가 되면 선도대출자가 손해를 보게 되는 구조이다.

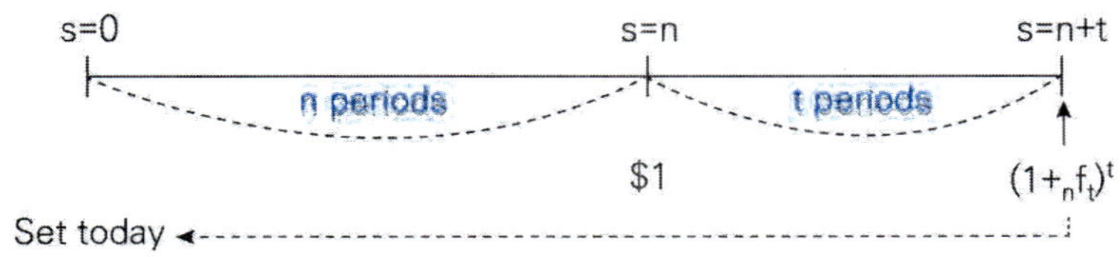

이제 선도이자율과 현물이자율의 관계를 살펴보자. 다음 두 가지 프로젝트를 생각해보자.

(i) $n+t$기간 만기의 순할인채 구입

(ii) n기간 만기 순할인채를 구입하고, 그 만기가 도래하면 t기간 만기 순할인채를 오늘 확정한 가격으로 구입한다.

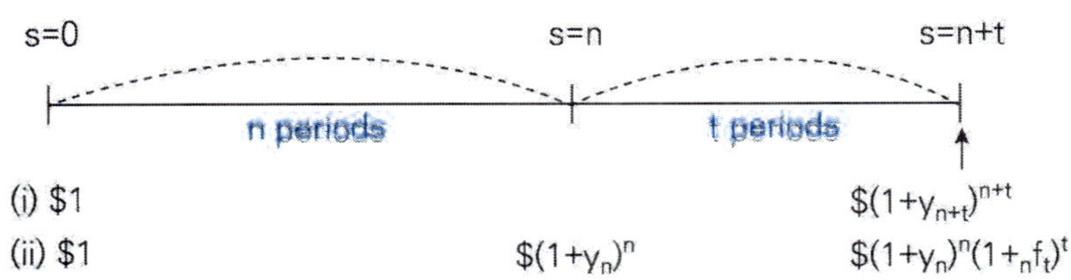

위 그림의 프로젝트 (i)에서 y_{n+t}는 오늘 시점에 확정된 $n+t$ 기간을 만기로 하는 순할인채의 1기간 당 이자율이다. 오늘 $1을 빌려주면 $n+t$ 기간 후에는 $(1+y_{n+t})^{n+t}$의 돈을 돌려받게 된다. 프로젝트 (ii)에서 y_n은 오늘 시점에 확정된 오늘로부터 n기간 만기로 하는 순할인채의 1기간당 이자율이다. 그리고 ${}_nf_t$는 오늘 시점에서 확정된 n기간 후에 t기간 동안 $(1+y_n)^n$의 돈을 빌려줄 때 받게 되는 1 기간 당 이자율이다. (ii)

방식으로 오늘 $1을 빌려주면 $n+t$기간 후에는 $(1+y_n)^n(1+{}_nf_t)^t$만큼의 돈을 돌려받게 된다. (i) 방식으로 돈을 빌려주나 (ii) 방식으로 돈을 빌려주나 둘 다 부도 위험이 없어서 불확실성은 없다. 그리고 빌려준 원금도 동일(둘 다 $1)하다. 만약 시장에서 일물일가(LOP, law of one price)의 원리가 관철된다면, 둘 다 확정된 이자율에 따른 동일한 원리합계액을 동일한 만기일에 돌려받아야 한다.

즉, (i) 방식으로 돈을 빌려주든 (ii) 방식으로 돈을 빌려주든 $n+t$ 후에 돌려받게 되는 원리합계금은 같아야 한다. LOP의 원리는 같은 물건이면 같은 가격에 거래되어야 하며, 만기에 발생하는 현금흐름도 같아야 한다는 것을 강제한다. 따라서 다음 조건에서 정확한 선도이자율 값을 계산할 수 있다.

$$(1+y_{n+t})^{n+t} = (1+y_n)^n(1+{}_nf_t)^t \qquad \text{(식 5-5)}$$

이 조건에 의해서 선도이자율은 다음과 같이 결정된다.

$${}_nf_t = \left(\frac{(1+y_{n+t})^{n+t}}{(1+y_n)^n}\right)^{1/t} - 1 \qquad \text{(식 5-6)}$$

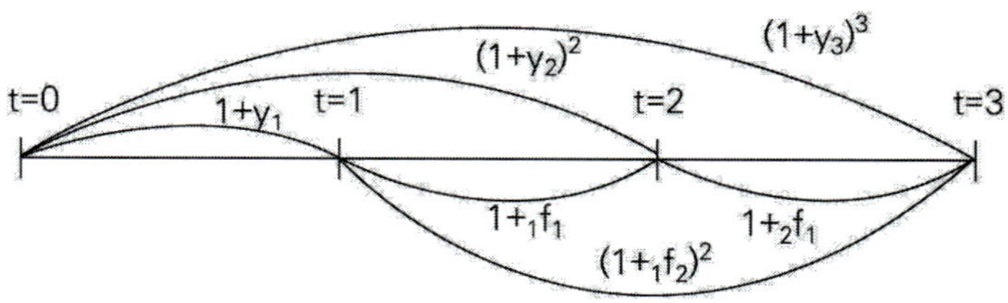

$$\begin{aligned}(1+y_2)^2 &= (1+y_1)(1+{}_1f_1)\\ (1+y_3)^3 &= (1+y_1)(1+{}_1f_1)(1+{}_2f_1)\\ &= (1+y_1)(1+{}_1f_2)^2\\ &= (1+y_2)^2(1+{}_2f_1)\end{aligned}$$

이 식에서 알 수 있는 것처럼 현물이자율(spot rate)이 의미하는 기간 당 수익률 y_{n+t}와 y_n만 알면 선도이자율 ${}_nf_t$는 부수적(redundant)으로 알 수 있게 된다. 다음 사례를 살펴보자.

소비자가 $1을 1년 동안 빌려주는 경우 $(1+y_2)^2$의 원리합계를 받는다. 그런데 동일한 원리합계를 얻기 위해 $1을 6개월 동안 빌려주고 그 원리합계금을 다시 나머지 6개월 동안 선도대출을 실시하게 되면 그 원리합계금은 $(1+y_1)(1+{}_1f_1)$이 된다. 그런데 이 두 가지 원리합계금은 같아야 한다. 왜냐하면 대출한 금액이 $1로 동일하고, 둘 다 불확실성이 없으며, 각 경우에 적용되는 이자율은 오늘 확정된 값인 동시에 만기도 동일하기 때문이다. 만약 만기에 받게 되는 원리합계금이 달라진다면 즉각적인 차익거래가 발생하여 이자율이 조정되고 만기에 수령하는 원리합계금이 같아지는 압력으로 작용하게 될 것이다.

또한 소비자가 $1를 1년 6개월 동안 빌려준다면 $(1+y_3)^3$이 원리합계가 되는데, 이 원리합계를 얻을 수 있는 방법은 위의 그림에서 살펴볼 수 있다시피 3가지 방법이 있다. 즉, 단위기간 6개월씩 돈을 빌려주는 방법이나 6개월 빌려주고 1년 빌려주거나 1년 빌려주고 6개월 빌려주는 방법 등이 있다. 이 경우에 ${}_1f_1$, ${}_2f_1$, ${}_1f_2$ 등을 모두 도출낼 수 있게 된다. 현재의 이자율기간구조를 이용해서 도출한 선도이자율의 의미를 대출의 만기 연장이라는 관점에서 조망해보면, 선도이자율은 대출의 만기를 연장할 때 적용되는 한계적 이자율임을 알 수 있다. 즉, 다음과 같은 식을 생각해보면 선도이자율이 현물이자율의 관계 속에 나타나는 한계적 이자율이라는 것을 이해할 수 있다.

$$(1+y_2)^2=(1+y_1)\times(1+{}_1f_1)$$

주어진 현물이자율 체계 즉 이자율 기간구조를 이용하여 선도이자율을 계산할 때 이와 같은 대출의 만기연장의 관점에서 접근하면 선도이자율 도출과정을 쉽게 이해할 수 있다. 주어진 현물이자율 기간구조를 이용하여 선도이자율을 계산하는 예를 살펴보자. coupon-equivalent yield(혹은 APR)가 다음과 같이 6개월부터 2년까지 주어져 있을 때 선도이자율을 계산해보자. 단, ${}_nf_t$에서 하첨자 n은 몇 기 후에 돈을 빌려주는가를 나타내고, 하첨자 t는 몇 기간 동안 돈을 빌려주는가를 나타낸다.

0.5년 : 5.5%	1년 : 6%	1.5년 : 6.4%	2년 : 6.5%

(1) $n=1$일 때, ${}_1f_1$, ${}_1f_2$, ${}_1f_3$

(2) $n=2$일 때, ${}_2f_1$, ${}_2f_2$

(3) $n=3$일 때, ${}_3f_1$

선도이자율의 계산은 다음의 절차를 통해 계산된다.

$y_1 = 2.75\%,\ y_2 = 3.00\%,\ y_3 = 3.20\%,\ y_4 = 3.25\%$

$1.0300^2 = 1.0275 \times (1 + {}_1f_1) \rightarrow {}_1f_1 = 3.2506\%$

$1.0320^3 = 1.0300^2 \times (1 + {}_2f_1) \rightarrow {}_2f_1 = 3.6012\%$

$1.0325^4 = 1.0320^3 \times (1 + {}_3f_1) \rightarrow {}_3f_1 = 3.4001\%$

$(1 + {}_1f_2)^2 = (1.032506) \times (1.036012) \rightarrow {}_1f_2 = 3.4257\%$

$(1 + {}_1f_3)^3 = (1.032506) \times (1.036012) \times (1.034001) \rightarrow {}_1f_3 = 3.4172\%$

$(1 + {}_2f_2)^2 = (1.036012) \times (1.034001) \rightarrow {}_2f_2 = 3.5006\%$

이 계산 결과를 연율화된 선도이자율로 표기하기 위해서는 위에서 구한 단위 기간당 선도이자율에 $\times 2$를 해주어야 한다. [그림 V－1]에서는 이렇게 연율화된 선도이자율과 현물이자율을 표시하고 있다.

[그림 V－1]에서 마름모꼴 점을 연결한 선은 현물이자율로 표시한 현재의 이자율 기간구조를 보여주고 있다. 이 그림에서 6개월 만기 돈을 빌려줄 때 현재시점에서 빌려주면 5.5%가 되고, 6개월 후에 6개월을 빌려주면 ${}_1f_1 \times 2 = 3.2506\% \times 2 = 6.5012\%$가 된다. 1년 후에 6개월을 빌려주면 ${}_2f_1 \times 2 = 3.6012\% \times 2 = 7.2024\%$가 된다. 1년 6개월 후에 6개월을 빌려주면, ${}_3f_1 \times 2 = 3.4001\% \times 2 = 6.8002\%$가 된다. 이 세 개의 선도이자율들은 현재 시점에서 확정된 값이다. 그림을 보면 6개월 만기 단기 이자율은 현재 시점에서는 5.5%이지만 6개월 후에는 금리가 상승하고, 1년 후에도 상승하고, 1년 6개월 후에는 감소할 것이라는 현재 시장의 확정적 예상을 반영하고 있다. 이처럼 단기 선도이자율이 미래의 특정 시점에서 움직이는 패턴은 현재 시점에서의 미래 단기이자율에 대한 거래자들의 기대감을 반영하고 있다. 만약 선도이자율이 사람들의 미래 현물이자율에 대한 기댓값이라는 가설을 받아들인다면 단기이자율이 6개월 단위로 올라갔다가, 올라갔다가, 떨어질 것임을 예상할 수 있다.

[그림 V－2]에서 x 결절선은 현재의 yield curve이다. 마름모꼴 결절선은 6개월 후에 yield curve 즉, ${}_1f_1 \times 2$, ${}_1f_2 \times 2$, ${}_1f_3 \times 2$를 보여주고 있다. 네모 결절선은 1년 후의 yield curve를 보여주고 있다. 즉, ${}_2f_1 \times 2$, ${}_2f_2 \times 2$를 보여준다. 세모는 ${}_3f_1 \times 2$이다. 현재의 이자율 기간구조는 미래시점에서 이자율기간구조가 어떤 모양을 그릴 것인가에 대한 예측을 제공해주고 있다. 즉 현재의 이자율기간구조에서 미래의 이자율기간구조가

그림 V-1 현물이자율 vs. 선도이자율

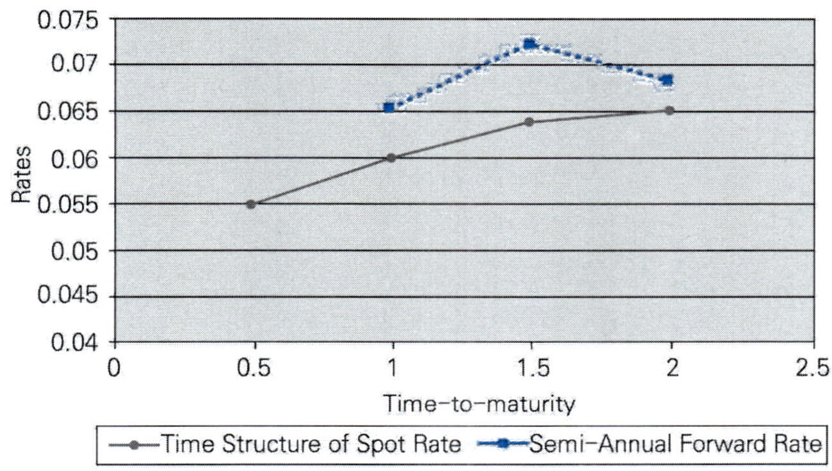

어떤 모양으로 움직일 것인가에 관한 정보를 추출해 낼 수 있는 것이다. 만약 현재시점에서 계산된 선도이자율이 미래의 현물이자율과 같다는 불편기대 가설(unbiased expectation hypothesis)을 받아들인다면, 현재의 이자율기간구조는 6개월 단위로 시간이 지남에 따라서 전반적으로 수준(level)이 올라가면서 기울기가 평평해지다가(flattening) 우하향(downward sloping)으로 바뀔 것이라고 예측할 수 있다. 이러한 시장의 예측은 현재 시장에서 거래되고 있는 현물이자율이 그리는 이자율기간구조에 포함되어 있는 정보를 기초로 한 것이다. 단기적으로는 이와 같은 예측이 상당한 설명력을 갖는 것으로 알려져 있다. 그런데 이 선도이자율이 미래의 현물이자율과 어떤 관련성을 가지겠는가에 대해서 일반적으로 3가지 정도의 이론이 존재한다. 불편기대 가설, 유동성선호 이론, 분할시장가설 등이 그것이다. 먼저 불편기대 가설부터 살펴보자.

1) 불편기대 가설(unbiased expectation hypothesis)

불편기대 가설에 따르면 현재시점의 선도이자율은 미래의 현물이자율에 관한 현재

그림 V-2 내재된 미래 현물이자율

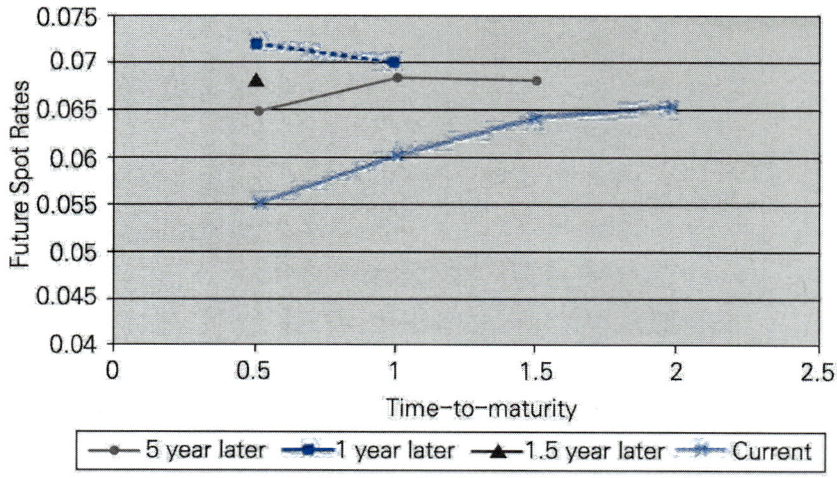

의 기대치라는 것이다. 이를 식으로 표현하면 아래와 같다.

$$ {}_1f_1 = E(y_1(1)), \qquad {}_1f_2 = E(y_2(1)), \qquad {}_2f_1 = E(y_1(2)) $$

이 식에서 우변의 괄호 안에 있는 숫자는 현재로부터 몇 기 후인지를 나타낸다. 선도이자율이 미래의 현물이자율에 대한 현재의 기대를 부분적으로 반영하고 있다는 것은 분명하다. 즉, 시장에서 차입자와 대부자의 미래 현물이자율에 대한 기대감이 선도이자율에 반영되어 있다. 예를 들어 ${}_1f_1$을 보면 돈을 빌려주는 대부자와 돈을 빌려가는 차입자가 현재시점에서 협상을 하여 6개월 이후에 단기이자율이 어떻게 될지 예상을 하여 결정하는 것이다. 돈을 빌려주는 대부자는 어떻게 해서든 ${}_1f_1$을 높이려고 할 것이고, 돈을 빌려가는 차입자는 어떻게 해서든 ${}_1f_1$을 낮추려고 할 것이다. 이러한 협상의 결과 균형 선도이자율이 시장의 예상을 반영하여 결정될 것이다. 그렇다고 하더라도 모든 선도이자율이 미래의 현물이자율에 대한 기대치에 의해서 100% 결정된다고 간주하는 것은 현실을 지나치게 단순화시킨 측면도 있다.

2) 유동성선호 이론(liquidity preference hypothesis)

유동성선호 이론은 선도이자율의 결정과 관련하여 불편기대 가설의 기본적 틀을 유지한 상태에서 약간의 수정을 가하고 있다. 시장에서 거래자들은 유동성을 유지하기 위해서 장기로 돈을 빌려주는 것 보다는 단기로 빌려주는 것을 선호한다. 예를 들어 현재 시점에서 6개월 만기 현물이자율이 6%로 기간당 수익률 $y_1 = 3\%$ 이고, 6개월 후에 6개월 만기 현물이자율도 6%로 기간당 수익률이 $E(y_1(1)) = 3\%$ 라고 하자. 그런데 유동성선호에 의해서 1년 대출 이자율이 6.4%로 1년 만기 대출의 기간당 수익률 $y_2 = 3.2\%$ 라면 6개월 후 6개월 만기 선도이자율은 6.8%가 되고 기간당 선도이자율은 ${}_1f_1 = 3.4\%$ 가 된다.

$$(1 + {}_1f_1) = \frac{(1+0.032)^2}{(1+0.03)} = 1.034$$

이 경우에 선도이자율을 설명하기 위해서는 불편기대 가설만으로는 역부족이다. 왜냐하면, ${}_1f_1(=0.034) \neq E(y_1(1))(=0.03)$의 결과가 나타나기 때문이다. 유동성선호 이론에 따르면 선도이자율은 다음과 같이 유동성 프리미엄을 고려하여 결정된다.

$${}_1f_1 = E(y_1(1)) + {}_1\alpha_1, \qquad {}_1f_2 = E(y_2(1)) + {}_1\alpha_2, \qquad {}_2f_1 = E(y_1(2)) + {}_2\alpha_1$$

이 경우 유동성 프리미엄 ${}_1\alpha_1$과 ${}_2\alpha_1$ 둘 중에 어느 것이 더 큰 값을 가질지는 명확하지 않다.

다만, ${}_1\alpha_1$과 ${}_1\alpha_2$ 중에서는 ${}_1\alpha_2$가 더 크다. 장기로 빌려주면 유동성이 묶이기 때문에 단순히 미래에 현물이자율에 대한 예상만 반영하는 것이 아니라 유동성 프리미엄을 고려하여 선도이자율이 결정된다. 그런데 유동성 프리미엄이 정확하게 어떤 식으로 결정되는지에 관해서는 이론이 말해주는 바가 없다. 그리고 유동성 프리미엄 가설을 제시한 Hicks(1946)[4] 이후에 동 모형에 대한 검정 결과 단기에서는 유동성 프리미엄이 존재하지 않으며, 장기에서도 유동성 프리미엄이 유의한 양의 값을 나타내지 않고 있다. 이로 인해서 최근에는 유동성 프리미엄 가설이 일정하게 수정된 위험 프리미엄 가설(risk premium hypothesis)로 이론적 패러다임이 전환되고 있다. 이러한 위험프리미엄 가설

4 Hicks, John R..(1946), "Value and Capital", Oxford University Press.

의 이론적 근거는 CCAPM과 같은 이론모형을 예로 들 수 있다. 동 모형에서 모든 위험자산의 초과수익 혹은 위험프리미엄은 소비증가율과의 공분산에 의해서 결정된다고 설명한 바 있다.

3) 분할시장 가설(market segmentation hypothesis)

본 가설은 시장이 기본적으로 단기 금융시장, 중기 금융시장, 장기 금융시장으로 분할되어 있음을 전제로 하고 있다. 자금의 수요자는 단기는 은행, 중기는 기업, 장기는 가계로 구분된다. 자금의 공급자는 단기는 기업들이 투자하고, 중기는 기관투자자가 투자하며, 장기는 연기금, 생명보험회사 들이 주로 투자한다. 분할시장 가설은 기업, 기관투자자, 연기금 등이 자신들이 주로 활약하는 시장 경계를 넘지 않는다고 본다. 그 결과 이자율곡선이 만기에 따라서 불연속적인 모습을 보일 수 있다는 다소 극단적인 가설을 제시한다. 그러나 이처럼 시장에 벽이 존재한다고 본 것은 현실을 지나치게 단순화한 감이 없지 않다. 최근에는 이와 같은 분할시장 가설이 현실을 반영하지 못한다는 점에서 지나치게 엄격한 가설을 완화하여 투자주체들이 자신들이 활약하는 시장의 벽을 넘나들 수 있음을 고려한 서식지 선호이론(preferred habitat theory)으로 수정되어 논의가 이루어지고 있다.

4. 현물이자율과 선도이자율의 관계

이자율 기간구조 즉, 이자율곡선의 모양은 우상향, 우하향, hump shape, inverse hump shape 등 다양하다. 그런데 장기이자율 y_{n+t}는 단기이자율 y_n과 선도이자율 ${}_nf_t$의 기하평균임을 알 수 있다. 이를 수식으로 표현하면 다음과 같다.

$$(1+y_{n+t})^{n+t} = (1+y_n)^n(1+{}_nf_t)^t \qquad \text{(식 5-7)}$$

이 식의 양 변에 로그를 취하여 정리하면,

$$\ln(1+y_{n+t}) = \frac{n}{n+t}\ln(1+y_n) + \frac{t}{n+t}\ln(1+{}_nf_t) \quad \text{(식 5-8)}$$

(식 5−8)에 따르면 연속복리 장기이자율은 연속복리 단기이자율과 연속복리 선도이자율의 가중평균과 같다. 여기서 가중치는 대출기간에 비례한다. 이 경우, 이자율곡선이 우상향하는 경우에는 장기이자율 y_{n+t}가 단기이자율 y_n보다 높은 경우이다. 만약 장기이자율이 단기이자율보다 높아서 이자율곡선이 우상향한다면 위의 (식 5−8)에 의해서 ${}_nf_t > y_n$임을 알 수 있다.

이자율곡선이 우상향하는 경우:

$${}_nf_t > y_n \rightarrow y_{n+t} = \left[(1+y_n)^n(1+{}_nf_t)^t\right]^{1/(n+t)} - 1 > y_n$$

만약 장기이자율이 단기이자율보다 낮아서 이자율곡선이 우하향 한다면 위의 (식 5−8)에 의해서 ${}_nf_t < y_n$임을 알 수 있다.

이자율곡선이 우하향하는 경우:

$${}_nf_t < y_n \rightarrow y_{n+t} = \left[(1+y_n)^n(1+{}_nf_t)^t\right]^{1/(n+t)} - 1 < y_n$$

5. 현물이자율과 선도이자율 관계를 이용한 차익거래 : 사례

선도이자율과 관련된 상품은 실제 시장에서 거래되고 있으며 크게 두 가지 형태의 상품이 존재한다. 하나는 OTC 시장에서 거래되는 선도계약인데 대부분 거래의 한쪽 상대방은 딜러가 된다. 다른 하나는 선물시장의 Forward Rate Agreement(FRA)로 장내상품으로 거래되고 있다. 투자은행에서 이자율 거래를 담당하는 부서를 보통 델타 데스크(delta desk)라고 하는데, 국채, 이자율 파생상품, 리포 등과 관련된 선도계약의 거래상대방이 되어 준다. FRA는 이것 자체가 선도계약은 아니지만 경제적 실질이 동일하게 만들어진 상품이다. FRA는 보통 3개월 만기 LIBOR 금리를 기초상품으로 하기 때문에 선도이자율이 시장에서 바로 공시된다는 장점이 있다. 선도이자율이 시장에 공시되지 않더라도 앞서 공부한 바와 같이 현물이자율 곡선만 알고 있다면 선도이자율은 바로 알

그림 V-3 차익거래전략

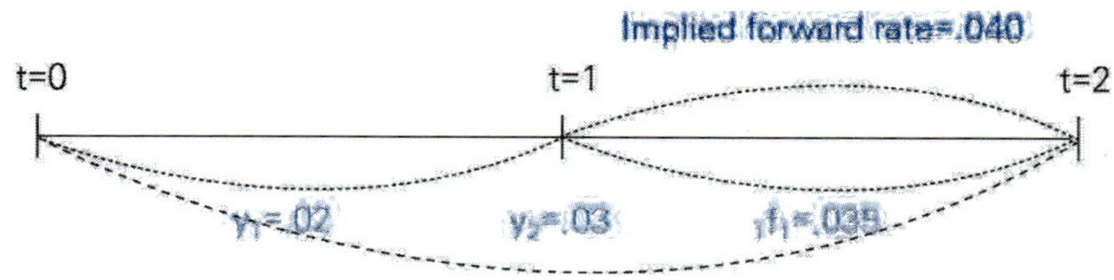

Transaction	t=0	t=1	t=2
Short on a 6 month zero	94.724=96.618/1.02	-96.618	
Short on a 6 month forward		96.618=100/1.035	-100
Long on a 1 year zero	$-94.260=-100/1.03^2$		100
Net Position	**0.464**	**0**	**0**

수 있다. 이제 (식 2-7)과 같은 선도이자율의 정의가 위배될 때 차익거래가 어떻게 이루어지는지 다음의 예를 살펴보자.

액면가 100인 채권의 6개월 단위기간 이자율이 다음과 같이 주어져 있다. $y_1 = 0.02$, $y_2 = 0.03$, ${}_1f_1 = 0.035$. 이 경우에 차익거래 이익을 만들 수 있는가이다. 단, 이 이자율들은 단위기간 이자율이며 연 단위로 표시되는 APR이 아님에 주의하자. 여기서 표시된 ${}_1f_1$은 시장에서 거래되는 선도이자율이다. 이 경우 시장 현물이자율에 내재된 선도이자율(implied forward rate)을 계산하면 다음과 같다.

$$\text{시장 선도이자율: } {}_1f_1 = 0.035 < \frac{(1+y_2)^2}{(1+y_1)} - 1 = \frac{(1+0.03)^2}{(1+0.02)} - 1 = 0.040 : \text{ 내재 선도이자율}$$

시장 선도이자율과 내재 선도이자율은 동일해야 하는데 이 사례에서는 차이가 나고 있다. 이 경우 차익거래를 통해서 이익을 만들어 낼 수 있다. 내재 선도이자율보다 시장 선도이자율이 낮다. 이 경우 사람들은 시장에서 선도계약을 통해서 돈을 빌리는 것이 유리한 상황이다. 6개월 후 돈을 빌리는 선도계약을 맺을 때 금리 ${}_1f_1 = 0.035$로 현재 시점에서 확정하는 것이 유리한 상황이다. 발행시장에서는 채권을 발행하거나 유통시장에서 채권을 매도(short)하는 것이 유리하다. 이 상황을 그림으로 나타내면 [그림 Ⅴ-3]과 같으며, 차익거래 전략은 동 그림의 하단에 기재된 표와 같다.

차익거래를 위한 채권거래 전략은 다음과 같다. 먼저 시장의 현물이자율에 내재된 내재 선도이자율(4%)보다 시장에서 거래되는 선도이자율(3.5%)이 낮다. 따라서 금융소비자는 시장에서 선도계약을 통해 시장선도이자율(3.5%)로 돈을 빌리는 것이 유리하다.

위의 표에서는 선도계약 대상 채권의 액면가는 100으로 가정하고 있다. 선도계약으로 돈을 빌리는 것이 유리하다는 판단을 한 금융소비자는 6개월 후에 $100/1.035=96.618$의 현금을 빌려서 1년 후에 100을 갚는 방식으로 선도계약을 실행할 것이다. 표에서 현금을 받으면 플러스(+)로 표시하고 현금을 갚으면 마이너스(−)로 표시한다. 이제 현재시점에서 살펴보면 이 소비자는 6개월 후에 96.618을 받게 될 것이 확실하기 때문에 이 금액만큼을 액면가로 하는 채권을 현재시점에서 발행하게 되면 현재시점에서 $96.618/1.02=94.724$만큼의 현금을 확보하게 된다. 이 만큼의 돈을 확보하는 대가로 6개월 후에는 96.618만큼의 돈을 갚아야 하지만, 이 돈은 6개월 후에 선도계약으로 빌린 돈 96.618으로 갚으면 된다. 결과적으로 위 표에서 상위 2개 거래는 두 번의 차입거래(short)를 통해서 현재 94.724를 확보하고 1년 후에는 100을 갚아야 하는 상황을 묘사하고 있다. 이를 현금흐름으로 표시하면 현재시점에서 +94.724의 현금흐름과 1년 후 −100의 현금흐름으로 나타낼 수 있다. 그리고 마지막 행에 나타난 거래는 현재 채권을 매입(혹은 대부, long)하고 1년 후에 액면가를 돌려받는 거래이다. 현재 시점에서 $100/1.03^2=-94.260$의 현금흐름이 발생하고 1년 후에 +100의 현금흐름이 발생한다. 따라서 이 세 가지 거래를 모두 종합하면 현재시점에서 $94.724-94.260=0.464$ 만큼의 차익거래 이익이 발생하고 미래 시점에서 현금흐름 합계는 0이 됨을 알 수 있다.

위의 세 가지 이자율 중에서 1개는 중복적이고 부수적인(redundant)인 이자율이다. 즉, 2개의 이자율 값을 안다면 나머지 1개의 이자율 값은 자동적으로 결정된다. 그런데, 위의 사례에서 y_1과 y_2를 알았는데, ${}_1f_1$의 값이 y_1과 y_2가 결정하는 값과 다르게 나타났다. 따라서 이 경우에 차익거래가 발생하는 것이다. 그런데 이 경우 y_1과 y_2가 올바른 값이고 ${}_1f_1$만 잘못된 값이라고 믿을 근거는 없다. y_1과 ${}_1f_1$은 맞는데 y_2가 잘못된 값일 가능성도 있다. 따라서 위의 차익거래에서 어떤 원칙에 의해서 2개의 단기거래는 차입거래(short)가 되고 나머지 1개의 장기거래는 대부거래(long)로 결정되는지를 이해할 필요가 있다.

만약 장기이자율 y_2가 올바른 값이라고 믿는다면 단기이자율 중에서 y_1이나 ${}_1f_1$이 너무 낮다는 결과가 나온다. 이자율이 정상보다 낮다면 사람들은 2개의 단기거래를 통해 돈을 빌리려(short)고 할 것이다. 그에 따라 차익거래가 성립하기 위해서는 장기거래는 돈을 빌려주는 거래(long)가 될 수밖에 없다. 만약 단기이자율 y_1과 ${}_1f_1$이 올바른 값이라고 믿는다면, 장기이자율 y_2가 너무 높다는 결과가 나온다. 정상보다 높은 이자율하에서 사람들은 장기거래를 통해 돈을 빌려 주려고(long) 할 것이다. 그에 따라 차익거래가 성립하기 위해서는 단기 거래 2개는 돈을 빌리는(short)거래가 될 것이다. 결과적으로 어떤 경우이든 차익거래가 성립하기 위해서는 2개의 단기거래는 돈을 빌리는(short) 거래가 되고, 1개의 장기거래는 돈을 빌려주는(long) 거래가 됨을 확인할 수 있다. 유사한 사례를 하나 더 살펴보자.

액면가 100인 채권의 단위기간 이자율은 위의 [그림 V-3]의 사례와 동일하게 다

그림 V-4 복제전략

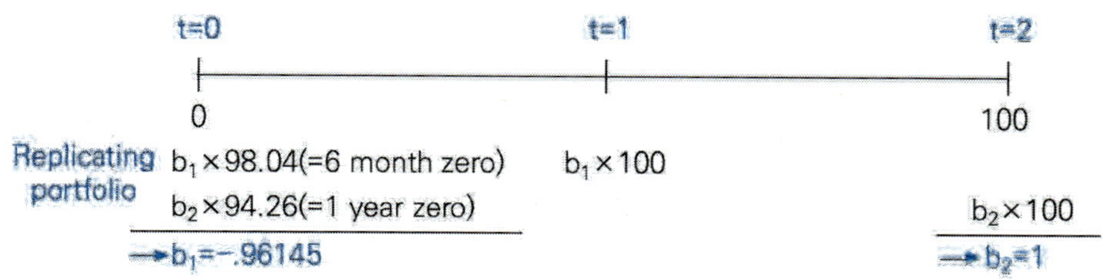

Transaction	t=0	t=1	t=2
Short .9614 unit of 6-month zero	94.260=96.145/1.02	-96.145	
Long 1 unit of 1-year zero	$-94.260=100/1.03^2$		
Net Position	**0**	**-96.145**	**100**
Short 1 unit of 6-month forward		96.618=100/1.035	-100
Arbitrage payoff	0	0.474	0
PV(Arbitrage payoff)	0.464=0.474/1.02		

음과 같이 주어져 있다. $y_1 = 0.02$, $y_2 = 0.03$, ${}_1f_1 = 0.035$. 이 경우 액면가 100인 6개월 이후 6개월 만기 선도거래에서 돈을 빌려주는 포지션(long position)의 현금흐름을 복제하는 전략을 만들어 보자.

이 경우에 6개월 만기 순할인채와 1년 만기 순할인채 두 개를 이용하여 $t=0$ 시점에서 0, $t=1$시점에서 어떤 음의 값, $t=2$ 시점에서 100의 현금흐름을 복제해야 한다. 이 경우 6개월 만기 순할인채 b_1 단위와 1년 만기 순할인채를 b_2단위를 어떤 식으로 섞으면 $t=0$ 시점에서 0, $t=2$ 시점에서 100의 현금흐름을 만들어낼 수 있는지를 고민해야 한다. 주의할 것은 이 문제에서 $t=1$시점에서 어떤 값을 구체적으로 확정할 필요는 없다는 것이다. 양 끝점 즉, $t=0$ 시점과 $t=2$ 시점의 현금흐름만 맞추면 $t=1$시점의 현금흐름은 자동적으로 결정된다. 문제를 간단하게 풀기 위하여 먼저 $t=2$ 시점을 살펴보면 100의 현금흐름을 만들기 위해서는 $b_2=1$이 됨을 알 수 있다. $b_2=1$의 단서를 잡고 $t=0$ 시점에서 b_1 값을 구하면 다음과 같다.

$$b_1 \times 98.03922(=100/1.02^1) + 1 \times 94.25959(=100/1.03^2) = 0,$$

$$b_1 = -\frac{94.25959}{98.03922} = -0.961448$$

이제 이 결과를 해석해보면 복제 포트폴리오 내에서 6개월 순할인채의 포지션 계수가 음수로 $b_1 = -0.961448$의 의미는 6개월 순할인채를 0.961448 단위 매도(short)하라는 것이다. 또한 복제 포트폴리오 내에서 1년 순할인채 포지션의 계수가 양수로 $b_2 = +1$인 것은 1년 만기 순할인채 1 단위를 매수(long)하라는 것이다. 이처럼 만기 6개월 순할인채는 매도하고, 만기 1년 순할인채는 매수하게 되면 위 그림의 하단에 있는 표와 같이 순 포지션의 현금흐름이 $t=1$시점에서 -96.1448 $t=2$ 시점에서 $+100$으로 결정된다. 이것이 선도 매수계약 즉 선도계약을 통해서 돈을 빌려주는 것을 복제한 현금흐름이다.

그런데 [그림 V−3]의 사례에서 살펴본 바와 같이 시장의 선도이자율(0.035)은 내재적 선도이자율(0.04)보다 과소평가 되어 있으므로 선도 매도 계약 즉, 시장의 선도계약을 통해서 돈을 빌리는 것이 현실적이고 유리하다. 선도 매도계약의 현금흐름은 위의 표 아랫부분에 나타나 있는 바와 같이 $t=1$시점에서 $+96.61836=100/1.035$이고, $t=2$ 시점에서 -100이다. 선도 매수계약을 복제한 현금흐름과 선도계약을 매도한 현금흐름을 합치면 $t=1$시점에서 +0.473575가 발생하고, $t=2$ 시점에서는 +100과 −100이 상쇄되어 0이 된다. 흥미로운 점은 $t=1$시점에서 순포지션이 발생시킨 현금흐름 +0.473575을 6개월 만기 순할인채 이자율 1.02로 할인하면 [그림 V−3]에서 제시된 사례의 $t=0$ 시점의 차익거래 이익인 0.464289와 동일한 값이 나온다는 점이다.

정리하면, 첫 번째 살펴본 예시는 차익거래 이익이 $t=0$ 시점에서 발생하도록 구조가 만들어져 있으며, 바로 직전의 예시는 차익거래 이익이 $t=1$ 시점에서 발생하도록 구조가 만들어져 있다는 점에서 차이가 있을 뿐 이 둘은 본질적으로 동일한 차익거래 전략이라는 점을 확인할 수 있다.

VI. 미국국채 시장

1. 미국국채 시장개괄

미국국채 시장은 전 세계 유가증권 시장에서 유동성이 가장 풍부한 시장이다. 미국의 국채는 만기에 따라서 T-Bill, T-Note, T-Bond로 구분된다. 본 장에서는 미국국채인 T-bond와 관련한 위험특성을 살펴봄으로써 미국국채 시장의 특성을 전반적으로 파악해보고자 한다.

먼저 미국 재무성 채권의 이자율 위험(혹은 시장위험, 가격위험)은 시장이자율이 변화했을 때 국채 가격이 변화하는 위험이다. T-Bond의 경우 만기가 상당히 긴 장기 채권이기 때문에 시장이자율이 변화했을 때 국채 가격이 변동하는 이자율 위험은 상당히 높은 편이다. 시장이자율이 국채의 액면이자율보다 높아지면 채권의 시장가격이 채권의 액면가보다 낮은 할인채권(discount bond)으로 유통이 되고, 시장이자율이 국채의 액면이자율보다 낮아지면 채권의 시장가격이 채권의 액면가보다 높은 할증채권(premium bond)으로 유통이 된다. 따라서 시장이자율의 변화에 국채가격이 상당히 민감하게 반응하는 이자율위험 혹은 시장위험은 미국국채의 경우에도 존재한다.

한편, 미국국채의 부도위험(credit risk)은 거의 없다고 볼 수 있다. 그 이유를 살펴보면 먼저 미국국채의 경우에는 채권의 만기가 도래하면 자연스럽게 차환발행(roll-over)이 이루어 질 수 있는 환경이 조성되어 있다. 그리고 차환발행이 이루어지지 않더라도 조세부과를 통해서 채권의 원금을 상환할 수도 있다. 또한 차환발행과 조세부과가 여의치 않은 최악의 경우에는 국가의 발권력을 동원하여 화폐를 발행하여 채권의 원금을 갚아나갈 수도 있다.

그런데 자국통화가 아니라 타국통화로 발행된 국채는 신용위험에 빠지는 경우가 역사적으로 존재하였다. 1990년대 냉전체제가 해체되면서 미국이 개발도상국에 자국의 국민이 납부한 세금으로 돈을 빌려주는 방식의 차관이 명분이 떨어지게 되었다. 이 시기 미국 재무부장관 브래디는 개발도상국들에게 미국으로부터 차관을 빌려가는 대신 미국 국내 시장에서 브래디 본드(Brady bonds)를 발행하여 자금을 조달해 갈 것을 제안하였다. 당시 전 세계의 많은 개도국들 특히 러시아, 헝가리, 체코 및 남미 개도국 정부들이 미국 국내시장에서 달러표시채권을 발행하였다. 태생적으로 브래디 본드는 만기가 도래하여 원금을 상환할 때 달러가치가 높아지면 상환에 문제가 발생할 소지를 안고 있었다. 1998년 5월 러시아가 모라토리움을 선언하여 국채에 대한 지급불능을 선언하였다. 이때 러시아는 자국통화인 루블화 표시 국채에 대해서 상환불능 선언을 한 것이 아니라 달러표시 국채, 즉 러시아가 미국시장에서 발행한 브래디 본드에 대해서 상환 불능을 선언한 것이었다. 이처럼 자국 통화 표시 국채에 대한 상환 불능사태는 거의 발생하지 않지만, 타국 통화로 표시된 채권은 국채라고 하더라도 부도가 나는 경우가 역사적으로 존재하였다. 또한 타국통화 표시 부채는 국채가 아닌 민간 차입금이라고 하더라도 연쇄적 부도사태로 비화되는 경우가 종종 발생한다. 특히 1997년 아시아 외환위기 사태를 보면 아시아 국가들이 달러표시 민간 차입금을 상환하지 못해 연쇄적인 국가부도사태에 직면하게 된 것이다. 우리나라의 경우에도 1997년 외환위기 시에 달러표시 민간 차입금을 상환하지 못하여 국가부도사태에 직면한 바가 있다. 그리고 자국통화 국채라고 하더라도 국가가 더 이상 존속하지 않는 특수한 경우 즉, 재정러시아가 공산주의 체제로 전환되면서 이전 재정러시아가 발행한 국채가 상환불능 상태에 빠진 사례가 있다. 한편, 1800년대 미시시피 주가 발행한 채권이 부도가 났는데, 미시시피 주가 1980년대에 상환을 한 경우도 있다.

또한 미국국채의 경우 timing risk가 존재하지 않는다. timing risk란 채권의 발행자가 시장이자율이 큰 폭으로 떨어진 경우에 채권의 만기가 도래하기 이전에 원금을 상환할 수 있는 권리, 즉 수의상환권을 갖는 경우에 채권투자자가 직면하는 위험이다. 이와 같은 수의상환권을 갖는 채권을 수의상환채권(callable bond)이라고 한다. T-bond는 수의상환채권이 아니기 때문에 timing risk가 없다.

또한 T-bond는 미국 국내투자자들 입장에서는 달러표시채권이기 때문에 환율위험, 즉 FX risk도 없다. T-bond는 만기가 상당히 길기 때문에 만기에 받게 되는 액면가 및 이자의 가치가 감가가 이루어질 수 있는 인플레이션 위험은 존재한다. 반면, TIPS와 같은 Linkers들은 인플레이션 위험이 없다.

한편 미국국채의 경우 미래 현금흐름 위험(future cash flow risk)은 없다. 왜냐하면 액면이자율이 확정적이고 정해진 시점에 미래 현금흐름이 발생하기 때문이다. 또한

event risk와 관련해서 제일 중요한 위험은 부도가능성과 관련된 신용위험이다. 미국 T-bond는 다양한 형태의 신용위험까지 포함한 가격하락 위험이 없다고 볼 수 있다.

마지막으로 유동성 위험(liquidity risk)은 채권보유자가 매도나 매수를 원할 때 시장에서 거래가 불가능한 경우에 발생하는 위험이다. 미국국채 시장은 유동성이 매우 풍부한 시장으로 유동성 위험도 거의 없다고 볼 수 있다. 미국국채시장의 경우 거래량이 매우 풍부하고, 발행된 국채의 종류가 제한적이기 때문에 유동성 위험은 거의 없다고 볼 수 있다. 미국국채의 경우 발행된 직후에 유동성이 가장 높으며, 발행되고 난 이후 1~2년이 지나면서 유동성이 떨어지는 특성을 갖는다. 유동성의 측도로 보통 사용하는 것이 bid-ask spreads이다. 사자가격과 팔자가격의 차이가 좁아지면 유동성이 크고 넓어지면 유동성이 작은 시장이라고 볼 수 있다.

아래의 [표 Ⅵ-1]은 블룸버그가 제공하는 최근의 미국 재무성 채권의 만기수익률 곡선(yield curve)과 관련된 자료이다. 이 표를 통해 시장에서 미국국채 가격이 표시되는 방법을 살펴보자.

[표 Ⅵ-1]에 나타난 T-bill은 순할인채로서 zero라고 부른다. T-bill의 만기는

표 Ⅵ-1 블룸버그 yield cureve 화면

NAME	COUPON	PRICE	YIELD	1MONTH	1YEAR	TIME(EDT)
GB3:GOV **3Month**	0.00	0.07	0.07%	+11	-	10:24 PM
GB6:GOV **6Month**	0.00	0.09	0.09%	+13	-	10:24 PM
GB12:GOV **12Month**	0.00	0.12	0.12%	+6	-	10:25 PM
GT2:GOV **2 Year**	0.38	100.31	0.22%	-3	-	10:25 PM
GT5:GOV **5 Year**	0.5	100.52	0.39%	+0	-	10:25 PM
GT10:GOV **10 Year**	1.50	108.00	0.66%	-2	-	10:25 PM
GT30:GOV **30 Year**	2.00	118.61	1.25%	-1	-	10:25 PM

Source: www.Bloomberg.com

3, 6, 9, 12개월이 있다. 2000년대 초반까지도 T-bill의 최소 액면가는 $100,000로서 개인투자자가 투자하는 경우는 거의 없었다. 최근에 와서는 투자자 그룹을 넓혀야 통화정책, 특히 양적 완화의 효과가 발생하므로 개인들에게도 권유하는 추세로, 현재 시장에서 액면가의 최소 단위는 $1,000이다. 위의 [표 Ⅵ-1]에서 볼 수 있듯이 미국 유통시장에서 T-bill의 가격은 이자율을 이용하여 표시하고 있다. 원칙적으로 미국국채의 발행은 경매를 통해서 수행된다. T-bill 중에서 3개월, 6개월물은 매주 월요일에 발행하고, 12월 만기는 월에 한번 넷째 주 화요일에 발행하고 있다. 1992년 이전에는 경매방식을 American auction방식으로 발행하였다. American auction이란 discriminatory auction으로 경매참가자들이 낙찰을 받았을 때 지불하는 가격은 자신이 경매에 참가할 때 써낸 가격이 된다. 이 경우 가장 낮은 가격을 써내고 낙찰이 된 사람은 큰 이익을 볼 수도 있다. 반면 Dutch auction은 모든 사람들이 최저 낙찰가로 동일한 가격을 주고 국채를 매입하게 되는 방식으로 Non-Discriminatory Auction이다. 1992년까지는 미국의 국채 발행당국인 재무성은 American auction과 Dutch auction을 이용하여 국채 발행수익을 비교하는 실험을 실시하였다. 그 결과 국채발행 수익이 Dutch auction이 우수한 것으로 판명되었다. 이와 관련한 자세한 내용은 아래의 경매 관련 부분에서 자세하게 설명할 것이다.

T-bill 이외에 2년, 5년, 10년, 30년 만기 국채는 이표채이다. 위의 [표 Ⅵ-1]에서 볼 수 있듯이 이들의 가격은 액면가의 퍼센티지로 표시한다. 또한 위의 표에서 이들 만기 2년 이상 국채들에 대해서 yield라고 표시된 것은 만기수익률을 의미한다.

지금까지는 현물이자율 즉, 순할인채의 만기수익률에 대해서만 살펴보았다. 이번에는 액면이자를 지급하는 이표채권의 만기수익률은 어떻게 계산하고 무슨 의미를 가지는가에 대해서 살펴보자. 만약 만기수익률이 액면이자보다 작으면 채권가격은 액면가보다 높은 프리미엄 채권(premium bond)으로 거래된다. 만약 만기수익률이 액면이자보다 높으면 채권가격은 액면가보다 낮은 할인 채권(discount bond)로 거래된다. 위에서 만기 2년 이상의 모든 채권들은 모두 프리미엄 채권으로 거래되고 있다. 왜냐하면 이 채권들이 발행된 이후에 미국의 양적완화 정책에 의해서 시장금리가 큰 폭으로 하락하기 시작했기 때문이다. 위의 채권 들 중 특히 주목해야 할 채권은 10년 만기 채권이다. 동 채권은 벤치마크 채권으로서 동 채권의 만기수익률은 시장금리에 대한 대표성을 띠고 있다. 위의 표에서 만기가 길어질수록 만기수익률과 표면이자율의 차이가 크게 나타나는 이유는 채권들이 매월 발행되는 것이 아니고, 3개월마다 한번 씩 발행되기 때문에 발행된 이후에 시장금리가 큰 폭으로 하락하여 가격이 높게 평가되기 때문이다. 만기가 짧을수록 자주 발행되기 때문에 발행된 시점보다 시장금리가 덜 하락한다. 또한 만기수익률과 액면이자 차이가 같다고 하더라도 만기가 길어짐에 따라서 듀레이션이 커지면서 채권의 시장가격이 액면가를 상회하는 정도 즉, 프리미엄의 수준이 더 커진다. 듀레이션이란 만기수익률의 변화에 대응한 가격변동을 측정하는 민감도 측도이다. 듀레이션에 대해서 더 자세한 내용은 본서의 이후 해당 부분에서 설명하기로 한다. 위의 표에서 보면 30년 만기 채권의 가격은 액면가의 118% 정도로 나타나고 있다. 이 채권 즉, 30년 만기 채권도 발행시점에서는 액면발행으로 그 가격이 액면가의 100%였다. 즉, 이 채권의 가격은 발행시점으로부터 약 18%가 상승한 것이다. 이처럼 만기가 긴 채권은 시장이자율의 급격한 변동이 나타나는 시기에는 가격변동이 크게 나타날 수도 있다.

이처럼 이표채로 발행되는 채권들 중에서 만기가 2년 이상 10년 미만인 국채는 T－notes라고 부르고, 만기가 10년 이상인 국채는 T－bonds라고 부른다. T－notes들은 만기가 2년, 5년, 7년, 10년이 주종이며, 3년 만기 국채는 1998년 이후에는 발행이 중지되었다. 7년 만기 국채도 발행될 때도 있고 발행되지 않을 때도 있다. 최저 액면가는 최근에 들어와 $1,000로 설정되었으며, 소매 시장에서는 별도로 $100짜리 상품도 출시되고 있다. T－notes나 T－bonds들은 이표채이기 때문에 액면이자를 지급하게 되는데 액면이자 지급주기는 6개월이다. 따라서 이들 채권의 만기수익률을 계산할 때는 단위기간을 6개월로 설정하여 계산하는 것이 중요한 고려사항이 된다. 한편 이들 국채는 1983년 이전에는 종이 국채 증서가 존재하였으나 그 이후에는 발행과 유통기록이 전산화되어 처리되고 있다. 그리고 이들 국채의 경우 1985년 이후에는 수의상환권이 부여되지 않고 있다.

또한 1998년 이후에 2년 및 5년 만기 채권은 분기별로 경매를 통한 발행이 이루어지고 있는데, 때에 따라서는 매월 발행이 이루어지는 경우도 있다. 그리고 10년 만기 채권은 매 분기별로 경매를 통한 발행이 이루어지고 있다. 다만, 이는 관행적으로 이루어지는 규칙으로 반드시 여기서 정해진 발행시기 원칙이 준수되는 것은 아니다. 참고로 채권의 발행과 발행채권의 종목수를 줄이고 시장의 유동성을 증가시키기 위해서 통합발행하는 경우가 종종 발생한다. 통합발행이란 동일한 채권을 여러 번 시점을 나누어서 발행하는 것을 의미한다. 예를 들어 30년 만기 채권이 있다면 1월에 한번 발행하고 3개월 후에 새로운 30년 만기 채권을 발행하는 것이 아니라 1월에 발행된 종목과 동일한 30년−3개월 만기 채권을 발행하는 것이다. 이 경우 새로운 채권을 발행을 발행하는 것이 아니라 기존 발행된 채권과 정확하게 동일한 채권을 발행하는 것이므로 유통시장의 거래 가격을 활용하여 발행가격이 정확하게 얼마인지 알 수 있다는 장점이 있다. 우리나라의 경우에도 통합발행을 많이 하는데 시장의 제한적인 유동성을 기 발행된 특정 종목에 집중하는 효과를 노린 정책이다.

2. 가격표시(호가) 방법, 할인인자 및 차익거래

1) T-bill 호가방법

T−bill은 이자율로 가격표시(호가)를 하고 있다. 그리고 이자율로 호가하는 방식도 특이하다. 구체적으로 T−bill의 수익률을 산정하는데 있어서 분모에 최초 투자금액을 사용한 것이 아니라 액면가를 사용했다는 점, 그리고 1년을 365일로 본 것이 아니라 360일로 간주한 것의 두 가지가 특이하다. 이러한 방식에 따라 T−bill의 공식적인 호가 이자율, 즉 bank discount rate는 다음 공식에 의해서 산정된다.

$$Y_d = \frac{D}{M} \times \frac{360}{t}$$

Y_d: bank discount rate
D: 액면가에서 할인된 금액
M: 만기 가치
t: 계약시점에서 만기까지 남은 일수

이 경우 액면가에서 할인된 금액(discount from par)을 다음과 같이 계산할 수 있다.

$$D = Y_d \times M \times \frac{t}{360}$$

액면가에서 할인된 금액이 먼저 계산되면 T−bill의 가격을 $P = M - D$로 구할 수 있다. 이처럼 가격을 구하게 되면 일반적인 계산 산식에 의해서 coupon equivalent yield

(=APR)를 구할 수 있다. coupon equivalent yield, 즉 APR은 다음과 같이 계산된다.

$$Y_{ce} = \frac{D}{P} \times \frac{365}{t} = Y_d \times \frac{M}{P} \times \frac{365}{360}$$

일반적인 APR은 최초 투자금액과 discount 금액 및 투자기간을 알면 쉽게 계산이 가능하다. Y_d와 Y_{ce}의 산식을 비교해보면 Y_d가 Y_{ce}보다 항상 작다. 그렇다면 T-bill의 경우 왜 일반적인 Y_{ce}의 산식을 따르지 않고 특이한 계산 방식을 취하고 있는가 하는 점을 생각해볼 필요가 있다. bank discount rate, 즉 Y_d는 미국 월스트릿에서 과거 계산기가 없던 시절에 암산이 편리하도록 고안된 방식이다. 즉, 분모를 액면가 100으로 보는 것과 1년을 360으로 본다면 굳이 계산기가 없더라도 암산으로 왠만한 수익률 계산은 처리가 가능한 형태로 만들어져 있다. 그리고 이러한 시장의 관행이 굳어져서 지금도 시장에서 그대로 사용되고 있는 것이다.

T-bill의 실제 가격표시 사례를 살펴보자. 다음은 1994년 2월 7일자 월스트릿 저널에서 T-bill의 실제 가격을 표시한 사례이다.

The WSJ on Monday, Feb 7, 1994 gives the ask quote on the May 5, '94 T-bill as 3.21%. The quote is for Friday, February 4. The market convention used in the WSJ is that two days are needed for settlement; under this convention, settlement would take place on Tuesday, Feb 8. There are 86 days between Feb 8 and May 5.

여기서 ask quote란 고객 입장에서는 매입하는 가격이고, 딜러 입장에서 매도가격이다. 이 매도가격을 bank discount yield라고도 부른다. 3.21%로 표시되었다. 월요일 신문이므로 고시(quote)된 가격은 금요일 가격이다. 시장 관행은 오늘 계약이 체결되면 이틀 후에 대금이 결제된다. 이 시장 관행을 $T+2$ 관행이라고 한다. 만약 지난 주 금요일에 계약이 체결되었으면 금요일이 T가 되고, 대금결제는 이번 주 화요일(2월 8일)이 된다. 엄밀하게 말하면 모든 채권거래는 2일짜리 선도(forward) 거래라고 해석할 수 있다. 여기서 중요한 것은 $T+2$일부터 만기일까지 86일이 남아 있다는 사실이다. 이 가격고시에 따라서 다음 질문들에 답할 수 있다.

(a) 액면가 $10,000 par bill의 가격을 계산하시오.

T-bill의 액면가로부터의 할인금액과 가격은 다음과 같다.

$$D = 3.21\% \times 10{,}000 \times \frac{86}{360} = 76.68$$
$$P = 10{,}000 - 76.68 = 9{,}923.32$$

(b) implied coupon equivalent yield를 계산하시오.

T－bill의 가격을 알았으므로 위의 산식에 의해서 coupon equivalent yield는 다음과 같다.

$$Y_{ce} = 3.21\% \times \left(\frac{10{,}000}{9{,}923.32}\right) \times \left(\frac{365}{360}\right) = 3.28\%$$

결과적으로 앞서 언급한 바와 마찬가지로 coupon equivalent yield인 Y_{ce}는 3.28%로 bank discount rate인 Y_d 3.21%보다는 높게 나타나는 것을 확인할 수 있다. 정리하면 T－bill은 가격표기 방식이 bank discount rate라는 특수한 방식으로 표시하며, 일반적으로 사용하는 coupon equivalent yield를 계산하는 것과 차별적이다. 다시 한번 언급하지만, T－bill의 가격표시 방식은 2가지가 특이한데, 첫 번째는 수익률을 산정할 때 가격이 아니라 액면가를 분모에 사용한다는 점, 둘째는 1년을 365일로 보는 것이 아니라 360일로 간주한다는 점이다.

2) T–note 및 T–bond 호가방법

다음으로 T－note와 T－bond의 가격표시 방법을 살펴보자. 이들의 호가방법은 구체적인 예제를 통해서 설명하도록 한다.

Consider a $4_{3/8}$ three-year note, maturing 8/15/96, issued 8/15/93.
On 2/15/94 the price is 99:15 for 100,000 maturity value.

이 문장에서 $4_{3/8}$이 coupon rate 액면이자율이다. 만기는 1996년 8월 15일이고, 발행일은 1993년 8월 15일에 발행되었다. 3년 만기 채권이다. 현재 가격이 표시되는 날짜는 1994년 2월 15일로서 액면이자를 지급하는 날(ex－coupon date)이고, 채권가격은 99 : 15이며 액면가는 $100,000이다. 6개월에 한 번씩 액면이자를 지급(semi－coupon payment)하는데, 8월과 2월 15일에 액면이자(coupon)을 지급한다. 위에서 가격이 고시

된 날이 액면이자 지급일(ex-coupon date)임을 주의하자.

(a) 이 T-note의 coupon payments를 계산하시오.

액면이자 지급액은 다음과 같이 간단히 계산할 수 있다.

$$c = \frac{100,000 \times 4\frac{3}{8}\%}{2} = 2,187.5$$

(b) 이 T-note의 quoted price를 계산하시오.

quoted price는 호가를 의미하며, 99:15이다. 채권의 가격은 다음과 같이 계산된다.

$$P = 100,000 \times 99\frac{15}{32}\% = 99,468.75$$

(c) 이 note의 invoice price를 계산하시오.

invoice price는 실제 이 채권을 살 때 지불하는 가격으로 quoted price와 동일한지 여부에 주목해야 한다. 일반적으로는 quoted price와 invoice price는 다르다. 그러나 예외적으로 액면이자 지급일(ex-coupon date)에는 양자가 동일하다.

만약 오늘이 94년 2월 15일이 아니라 94년 7월 15일이라고 가정해보자. quoted price는 여전히 99:15로 고시되었다. 이 경우 quoted price와 invoice price가 어떻게 될 것인가 생각해보자.

(i) 이 경우 T-note의 quoted price를 다시 계산하시오.

이 경우 quoted price는 불변이다.

$$P = 100,000 \times 99\frac{15}{32}\% = 99,468.75$$

(ii) 이 경우 T-note의 invoice price를 다시 계산하시오.

일반적으로 The invoice price = quoted price + accrued interest로 정의된다. 이 경우에 the accrued interest는 가장 최근의 액면이자 지급일로부터 경과한 일수에 비례하여 다음과 같이 계산된다.

$$C\times \frac{\#\ of\ actual\ days\ from\ last\ coupon\ to\ settlement}{\#\ of\ days\ in\ coupon\ period}$$
$$= 2,187.5\times \frac{150}{181} = 1,812.85$$
$$\text{The invoice price } = 99,468.75 + 1,812.85 = 101,281.60$$

T－note의 가격을 고시(quote)할 때에는 채권의 정확한 가격이라고 할 수 있는 미래 현금흐름의 현재가치로 고시하지 않는다는 점에 주의할 필요가 있다. 채권시장에서는 채권의 미래 현금흐름의 현재가치 가격 혹은 채권을 거래할 때 실제로 지불하는 가격인 invoice price(dirty price)를 고시하는 것이 아니라 quoted price(clean price)를 고시한다. 시장에서 고시되는 채권의 고시가격(quoted price)은 가장 최근까지의 액면이자 지급일로부터 누적된 이자를 invoice price(dirty price)에서 차감한 가격인데 이를 clean price라고 부르기도 한다. 미래 현금흐름의 현재가치로 계산된 채권의 가격 즉, invoice price는 6개월마다 한번 씩 계단식으로 떨어지는 행태를 보여서 도표에 표시해보면 투자자들을 혼란스럽게 만들 우려가 있다. 즉, 액면이자 지급일에 액면이자 지급액만큼 채권의 실제가격(invoice price)이 하락하게 되는데 투자자들은 그것이 액면이자를 지급했기 때문에 나타나는 기술적 현상이 아니라 채권의 실제 가치가 하락한 것으로 착각할 가능성이 있기 때문에 그것을 방지하기 위해서 만든 가격이 고시가격(quoted price)이다. 이러한 고시가격 혹은 clean price는 액면이자 지급일(ex－coupon date)이 되더라도 가격이 계단식으로 떨어지는 것이 아니라 연속적인 움직임을 보이게 하기 위해서 인위적으로 만든 가격일 뿐이다. 이 경우 고시가격을 만드는 방법도 간단한데, 채권의 실제가격에서 경과이자를 차감하기만 하면 된다. 반대로, 채권의 실제가격을 알아내기 위하여 복잡하게 미래 현금흐름의 현재가치를 계산할 필요 없이 고시가격을 보고 간단하게 채권의 실제가격을 알아낼 수도 있다. 즉 고시가격에서 경과이자를 더해주면 간단하게 채권의 실제가격이 된다. 고시가격을 이용하여 채권의 실제가격을 알아낼 수 있다고 해서 고시가격이 어떤 경제적 실질을 가진 가격을 의미하는 것은 아니다. 고시가격은 단지 채권의 실제가격에서 경과이자를 차감한 것으로 실제가격에서 파생된 가격일 뿐이다. 채권의 실제가격에서 경과이자를 차감하면 되고, 고시가격에다가 경과이자를 더해주면 된다. 채권의 실제가격은 미래 현금흐름의 현재가치라는 경제학적 실질에 의해 정의된 가격이지만, 고시가격은 독자적인 경제학적 실질을 갖지 못하며 단지 채권의 실제가격에서 도출된, 단지 시장의 고시관행을 따르는 인위적이고 파생적인 가격일 뿐이다.

그림 VI-1 Quoted price와 Invoice price의 차이

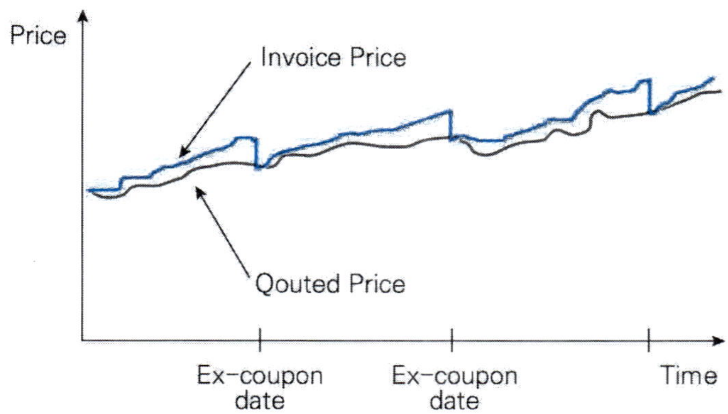

정리하면, T－note의 가격이라고 했을 때, 학문적인 의미에서든 실제로 지급하는 금액을 의미하는 실무적인 의미에서든 invoice price가 정확한 채권의 가격 개념이다. 다만, 시장에서 고시가격을 사용하는 이유는 채권가격이 액면이자 지급일이 되면 액면이자 지급액만큼 기술적인 의미에서 떨어지게 되는데, 이 현상이 주는 혼란을 방지하기 위해서 채권의 실제가격에서 경과이자를 차감한, 연속적인 고시가격을 인위적으로 만들어서 고시하는 것이 필요하기 때문이다. 아무런 실질적인 경제적 의미가 없으며, 단지 채권시장의 관행에 의해 만들어진 인위적 가격이라는 점에 주의하자.

3) 할인인자(discount factor)와 차익거래

이제 할인인자(discount factor 혹은 present value factor)에 대해서 살펴보자. 할인인자는 t기간 후의 $1가 갖는 현재가치를 의미한다. 아래 그림에서 볼 수 있는 바와 같이 1기간 후의 $1의 현재가치는 $d_1 = PV(1,1)$로 나타낼 수 있다. $PV(1,1)$의 괄호 안의 앞의 1은 $1을 의미하고, 뒤의 1은 1 기간 전을 의미한다. 마찬가지로 2기간 후의 $1의 현재 가치는 $d_2 = PV(1,2)$이다. $PV(1,2)$의 앞의 1은 $1을 의미하고, 뒤의 2는 2기간 전을 의미한다.

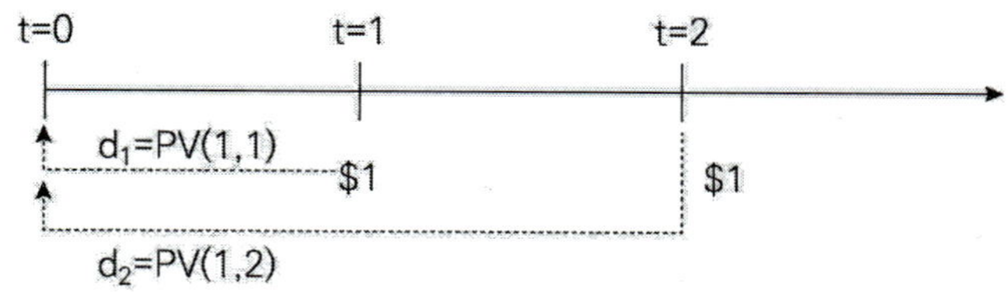

할인인자의 역수는 미래가치요인(future value factor)이 된다. 미래가치요인은 오늘의 $1가 t 기간 후에 얼마가 될 것인지를 나타낸다. 아래 그림에서 $1/d_1 = FV(1,1)$로 쓸 수 있다. $FV(1,1)$의 앞의 1은 오늘의 $1을 의미하고, 뒤의 1은 1 기간 후를 나타낸다. 마찬가지로 $1/d_2 = FV(1,2)$로 쓸 수 있다. $FV(1,2)$의 앞의 1은 오늘 $1을 의미하고, 뒤의 2는 2기간 후를 나타낸다.

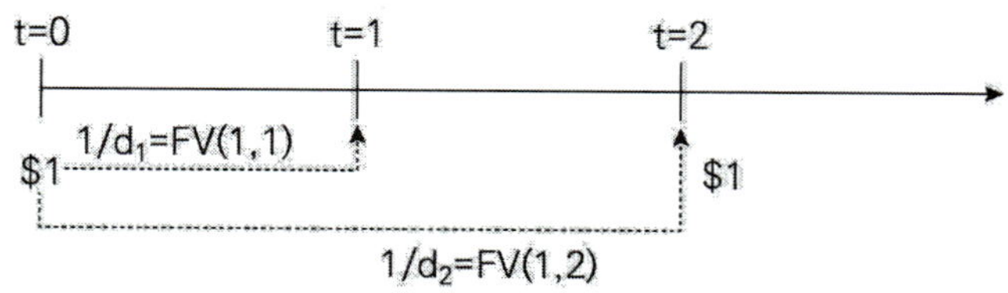

앞서 소개한 stochastic discount factor는 범용적으로 모든 자산의 가격을 결정하는데 사용할 수 있다는 점을 공부하였다. 그리고 예를 들어 대표적인 균형이론 중의 하나인 CCAPM에서 살펴본 IMRS(intertemporal marginal rate of substitution)의 역수가 stochastic discount factor로 정의될 수도 있음을 공부하였다. 그런데 본 절에서 소개할 할인인자 즉, discount factor는 앞서 공부한 stochastic discount factor와 명칭이 유사한데 서로 어떤 관계가 있는가를 살펴보자. 먼저 1기간을 생각해보자. 각 상태(state)가 k개가 존재하고 모든 state에서 항상 1을 주는 순할인채의 가격은 $P_f(1) = E(m_1) = d_1$이 된다.

$P_f(1) = d_1$은 1기간 이후에 1원을 주는 순할인채의 현재가격이다. 즉, 무위험자산의 가격이 된다. 순할인채가 존재한다면 stochastic discount factor의 기대치 즉, $E(m_1)$을 구할 수 있다는 것을 알 수 있다. 그 값은 곧 무위험 채권의 가격이며 discount factor의 값이 된다. 만약 2기간이 존재한다면 어떻게 되는지 살펴보자.

표 VI-2 **모든 상태에서 1을 주는 1기간 순할인채 가격**

상태 (state)	$t=1$기의 무위험자산 payoff	확률할인인자	state의 확률값	0 시점의 가격
w_1	1	$m_1(w_1)$	$\Pr(w_1)$	$\Pr(w_1)\cdot m_1(w_1)\cdot 1$
w_2	1	$m_1(w_2)$	$\Pr(w_2)$	$\Pr(w_2)\cdot m_1(w_2)\cdot 1$
…	…	…	…	…
w_k	1	$m_1(w_k)$	$\Pr(w_k)$	$\Pr(w_k)\cdot m_1(w_k)\cdot 1$
합계				$P_f(1)=E_t[m_1\cdot 1]$

표 VI-3 **모든 상태에서 1을 주는 2기간 순할인채 가격**

상태 (state)	$t=2$기의 무위험자산 payoff	확률할인인자	state의 확률값	0 시점의 가격
w_1	1	$m_2(w_1)$	$\Pr(w_1)$	$\Pr(w_1)\cdot m_2(w_1)\cdot 1$
w_2	1	$m_2(w_2)$	$\Pr(w_2)$	$\Pr(w_2)\cdot m_2(w_2)\cdot 1$
…	…	…	…	…
w_k	1	$m_2(w_k)$	$\Pr(w_k)$	$\Pr(w_k)\cdot m_2(w_k)\cdot 1$
합계				$P_f(2)=E_t[m_2\cdot 1]$

$P_f(2)=d_2$는 2기간 이후에 1원을 주는 순할인채의 가격으로 그것은 $E(m_2)$가 된다. 이 경우에도 stochastic discount factor의 기댓값은 할인인자(discount factor)가 되고 그것이 바로 2 기간 후에 1을 주는 순할인채의 가격이 된다. 순할인채의 가격과 할인인자(discount factor)와 stochastic discount factor 이 세 가지 개념이 모두 같은 값을 갖는다. 만약 순할인채가 기간별로 다 존재하고, 그 순할인채의 가격을 안다면 그 가격이 바로 할인인자(discount factor)가 된다. 따라서 순할인채는 매우 중요하다. 순할인채의 가격을 알고 있다고 해서 stochastic discount factor 그 자체에 대해서는 알 수 없지만 그것의 기댓값 즉 stochastic discount factor의 1차 적률(first moment)를 알 수 있게 된다. 대표적인 시장균형이론인 CCAPM이 제공하는 stochastic discount factor와 본 절에서 설명하는 discount factor의 관계는 다음과 같이 정리할 수 있다. 미래 payoff에 불확실성이 없는 유가증권의 가격은 모두 할인인자(discount factor)를 이용하여 가격결정 할

수 있다. 즉, T−bill이나 T−notes, T−bonds처럼 불확실성이 없고 payoff가 확실한 자산들은 할인인자(discount factor)를 이용하여 모두 가격결정(pricing)할 수 있다. 자산에는 국채와 같이 무위험한 자산도 있지만 주식과 같이 위험한 자산도 존재한다. 만약 stochastic discount factor를 알 수 있다면 이들 모든 자산들의 가격결정을 할 수 있겠지만 stochastic discount factor를 알 수 없는 상황에서는 위험자산은 가격결정을 할 수 없다. 그러나 모든 만기의 순할인채의 가격을 알고 있고, 따라서 할인인자를 알고 있는 경우라면 무위험 자산의 가격결정은 할 수 있다는 것이다. 할인인자를 알고 있더라도 stochastic discount factor 그 자체는 알 수 없기 때문에 위험자산의 가격결정은 할 수 없다는 점도 기억하자.

그렇다면 할인인자(discount factor)를 이용하여 상태(state)에 관계없이 확정적인 값을 주는 자산을 어떻게 가격결정하는가? 이는 LOP(law of one price) 일물일가의 법칙을 활용해서 가격결정을 할 수 있다. 이 경우 현금흐름이 상태에 따라서 현금흐름이 달라지면 할인인자를 이용해서는 가격결정을 할 수가 없다. 오늘 시점에서 미래의 현금흐름이 얼마가 될지 정확하게 알 수 있는 확정적인 자산은 국채밖에 없다. 회사채는 불확실성이 존재하기 때문에 할인인자를 이용해서는 가격결정을 할 수 없다. 오직 국채에 대해서만 할인인자를 이용해서 가격결정을 할 수 있다. 국채의 경우에는 아래 그림과 같이 가격결정을 할 수가 있다.

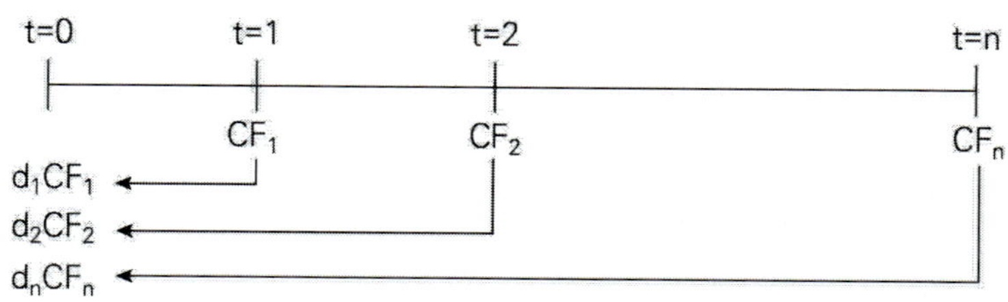

$$P=(d_1 \times CF_1)+(d_2 \times CF_2)+\cdots+(d_n \times CF_n)=\sum_{t=1}^{n}(d_t \times CF_t)$$

이 그림과 같이 확정적인 현금흐름을 제공하는 무위험자산, 즉 국채의 경우에는 각각의 현금흐름과 할인인자를 곱해서 다 더하면 채권의 현재 가격이 된다. 만약 이 채권의 시장에서 거래되는 실제가격이 위의 이론적인 가격 즉 LOP 가격과 달라지면 어떻게 되는가? 이 경우에는 차익거래 기회가 발생하고 차익거래를 수행한 주체에게는 차익거래 이익이 돌아가게 된다. LOP 차익거래의 사례를 살펴보자.

6개월 후에 1을 주고 1년 후에 1을 주는 두 개의 순할인채가 존재한다. 이들의 가격은 $P_1 = d_1 = 0.9$이고 $P_2 = d_2 = 0.8$이다. 이제 $CF_1 = 1$이고 $CF_2 = 1$인 제3의 증권을 생각해보자.

(a) 이 제3의 증권을 LOP에 따라서 pricing 하면,

$$P_3 = d_1 CF_1 + d_2 CF_2 = 0.9(1) + 0.8(1) = 1.7$$

(b) 만약 제3의 증권 가격이 $P_3 = 1.8$이면 어떻게 되겠는가? 차익거래 이익을 어떻게 만들 수 있겠는가?

먼저 제3의 증권을 복제하는 포트폴리오(replicating portfolio)를 구성하여 제3의 증권과 비교한 후 가격이 높은 것은 매도하고, 가격이 낮은 것은 매수하는 차익거래 전략을 취한다. 시장에서 제3의 증권의 가격은 1.8이고 제3의 증권을 복제한 포트폴리오 즉, 1기 및 2기 만기 순할인채들의 가격의 합은 1.7이다. 따라서 제3의 증권은 매도하고, 두 개의 순할인채의 포트폴리오는 매수한다. 그 결과 순 포지션에 따른 현재시점의 이익은 다음 표와 같다.

transaction	t=0	t=1	t=2
Buy Security 1	-.9	1	
Buy Security 1	-.8		1
Sell Security 1	1.8	−1	−1
Net Position	.1	0	0

여기서 플러스 현금흐름은 돈이 들어오는 것을 의미하고, 마이너스 현금흐름은 돈이 나가는 것을 의미한다. 제3의 증권을 매도하니까 현재시점 $t = 0$에서 돈이 1.8이 들어오고, $t = 1$과 $t = 2$시점에서 돈이 1원씩 나간다. 그리고 순할인채 포트폴리오를 매수하니까 현재시점에서 돈이 각각 0.9와 0.8만큼의 돈이 나가고, $t = 1$과 $t = 2$시점에서 돈이 1원씩 들어온다. 이를 다 더하면 순포지션에서 현재의 이익이 0.1만큼 발생한다.

위에서와 같이 위험이 없는 현금흐름의 현재가치를 계산하기 위해서는 할인인자(discount factor)가 제공되어야 한다. 그런데 현실에서 T−bill은 순할인채이므로 만기 1년 미만의 경우에는 국채의 가격결정이 가능하다. 그런데 문제는 만기가 1년을 초과하

는 경우에는 순할인채가 존재하지 않는다. 만기가 1년을 초과하는 경우에는 모든 국채가 이표채 형태이기 때문에 불가피하게 이표채들을 이용하여 할인인자를 끌어내는 방법을 고안할 필요가 있다. 그런데 주어진 이표채로부터 할인인자를 도출하는 방법은 무수히 많다. 아래에서는 주어진 이표채들로부터 할인인자를 도출하는 간단한 사례를 살펴보도록 한다.

아래의 채권들의 가격을 결정하는 시점은 액면이자 지급일(ex-coupon date)인 1994년 2월 15일이다. 채권들의 만기의 액면가는 $100,000이며, 정확하게 6개월 차이로 만기가 도래하는 채권들이 주어져 있다. 앞에 Rate라고 된 부분은 표면이자율을 연리로 나타낸 것이므로, 6개월 마다 제공되는 표면이자는 연리 표면이자율의 절반이 될 것이다. 아래 주어진 조건에 따라서 차례대로 채권의 가격을 써보면 다음과 같다.

Rate	Maturity	Prices
67/8	8/15/94	101:20
51/2	2/15/95	101:18
45/8	8/15/95	100:21
45/8	2/15/96	100:12
43/8	8/15/96	99:15

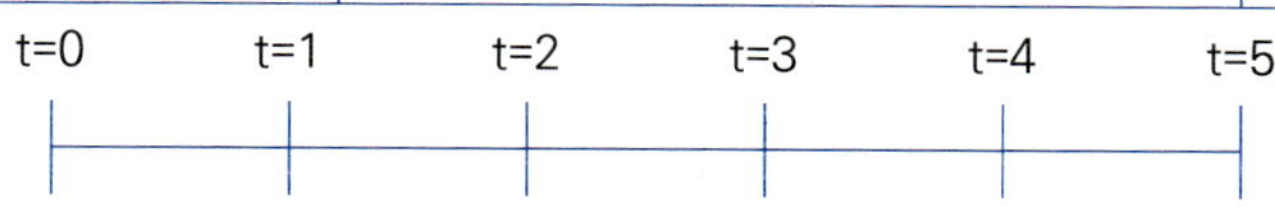

$$101,625 = d_1 \times 103,437.5$$

$$101,562.5 = d_1 \times 2,750 + d_2 \times 102,750$$

$$100,656.25 = d_1 \times 2,312.5 + d_2 \times 2,312.5 + d_3 \times 102,312.5$$

$$100,375 = d_1 \times 2,312.5 + d_2 \times 2,312.5 + d_3 \times 2,312.5 + d_4 \times 102,312.5$$

$$99,468.75 = d_1 \times 2,187.5 + d_2 \times 2,187.5 + d_3 \times 21,87.5 + d_4 \times 2,187.5 + d_5 \times 102,187.5$$

첫 번째 채권의 가격은 $100,000 \times \left(101 + \frac{20}{32}\right)\% = 101,625$가 된다. 그리고 6개월 후에 지급되는 표면이자와 액면가를 합하면 $100,000 \times \frac{\left(6 + \frac{7}{8}\right)}{2}\% + 100,000 = 103,437.5$

가 된다. 첫 번째 채권은 6개월 후에 표면이자와 액면가를 같이 받으니까 순할인채인 것처럼 취급해서 d_1을 구할 수 있다.

두 번째 채권도 마찬가지 방법으로 가격을 구해보면, $100{,}000 \times \left(101 + \frac{18}{32}\right)\% = 101{,}562.5$가 되고, 액면이자를 계산해보면, $100{,}000 \times \frac{\left(5 + \frac{1}{2}\right)}{2}\% = 2{,}750$이 된다. 두 번째 채권의 가격결정(pricing) 식에 d_1을 대입하면 d_2를 구할 수 있다. 이처럼 차례대로 채권의 가격결정 식에 이전에 구한 할인인자 값들을 대입하면 원하는 기간의 할인인자 값을 구할 수 있다. 만기를 6개월 단위로 액면이자 지급일(ex-coupon date)로 나열했기 때문에 이처럼 손쉽게 할인인자를 구할 수 있다. 이렇게 할인인자를 구하는 방법을 채권업계에서는 bootstrapping 방법이라고 부른다.

위의 식에서 차례대로 구한 할인인자를 차례대로 나열해서 그림을 그려보면 [그림 Ⅵ-2]와 같다. 더 먼 미래의 할인인자 값이 가까운 미래의 그것보다 작게 나타남을 알 수 있다. 즉, 할인인자는 만기가 길어짐에 따라서 우하향하는 형태를 보이는 것이 정상

그림 Ⅵ-2 할인인자

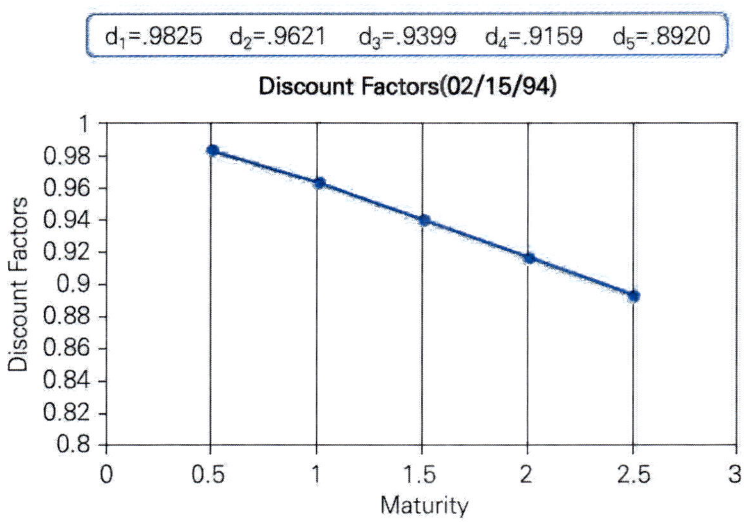

적이다.

앞서 산출한 할인인자를 이용하여 다음 채권의 가격을 구해보자. 채권의 가격을 결정하는 날짜는 1994년 2월 15일이다. 표면이자율은 $7_{3/4}$, 만기는 12개월, 액면가 \$100,000로 주어져 있다.

(a) LOP 조건에 의해서 이 채권의 가격을 구하시오.

지급되는 표면이자를 구해보면, $\dfrac{100,000\times 7\dfrac{3}{4}\%}{2} = 3,875$이다. LOP 조건에 의해서 채권의 가격은 $t=1$과 $t=2$에 들어오는 현금흐름에 할인인자를 곱해서 다음과 같이 구한다.

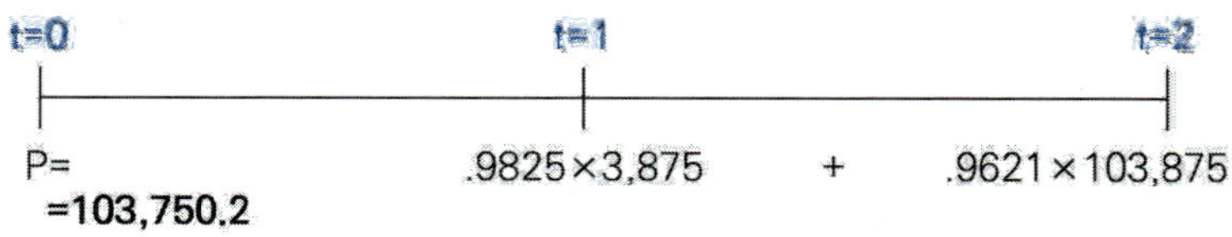

(b) 만약 시장에서 이 채권의 가격이 103,800으로 주어졌다면 차익거래 전략을 어떻게 짤 것인가?

이 채권을 복제한 포트폴리오를 구성하여 이 채권의 가격과 비교하여 비싼 것은 매도하고, 싼 것은 매수하는 차익거래 전략을 취한다. 먼저 이 채권이 이론적인 가격보다 시장에서 비싸게 거래되므로, 시장에서 이 채권을 103,800을 받고 판다. 그리고 그 반대급부로 이 채권의 현금흐름을 복제하는 포트폴리오를 매입하면 된다. 여기서 복제포트폴리오를 구성하기 위하여 6개월 만기 채권과 1년 만기 채권을 몇 단위(unit)을 거래할 것인가의 문제를 생각해야 한다. 복제포트폴리오를 만드는 데 있어서 핵심은 $t=1$에서의 현금흐름 3,875와 $t=2$에서의 현금흐름 103,875를 인위적으로 만들어 내는 일이다.

	t=0	t=1	t=2
	7 3/4 bond	3,875	103,875
Replicating portfolio	$b_1\times$6 7/8 bond	$b_1\times$103,437.5	
	$b_2\times$5 1/2 bond	$b_2\times$2,750	$b_2\times$102,750
		→ b_1=.010585	→ b_2=1.0109489

이 식에서 6개월 만기 채권 b_1개와 1년 만기 채권 b_2개를 거래하여 $t=1$시점에서

3,875의 현금흐름을 만들어내고, $t=2$시점에서 103,875의 현금흐름을 만들어낸다. 이를 위해서는 다음과 같은 제약식이 2개가 도출된다.

$$b_1 \times 103,437 + b_2 \times 2,750 = 3,875$$
$$b_2 \times 102,750 = 103,875$$

주어진 식에서 $b_2 = \dfrac{103,875}{102,750} = 1.0109489$가 되고,
$b_1 = \dfrac{3,875 - 1.0109489 \times 2,750}{103,437.5} = 0.010585$가 된다. b_1과 b_2가 모두 플러스 값을 가지므로 6개월 만기 채권을 b_1개를 매수하고, 1년 만기 채권을 b_2개를 매수하면 복제 포트폴리오를 매입한 것과 같은 효과가 발생한다. 이 결과를 이용하여 구성한 차익거래 전략을 정리하면 아래 표와 같다.

Transaction	t=0	t=1	t=2
Sell 1 unit of 7 3/4	103,880	-3,875	-103,875
Buy .10585 unit of 6 7/8	-1,075.7	1,094.9	
Buy 1.0109489 unit of 5 1/2	-102,674.5	2,780.1	103,875
Net Position	49.8	0	0

동 표에서 $6_{7/8}$ 채권의 가격은 101,625이므로, 동 채권을 0.010585개 구입하는 데 소요되는 비용은 $0.010585 \times 101,625 = 1,075.7$이 되고, $5_{1/2}$채권의 가격은 101,562.5이므로, 이 채권을 1.0109489개 구입하는 비용은 $1.0109489 \times 101,562.5 = 102,674.5$가 된다.

현실에 있어서 차익거래 전략을 취하는 경우에 bid−ask spread가 존재하는 경우라면 차익거래 이익이 위에서 계산한 것보다 작아질 수 있다는 점도 고려할 필요가 있다. 통상적으로 거래비용을 고려하게 되면 차익거래 이익이 거래비용보다 커야 실행가능하다. 위의 예에서 매도하는 채권은 bid price에 매도해야 하고, 매입하는 포트폴리오들은 ask price에 매입해야 한다. 이처럼 bid price에 매도한 가격이 매입하는 ask price보다 높아야 차익거래 이익이 존재할 수 있다. 이 점은 현실적으로 차익거래 전략을 수행할 때 제약조건으로 작용하는 경우가 대부분이다.

3. 이표채의 이해

1) 이자율 기간구조의 smoothing과 relative-value trading strategy

본 절에서는 이자율곡선을 smoothing 하는 방법을 살펴본다. smoothing은 다른 말로 interpolation이라고 하는데, linear interpolation과 splining 두 가지 방법이 있다. 아래에서는 smoothing 기법에 기초한 채권의 상대가치 투자전략(relative-value trading strategy)에 대해서 살펴본다.

먼저 순할인채의 현물이자율 곡선의 interpolation을 살펴보자. 아래 표는 다양한 만기의 순할인채의 현물이자율과 기간당 수익률 및 APY와 할인인자 등을 제시하고 있다. 순할인채와 관련해서 단위 기간당 수익률 y가 가장 중요하다. y를 알면 연 수익률을 APR로도 환산할 수 있고, APY로도 환산할 수 있다. 순할인채의 단위 기간 당 수익률만 알고 있다면 순할인채에 특정 기간 투자했을 때 기대되는 수익률을 손쉽게 구할 수 있다. 예를 들어 3년 만기 순할인채를 2.2년 투자했을 때 얻을 수 있는 수익률은 기간당 수익률이 $y=0.03$으로 주어져 $1.03^{4.4}$와 같이 계산할 수 있다.

그리고 만기가 0.5년인 경우의 할인인자는 $DF_{0.5}=\dfrac{1}{1.027}=0.9737$이고, 만기 1년짜리 순할인채의 할인인자는 $DF_1=\dfrac{1}{1.0285^2}=0.9453$, 만기 3년짜리 순할인채의 할인인자는 $DF_3=\dfrac{1}{1.03^6}=0.8375$가 된다.

이제 위의 표가 주어져 있을 때 액면가가 100원인 7년 만기 순할인채의 가격을 산출해보자. 위의 표를 보면 5년 만기 순할인채와 10년 만기 순할인채는 존재하지만 7년 만기 순할인채는 존재하지 않는다. 5년 만기 순할인채와 10년 만기 순할인채의 기간 당

Maturity(year)	Spot Rates	y	APY	DF
0.5	0.054	0.0270	0.0547	0.9737
1.0	0.057	0.0285	0.0578	0.9453
3.0	0.060	0.0300	000609	0.8375
5.0	0.065	0.0325	0.0661	0.7263
10.0	0.067	0.0335	0.0681	0.5174

수익률 사이에 7년 만기 순할인채의 기간 당 수익률이 존재할 것이다. 그 값을 추정하는 방법이 interpolation이다. 먼저 linear interpolation 방법을 살펴보자.

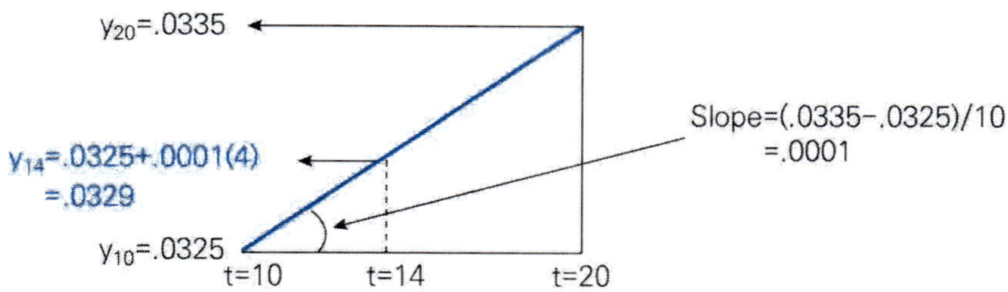

먼저 5년 만기(10기간 만기) 순할인채의 기간당 수익률과 10년 만기(20기간 만기) 순할인채의 기간당 수익률을 연결하는 선의 기울기를 구해보면 $\left(\dfrac{0.0335-0.0325}{20-10}\right)=$ 0.0001이 되어 1 단위기간 늘어날 때마다 단위기간 당 수익률이 1 basis point 씩 증가하는 것을 알 수 있다. 따라서 14기간 만기 순할인채의 단위 기간 당 수익율은 $y_{14}=$ $0.0325+0.0001\times4=0.0329$가 됨을 알 수 있다. 그리고 14기간 만기 순할인채의 현물이자율은 $2\times y_{14}=0.0658$이 됨을 알 수 있다. 또한 14기간 만기 순할인채의 할인인자는 $d_{14}=\dfrac{1}{1.0329^{14}}=0.6356$이 된다. 따라서 이 추정치를 받아들인다면 만기가 7년이고 액면가가 100인 순할인채의 가격은 $0.6356\times100=63.56$이 됨을 알 수 있다. 이와 같은 linear interpolation을 그림으로 살펴보면 [그림 Ⅵ-3]과 같다.

이처럼 linear interpolation 방법은 손쉽게 계산할 수 있는 장점이 있지만 결정적인 문제점은 linear interpolation 방법으로 구한 현물이자율로 계산한 선도이자율의 연속성이 보장되지 않는다는 것이다. linear interpolation 방법으로 구한 현물이자율로 계산한 6개월짜리 단기 선도이자율 ${}_1f_1$, ${}_2f_1$, ${}_3f_1$, … 등을 구해서 linear interpolation 된 이자율기간구조와 같이 표시해보면 [그림 Ⅵ-4]와 같이 단기 선도이자율이 불연속적으로 나타나고 있다.

선도이자율의 행태가 이런 방식으로 움직이는 것은 정상적이라고 볼 수 없으며, linear interpolation 방법의 한계가 드러난 부분이라고 볼 수 있다.

그림 VI-3 linear interpolation의 도해

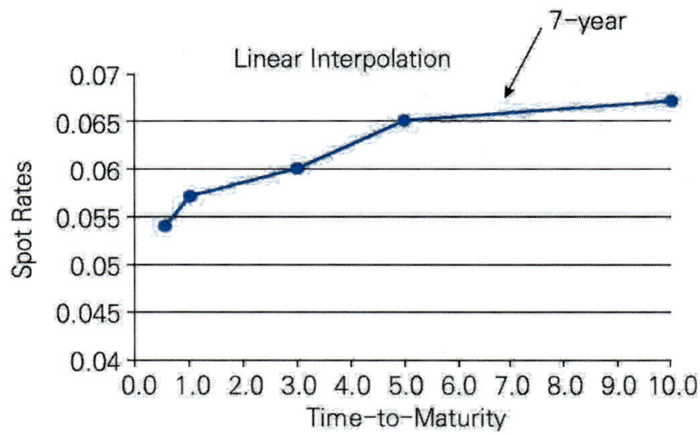

그림 VI-4 linear interpolation의 경우 단기 선도이자율의 불연속성

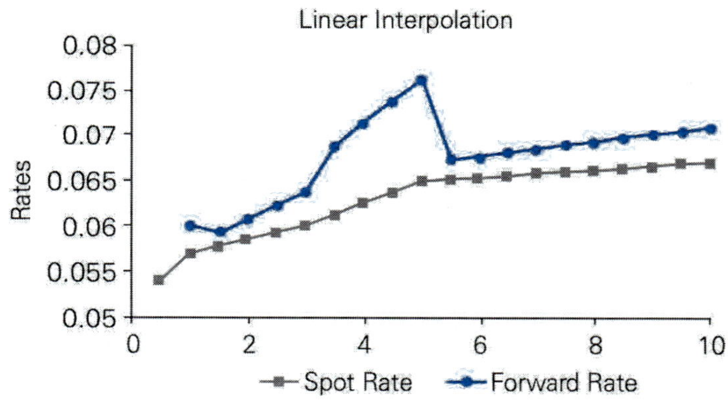

이에 대한 대안으로 spline 방법을 들 수 있다. [그림 VI-5]는 exponential cubic spline 방법으로 연속적으로 만든 이자율곡선을 보여주고 있다. 그에 기반한 단기 선도이자율곡선도 linear interpolation 방법과는 대조적으로 연속적인 곡선 모양을 나타내

그림 VI-5 Exponetial Cubic Spline

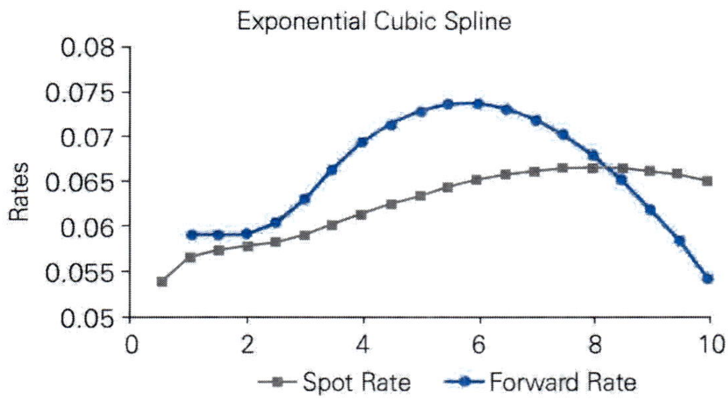

고 있음을 확인할 수 있다. 통상적으로 cubic spline 방법은 knot1과 knot2로 나누어진 3개의 구간에 3차(cubic)함수로 이자율곡선을 표현하고 각 knot1과 knot2에서 연속성이 보장되도록 하는 방법을 사용하고 있다. 여기에서 exponential이라는 표현은 현물이자율곡선에 직접 cubic spline 방법을 적용하는 것이 아니라 연속복리를 고려했을 경우의 discount factor인 e^{-yt}에 대해서 cubic spline 방법을 적용했기 때문에 붙여진 명칭이다.

여기서 discount factor를 exponential cubic spline 방법으로 추정한 경우 그 추정된 값에 기간 당 이자율이 1:1로 매칭되고 그렇게 매칭된 기간 당 수익률을 연결한 곡선이 위의 그림에 나타나 있다. 이 경우 단기 선도이자율은 현물이자율곡선의 미분값과 관련되어 있기 때문에 interpolation 방법을 어떤 것을 쓰는지에 따라서 단기 선도이자율의 행태는 매우 민감한 차이를 나타낸다. 위의 linear interpolation의 경우와 exponential cubic spline 방법을 사용한 경우에 선도이자율의 행태는 큰 차이를 보인다. 그리고 현실에서 미래의 단기 선도이자율이 존재한다면 interpolation 방법의 현실 적합도 검정이 가능하겠지만, 현실에서 미래의 단기 선도이자율이 존재하지 않는 경우가 대부분이기 때문에 어떤 interpolation 방법이 현실을 잘 설명하는지 검정하기가 쉽지가 않다. 그럼에도 불구하고 exponential cubic spline 방법이 그나마 현실 설명력이 높은 것으로 평가되고 있다.

다음으로 이렇게 spline으로 찾아낸 이론적인 현물이자율과 시장에서 실제로 거래되는 순할인채의 현물이자율이 서로 일치하지 않는 경우에 어떤 판단을 내릴 수 있을 것인지 생각해보자. 앞서 7년 만기 현물이자율을 exponential cubic spline 방법으로 추정한 추정치가 0.0681이었다. 이 경우 discount factor, $d_{14} = \dfrac{1}{1.03405^{14}} = 0.6258$로 나타난다. 이 경우 액면가 100인 순할인채의 가격은 $0.6258 \times 100 = 62.58$로 나타난다. 위에서 linear interpolation 방법으로 추정했을 때의 순할인채 가격인 63.56과 1 정도 차이가 나타난다. 이 경우 만약 시장에서 7년 만기 순할인채가 존재하였고, 그 가격이 63으로 나타났다면, linear interpolation을 신뢰하는 사람은 시장에서의 7년 만기 순할인채가 63.56－63＝0.56만큼 저평가되어 있다고 판단할 것이다. 따라서 linear interpolation 방법을 신뢰하는 사람은 시장에서 거래되는 7년 만기 순할인채에 대해서 매수 포지션(long position)을 취할 것이다.

다른 한편 exponential cubic spline 방법을 신뢰하는 사람은 7년 만기 순할인채가 63－62.58＝0.42만큼 고평가되어 있다고 판단할 것이다. 따라서 spline 방법을 신뢰하는 사람은 시장에서 거래되는 7년 만기 순할인채에 대해서 매도 포지션(short position)을 취할 것이다. 이처럼 이론가격과 시장가격이 서로 차이가 날 때 어떻게 판단을 할 것인가? 이론가격이 틀렸다면 mis－specification error이라고 하고, 시장가격이 틀렸다면 pricing error이라고 지칭한다. 어떤 경우가 맞는지 모르기 때문에 실제로 거래를 해서 일관된 결과가 나타나는지 실험해볼 필요가 있다. 만약 특정 추정방법이 제공하는 가격이 진정한 가격이고 시장가격이 잘못된 가격이라고 믿는다면 그에 따른 포지션을 지속적으로 취해볼 필요가 있다. 그리고 체계적인 오류(error)가 발생하는지를 검토해야 한다.

이와 관련하여 relative trading strategy를 살펴보자. relative trading strategy는 헤지펀드에서 많이 쓰는 방법이다. 헤지펀드들 중에서 채권과 관련한 상대거래 전략을 사용하는 많은 그룹들은 fixed income arbitrage fund들이다. 이들은 통계적 차익거래(statistical arbitrage) 방법을 구사하는데, 이들이 구사하는 전략은 엄밀하게 말하면 arbitrage는 아니고 relative value trading strategy이다. 이들은 통계적 패턴을 봤을 때 수익률이 매우 높은 전략을 구사하며 이론적인 배경도 어느 정도 갖고 있다. 이 펀드들 중에서 가장 유명한 펀드로 LTCM(long term capital management)을 예로 들 수 있다.

이들이 구사하는 투자전략을 살펴보기 위해서 채권의 경매시장의 구조를 간단하게 살펴보자. 채권의 발행일 이전에 경매가 수행되고 경매가 수행된 날로부터 며칠이 지나면 채권이 발행된다. 채권의 경매 과정에는 primary dealer들이 참여하고 이들이 경매를 통해서 채권을 인수한다. 이들이 채권을 인수하고 난 이후에는 유통시장에서 거래된다. 그런데 채권은 경매 이전에 이미 거래가 시작된다. 이러한 발행 전 시장을 when−issued market이라고 부른다. 이 시장은 선도시장(forward market)이다. 발행 전 시장은 거래량이 매우 풍부하다. 발행 이후의 시장에서 거래되는 채권은 on−the−run−issue 채권이라고 한다. 이 시장도 거래량이 매우 풍부하다. 그리고 동일한 만기의 채권이 새롭게 발행되면 그 이후에 기존 발행된 채권은 off−the−run issue 채권이라고 한다. 동일한 만기의 채권이 추가로 하나 더 발행되면 기존 발행된 채권은 off−off−the−run−issue라고 한다.

이제 relative value trading strategy의 사례를 살펴보자. 예를 들어 20년 만기 채권이 있는데 발행된 지 10년이 경과되어 잔존만기가 10년이 남아있다. 그런데 만기일도 동일하고 액면이자율도 동일한 10년 만기 채권이 발행되었다고 하자. 잔존만기가 10년인 채권의 액면이자율은 3%이고, 새롭게 발행된 10년 만기 채권은 액면이자율이 2.95%라고 한다면 잔존만기 10년인 채권의 미래 현금흐름이 조금 더 크기 때문에 이 채권의 시장 가격이 조금 더 높아야 할 것이다. 그러나 off−the−run−issue는 가격이 낮고 on−the−run−issue는 가격이 비싸다. 이 경우에는 off−the−run−issue 채권을 매입하고 on−the−run−issue 채권을 매도하면 거의 확실하게 수익을 얻을 수가 있다. 이 투자전략을 'convergence trade'라고 부른다. 그런데 채권의 매입 이후에 10년을 기다리기가 어렵다. 그래서 6개월 정도 이 전략을 구사하는데, 상대가격 차이를 이용한 투자전략이기 때문에 이자율 위험 혹은 시장위험을 무시할 수 있다. 투자한 이후에 상대가격 차이가 줄어들기만 하면 이득이 발생한다. 그렇지만 relative value trading strategy 전략에도 위험이 존재한다. 궁극적으로 이 둘의 가격차이는 0으로 수렴하겠지만 순간적으로 이 둘의 상대가격 차이가 줄어들지 않고 벌어지면 위험한 상황에 처할 수 있다. 헤지펀드가 채권에 투자할 때는 극단적으로 높은 레버리지 비율을 구사하는 경우가 대부분이다. LTCM이 이 전략을 구사하다가 상대가격 차이가 수렴하지 않고 확대되어 마진콜에 대응하여 추가증거금을 납부하지 못하고 파산했을 때 레버리지 비율이 20배 정도였던 것으로 알려져 있다.

2) 수익률곡선타기 전략

채권의 기간 당 수익률 즉 6개월 단위기간 수익률은 다음과 같이 구할 수 있다. 오늘은 $s=0$ 시점이고, 최종적으로 투자가 종료된 시점은 $s=t$ 시점이다. 여기에서 t는 6개월 단위기간이 투자기간 동안 몇 번 반복되었는가를 나타낸다. 이 경우 단위기간 당 수익률은 총수익을 매입가격으로 나누어 $1/t$ 승을 해준 것이다. 단위기간 당 수익률에 1을 더하여 t번 복리 계산을 하면 총투자수익률이 되어야 하기 때문에 이러한 관계가 성립한다. 즉,

$$(1+RET_t)^t = \frac{Total\ future\ dollars}{Purchase\ price}$$

이 식의 양 변에 $1/t$승을 하고 1을 차감하면 단위기간 당 수익률 RET_t를 구할 수 있게 된다. 이 단위기간 당 수익률 개념을 활용하여 수익률곡선타기 전략(riding the yield curve)과 관련된 몇 가지 투자전략의 성과를 평가해보자.

수익률곡선타기 전략은 현재 이자율곡선 대비 미래 이자율의 변화에 대한 주관적 기대에 기초하여 채권 포지션을 취하는 것을 의미한다. 만약 주관적 기대현물이자율이 현재의 이자율곡선으로 도출한 선도이자율보다 높다면, 즉 향후 이자율이 시장의 예상보다 더 많이 상승할 것으로 기대된다면, 장기 채권은 매도하고 단기채권을 만기연장(roll over)하는 방식으로 포지션을 취하는 것이 유리하다. 만약 주관적 기대현물이자율이 현재의 이자율곡선으로 도출한 선도이자율보다 낮다면, 즉 향후 이자율이 시장의 예상보다 더 많이 하락할 것으로 예상한다면, 단기채권을 매도하고 장기채를 매수하는 포

그림 VI-6 단위기간 수익률 산출

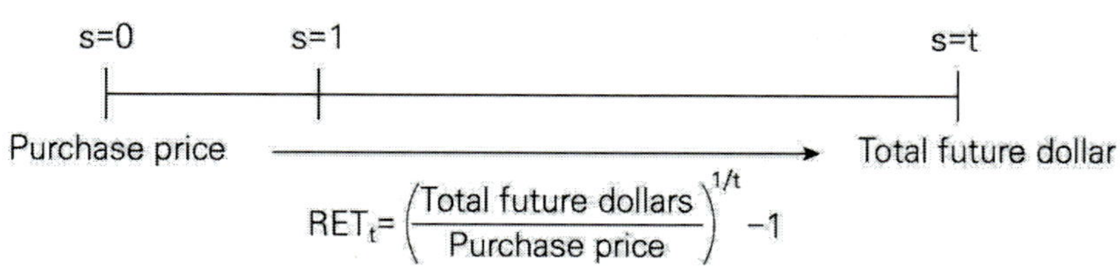

지션을 취하는 것이 유리하다. 구체적 예를 통해서 이러한 포지션을 취해야 하는 논리적 근거를 살펴보자. 다음의 예를 살펴보자.

6개월 만기 순할인채가 있다. 액면가는 100이고 현재 가격은 90이다. 그리고 1년 만기 이표채가 있다. 액면가는 100이고, 현재 가격은 88.5이고, 액면이자율은 10%, 즉 6개월 액면이자율은 5%이다. 만약 6개월 후에 6개월짜리 현물이자율에 대한 주관적 기대치가 $y_1' = 0.13$이라고 해보자. 만약 투자 기간이 1년이라면 다음 중 어떤 전략이 더 높은 수익률을 제공할 것인지 판단해보자.

(a) 6개월 채권 rollover 전략
(b) 1년 이표채 구입
(c) 1년 만기 합성 순할인채 구입

위의 예제에서 $d_1 = 0.9$, $d_1 \times 5 + d_2 \times 105 = 88.5$에서 $d_2 = 0.8$임을 알 수 있다. 이로부터 단위기간 당 수익률은 다음과 같이 계산된다.

$$d_1 = 0.9 = \frac{1}{(1+y_1)},\ y_1 = 0.111,$$
$$d_2 = 0.8 = \frac{1}{(1+y_2)^2},\ y_2 = 0.118$$

그리고 ${}_1f_1$은 다음과 같이 계산된다.

$${}_1f_1 = \frac{(1+0.118)^2}{(1+0.111)} - 1 = 0.125 < y_1' = 0.13$$

주관적인 미래의 1기간 현물이자율 y_1'이 시장에서 예상하는 미래의 1기간 선도이자율 ${}_1f_1$보다 높기 때문에 향후 이자율이 시장에서 예상하는 것보다 상승할 것으로 예상된다. 이 경우 위의 세 가지 전략의 단위 기간 당 수익률이 어떻게 나타나는지를 살펴보자. 상호 비교를 원활하게 하기 위하여 초기 투자금액을 88.5로 통일하였다.

	t=0	t=1	t=2	Return
Strategy (a)	88.5	88.5(1.111)	88.5(1.111)(1.13)	$\left(\frac{88.5\times1.111\times1.13}{88.5}\right)^{1/2}-1=.1200$
Strategy (b)	88.5	5	5(1.13)+105	$\left(\frac{5\times1.13+105}{88.5}\right)^{1/2}-1=.1182$
Strategy (c)	88.5		$88.5(1.118^2)$	$\left(\frac{88.5\times1.118^2}{88.5}\right)^{1/2}-1=.1180$

결국 단위기간 당 수익율은 전략 (a)의 경우가 가장 높다. (c)의 경우에는 확정 수익률이고 (a), (b)의 경우는 기대수익률이다. (c)의 경우, 즉 1년 순할인채의 경우에는 13%라는 주관적 기대치를 활용할 기회가 없기 때문에 가장 수익률이 낮다. (a)의 경우는 원금까지 13%의 주관적 기대치 수익률을 최대한 활용하기 때문에 가장 수익률이 높다. (b)의 경우는 원금은 13% 주관적 기대치 수익률 활용할 기회는 없고 이자만 13% 수익률을 활용하기 때문에 (a)보다는 낮다. 이 경우 13% 수익률은 재투자 수익률로 기능하고 있음을 알 수 있다.

이제 투자기간이 1년이 아니라 6개월인 경우를 생각해보자. 6개월 투자기간인 경우에도 결과는 달라지지 않는다. 다음 두 경우를 비교해보자.

(a) 6개월 만기 순할인채 구입

(b) 1년 만기 이표채 구입

	t=0	t=1	Return
Strategy (a)	88.5	88.5(1.1111)	$\left(\frac{88.5\times1.1111}{88.5}\right)-1=.1111$
Strategy (b)	88.5	5+105/1.13	$\left(\frac{5+105/1.13}{88.5}\right)-1=.1064$

결과적으로 (a)에 투자한 경우의 수익률이 더 높다는 것을 알 수 있다. 특이한 것은 이 경우 현물이자율에 대한 주관적 기대치 13%가 할인율로 기능하여 (b) 전략의 수익률을 떨어뜨리는 역할을 하고 있다. 결과적으로 금리가 오를 것 같으면 금리 상승이 재투자수익률도 상승시키고 할인율도 상승시킨다는 것을 알 수 있다.

3) 이표채의 수익률

본 절에서는 이표채의 수익률 측정치(measure)를 살펴본다. 일반적으로 투자에서 얻는 수익은 크게 carry 수익과 자본이득(capital gain)의 두 가지로 나눌 수 있다. $t=0$ 시점에서 P_0가격으로 매입하고 $t=T$ 시점에서 P_0보다 높은 P_T 가격으로 포지션을 매각하였다면 자본이득이 발생한다. carry 수익은 $t=0$ 시점과 $t=T$ 시점 중간에 들어오는 현금흐름(interim cash flow)을 말한다. 이러한 carry 수익의 예로서 임대수익, 배당수익, 이자수익 등이 있고, 기간시설(infrastructure)에 투자한 경우에는 통행료 수입 등이 있다. 어떤 종류의 투자이든 carry 수익과 자본이득 이 두 범주의 수익 중 한 가지는 반드시 발생한다. 대부분의 경우 이 두 가지 형태의 수익을 모두 다 얻기 위해서 투자를 수행한다. 그러나 경우에 따라서는 carry 수익을 목적으로 투자하는 경우도 있고, 다른 경우에는 자본이득의 획득에 목적을 두는 경우도 있다. 자본이득만 존재하며 carry 수익이 발생하지 않는 투자 중 대표적인 것은 순할인채 투자이다. 자본이득은 존재하지 않고 carry 수익만 발생하는 투자 중 대표적인 것은 기간시설(infrastructure) 투자이다. 기간시설 투자는 최근 부상하고 있는 alternative investment에서 중요한 부분을 차지한다. 각국은 항만, 도로, 터널 등을 민간자본을 끌어들여서 투자를 유치하는 경우가 많은데 기간시설 투자는 이와 관련된다. 예를 들어 도로를 건설하는데, 민간자본을 유치해서 10년 간 통행료 수익은 민간이 가져가고 그 이후에는 지방정부에 무상으로 소유권을 이전하는 방식으로 기간시설 투자가 이루어진다. 이처럼 기간시설 투자의 경우에는 carry수익만 존재한다. 기간시설 투자를 처음에 수행할 때는 중간에 들어오는 현금흐름, 즉 carry 수익이 얼마가 될지 알 수 없어 민간투자자가 높은 위험을 부담하고 높은 수익을 획득한다. 현실에 있어서 대부분의 투자는 자본이득과 carry 수익이 혼합되어 같이 나타난다.

채권투자에 있어서 carry 수익은 매우 중요한 부분을 차지한다. 이표채를 매입하면 액면이자(coupon)를 지급받는데, 이러한 carry 수익은 중간에 채권을 처분했을 경우에 발생할 수 있는 손실에 대해서 완충역할을 수행한다. 일반적으로 채권투자는 이자율곡선이 어떻게 변화할 것인가에 대한 주관적 판단을 기초로 수행하는 것이다. 그런데 이러한 주관적 판단이 틀리게 되더라도 중간에 받게 되는 액면이자(coupon) 수입이 완충제로 작용해서 투자위험을 완화시킨다. 임대사업자가 상업용 건물 등으로 임대사업을 하는 경우에도 공실률, 임대료 수익 등을 매우 중요하게 고려하는 이유는 그것이 모두 carry 수익과 관련되어 있기 때문이다.

채권투자에 있어서 carry 수익과 관련되어 있는 수익개념이 current yield이고, carry 수익과 자본이득을 합친 수익 개념이 만기수익률(yield to maturity)이다. 경제학적으로는 만기수익률이 더 적합한 수익률 개념이다. carry 수익만 별도로 측정하기 위해서 필요한 개념인 current yield를 이해하기 위해서 아래 사례를 살펴보자.

만기는 2년이고 액면이자율이 $4_{5/8}$인 이표채의 quoted price(1994년 2월 15일 기준, ex-coupon date)는 100 : 12이다. 액면가는 $100,000이다.

(a) current yield를 계산하면,

$$current\ yield = \frac{Annual\ dollar\ coupon\ interest}{\text{Price}} = \frac{4,625}{100,375} = 0.0461$$

(b) 만기수익률(yield to maturity)은 채권투자시 내부수익률(IRR)인데, P=100,375이고, C=2,312.5이고 이자지급 기간이 6개월임을 고려하면 다음 식의 해로 존재한다.

$$P = \sum_{t=1}^{n} \frac{C}{(1+y)^t} + \frac{M}{(1+y)^n}$$

$$100,375 = \frac{2,132.5}{(1+y)} + \frac{2,132.5}{(1+y)^2} + \frac{2,132.5}{(1+y)^3} + \frac{102,132.5}{(1+y)^4}$$

채권의 만기수익률(Yield to maturity, YTM)을 찾는 엑셀을 이용한 내부수익률(irr함수의 사용), 해찾기 방법 혹은 bi-section method 방법 등 다양한 방법들이 있다. 위 방정식의 해를 구해보면, y=0.022135이며, 이 채권의 이자지급기간이 6개월인 점을 감안하면 이 채권의 만기수익률은 2×0.022135=0.04427이다. 그런데 이 만기수익률은 확정수익률이 아니고 기대수익률이라는 점을 주의할 필요가 있다. 이 채권을 현재시점에서 투자하여 채권의 만기시점까지 보유하더라도 만기수익률은 확정된 수익률이라고 볼 수는 없다. 왜냐하면 액면이자(coupon)를 재투자할 때 재투자 수익률은 재투자 시점의 시장수익률에 의해 결정되기 때문에 최종적인 사후적 실현 수익률에는 불확실성이 있을 수밖에 없다. 따라서 채권투자가 이루어지는 현재시점에서 계산된 만기수익률은 일종의 기대수익률이지 실현수익률은 아니다.

본서에서 지금까지는 순할인채 수익률 즉, 현물이자율을 집중적으로 살펴보았다. 그런데 위에서 살펴본 수익률은 순할인채의 수익률이 아니라 이표채의 만기수익률이다. 일반적으로 채권의 만기수익률이라는 용어는 순할인채 수익률이 아니라 이표채의 만기수익률을 지칭한다. 순할인채의 수익률은 현물이자율(spot rate)로서 다른 채권의 가격을 결정할 경우에도 사용될 수 있는 범용성이 있으나 만기수익률은 특정 채권의 가격이 순할인채 수익률에 의해서 결정되고 난 이후에 그 주어진 가격과 미래의 확정된 현금흐름에 대해서 계산된 내부수익률에 불과하다는 점은 특히 주의해야 할 사항이다. 만기수익률과 현물이자율의 관계는 다음과 같다.

$$P_j = \sum_{i=1}^{n} \frac{c_j}{(1+y)^i} + \frac{M_j}{(1+y)^{n_j}}$$
$$= \sum_{i=1}^{n} \frac{c_j}{(1+y_i)^i} + \frac{M_j}{(1+y_n)^n}$$

이 식에서 y는 해당 이표채 즉 j채권의 만기수익률이고, y_i는 만기가 i 기간인 순할인채의 단위기간 당 수익률을 의미한다. 이 식에서 j채권의 만기수익률 y는 순할인채의 단위기간 당 수익률(혹은 spot rate/2)와 같이 모든 채권의 가격결정(pricing)이 가능한 경제학적인 의미를 갖는 할인율이 아닌 j채권의 특정 시점에서의 가격결정에만 관련되는 내부수익률이다. 그러나 y_i로 표시된 같은 순할인채의 단위기간 당 수익률은 모든 채권의 가격결정에 사용될 수 있는 경제학적인 의미를 갖는 할인율이다. 이제 표면이자율과 만기수익률의 관계를 살펴보자.

$$P = \sum_{t=1}^{n} \frac{C}{(1+y)^t} + \frac{M}{(1+y)^n} = \frac{C}{y}\left[1 - \frac{1}{(1+y)^n}\right] + \frac{M}{(1+y)^n}$$
$$\Rightarrow \frac{P}{M} = \frac{c}{y}\left[1 - \frac{1}{(1+y)^n}\right] + \frac{1}{(1+y)^n} = \frac{c}{y}1 + \left(1 - \frac{c}{y}\right)\frac{1}{(1+y)^n}$$

이 식에서 $\frac{C}{M} = c$로 표시되어 있다. 이 경우 $\frac{P}{M}$은 1과 $\frac{1}{(1+y)^n}$의 가중평균이 됨을 알 수 있다. 가중치는 $\frac{c}{y}$와 $\left(1 - \frac{c}{y}\right)$이다. 이 경우 만약 $c = y$인 경우 앞의 가중치 $\frac{c}{y}$는 1이 되고, 뒤의 가중치 $\left(1 - \frac{c}{y}\right)$는 0이 되어서 $\frac{P}{M} = 1$이 된다. 즉, $P = M$이 되어 액면채권(par bond)으로 유통시장에서 거래된다. 순할인채를 제외하고 모든 이표채는 액면채권(par bond)으로 발행된다. 따라서 모든 이표채는 발행시에 액면이자율이 동 채권의 만기수익률과 동일하게 결정됨을 알 수 있다.

만약 $c < y$인 경우라면, 앞의 가중치 $\frac{c}{y}$는 1보다 작은 값이 되고 뒤의 가중치도 $\left(1-\frac{c}{y}\right)$ 1보다 작은 값이 된다. 그런데, 1과 1보다 작은 값 $\frac{1}{(1+y)^n}$의 가중평균은 1보다 작은 값이 된다. 따라서 $\frac{P}{M} < 1$이 되고, $P < M$이 되어 할인채권(discount bond)으로 유통시장에서 거래가 된다.

만약 $c > y$인 경우라면, 앞의 가중치 $\frac{c}{y}$는 1보다 큰 값이 되고 뒤의 가중치는 $\left(1-\frac{c}{y}\right)$ 음의 값을 갖게 된다. 그런데, 1과 1보다 작은 값 $\frac{1}{(1+y)^n}$의 가중치 중에서 1에 대한 가중치가 크기 때문에 이 가중평균 값은 1보다 큰 값이 된다. 따라서 $\frac{P}{M} > 1$이 되고, $P > M$이 되어 프리미엄 채권(premium bond)으로 유통시장에서 거래된다.

여기서 주의할 사항은 이 특정 채권의 만기수익률 y는 동 채권의 가격결정에 사용하면 곤란하다는 점이다. 동 채권의 가격결정(pricing)은 순할인채의 단위기간 당 수익률 즉 현물이자율(spot rate)만을 이용한다. 이 채권의 만기수익률은 y는 이미 순할인채의 단위기간 당 수익률로 가격결정이 이루어지고 난 이후 주어진 가격에 대해서 내부수익률(internal rate of return, IRR)로 계산된 것일 뿐이다.

다음으로 만기수익률과 현물이자율의 관계는 다음과 같다.

$$\begin{aligned} P_j &= \sum_{t=1}^{n} \frac{c}{(1+y)^t} + \frac{M}{(1+y)^n} \\ &= \sum_{i=1}^{n} \frac{c}{(1+y_t)^t} + \frac{M}{(1+y_n)^n} \end{aligned}$$

이 식에서 j채권의 만기수익률 y는 t기간 만기 순할인채의 단위기간 당 수익률 y_t의 평균개념이 된다는 것을 알 수 있다. 다만 좀 복잡한 형태의 평균이라고 볼 수 있다. 이를 이해하기 위해 1년 만기 채권의 예를 살펴보자.

$$\begin{aligned} P &= \frac{C}{(1+y_1)^1} + \frac{C+M}{(1+y_2)^2} \\ &= \frac{C}{(1+y)^1} + \frac{C+M}{(1+y)^2} \end{aligned}$$

이 경우 $y_1 < y_2$라고 가정하자. 이 경우 y는 y_1과 y_2 사이에 존재한다. 그리고 y는 y_1보다는 y_2에 가까운 값을 가지는데, 왜냐하면 y_2 쪽에 $C+M$이라는 현금흐름의 값이

상대적으로 매우 큰 값을 갖기 때문이다. 극단적으로 $C=0$이라고 가정하면 $y=y_2$가 된다. C의 값이 0에서부터 조금씩 커질수록 y는 y_2에서 조금씩 멀어져서 y_1에 조금씩 가깝게 접근할 것이다. 결국 y는 y_1과 y_2 사이에 있는 가중평균값인데, C가 커질수록 y_1에 대한 가중치가 조금씩 높아져서 y는 점점 y_1에 가깝게 낮아진다. 이것을 액면이자 효과(coupon effect)라고 부른다. 액면이자율을 높이면 앞쪽의 y_1에 대한 가중치가 높아지기 때문에 y_2보다 더 낮은 단기이자율에 대한 가중치가 높아져 y가 낮아지는 것이다.

이러한 원리를 그림으로 표시해보면 아래의 [그림 Ⅵ-7]과 같다. 현물이자율곡선이 upward sloping인 경우에 액면이자율이 높아질수록 만기가 짧은 쪽 순할인채의 단위기간 당 수익률에 대한 가중치가 높아지기 때문에 만기수익률이 낮아진다. 이 경우 이표채의 만기가 짧은 것부터 긴 것까지 순차적으로 만기수익률을 구하고 그림에 표시하면 아래 그림과 같이 나타난다. 현물이자율곡선이 upward sloping인 경우 액면이자율이 높아질수록 이표채의 만기수익률 곡선은 아래로 이동하는 모습을 볼 수 있다.

만약 $y_2 < y_1$ 이어서 현물이자율곡선이 downward sloping인 경우에는 C가 커질수록 만기수익률 곡선은 y_1에 점점 가깝게 높아진다. 액면이자율을 높이면 만기가 짧은 쪽 순할인채의 단위기간 당 수익률들에 대한 가중치가 높아지기 때문에 만기수익률의 값이 점차 높아지는 것이다. 이 경우 이표채의 만기가 짧은 것부터 긴 것까지 순차적으로 만기수익률을 구하고 그림에 표시하면 [그림 Ⅵ-8]과 같이 나타난다. 현물이자율곡

그림 VI-7 상향 현물이자율 곡선

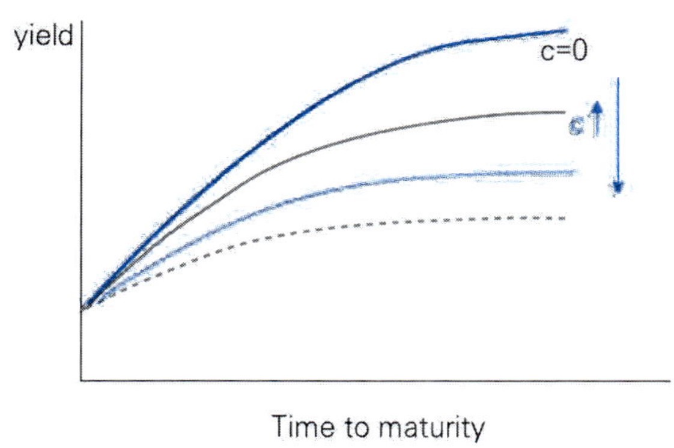

그림 VI-8 하향 현물이자율 곡선

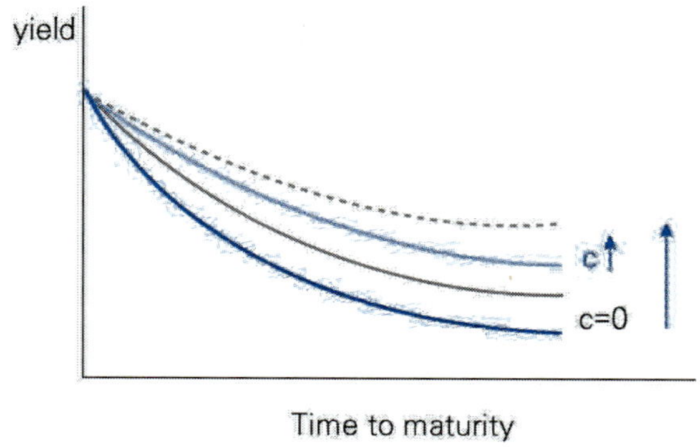

선이 downward sloping인 경우 액면이자율이 높아질수록 이표채의 만기수익률 곡선은 위로 이동하는 모습을 볼 수 있다.

여기에서 기억할 만한 사항으로, 순할인채의 단위기간 당 수익률은 특정 순할인채로부터 계산된 일종의 만기수익률이기는 하지만, 다른 모든 채권의 가격결정(pricing)에 사용된다는 점이다. 그러나 동일한 만기수익률이라고 하더라도 이표채의 만기수익률은 다른 채권들의 가격결정(pricing)에 사용하면 곤란하다. 이표채의 만기수익률은 순할인채의 단위기간 당 수익률을 이용하여 가격결정(pricing)한 가격을 이용해서 사후적으로 구한 내부수익률(IRR)에 불과한 개념이기 때문이다.

다음으로, 현물이자율곡선이 우상향 하는 경우에 액면이자율이 커짐에 따라서 만기수익률이 점차 작아진다는 사실을 [표 Ⅵ-4]의 수치예를 통해서 살펴보자. [표 Ⅵ-4]는 현물이자율 곡선이 우상향하는 경우에 액면이자율이 2%, 4%, 6%로 높아질수록 만기수익률이 점차 하락하고 있음을 보여주고 있다. 참고로 [표 Ⅵ-4]의 만기수익률을 구할 때 엑셀의 "해 찾기" 매뉴를 이용하였다. 위에서 언급한 바와 마찬가지로 현물이자율곡선이 상승할 때 표면이자율이 높아질수록 만기수익률이 점차 하락하는 이유는 낮은 현물이자율에 대한 가중치가 표면이자율이 높아질수록 점차 커지기 때문이다.

다음으로, 현물이자율 곡선이 위와 같이 우상향하는 형태로 주어져 있을 때, par bond를 발행하기 위해서 액면이자율을 얼마로 결정할 것인지를 생각해보자. 이렇게 액

표 VI-4 현물이자율 우상향 경우

year	t	spot rate	y_t	쿠폰 0.02		쿠폰 0.04		쿠폰 0.06	
0.5	1	0.05	0.025	0.9756097	0.9723094	1.9512195	1.9446563	2.9268292	2.9170379
1	2	0.054	0.027	0.9481108	0.9453856	1.8962216	1.8908440	2.8443325	2.8363701
1.5	3	0.056	0.028	0.9204933	0.9192073	1.8409867	1.8385209	2.7614800	2.7579331
2	4	0.057	0.0285	90.2618415	90.2691530	91.1555231	91.1699296	92.0492047	92.070504
				93.1060554	2.87557E-10	96.843951	5.24594E-10	100.5818465	4.22761E-07
					0.0569583		0.0569187		0.0568810
				채권가격	만기수익률 (해찾기)	채권가격	만기수익률 (해찾기)	채권가격	만기수익률 (해찾기)

면이자율을 결정하는 문제도 엑셀의 "해찾기" 방법을 이용하면 손쉽게 해결할 수 있다. 먼저 아래의 엑셀표에서 E2셀과 E8셀을 제외하고 나머지 값들을 모두 입력한다. E2셀은 변수셀이고, E8셀은 목표셀이다. 엑셀의 "해찾기" 실행창에서 이 두 셀을 변수셀과 목표셀로 지정한다. 그리고 "해찾기" 실행창의 대상은 최대값, 최소값, 지정값 중에서 지정값을 지정하고 초기값 0으로 설정을 마친다. 해찾기를 실행하기 전 엑셀의 변수셀인 E2셀에는 적당한 값을 미리 입력해둔다. 예를 들어 0.06을 입력한다. 그리고 E7셀에는 E3셀의 $\frac{\left(100\times\frac{\$E\$2}{2}\right)}{(1+0.025)^1}$과 E4셀의 $\frac{\left(100\times\frac{\$E\$2}{2}\right)}{(1+0.027)^2}$, E5셀의 $\frac{\left(100\times\frac{\$E\$2}{2}\right)}{(1+0.028)^3}$, 그리고 E6 셀의 $\frac{\left(100+100\times\frac{\$E\$2}{2}\right)}{(1+0.0285)^4}$의 값들을 모두 합한 값이 나오도록 "=sum(E3:E6)"를 입력한다. 그리고 목표셀인 E8에는 "=100−E7"을 입력한다. 이렇게 세팅된 상태에서 "해찾기"를 실행하면 발행가격이 액면가인 100과 같은 par bond가 되도록 변수셀의 초기 숫자인 0.06이 자동으로 0.0568867으로 조정되어 최적해를 찾아준다.

	A	B	C	D	E
1					coupon
2	year	t	spot rate	y_t	0.056886769
3	0.5	1	0.05	0.025	2.774964357
4	1	2	0.054	0.027	2.696748137
5	1.5	3	0.056	0.028	2.618194647
6	2	4	0.057	0.0285	91.91009285
7					99.99999999
8					5.81845E-09

아래의 [표 Ⅵ-5]는 현물이자율 곡선이 우하향하는 경우에 액면이자율이 2%, 4%, 6%로 높아질수록 만기수익률이 점차 상승하고 있음을 보여주고 있다. 위의 경우와 마찬가지로 [표 Ⅵ-5]에서 만기수익률을 구할 때 엑셀의 "해 찾기" 메뉴를 이용하였음을 밝혀둔다. 위에서 배운 바와 마찬가지로 현물이자율곡선이 상승할 때 표면이자율이 높아질수록 만기수익률이 점차 상승하는 이유는 높은 현물이자율에 대한 가중치가 표면이자율이 높아질수록 점차 커지기 때문이다.

표 VI-5 현물이자율 우하향 경우

year	t	spot rate	y_t	coupon		coupon		coupon	
				0.02		0.04		0.06	
0.5	1	0.07	0.035	0.9661836	0.9746065	1.9323671	1.9491134	2.8985507	2.9235277
1	2	0.06	0.03	0.9425959	0.9498578	1.8851918	1.8995215	2.8277877	2.8490048
1.5	3	0.055	0.0275	0.9218378	0.9257376	1.8436756	1.8511914	2.7655134	2.7763815
2	4	0.052	0.026	91.1448072	91.1252225	92.0472310	92.0086393	92.9496549	92.8925926
				93.9754245	4.6945E-09	97.7084656	5.30388E-08	101.4415067	3.00368E-09
					0.0521102		0.0522151		0.0523151
				채권가격	만기수익률 (해찾기)	채권가격	만기수익률 (해찾기)	채권가격	만기수익률 (해찾기)

다음으로 현물이자율곡선이 위와 같이 우하향하는 경우에, par bond를 발행하기 위한 표면이자율을 얼마로 설정할 것인가를 생각해보자. 이 경우도 앞에서 설명한 바와

같이 엑셀의 "해찾기" 방법을 이용하면 이 채권의 가격이 액면가와 같은 100이 되도록 해주는 액면이자율을 손쉽게 찾아낼 수 있다. 아래의 엑셀표에서 "해찾기"를 실행하기 전에 변수셀을 E2로 설정하여 임의의 값(예를 들어 0.06)을 입력하고, 목표셀인 E8에는 1, 2, 3, 4기에 지급되는 액면이자와 원금에 대해서 해당 기간을 만기로 하는 순할인채의 단위기간별 수익률로 할인한 합계액이 액면가인 100과 같아지도록 하는 조건을 입력한다. 목표셀인 E8셀에는 이를테면 "=0−sum(E3:E6)"와 같은 조건을 입력한다. 그리고 "해찾기" 실행창에서 목표셀은 E8으로 지정하고, 변수셀은 E2셀로 지정하며, 대상은 "지정값" 0으로 설정하여 실행하면 이 채권의 가격이 액면가인 100이 되도록 액면이자율이 변수셀인 E2셀에 자동적으로 조정되어 나타나면서 "해찾기"가 실행된다.

	A	B	C	D	E
1					coupon
2	year	t	spot rate	y_t	0.052277
3	0.5	1	0.07	0.035	2.525461
4	1	2	0.06	0.03	2.463806
5	1.5	3	0.055	0.0275	2.409547
6	2	4	0.052	0.026	92.60119
7					100
8					1.44E-08

지금까지 논의에서 두 가지를 기억할 필요가 있다. 첫째, 현물이자율이 우상향하는 경우에는 표면이자율이 올라갈수록 만기수익률이 하락하고, 현물이자율이 우하향하는 경우에는 표면이자율이 올라갈수록 만기수익률이 상승한다는 점이다. 둘째, 이표채는 대부분 par bond로 발행되는데, 표면이자율을 결정해야 한다. 표면이자율을 결정하는데 핵심적인 것은 현물이자율의 구조이다. 참고로 엑셀에서 해찾기를 이용하지 않아도 6개월마다 지급되는 표면이자를 계산하는 간편한 방식을 생각해볼 수 있다. 즉 이표채는 par bond로 발행되기 때문에 다음 관계가 성립한다.

$$100 = DF_1 C + DF_2 C + DF_3 C + DF_4 C + DF_4 \times 100$$

$$C = \frac{100 - DF_4 \times 100}{DF_1 + DF_2 + DF_3 + DF_4}$$

현물이자율 곡선을 찾으면 모든 자산의 가격을 결정할 수 있게 된다. 그런데 실제 실무에서는 이표채가 대부분 거래되고 있기 때문에 이표채의 이자율기간구조를 현물이자율 곡선으로 보여주는 것이 아니라 모든 만기에 대해서 액면채권(par bond)의 만기수익률을 이용하여 이자율기간구조를 보여주는 것이 일반적이다. 현실에서는 모든 만기에 대해서 액면채권(par bond)이 존재하지는 않는다. 그렇지만 매 시점에서 모든 만기에 대해서 발행되었다고 가정된 액면채권의 만기수익률은 계산이 가능하다.

실무에서 볼 수 있는 이자율곡선 중 한 가지는 가장 최근에 발행된 채권(on the run issue)의 만기수익률을 보여주고 있는데, 대표적으로 bloomberg에서 제시하고 있는 만기수익률 곡선(yield curve)이 그것이다. 그런데 bloomberg 만기수익률 곡선의 단점은 최근에 발행된 채권의 만기수익률 곡선은 이전에 발행된 만기수익률곡선과 연속성이 보장되지 않는다는 점이다. 그리고 액면이자율도 채권이 발행될 때 마다 계속 달라진다는 단점이 있다.

만기수익률 곡선의 두 번째 사례는 Fed가 제공하는 Daily Treasury yield curve이다. 이 만기수익률 곡선은 액면채권의 만기수익률 곡선으로서 constant maturity and par yield curve라고 부른다. constant maturity and par yield curve를 만들어 내기 위해서는 현물이자율 곡선이 필요하다. 현물이자율 곡선을 만들기 위해서 가장 최근에 발행된 채권(on the run issue)과 이전에 발행된 채권(off the run issue)을 모두 동원하고 spline 방법을 동원하여 현물이자율을 각각의 만기별로 모두 계산한다. 매 시점에서 특정 만기에 대해서 발행되었다고 가정된 가상의 채권을 액면채권(par bond)이라고 가정했을 때, 앞서 계산된 현물이자율 곡선을 이용하면 만기수익률을 계산할 수 있고, 매일 이런 방법으로 계산된 만기수익률을 Fed가 보여주고 있다.

참고로 만기수익률(yield to maturity)이 사후적 실현수익률과 같아질 수 있는가를 살펴보자. 어떤 경우에 만기수익률(yield to maturity)이 사후적 실현수익률과 같아지겠는가? 일반적으로는 만기수익률(기대수익률)과 실현수익률이 다르게 나타난다. 기대수익률이 실현수익률과 같아지는 대표적인 케이스는 순할인채를 만기까지 보유하는 경우이다. 순할인채를 만기까지 보유하고 처분한다면 기대수익률이 실현수익률로 확실하게 실현된다. 이표채의 경우에는 만기까지 보유하더라도 중간에 받게 되는 액면이자의 재투자 수익률이 매번 재투자 시점에서 달라지기 때문에 실현수익률이 달라지는 것이 일반적이다.

만약 순할인채라고 하더라도 만기까지 보유하지 않는다면 기대수익률이 실현될 가능성은 낮아진다. 만약 2년짜리 순할인채를 1년만 보유하고 처분했을 때 처분한 시점의 시장할인율이 순할인채를 최초 구입했을 때의 만기수익률과 동일하다면 기대수익률이 실현수익률과 같아질 수 있지만 현실적으로 그럴 가능성은 매우 낮다. 또한 이표채를 만기까지 보유하지 않고 중간에 처분하는 경우라면 재투자수익률과 할인율이 모두 최초 채권 구입 시의 만기수익률과 같아야만 만기수익률이 실현수익률과 같아질 수 있으나 현실적으로 그럴 가능성도 낮다. 그렇지만 금리가 매우 낮은 수준이라면 이표채라고 하더라도 만기가 아주 긴 경우가 아니라면 만기까지 보유했을 때 만기수익률과 실현수익률이 같아질 개연성이 존재한다. 왜냐하면 액면이자가 워낙 낮아서 채권의 전체 가치에서 차지하는 비중이 얼마 되지 않기 때문이다.

다음으로 투자기간과 채권수익률의 관계를 살펴보기 위하여 다음 두 가지 예를 생각해보자.

(1) Bond A: 3년 만기 채권, $c=0.05$이며, par bond이다.

(2) Bond B: 10년 만기 채권, $c=0.06$이며, par bond이다.

이 두 채권의 액면이자 지급은 동일한 수익률 r로 재투자된다고 가정한다. 그리고 채권 B도 중간에 매도할 때 동일한 수익률 r을 만기수익률로 해서 매도한다고 가정한다. 이제 다음 두 경우를 생각해보자.

(a) 투자 기간이 3년인 경우

(b) 투자 기간이 6년인 경우

어떤 경우에 A가 더 유리한 투자가 되겠는가? 먼저 투자기간이 3년인 경우, 채권 A와 B의 미래가치는 각각 다음과 같다.

$$FV_{A,6} = \frac{5}{r}\left[(1+r)^6 - 1\right] + 100$$

$$FV_{B,6} = \frac{6}{r}\left[(1+r)^6 - 1\right] + \frac{6}{r}\left[1 - \frac{1}{(1+r)^{14}}\right] + \frac{100}{(1+r)^{14}}$$

이 경우 r을 변화시키면서 사후적 실현수익률을 계산해보면, [그림 Ⅵ-9]와 같은

그림 VI-9 사후적 실현수익률 1

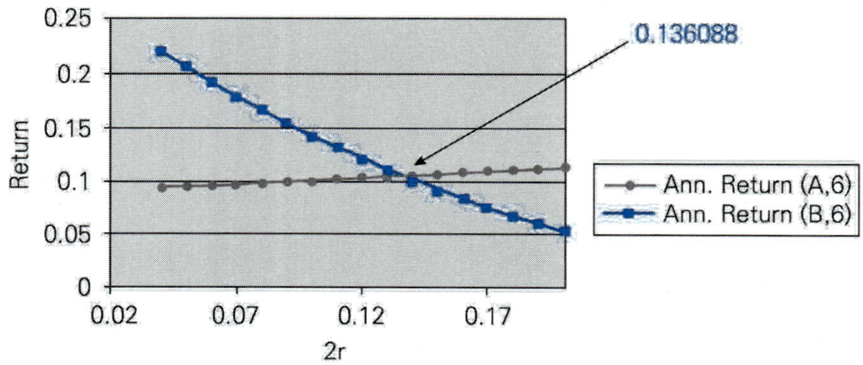

모양을 나타낸다. 채권 A의 경우 재투자만 이루어지기 때문에 r이 상승하면 사후적 실현수익률도 상승하지만, 채권 B의 경우 재투자가 이루어질 뿐만 아니라 할인이 이루어지기 때문에 r이 상승하면 사후적 실현수익률은 하락하게 된다.

채권 A는 이자율이 높으면 유리한 측면이 있으며, 채권 B는 이자율이 낮으면 유리한 측면이 있다. r이 $r=0.136088$보다 낮으면 채권 B가 유리하고, r이 $r=0.136088$보다 높으면 채권 A가 유리하다.

다음으로 투자기간을 6년으로 늘리게 되면 채권 A와 채권 B의 미래가치는 각각 다음과 같다.

$$FV_{A,12}=\left(\frac{5}{r}\left[(1+r)^6-1\right]+100\right)\times(1+r)^6$$

$$FV_{B,12}=\frac{6}{r}\left[(1+r)^{12}-1\right]+\frac{6}{r}\left[1-\frac{1}{(1+r)^8}\right]+\frac{100}{(1+r)^8}$$

이 경우 r을 변화시키면서 사후적 실현수익률을 계산해보면, 아래 그림과 같은 모양을 나타낸다. 채권 A는 여전히 재투자만 이루어지기 때문에 r이 상승하면 여전히 유리한 모양을 그리고 있는데, 채권 B는 재투자가 12번 이루어지고 할인이 8번 이루어져 r이 상승할 때, 떨어지는 속도가 현저하게 떨어지며, r이 상당히 커지면 전반적인 사후

그림 VI-10 사후적 실현수익률 2

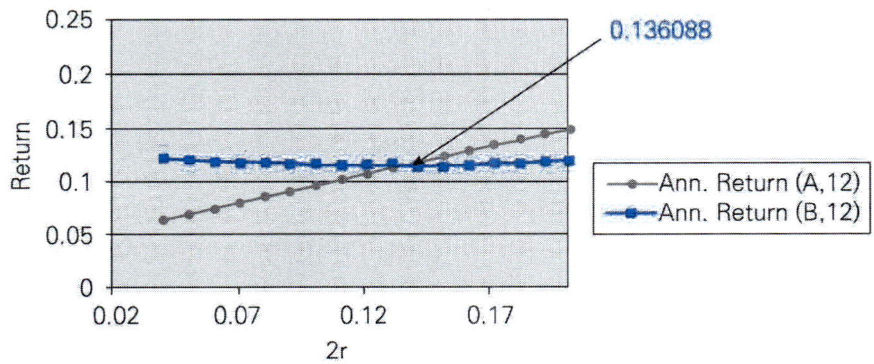

적 실현수익률이 점차 커지는 양상을 나타낸다.

이 경우에도 여전히 $r=0.136088$이 cutting point로 기능하고 있다. r이 $r=0.136088$보다 낮으면 채권 B가 유리하고, r이 $r=0.136088$보다 높으면 채권 A가 유리하다.

4. 국채경매 참여자와 거래단계

미국의 국채 발행시장은 미국국채 경매제도에 대한 이해를 통해서 접근할 필요가 있다. 미국국채 경매 참여자는 Non-competitive Tenders와 Competitive Tenders가 있다. Non-competitive Tenders(여기서 tenders는 매입을 원하는 사람)는 매입하고자 하는 총금액만 적어내고 채권 가격은 적어내지 않는 사람으로 Treasury-Bills의 경우에는 \$1million까지 적어낼 수 있고, Treasury-Notes, Bonds에 대해서는 \$5million까지 적어낼 수 있다. 이들은 가격에 대해서 경쟁하지 않는 매입자로서 소액 기관투자자이며, 우선적으로 100% 낙찰이 되어 물량을 배정받는다.

Competitive Tenders는 물량과 yield(가격)을 모두 적어내는 사람이다. Competitive

Tenders는 yield를 적어냄으로써 가격경쟁에 참여한다. 앞에서 Treasury Bills의 경우 유통시장에서 고시가격(quoted price)을 yield(T－bills의 고시가격인 bank discount yield에 대해서는 본서의 해당 부분 참조)로 표시하고, Treasury Notes, Bonds는 고시가격(quoted price)을 액면가에 대한 퍼센티지 가격으로 표시한다는 점을 언급하였다. 그런데 발행시장에서는 T－Bills, T－Notes, T－Bonds들이 모두 yield를 이용하여 가격을 고시한다. 그 이유는 발행시장에서 모든 채권은 순할인채를 제외하면 액면발행이고 액면발행의 경우 액면이자율(coupon rate)을 결정하는 것이 관건이기 때문이다.

경매의 단계를 보면, 총 거래 물량에서 non－competitive tenders에게 우선적으로 물량을 할당해야 하기 때문에 이들에게 할당되는 거래물량을 전체 물량에서 차감한다. 나머지 물량은 competitive tenders에게 할당되는데, yield가 가장 낮은(가격이 가장 높은) 순서대로 입찰자(bidder)들에게 할당하면서 낙찰물량이 소화되는 범위 내에서 yield가 점차 높아지면서 입찰자(bidder)가 제시한 stop yield에 이르기까지 물량이 할당된다.

이 경우 낙찰을 받은 입찰자(bidder)들에게 지불하게 하는 가격을 책정하는 방식은 American Auction 방식과 Dutch Auction 방식으로 나뉜다. American Auction의 경우 낙찰을 받은 입찰자(bidder)들은 자신들이 써 낸 yield에 해당하는 인수가격으로 대금을 지불하게 하는 방식이다. 이 경우 yield를 가장 낮게 써낸 낙찰자는 모든 낙찰자들 중에서 가장 높은 가격으로 자신이 적어낸 국채 물량을 인수하게 되고, 가장 높은 yield, 즉 stop yield를 적어낸 낙찰자는 자신이 적어낸 국채 물량을 모든 낙찰자들 중에서 가장 낮은 가격에 인수하게 된다. American Auction에 참여한 non－competitive tenders 들은 낙찰 받은 competitive tenders의 물량가중평균 가격으로 대금을 지급하고 자신들이 써낸 물량을 인수하게 된다.

Dutch Auction의 경우에 낙찰을 받은 입찰자들은 가장 높은 yield, 즉 stop yield에 해당하는 인수가격으로 대금을 지불하고 자신이 써낸 물량을 인수한다. Dutch Auction의 경우 non－competitive tenders들도 이 stop yield에 해당하는 동일한 가격을 지불하고 자신들이 적어낸 물량을 인수한다.

경매는 미시경제학의 중요한 연구분야로서 이쪽 분야를 연구해온 미시경제학자들은 Dutch Auction이 국채 발행자에게 더 유리한 결과를 제공해 줄 것이므로 경매에 Dutch Auction을 사용할 것을 권유하였다. 이러한 미시경제학자들의 권유에 따라 미국의 Treasury는 2년 만기, 5년 만기 T－Notes에 대한 경매방식을 American Auction과

그림 VI-11 American Auction 경매결과(1995.1.23.)

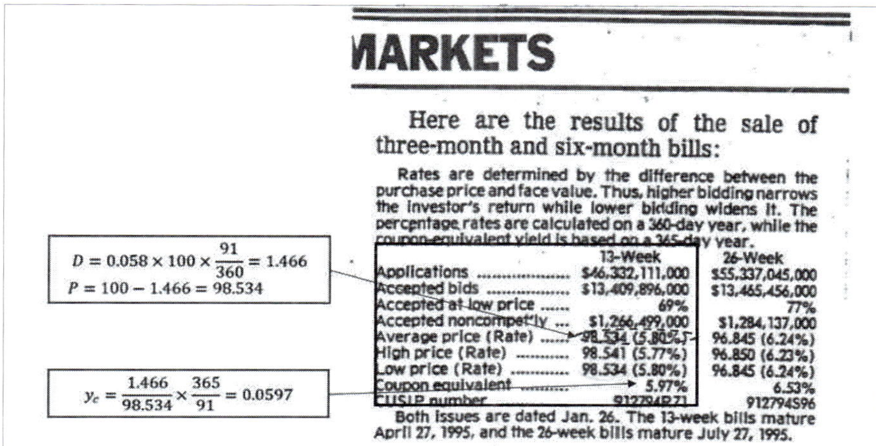

MARKETS

Here are the results of the sale of three-month and six-month bills:

Rates are determined by the difference between the purchase price and face value. Thus, higher bidding narrows the investor's return while lower bidding widens it. The percentage rates are calculated on a 360-day year, while the coupon-equivalent yield is based on a 365-day year.

	13-Week	26-Week
Applications	$46,332,111,000	$55,337,045,000
Accepted bids	$13,409,896,000	$13,465,456,000
Accepted at low price	69%	77%
Accepted noncompet'ly	$1,266,499,000	$1,284,137,000
Average price (Rate)	98.534 (5.80%)	96.845 (6.24%)
High price (Rate)	98.541 (5.77%)	96.850 (6.23%)
Low price (Rate)	98.534 (5.80%)	96.845 (6.24%)
Coupon equivalent	5.97%	6.53%
CUSIP number	912794R71	912794S96

Both issues are dated Jan. 26. The 13-week bills mature April 27, 1995, and the 26-week bills mature July 27, 1995.

Dutch Auction을 비교하는 실험을 진행하였다. 그 결과 국채 발행자 즉 미국 재무성(Treasury) 입장에서 Dutch Auction이 더 유리하다는 결론을 내리게 되었다. 1992년 이전에는 주로 American Auction을 많이 수행하였는데, 1992년 이후에는 경매방식의 실험 결과에 따라 대부분의 국채경매 방식을 Dutch Auction으로 통일하였다.

위의 [그림 VI−11]은 1995년 1월 23일 3개월 만기(만기일은 1995년 4월 27일) T−Bill에 대한 Wall Street Journal의 American Auction 결과에 대한 기사를 캡처한 것이다. 1992년 이후이지만 American Auction 방식으로 경매가 진행된 사례이다. 총 입찰금액은 $463억3,200백만 정도이다. 낙찰금액은 $134억900만 정도이다. 가장 낮은 가격에 낙찰된 비중(Accepted at low price)은 69% 정도이며, noncompetitively 낙찰된 금액은 $12억6,600만 정도이다. 평균가격(rate)은 5.8%이며, 가장 낮은 yield(가장 높은 가격)가 5.77%, 가장 높은 yield(가장 낮은 가격, stop yield)는 5.80%이다. 대부분의 낙찰자(즉 69% 정도)가 5.8%를 적어냈음을 알 수 있다. 낙찰된 평균 yield 5.8%를 coupon equivalent yield y_{ce}로 전환하면 5.97%가 된다.

주의할 점은 T−bill의 bank discount rate는 $Y_d = \frac{D}{M} \times \frac{360}{t}$로 계산되는데, 이 경우 주의할 사항은 분모에 최초 투자금액을 사용한 것이 아니라 액면가를 사용했다는

그림 VI-12 Total Competitive Bids

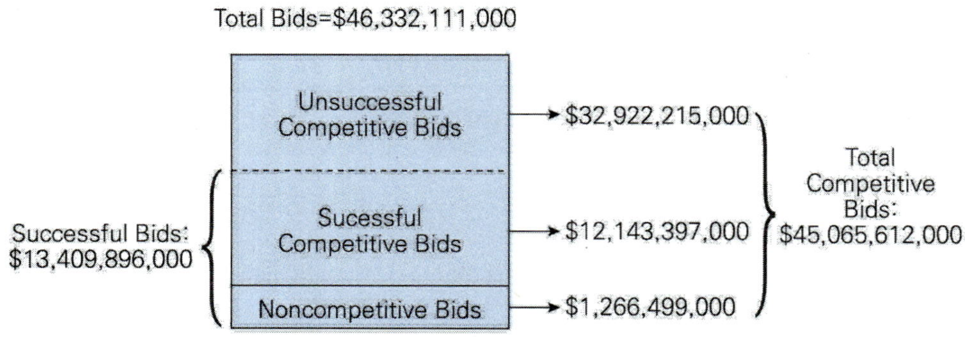

점, 그리고 1년을 365일로 본 것이 아니라 360일로 간주했다는 점이다. 이를 이용하여 T-bills의 할인된 금액(discount amount, D)를 구해보자. $Y_d = 5.8\%$ 인 경우 할인된 금액은 다음과 같이 계산된다. 즉, $D = 5.8\% \times 100 \times 91/360 = 1.466$. 이는 [그림 VI-11]에서도 이를 잘 설명하고 있다. 이에 따라 T-bill 가격은 98.534로 계산할 수 있으며, 또한 이 가격과 할인된 금액을 이용하여 coupon equivalent yield를 계산하면 신문기사에 나타난 5.97%가 정확하게 계산되고 있다.

위에서 살펴본 바와 같이 총 입찰금액은 $463억3,200,111,000이다. 그리고 이 중에서 noncompetitive bids는 $1,266,499,000이다. 참고로 noncompetitive biding은 모두 다 허용된다. 총입찰금액에서 noncompetitive bids 금액을 뺀 나머지가 competitive bids의 금액이 되는데, $45,065,612,000이 된다. 위의 [그림 VI-12]에서는 이를 설명하고 있다. [그림 VI-12]에서 noncompetitive bids 금액을 포함해서 낙찰된 총 금액은 $13,409,896,000이 된다.

이 경우에 이 경매가 얼마나 경쟁적이었는가를 측정해주는 하나의 지표가 Bid-cover ratio이다. $1 낙찰 받는데 총 들어온 입찰 금액이 얼마나 되는가를 표시해 주는 것이다.

$$Bid-cover\ ratio = \frac{46,332,111,000}{13,409,896,000} = 3.46$$

그림 VI-13 Tail of the auction

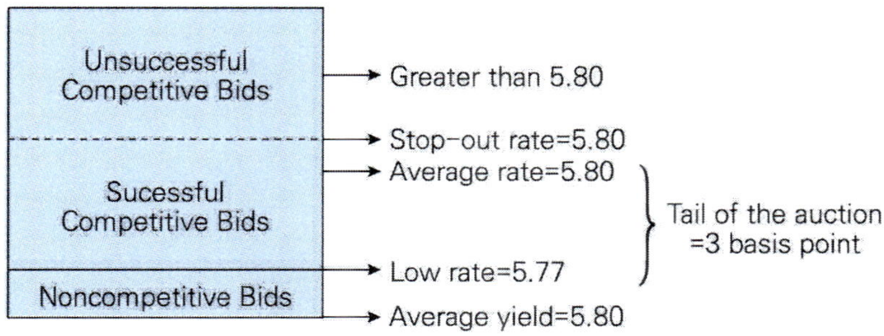

또한 5.8%(stop yield)를 써낸 금액은, $\$13,409,896,000 \times 0.69 = \$9,252,828,200$ 이며, 이 금액은 낙찰된 competitive bids들 중에서 76.2%($= \frac{9,252,828,200}{12,143,397,000}$)의 비중을 차지한다.

가장 낮은 yield와 가장 높은 yield의 차이를 Tail of the auction이라고 한다. 이것이 좁다는 이야기는 거의 대부분의 사람들이 비슷한 가격에 입찰 금액을 써 낸 것이라는 것이다. 이것이 넓다는 것은 사람들이 다른 사람들의 눈치를 살피지 않고 자기 생각대로 입찰 가격을 써 낸 것을 의미한다. Tail이 좁다는 것은 다른 사람들이 어떻게 생각하는지에 대해서 관심이 매우 높다는 것을 나타내며 치열한 경쟁 상태를 나타낸다. 경매참여자들이 경매 이전에 얼마나 정보획득에 노력을 했는가를 Tail of the auction의

그림 VI-14 경매 타임스탬프

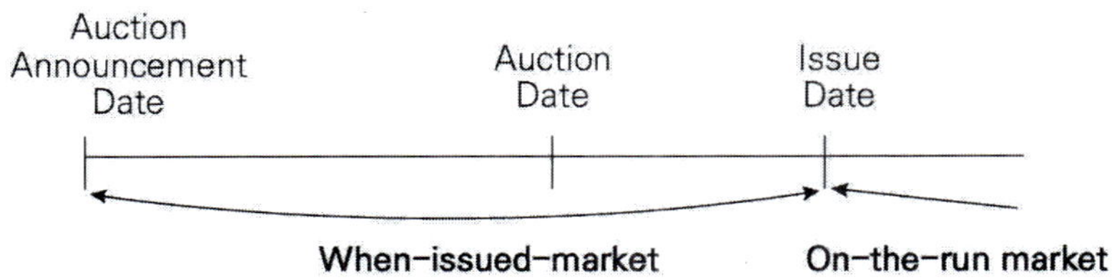

넓이가 나타낸다고 볼 수 있다.

평균 yield가 stop yield와 같다는 것은 입찰금액 자체가 극단적으로 집중되어 있고, 투자자들이 일치된 예상을 하고 있었음을 보여준다. 이렇게 된 이유는 먼저 3개월 만기 T-Bills의 경매시장이 매우 경쟁적이라는 점을 들 수 있다. 두 번째는 참여자들이 사전적 정보를 가지고 경매에 참여했기 때문에 나타난 현상이라고 볼 수 있다. 즉, When-Issued-Market(WI market)에 참여한 경험이 있어서 이 정보가 반영되었기 때문이다.

When-issued-market은 "When, as, and if issued" market을 줄인 말이다. WI 시장은 만기일 이전에 경매 발표일(auction announcement date)로부터 경매일(auction date)을 지나 발행일(issue date)까지 국채를 사고파는 선도시장(forward market)이다. WI 시장에서 맺어진 선도계약의 만기일은 issue date이다. WI 시장에서는 국채가 발행되기 전에 국채를 선도계약을 통해서 사고팔며, 심지어는 경매가 이루어지기 전에도 국채를 선도계약을 통해서 사고판다는 것을 알 수 있다. 선도계약의 현물인도일은 만기일인 issue date이지만 실제 사고파는 거래는 선도계약을 통해서 issue date 이전에 활발하게 이루어진다. 그렇다면 앞의 T-bills의 경매에서 어떻게 competitive tenders들의 76.2%

그림 VI-15 블룸버그 WI 시장의 bid-ask price

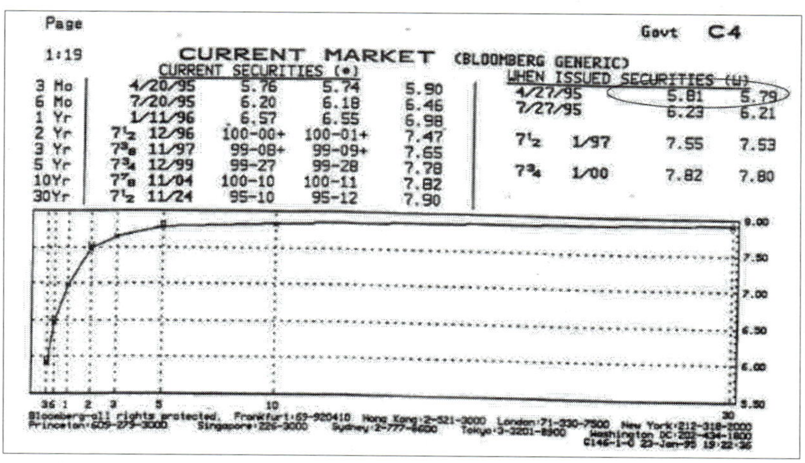

가 5.8%에 bidding을 할 수 있었던가에 대한 이유를 생각해보자.

위의 [그림 Ⅵ-15]의 왼쪽 윗부분 동그라미 부분은 채권 경매일 하루 전 날에 블룸버그에 공표된 WI 시장(When issued securities)의 bid-ask price를 보여주고 있다. 만기가 95년 4월 27일인 T-bills의 ask price는 5.81%이고 bid price는 5.79%로 나타나고 있다. 이 팔자가격과 사자가격의 평균이 5.8%이기 때문에 앞서 살펴본 T-bills의 경매에서 competitive tenders들의 76.2%가 5.8%에 bidding한 것임을 알 수 있다. 그리고 5.77%를 적어낸 사람은 WI 시장에서 발행일에 forward 거래에서 short 포지션을 취해서 발행일의 현물인도 물량이 반드시 필요한 사람이라고 유추해 볼 수 있다.

참고로 위 [그림 Ⅵ-15]의 오른쪽 부분은 on-the-run issue 채권의 bid-ask price를 보여주고 있다. WI 시장에서 거래되는 만기가 95년 7월 27일인 6개월 만기 T-bills의 경우를 보면 bid-ask price의 평균이 6.21%로 나타나 있는데, 그 근거를 on-the-run issue 채권에서 찾아 볼 수 있다. 위 그림 우측에서 만기가 1995년 7월 20일인 T-bills를 보면 bid-ask price의 평균이 6.19%로 WI 시장의 동종 채권과 평균가격이 2bp의 근소한 차이를 나타내고 있다. 또한 WI 시장에서 만기가 97년 1월인 T-notes의 경우를 보면 액면이자율이 7.5%로 나타나 있는데, 왼편의 on-the-run issue 채권의 가장 가까운 만기를 가진 채권을 찾아보면 만기가 96년 12월인 T-notes인데, 역시 액면이자율이 7.5%로 나타나 있음을 확인할 수 있다. 그리고 WI 시장에서 만기가 2000년 1월인 5년 만기 T-notes의 경우에도 액면이자율이 7.75%로 나타나 있는데, 왼쪽의 on-the-run issue 채권 중에서 가장 만기가 가까운 채권을 찾아보면 99년 12월이 만기인 5년 만기 T-notes이다. 이 채권도 마찬가지로 액면이자율이 7.75%로 나타나 있다. 이처럼 WI 시장에서 거래되는 미국국채들은 그 가격의 근거를 on-the-run issue 시장에서 거래되는 동종 국채에서 찾고 있음을 확인할 수 있다.

다음으로 American Auction과 Dutch Auction의 차이점에 대해서 살펴보자. American Auction에서는 입찰자 본인이 쓴 가격으로 낙찰을 받으니까 국채를 발행하는 입장에서는 American Auction이 더 결과가 좋은 것처럼 생각된다. 그러나 American Auction의 경우에는 '승자의 저주'(winner's curse)가 심각한 문제가 된다. '승자의 저주'란 너무 높은 가격에 물량을 배정받았을 때에 입찰자가 겪게 되는 어려움을 말한다. 입찰자들은 '승자의 저주'를 회피하기 위해서 bidding 할 때 매우 보수적인 태도를 취하며 치열한 정보탐색 뿐만 아니라 심지어는 입찰자들 사이에 담합이 발생하는 경우도 많이 발생한다. 이 경우 tail of the auction이 매우 좁게 나타나는 경향이 있다. 경매 참여자들은 매우 보수적인 태도로 입찰 가격을 써 내게 되고 어떻게 해서든지 최저가로 낙찰받으려고 치열하게 노력하게 된다. 그 결과 채권을 발행하는 Treasury 입장에서는 수익이 감소하는 결과가 발생할 수 있다.

반면 Dutch Auction의 경우에는 앞서 살펴본 stop yield를 최종적인 낙찰가격으로 설정하고, 모든 입찰자들에게 동일하게 적용한다. 따라서 이 경우에는 일단 낙찰만 되고 보자는 심리가 형성될 수 있다. 그 결과 American auction보다 더 공격적으로 높은 가격을 적어내는 bidding을 하게 되고 결과적으로 Treasury의 국채 매도 수익이 상승할 수 있다. Dutch auction의 경우에는 American auction보다 더 높은 bid cover ratio가 발생할 가능성이 크다.

[그림 Ⅵ－16]은 1992년 8월 25일 발표된 2년 만기 T－notes에 대한 American

그림 Ⅵ-16 T-note American Auction 결과 기사

FOR IMMEDIATE RELEASE
August 25, 1992

CONTACT: Office of Financing
202-219-3350

RESULTS OF TREASURY'S AUCTION OF 2-YEAR NOTES

Tenders for $15,004 million of 2-year notes, Series AD-1994, to be issued August 31, 1992 and to mature August 31, 1994 were accepted today (CUSIP: 912827G63).

The interest rate on the notes will be 4 1/4%. The range of accepted bids and corresponding prices are as follows:

	Yield	Price
Low	4.28%	99.943
High	4.31%	99.886
Average	4.30%	99.905

Tenders at the high yield were allotted 70%.

TENDERS RECEIVED AND ACCEPTED (in thousands)

Location	Received	Accepted
Boston	21,925	21,925
New York	33,175,430	13,888,330
Philadelphia	18,540	18,535
Cleveland	80,570	80,370
Richmond	98,550	90,450
Atlanta	37,755	32,755
Chicago	1,579,135	426,135
St. Louis	50,120	48,620
Minneapolis	12,005	12,005
Kansas City	53,000	53,000
Dallas	11,265	11,265
San Francisco	60,230	60,170
Treasury	260,780	260,780
TOTALS	$35,459,305	$15,004,340

auction의 결과를 정리한 기사이다. Low yield, high yield, average yield 등을 발표하는 것으로 볼 때 American auction임을 알 수 있다. 이 기사를 보면 이 T-note에 대한 액면이자율은 4 1/4%(4.25%)로 결정되었다. 가장 낮은 yield를 제출한 것이 4.28%, 가장 높은 yield는 4.31, 평균 yield는 4.3%로 나타났다. Tail of the auction은 3bp로 매우 좁게 나타나 있음을 알 수 있다. 경매 참여자들이 '승자의 저주'를 피하기 위하여 치열한 정보탐색전을 벌인 결과임을 알 수 있다. 총 입찰 금액은 $35,459,305,000이고, 총 낙찰 금액은 $15,004,340,000이다. 따라서 bid-cover ratio는 다음과 같이 계산된다.

$$bid\ cover\ ratio = \frac{\$35,459,305,000}{\$15,004,340,000} = 2.37$$

다음으로, 1992년 9월 22일 동일한 2년 만기 treasury note에 대한 Dutch auction 결과를 발표한 기사를 [그림 Ⅵ-17]을 통해서 살펴보자. Dutch auction이기 때문에 Low yield, high yield, average yield 등을 발표하지 않는다. 이 T-note에 대한 액면이

그림 Ⅵ-17 T-note Dutch Auction 결과 기사

FOR IMMEDIATE RELEASE
September 22, 1992

CONTACT: Office of Financing
202-219-3350

RESULTS OF TREASURY'S AUCTION OF 2-YEAR NOTES

Tenders for $14,548 million of 2-year notes, Series AE-1994, to be issued September 30, 1992 and to mature September 30, 1994 were accepted today (CUSIP: 912827G39).

The interest rate on the notes will be 4%.

All competitive tenders at yields lower than 4.00% were accepted in full. Tenders at 4.00% were allotted 3%. All noncompetitive and successful competitive bidders were allotted securities at the yield of 4.00%, with an equivalent price of 100.000.

TENDERS RECEIVED AND ACCEPTED (in thousands)

Location	Received	Accepted
Boston	16,015	16,015
New York	42,592,180	13,794,450
Philadelphia	23,515	23,515
Cleveland	80,760	32,260
Richmond	82,245	33,445
Atlanta	40,105	30,255
Chicago	1,641,405	177,545
St. Louis	44,250	40,250
Minneapolis	15,005	15,005
Kansas City	49,585	49,585
Dallas	16,680	11,680
San Francisco	438,075	34,575
Treasury	288,950	288,950
TOTALS	$45,328,770	$14,547,530

자율은 4%로 결정되었다. [그림 Ⅵ-17]의 기사 내용을 보면, 4% 미만으로 써 낸 모든 competitive tenders들은 모두 낙찰되었음을 알 수 있다. 또한 4%를 써낸 competitive tenders들은 입찰 물량에 비례하여 물량을 배정받게 되었는데 써낸 물량의 3%만을 낙찰 받았음을 알 수 있다. 총 입찰 금액은 $45,323,770,000이고, 총 낙찰 금액은 $14,547,530,000이다. 따라서 bid-cover ratio는 다음과 같이 계산되어 3.12로 나타났는데, American auction보다 bid cover ratio가 더 높게 나타났음을 알 수 있다.

$$bid\ cover\ ratio = \frac{\$45,328,770,000}{\$15,547,530,000} = 3.12$$

따라서 전체적으로 American Auction과 Dutch auction을 비교해보면 dutch auction이 Treasury에 유리한 결과를 제공한다. 이러한 결과에 따라 1992년 이후에는 미국에서 대부분의 국채경매가 Dutch auction 방식으로 진행되고 있으며, 우리나라의 경우에도 현재 국채의 경매는 Dutch auction 방식을 따르고 있다.

다음으로, 간단한 경매사례를 통해서 American auction과 Dutch auction의 결과가 어떻게 달라지는지를 살펴보기로 하자. 경매 대상 국채는 90일 만기 T-bills이며 경매 금액은 $100Million이다. 그리고 Non-competitive bids는 $30million이다. Competitive bids는 A는 $30 million을 3.4%에 주문하였고, B는 $20 million을 3.5%에 주문하였으며, C는 $40 million을 3.6%에 주문하였다. 그 결과 A는 $30 million, B는 $20 million, C는 $20 million을 배정받게 된다. 이 경우 stop rate는 3.6%이다.

이 경매의 결과를 보면 American auction인가 dutch auction인가에 따라서 가격이 달라진다. American auction의 경우 A는 3.4%, B는 3.5%, C는 3.6%의 yield를 지불하고 낙찰 받게 되고, non-competitive bids들이 낙찰 받는 yield는 $\frac{30}{70} \times 3.4 + \frac{20}{70} \times 3.5 + \frac{20}{70} \times 3.6 = 3.49$가 된다.

반면 Dutch auction의 경우 모든 bidders 들이 3.6%의 yield에 낙찰 받게 된다. 실제 Dutch auction에서는 사람들이 훨씬 공격적으로 bidding하여 낙찰가격이 3.6%가 아니라 3.5% 정도 될 가능성이 있고, American auction에서는 보수적으로 bidding 하여 3.6% 정도에서 평균가격이 형성될 가능성이 크다. 따라서 현실에 있어서는 treasury 입장에서는 dutch auction이 더 유리하다.

Ⅶ. 채권의 듀레이션(Duration)

채권의 가치는 경제적 조건의 변화에 영향을 받는다. 경제성장률, 인플레이션, 위험선호도 등이 채권가격에 영향을 미친다. 국채의 가격을 예로 들어 보면, 거시경제적인 맥락에 따라서 유사한 움직임을 나타내고 있다. 특히 투자자들은 채권의 가치를 결정하는 단일 변수, 예를 들면 시장이자율(The interest rate)에 관심을 갖는다. 그런데 어떤 이자율이 채권 전반의 가치에 영향을 미치는 것인지를 엄격하게 규정할 필요가 있다.

1. PVBP(Price Value of One Basis Point)

PVBP는 채권의 만기수익률이 1bp 변화할 때 채권 가격이 얼마나 변화하는가를 측

그림 Ⅶ-1 만기수익률과 채권가격

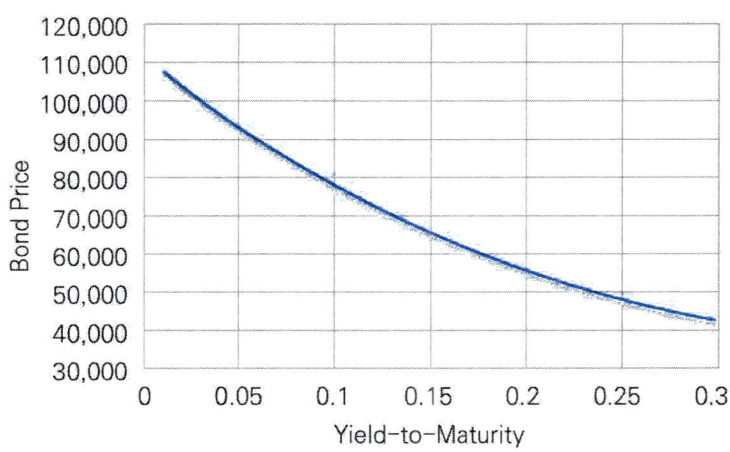

정한다. 만약 PVBP=10이라면 채권의 만기수익률이 1bp 상승하는 경우 채권 가격은 $10 하락한다는 것을 의미한다. 예를 들어 보자. 어떤 채권이 있고, 액면이자율이 $5_{1/2}$ 이며, 만기는 2년, 액면가는 100,000이다. 이 경우 만기수익률과 채권가격의 관계는 [그림 Ⅶ-1]과 같이 나타난다. 채권 가격곡선은 원점에 대해서 볼록한 모양을 그리고 있다. 이 채권의 볼록성(convexity)로 인해서 만기수익률이 1bp 떨어질 때 가격이 상승하는 상승폭이 만기수익률이 1bp 올라갈 때 가격이 하락하는 하락폭보다 더 크다.

예를 들어 현재 이 채권의 만기수익률이 10%라고 생각해보자. 이 경우 이 채권의 만기수익률이 1bp 상승하고 하락할 때 이 채권의 가격은 다음과 같이 결정된다.

$$P=\sum_{i=1}^{4}\frac{2,750}{(1+y)^{i}}+\frac{100,000}{(1+y)^{4}}$$

P(y=.0999)=77,045.21 P(y=.1000)=77,018.48 P(y=.1001)=76,991.76

△P=26.73 △P=26.72

그림 Ⅶ-2 채권곡선 접선의 기울기

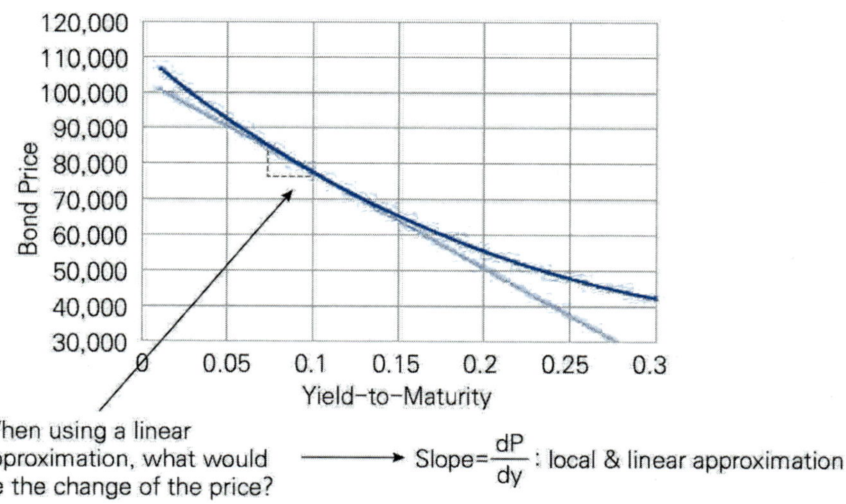

이 사례에서 알 수 있듯이 이 채권의 가격은 만기수익률의 변화에 직접적인 영향을 받는 것처럼 보인다. 그런데 만기수익률은 이 채권에 고유한 특성이다. 특정 채권의 만기수익률은 1차적으로 순할인채의 단위기간 당 수익률들에 의해서 그 채권의 가격이 1차적으로 결정되고 난 이후에 그 채권가격에 의해서 결정되는 2차적 변수이다. 앞서 설명한 바와 같이 순할인채의 단위기간 당 수익률 혹은 현물이자율은 시장 전역 변수(market wide variable)이지만, 만기수익률은 특정 채권에만 고유한 변수이다. 시장 전반적으로 채권가격을 결정하는 것은 순할인채의 단위기간 당 수익률 혹은 현물이자율이다. 그렇지만 채권산업의 실무에 종사하는 채권거래자들은 이러한 채권가격결정의 과정을 무시하고 채권의 만기수익률에 익숙해져 있다. 이러한 사정으로 인해서 채권거래자들은 채권의 만기수익률이 1bp 상승하면 채권가격이 얼마나 움직이는지를 알고 싶어하며, 그 질문에 해답을 제공하는 개념이 PVBP이다. 이러한 사실에 주의하면서 듀레이션 개념을 살펴보자. 채권의 듀레이션은 채권의 만기수익률에 대응하는 채권가격곡선, 즉 채권곡선의 특정한 한 점에서 접선의 기울기와 관련되어 있다.

2. 수정 듀레이션(Modified Duration)

일반적으로 채권업계에서는 수정 듀레이션(Modified Duration)과 매컬리 듀레이션(Maclaulay Duration)을 많이 사용한다. 이 둘은 거의 동일한 개념으로 개별 채권의 만기수익률에 기초해 있는 듀레이션 개념이다. 본 장에서는 이들 이외에도 Fisher−Weil 듀레이션과 key rate 듀레이션을 소개하는데 이들은 순할인채의 현물이자율에 기초한 개념으로 질적인 측면에서 수정 듀레이션이나 매컬리 듀레이션과는 큰 차이점을 갖는다. 먼저 수정 듀레이션을 살펴보자. 수정 듀레이션의 정의는 다음과 같다.

$$D^* = -\frac{dP}{dy} \times \frac{1}{P} \qquad \text{(식 7–1)}$$

채권의 만기수익률은 채권 액면가의 규모에 영향을 받지 않는다. 그런데 만기수익률이 1% point 상승할 때 채권가격이 얼마나 하락하는가는 액면가의 규모에 영향을 받게 된다. 따라서 만기수익률 변화에 따른 채권가격 변화의 민감도를 채권가격으로 나누어서 표준화(normalize)할 필요가 있다. 이 경우, 채권의 가격을 만기수익률로 미분한 결과는 다음과 같다.

$$\frac{dP}{dy}=-\frac{C}{(1+y)^2}-2\frac{C}{(1+y)^3}+\dots-n\frac{C+M}{(1+y)^{n+1}} \qquad \text{(식 7–2)}$$
$$=-\frac{1}{(1+y)}\left[\frac{C}{(1+y)}+2\frac{C}{(1+y)^2}+\dots+n\frac{C+M}{(1+y)^n}\right]$$

채권의 가격을 만기수익률로 미분한 값을 양의 값으로 바꾸어 주기 위하여 마이너스를 붙이고 채권의 가격으로 나누어주면 채권의 수정 듀레이션의 정의가 완성된다.

$$D^*=-\frac{dP}{dy}\times\frac{1}{P}$$

이렇게 정의된 듀레이션을 활용하여 가격의 퍼센티지 변화를 다음과 같이 추정할 수 있다.

$$\frac{\Delta P}{P}\cong-D^*\times\Delta y=-\left(-\frac{dP}{dy}\times\frac{1}{P}\right)\Delta y \qquad \text{(식 7–3)}$$
$$=\left(\frac{dP}{dy}\cdot\frac{y}{P}\right)\frac{\Delta y}{y}$$
$$=\epsilon_{Py}\frac{\Delta y}{y}$$

이 식에서 채권의 수익률은 채권가격의 이자율 탄력성과 만기수익률 변화의 곱으로 나타난다. 그런데 이와 유사한 방식으로 주가수익률도 주가의 시장포트폴리오 가격에 대한 탄력성과 시장포트폴리오 수익률의 곱으로 나타낼 수 있다. j자산의 가격과 시장포트폴리오 가격을 money market fund 가격으로 표준화(normalize)하면 CAPM의 β_j를 j주식 가격의 시장포트폴리오 가격에 대한 탄력성으로 표현할 수 있다.

$$Z_j=\frac{P_j}{M},\qquad Z_m=\frac{P_m}{M}$$
$$E\left[\frac{\Delta Z_j}{Z_j}\right]=\beta_j E\left[\frac{\Delta Z_m}{Z_M}\right]$$

$$\beta_j = \frac{E\left[\frac{\Delta Z_j}{Z_j}\right]}{E\left[\frac{\Delta Z_m}{Z_m}\right]} = E\left(\frac{\Delta Z_j}{\Delta Z_m}\right) \cdot \frac{Z_m}{Z_j}$$

CAPM의 베타는 시장 포트폴리오 수익률이 1% 올라갔을 때 j자산의 수익률이 몇 % 상승하는가를 나타내는 탄력성 개념으로 이해할 수 있다. 이 경우 j자산의 수익률은 CAPM 하에서 다음과 같이 표현할 수 있다.

$$E[r_{jt} - r_f] = \beta_j E[r_{mt} - r_f]$$

앞서 채권의 수익률은 채권가격의 이자율 탄력성과 만기수익률 변화의 곱으로 나타난다는 점을 살펴본 바 있다. 주가수익률도 탄력성과 시장포트폴리오 수익률의 곱과 같다는 것과 형태 구조는 유사하다. 그러나 CAPM의 경우 시장전반적 변수(market wide variable), 즉 시장포트폴리오 수익률을 이용하여 개별 자산의 수익률을 설명하는데 반해 채권가격의 퍼센티지 변화를 수정 듀레이션을 써서 추정한 식은 해당 채권의 만기수익률로 해당 채권의 수익률을 설명하는 데 불과하다. 따라서 채권가격의 퍼센티지 변화를 수정 듀레이션을 사용해서 추정한 식은 자산가격결정(asset pricing)과는 관계없으며, 단지 만기수익률과 해당 채권 가격간의 수학적인 점근적 추정식에 불과하다. 자산가격결정 모형으로 사용할 수 없다는 점이 수정 듀레이션 활용의 한계점이라고 볼 수 있다.

이제 수정 듀레이션을 사용한 가격변화의 점근적 추정치를 살펴보자. 액면이자율이 5.5%이고, YTM이 20%인 이표채의 수정 듀레이션은 다음과 같다. 주의할 사항은 만기수익률로 계산한 할인인자(discount factor)는 경제적 의미를 갖는 할인인자는 아니다.

t	CF	t*CF	$1/(1+y)^t$	$CF/(1+y)^t$	$t\ CF/(1+y)^t$	
1	2,750	2,750	0.909091	2,500.00	2,500.00	
2	2,750	5,500	0.826446	2,272.73	4,545.45	
3	2,750	8.250	0.751315	2,066.12	6,198.35	
4	102,750	411,000	0.683013	70,179.63	280,718.53	
			sum=	77,018.48	293,962.33	
				Duration=	**3.469797**	=293,962.33/77,018.48/1.1

경제적 의미를 갖는 할인인자는 각기 다른 만기를 갖는 순할인채의 단위기간 당 수익률로 계산되어야 한다.

이자율의 변화가 1%라고 했을 때, 채권가격의 변화를 듀레이션을 이용하여 점근적으로 추정한 가격변화는 다음과 같다. 참고로 듀레이션을 이용하여 채권가격을 점근 추정할 때 만기수익률 변화에 대해서 채권가격은 반대 방향으로 움직인다. 즉, 만기수익률이 올라가면 채권가격은 하락하고, 만기수익률 떨어지면 채권가격은 상승한다.

$$\frac{\Delta P}{P} \cong -D^{*} \times \Delta y = -3.47697979 \times 1\% = -3.4697979\%$$
$$\Rightarrow \Delta P \cong -3.4697979\% \times 77{,}018.48 = -\$2{,}672.38$$

또한 이 경우 실제가격변화는 다음과 같다.

$$P(y=0.10) - P(y=0.11) = 77{,}018.5 - 74{,}404.8 = \$2{,}613.7$$
$$P(y=0.09) - P(y=0.10) = 79{,}751.8 - 77{,}018.5 = \$2{,}733.3 \quad (\text{평균} = 2{,}673.5)$$

채권곡선이 원점에 대해서 볼록하기 때문에 만기수익률이 상승할 때 채권가격이 떨어지는 폭이 만기수익률이 하락할 때 채권가격이 상승하는 폭보다 작다. 이러한 실제 가격변화를 위의 듀레이션으로 추정한 추정치와 비교해보면 만기수익률이 상승할 때는 추정치가 실제 가격변화를 과대평가하고, 만기수익률이 하락할 때는 추정치가 실제 가격변화를 과소평가하고 있음을 알 수 있다. 수정 듀레이션은 계산기가 발달한 현대에는 유용한 개념은 아니다. 왜냐하면 엑셀 등을 활용하여 실제 가격변화를 손쉽게 계산할 수 있기 때문이다. 그럼에도 불구하고 수정 듀레이션은 특정 채권가격이 만기수익률 변화에 대해서 얼마나 민감한지를 다른 채권의 경우와 비교할 때에는 여전히 유용하게 사용된다.

3. 매컬리(Macaulay) 듀레이션

매컬리 듀레이션[1]은 수정 듀레이션에 $(1+y)$를 곱한 값으로 정의된다. 즉,

1 Macaulay, Frederick(1938), Some Theoretical Problems Suggested by the Movements of Interest Rates, Bond Yields and Stock Prices in the United States since 1856. New York: Columbia University Press.

$$D = (1+y)\,D^{*} = (1+y)\left(-\frac{dP}{dy}\cdot\frac{1}{P}\right) \qquad \text{(식 7–4)}$$

매컬리 듀레이션은 이표채를 구성하는 순할인채의 만기의 가중평균으로 이표채의 실질만기라고도 부른다.

$$\begin{aligned} D &= (1+y)\left(-\frac{dP}{dy}\cdot\frac{1}{P}\right) \qquad \text{(식 7–5)} \\ &= \frac{\dfrac{C}{(1+y)}+\dfrac{2C}{(1+y)^2}+\cdots+\dfrac{n(M+C)}{(1+y)^n}}{P} \\ &= \frac{\dfrac{C}{(1+y)}}{P}\times 1+\frac{\dfrac{C}{(1+y)^2}}{P}\times 2+\cdots+\frac{\dfrac{C+M}{(1+y)^n}}{P}\times n \\ &= W_1\times 1+W_2\times 2+\cdots+W_n\times n \end{aligned}$$

모든 이표채는 순할인채의 포트폴리오로 간주할 수 있다. 이 경우 위 식의 세 번째 등호의 첫 번째 항인 $\dfrac{C}{(1+y)}$는 1기간 순할인채의 가상적인 가격이라고 볼 수 있다. 왜 가상적이라고 하는가? 순할인채의 만기수익률로 할인한 것이 아니라 이표채의 만기수익률로 할인하였기 때문이다. 두 번째 항 이하 모든 항들이 순할인채 만기수익률로 할인하지 않고 이표채의 만기수익률로 할인하였기 때문에 가상적인 순할인채 가격이라고 볼 수 있다. 위 식은 이처럼 이표채의 만기수익률로 모든 순할인채의 가격을 결정하였을 때, 각각의 순할인채의 만기의 가중평균이 매컬리 듀레이션임을 나타낸다.

아래의 표를 보면 위와 동일한 사례에서 매컬리 듀레이션은 $1.1\times 3.4697979 = 3.816777$로 계산된다. 그리고 가격 변화는 매컬리 듀레이션을 이용할 경우 다음과 같이 점근적으로 추정된다.

$$\frac{\Delta P}{P} \cong -D^{*}\times\Delta y = -\frac{D}{(1+y)}\Delta y$$

매컬리 듀레이션은 가격변화 추정치에서는 수정 듀레이션과 구분되는 독자적인 의미를 갖지는 않는다. 다만 매컬리 듀레이션은 실질만기라는 측면에서 수정 듀레이션과 구분되는 고유한 의미를 갖는다는 점을 강조할 필요가 있다. 가중치를 이용하여 매컬리 듀레이션 계산하는 방법은 아래 표와 같다. 가중치를 이용하면 매컬리 듀레이션을 편리하게 계산할 수 있다.

t	CF	t*CF	$1/(1+y)^t$	$CF/(1+y)^t$	weight	$weight^t$
1	2,750	2,750	0.909091	2,500.00	0.0325	0.032
2	2,750	5,500	0.826446	2,272.73	0.0295	0.059
3	2,750	8.250	0.751315	2,066.12	0.0268	0.080
4	102,750	411,000	0.683013	70,179.63	0.9112	3.645
			sum=	77,018.48	1.00	3.817

이렇게 각 기간을 가중평균하면 매컬리 듀레이션이 되기 때문에 그것을 실질만기라고 부른다. 매컬리 듀레이션이 3.817 기간이라는 것을 연 단위로 환산하면 $\frac{3.817}{2}=$ 1.908년이 된다. 참고로 1기간 만기 순할인채의 매컬리 듀레이션은 1기간이다. 10기간 만기 순할인채의 매컬리 듀레이션은 10기간이다. 순할인채의 경우는 매컬리 듀레이션의 계산은 매우 간단하다. 그런데 매컬리 듀레이션을 실질 만기로 해석하는 것과 관련하여 채권 투자기간을 실질만기까지 보유한다면 이자율위험을 구성하는 재투자위험과 할인위험이 절묘하게 상쇄될 수 있다는 점을 강조할 필요가 있다.

아래 표는 시장수익률이 10%, 9%, 11%로 각각 일정하게 유지될 때 채권을 실질만기까지 보유하는 경우에 사후적 실현수익률이 모두 동일하게 10%가 된다는 것을 보여주고 있다.

t	CF	y=0.1	y=0.09	y=.11
1	2,750	3,596.89	3,505.54	3,689.75
2	2,750	3,269.90	3,126.09	3,324.10
3	2,750	2,972.63	2,950.54	2,994.69
4	102,750	100,971.25	101,140.35	100,803.97
sum		110,810.67	110,812.52	110,812.51
return		0.100	0.100	0.100

$\rightarrow 2,750\times1.1^{3.816777-1}$

$\rightarrow 102,750\times1.1^{3.816777-4}$

$\rightarrow \left(\frac{110,810.67}{77,018.48}\right)^{\frac{1}{3.816777}}-1$

시장수익률이 10%인 경우와 9%로 일정하게 유지되는 경우를 예로 들어 생각해보자. 이표채를 만기까지 보유하지 않고 매컬리 듀레이션까지만 보유하고 매도한다고 가정했을 때 매컬리 듀레이션 시점 이전까지 들어오는 액면이자는 시장수익률로 재투자해야 하고, 매컬리 듀레이션 시점 이후에 들어오는 액면이자와 액면가로 표시된 채권의 원금은 시장수익률로 할인해야 한다. 매컬리 듀레이션 시점 이전에 들어오는 액면이자를 재투자할 때는 시장수익률이 10%일 때가 9%일 때보다 더 유리하다. 반면 매컬리 듀레이션 시점 이후에 들어오는 액면이자와 채권 원금을 할인하는 경우에는 시장이자율이 9%일 때가 10%일 때보다 더 유리하다.

채권을 매컬리 듀레이션 기간만큼 보유하고 처분하는 경우의 사후적 실현 수익률이 시장수익률이 10%인 경우나 9%인 경우에 모두 동일하게 나타난다는 현상의 의미를 생각해보자. 시장수익률이 10%인 경우와 9%인 경우를 비교해보면 10%인 경우는 재투자에 유리하고 9%인 경우는 할인에 유리하다. 시장수익률이 10%인 경우나 9%인 경우에 사후적 실현수익률이 동일하게 나타난다는 것은 시장수익률이 10%로부터 9%로 하락한 경우에 재투자수익률이 하락하여 손해 본 부분과 할인한 값이 상승하여 이익을 본 부분이 정확하게 상쇄되었음을 의미한다. 그 결과 이 채권을 매컬리 듀레이션만큼 보유하였을 때 사후적 실현수익률이 시장수익률이 10%인 경우나 9%인 경우에 정확하게 동일하게 유지된다는 것이다. 결과적으로 사후적 실현수익률이 채권 투자시의 기대수익률인 만기수익률과 동일하게 나타난다는 측면에서 본다면 매컬리 듀레이션이 3.8167인 이표채는 만기가 3.8167인 순할인채와 거의 동일한 특성을 갖는다.

그리고 만약 보유기간을 매컬리 듀레이션보다 짧게 보유한다면 재투자에서 가치변동이 나타나는 변화(재투자 위험, re-investment risk)보다는 할인에서 가격에 나타나는 변화(가격 위험, price risk)가 더 크게 된다. 반대로 보유기간을 매컬리 듀레이션보다 길게 보유한다면 재투자에서 가격에 나타나는 변화(재투자위험)가 할인에서 가격에 나타나는 변화(가격위험)보다 더 크게 된다. 그리고 보유기간을 매컬리 듀레이션과 같게 보유한다면 재투자위험과 가격위험이 동일하게 되어 이자율변동으로부터 채권가치 변동이 나타나지 않게 된다.

앞서 이미 살펴본 바와 같이 수정 듀레이션의 약점은 그것이 체계적 위험에 대한 측도가 아니라는 점을 기억할 필요가 있다. 수정 듀레이션은 특정 채권에 고유한 만기수익률에 기초한 개념이기 때문에 시장 전반에 걸친 위험을 설명하기에는 역부족이다. 그러나 만약 현물이자율이 수평선을 그리고 있다면 모든 채권의 만기수익률이 동일하게 되고, 현물이자율이 모두 동일한 폭으로 평행이동하는 경우에는 개별 채권의 가치

변동은 체계적 위험 즉, 시장전체의 $\frac{\Delta y}{y}$로 설명되는 것이다. 이를 식으로 표현하면,

$$\begin{aligned}\frac{\Delta P_j}{P_j} &= D_j^* \Delta y_j = -\frac{dP_j}{dy_j} \cdot \frac{1}{P_j} \cdot dy_j \\ &= \frac{dP_j}{dy_j} \cdot \frac{y_j}{P_j} \cdot \frac{dy_j}{y_j} \\ &= \epsilon_{PY_j} \cdot \frac{dy_j}{y_j}\end{aligned}$$

만약 모든 j에 대해서 $y_j = y$가 되고, $dy_j = dy$가 되어 시장 전체적인 변수와 개별 채권의 만기수익률이 동일하게 된다면 ϵ_{PY_j}가 시장 전반적 측도가 될 수 있다. 그리고 이것이 개별 채권의 수익률을 설명할 수 있다는 점은 CAPM 이론의 경우와 동일하다. 여기서 주목해야 할 점은 바람직한 민감도 측도는 핵심변수(key variable)를 결정하고 이 핵심변수가 특정한 방향으로 움직였을 때 나머지 현물이자율이 그에 대응하여 어떤 식으로 움직이는가에 대한 시나리오를 설정하는 것이 중요하다. 즉, 채권의 가격결정에 관심을 가지는 사람들은 핵심적인 어떤 이자율 변수가 움직였을 때 전체 채권가격의 변화가 나타나는 그러한 민감도 측도에 관심을 가지고 있다. 즉, 핵심적인 이자율을 하나 선정해서 이 이자율이 변화할 때 전체 순할인채 이자율이 어떻게 변화하는지를 시나리오화 한다면 모든 이표채의 가격결정이 가능하게 된다. 이러한 시나리오 설정과 관련해서 실무적으로는 Fisher－Weil duration 측도 및 PCA(principal Component Analysis) 방법 등이 제시되고 있다.

4. 피셔–바일 듀레이션(Fisher–Weil Duration)

위에서 언급한 바와 같이 피셔－바일 듀레이션은 핵심변수(key rate)로 단기 이자율(short rate) y_1을 사용한다. 피셔－바일 듀레이션 개념에서는 단기 현물이자율 y_1이 변화했을 때 다른 현물이자율이 어떻게 움직이는가에 대한 두 가지 시나리오를 제시한다. 첫째, 모든 만기의 현물이자율들이 동시에 평행이동 한다는 시나리오. 둘째, 모든 만기의 현물이자율들이 각각의 수준에 따라 비례적 회전이동을 한다는 시나리오. 먼저 현물이자율들의 평행이동 시나리오 하에서의 피셔－바일 듀레이션을 살펴보자. 이 경우

의 피셔－바일 듀레이션의 측도는 다음과 같다.

$$D_{FW}^{*} = W_1 \times D_1^{*} + W_2 \times D_2^{*} + \cdots + W_n \times D_n^{*} \qquad \text{(식 7-6)}$$

$$\text{이때,}\ W_t = \frac{P_t}{P},\ D_t^{*} = \frac{t}{(1+y_t)}$$

피셔－바일 듀레이션의 경우 현물이자율을 사용하여 각각의 순할인채의 수정 듀레이션을 계산해준다는 특징이 있다. 피셔－바일 듀레이션은 현물이자율과 같은 시장 전반적인 변수를 이용하여 이를 이용하여 민감도 측도를 만들어 낸 것이기 때문에 의미를 갖는다. 피셔－바일 듀레이션을 계산한 사례는 아래 표와 같다.

t	yt	CF	CF/(1+yt)^t	weight	Dt*	weight*Dt*
1	0.03	2,750	2,669.90	0.0347	0.9709	0.0337
2	0.08	2,750	2,357.68	0.0306	1.8519	0.0567
3	0.1	2,750	2,066.12	0.0268	2.7273	0.0732
4	0.101000936	102,750	69,924.78	0.9079	3.6331	3.2984
		sum=	77,018.48	1		3.4619

이렇게 계산된 피셔－바일 듀레이션 값 3.4619는 앞서 계산하였던 수정 듀레이션 값 3.46979보다 약간 작은 값을 갖는다. 왜냐하면 짧은 기간의 순할인채의 가치가 낮은 현물이자율로 할인하여서 더 커졌고 그에 따라 짧은 기간에 대한 가중치가 더 커졌기 때문이다.

평행이동 피셔－바일 듀레이션은 현물이자율곡선이 평행이동한다는 시나리오를 설정하였기 때문에 어떤 현물이자율을 핵심변수(key rate)로 설정하더라도 동일한 결과를 제공한다. 이제 피셔－바일 듀레이션이 실제 가격 변화를 얼마나 잘 추정하는지를 살펴보자. 먼저 모든 t에 대해서 $\Delta y_t = 0.01$인 경우, 즉 현물이자율이 1% 낮아진 경우와 현물이자율이 1% 높아진 경우의 현재가치를 계산하면 아래 표와 같다.

t	yt	CF	current yt	yt′=yt-.01	yt′=yt+.01	
1	0.03	2,750	2,669.90	2,696.08	2,644.23	
2	0.08	2,750	2,357.68	2,401.96	2,314.62	
3	0.10	2,750	2,066.12	2,123.50	2,010.78	
4	0.10	102,750	69,924.78	72,523.93	67,441.02	
		sum	77,018.48	79,745.47	74,410.65	Average
		price diff=		2,727.00	-2,607.83	=2,667.41

피셔-바일 듀레이션으로 실제 가격변화에 대한 점근적 추정을 해보면,

$$\Delta P \cong -D_{FW}^{*} \times \Delta y_t \times P = -3.4619 \times 1\% \times 77{,}018.48 = -2{,}666.34$$

수정 듀레이션으로 실제 가격변화를 점근적 추정한 결과는 다음과 같았다.

$$\Delta P \cong -D^{*} \times \Delta y \times P = -3.4698 \times 1\% \times 77{,}018.48 = -2{,}672.38$$

현실적으로는 평행이동 시나리오 하에서의 피셔-바일 듀레이션을 많이 사용하지는 않는다. 보통은 수정 듀레이션을 더 많이 사용한다. 이 둘은 큰 차이가 나지 않기 때문이다. 다음으로 비례적 회전 이동 하에서의 피셔-바일 듀레이션은 다음과 같다.

$$D_{FW}^{*} = W_1 \times D_1^{*} + W_2 \times \frac{1+y_2}{1+y_1} \times D_2^{*} + \cdots + W_n \times \frac{1+y_n}{1+y_1} \times D_n^{*} \qquad \text{(식 7-7)}$$

t	yt	CF	CF/(1+y)^t	weight	Dt*	weight*Dt*	Delta =(1+yt)/(1+y1)	w*Dt**Delta
1	0.03	2,750	2,669.90	0.0348	0.9709	0.0337	1	0.03365606
2	0.08	2,750	2,357.68	0.0306	1.8519	0.0567	1.0485	0.05944058
3	0.1	2,750	2,066.12	0.0268	2.7273	0.0732	1.0680	0.07813466
4	0.1010009	102,750	69,924.78	0.9078	3.6331	3.2984	1.0689	3.52581018
		sum	77,018.48	1		3.4619		3.6970

비례적 회전 이동 하의 피셔-바일 듀레이션은 핵심변수를 단기 현물이자율 y_1으로 설정한다. 그리고 현물이자율의 수준에 따라서 현물이자율곡선이 비례적 회전 이동

하도록 듀레이션이 설계되어 있다. 위의 사례에서 비례적 회전 이동 하의 피셔-바일 듀레이션 값은 3.6970으로, 평행이동 하의 피셔-바일 듀레이션 값인 3.4619보다 더 큰 값을 갖는다. 이것은 현물이자율 곡선의 비례적 회전 이동을 가정하였기 때문에 장기 순할인채에 대해서 결과적으로 더 큰 계수 값이 곱해지기 때문이다.

t	yt	CF	current yt	y1′=y1-0.01		y1′=y1+0.01	
				yt′	DCF	yt′	DCF
1	0.03	2,750	2,669.90	0.0200	2,696.08	0.0400	2,644.23
2	0.08	2,750	2,357.68	0.0695	2,404.14	0.0905	2,312.56
3	0.10	2,750	2,066.12	0.0893	2,127.48	0.1107	2,007.09
4	0.10	102,750	69,924.78	0.0903	72,707.51	0.1117	67,273.90
		sum	77,018.48		79,935.21		74,237.78
		price diff=			2,916.73		-2,780.70

Average
=2,848.72

먼저 핵심변수인 6개월 만기 순할인채 수익률이 1% 하락한 경우에 6개월 만기 순할인채 수익률은 $0.03-0.01=0.02$가 된다. 2기간 만기 순할인채 수익률은 $0.08-0.01\times\dfrac{1.08}{1.03}=0.069515$가 된다. 또한 3기간 만기 순할인채 수익률은 $0.1-0.01\times\dfrac{1.1}{1.03}=0.08932$가 된다. 반대로 핵심변수인 6개월 만기 순할인채 수익률이 1% 상승한 경우에 6개월 만기 순할인채 수익률은 $0.03+0.01=0.04$가 된다. 이제 핵심변수인 6개월 현물이자율이 1% 상승한 경우와 하락한 경우에 현물이자율 곡선의 변화와 가격변화가 어떻게 되는지 살펴보자.

2기간 만기 순할인채 수익률은 $0.08+0.01\times\dfrac{1.08}{1.03}=0.090485$가 된다. 또한 3기간 만기 순할인채 수익률은 $0.1+0.01\times\dfrac{1.1}{1.03}=0.11068$이 된다. 이렇게 새로운 현물이자율곡선을 구하고 채권가격을 구해보면 채권가격의 변화폭이 더 크다는 것을 알 수 있다. 현물이자율의 변동폭이 더 크기 때문이다. 이에 기반하여 피셔-바일 듀레이션의 추정이 얼마나 정확한지 살펴보자. 먼저 비례적 회전 이동에 기초한 피셔-바일 듀레이션의 가격변동 추정치는 다음과 같다.

$$\Delta P \cong -D^*_{FW}(prop) \times \Delta y_1 \times P = -3.6970 \times 1\% \times 77{,}018.48 = 2{,}847.40$$

다음으로 평행이동에 기초한 피셔-바일 듀레이션의 가격변동 추정치는 다음과 같다.

$$\Delta P \cong -D^*_{FW}(para) \times \Delta y_1 \times P = -3.4619 \times 1\% \times 77{,}018.48 = 2{,}666.34$$

평행이동에 기초한 피셔-바일 듀레이션의 추정치는 비례적 회전이동 하에서의 실제 채권가격 추정치와 큰 차이를 보이고 있다. 이는 현물이자율곡선을 비례적 회전 이동으로 가정하고 실제가격변동을 계산하였기 때문에 나타나는 당연한 결과라고 볼 수도 있다. 참고로 피셔-바일 듀레이션을 이용한 가격변화 추정은 1요인 채권가격결정 모형이라고 볼 수 있다.

$$\frac{\Delta P}{P} \cong -D^*_{FW}\Delta y \qquad \text{(식 7-8)}$$

이 식에서 Δy가 가격 변화를 일으키는 단 하나의 요인이다. 이 식에서 여기서 평행이동 피셔-바일 듀레이션의 경우 핵심변수를 무엇으로 설정하는가는 중요하지 않다. 현물이자율곡선이 평행이동하기 때문에 어떤 현물이자율을 핵심적 변수로 설정하더라도 동일한 결과가 나타나기 때문이다. 반면 비례적 회전이동 시나리오 하에서의 피셔-바일 듀레이션은 핵심변수를 단기이자율로 설정하였다. 단기 이자율에 충격이 오면 현물이자율곡선이 비례적 회전이동을 하기 때문에 채권가격결정에 관한 단일요인(single factor) 모형이다. 이 모형 하에서 충격의 요인은 단일한 변수, 즉 단기이자율이다. 수정듀레이션 D^*의 경우에는 동 개념을 정의하는 채권의 만기수익률은 해당 채권에만 고유한 변수이고 시장 전역변수(market wide variable)가 아니므로 채권가격을 결정하는 요인 모형이라고 하기에는 한계가 있다. 반면 비례적 회전이동 시나리오 하에서 피셔-바일 듀레이션은 시장 전역변수로서 단기현물이자율을 핵심변수로 설정하였기 때문에 채권가격 결정요인 모형으로 간주할 수 있다.

5. Key rate 듀레이션

Key rate 듀레이션 모형은 채권가격에 영향을 미치는 충격 요인을 단기 이자율 하나만 설정하지 않고, 여러 개의 충격 요인을 가정해보자는 취지이다. 이러한 의미에서 Key rate 듀레이션 모형은 다요인 모형(multi factor model)이라고 볼 수 있다. Key rate 듀레이션 모형은 현물이자율곡선이 평행이동을 하지 않을 뿐만 아니라 비례적 회전이동을 하지 않는 경우에도 적용할 수 있다. 충격이 현물이자율 곡선의 한 군데에서 발생하는 것이 아니라 여러 군데에서 발생하는 경우를 설명할 수 있다.

다양한 Key rate 듀레이션 모형들 중에서 한 가지 사례로 2요인 모형을 살펴보자. 2요인 모형의 경우에는 충격이 발생하는 곳이 현물이자율 곡선 상에서 2군데 존재한다. 예를 들어서 6개월 만기 순할인채 수익률과 2년 만기 순할인채 수익률 2개를 핵심변수로 설정했고 가정해보자. 이 두 개의 핵심변수(key rate)의 변화는 상호 독립적이라고 가정한다. 이 경우 첫 번째 핵심변수(key rate)인 6개월 만기 순할인채 수익률의 변화가 발생하였을 때, 그 충격은 각각의 만기를 갖는 순할인채 수익률에 다르게 나타난다. 즉, 6개월 만기 순할인채 수익률은 3/3, 1년 만기 순할인채 수익률은 2/3, 1년 6개월 만기 순할인채 수익률은 1/3만큼 그 충격의 영향을 받는다고 가정한다. 이 경우 두 번째 핵심변수(key rate)인 2년 만기 순할인채 수익률은 그 충격의 0/3만큼 영향을 받게 된다. 이를 그림으로 표현하면 다음과 같다.

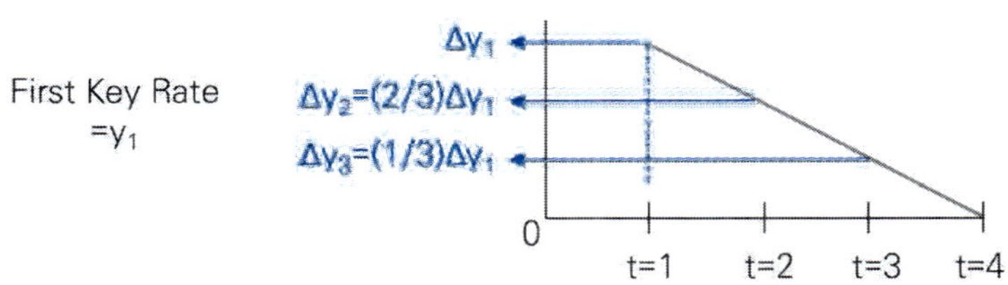

마찬가지로 2년 만기 순할인채 수익률에 변화가 발생한 경우 2년 만기 순할인채의 수익률은 그 충격의 3/3만큼, 1년 6개월 만기 순할인채 수익률은 그 충격의 2/3만큼, 1년 만기 순할인채 수익률은 그 충격의 1/3만큼 영향을 받게 된다. 그리고 첫 번째 key rate인 6개월 만기 순할인채 수익률은 그 충격의 0/3만큼 영향을 받게 된다. 이를 그림으로 표현하면 다음과 같다.

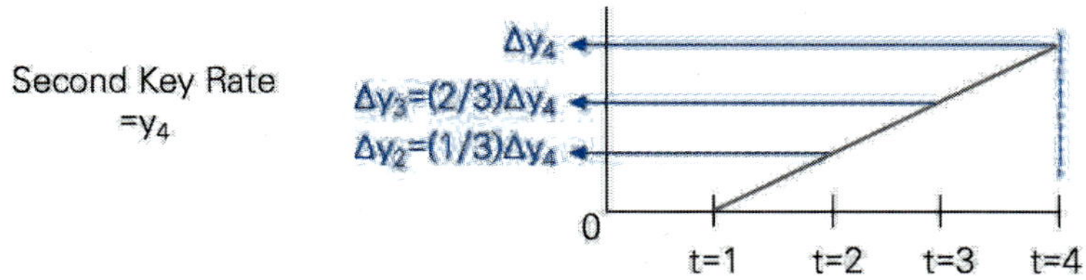

이제 Key rate 듀레이션의 수치 사례를 살펴보자. 6개월 만기 순할인채 수익률은 1% 상승하고, 2년 만기 순할인채 수익률은 1.5% 하락하는 경우의 현물이자율 곡선의 움직임은 다음과 같이 계산된다.

yr	t	yt	1st key	Change(1)	2nd key	Change(2)	Change(1)+(2)	yt′
0.5	1	0.03	0.01	0.01	0	0	0.01	0.04
1	2	0.08	(2/3)(.01)=	0.006667	(1/3)(−.015)=	−0.005	0.001666667	0.081667
1.5	3	0.1	(1/3)(.01)=	0.003333	(2/3)(−.015)=	−0.01	−0.006666667	0.093333
2	4	0.101	0	0	−0.015	−0.015	−0.015	0.086

이 경우, 첫 번째 key rate의 변화에 따른 충격을 계산해보면, 6개월 만기 순할인채 수익률은 1% 상승, 1년 만기 순할인채 수익률은 0.667% 상승, 1년 6개월 만기 순할인채 수익률은 0.333% 상승, 2년 만기 순할인채 수익률은 변화없음으로 나타난다. 두 번째 key rate의 변화에 따른 충격을 계산해보면, 2년 만기 순할인채 수익률은 1.5% 하락, 1년 6개월만기 순할인채 수익률은 1% 하락, 1년 만기 순할인채수익률은 0.5% 하락, 그리고 6개월 만기 순할인채 수익률은 변화없음으로 나타난다. 이들 변화를 모두 합쳐서 최종적인 현물이자율 곡선의 변화결과는 위의 표에서 나타낸 바와 같다.

이처럼 복수의 key rate를 도입한 것의 장점은 현물이자율 곡선의 변화를 훨씬 유연하게 설정할 수 있다는 점이다. 평행이동이나 비례적 이동뿐만 아니라 어떤 현물이자율곡선의 변화이든 다 반영할 수 있다. 이 경우에 Key rate 듀레이션을 계산해보면 다음과 같다. 기본적으로 피셔−바일 듀레이션 측도와 아이디어는 거의 유사하지만 충격의 크기는 반대로 나타난다. 비례적 이동의 피셔−바일 듀레이션의 경우에는 단기이자율에 대한 충격이 장기이자율로 멀어질수록 이자율 충격이 비례적으로 크게 나타났지만, Key rate 듀레이션 모형의 경우에는 이와는 반대로 핵심변수(key rate)에 가까울수록 충격의 크기가 더 크게 나타난다는 차이점이 있다. Key rate 듀레이션은 y_1에 대한 듀레이션 측도와 y_4에 대한 듀레이션 측도를 다음과 같이 측정한다.

$$D^*_{y_1} = W_1 \times D^*_1 + \frac{2}{3} \times W_2 \times D^*_2 + \frac{1}{3} \times W_3 \times D^*_3$$
$$D^*_{y_4} = \frac{1}{3} \times W_2 \times D^*_2 + \frac{2}{3} \times W_3 \times D^*_3 + W_4 \times D^*_4$$

이 두 가지 key rate 듀레이션을 합치게 되면 식은 다음과 같이 된다.

$$D^*_{y_1} + D^*_{y_4} = W_1 \times D^*_1 + W_2 \times D^*_2 + W_3 \times D^*_3 + W_4 \times D^*_4 = D^*_{FW}(para)$$

이 둘을 합치면 평행이동 상황에서의 피셔-바일 듀레이션과 같아지게 된다. 위의 사례를 이용하여 key rate 듀레이션을 계산하는 사례는 다음과 같다.

이 계산표를 살펴보면 첫 번째 핵심적 변수인 6개월 만기 순할인채의 경우 듀레이션 0.9708에 가중치 0.03466을 곱한 결과치 0.033656은 그대로 써주고, 1년 만기 순할인채의 듀레이션 1.8518에 가중치 0.03061을 곱한 결과치인 0.05668에 $\frac{2}{3}$을 곱하게 되면 0.03779이 되며, 1년 6개월 만기 순할인채의 듀레이션 2.7272에 가중치 0.02683을 곱한 결과치인 0.073162에 $\frac{1}{3}$을 곱하면 0.02438가 된다. 2년 만기 순할인채의 듀레이션은 이 경우 0이 된다. 이를 다 합치면 첫 번째 key rate의 듀레이션은 0.095836이 된다.

두 번째 핵심변수인 2년 만기 순할인채의 경우 듀레이션 3.6330에 가중치 0.90789을 곱한 결과치 3.2984은 그대로 써주고, 1년 6개월 만기 순할인채의 듀레이션 2.7272에 가중치 0.02682을 곱한 결과치인 0.07316에 $\frac{2}{3}$을 곱하게 되면 0.04877이 되며, 1년

t	y_t	weight	Dt*	weight*Dt*	D(y1)	D(y2)
1	0.03	0.034666	0.970874	0.033656	0.033656	0
2	0.08	0.030612	1.851852	0.056689	0.037792	0.0188962
3	0.1	0.026826	2.727273	0.073162	0.024387	0.048775
4	0.101001	0.907896	3.633058	3.298439	0	3.2984391
				sum=	0.095836	3.3661103
				sum=	3.461946	

만기 순할인채의 듀레이션 1.8518에 가중치 0.03061을 곱한 결과치인 0.05668에 $\frac{1}{3}$을 곱하면 0.01889가 된다. 6개월 만기 순할인채의 듀레이션은 이 경우 0이 된다. 이를 다 합치면 두 번째 key rate의 듀레이션은 3.3661가 된다.

다음으로 이렇게 구한 첫 번째 핵심변수의 듀레이션과 두 번째 핵심변수의 듀레이션을 다 합치면 최종적인 key rate 듀레이션이 되는데 그 값은 3.4619이다. 이 값은 우리가 앞에서 살펴본 현물이자율 곡선의 평행이동 시나리오 하에서의 피셔–바일 듀레이션 값과 동일하다는 점에 유의하자.

이제 이러한 key rate 듀레이션을 이용하여 실제 가격변화를 얼마나 잘 추정할 수 있는지를 살펴보자. 위의 사례에서 고려한 이자율 변화 즉, 6개월 만기 순할인채 수익률이 1% 상승하고 2년 만기 순할인채 수익률이 1.5% 하락한 변화가 현실에서 발생한 경우를 가정해보자. 이 경우 key rate 듀레이션을 활용한 이론적 가격변화는 다음과 같이 계산된다.

$$\begin{aligned}\Delta P &\approx -(D^*_{y_1} \times \Delta y_1 + D^*_{y_4} \times \Delta y_4) \times P \\ &= -[(0.095836 \times 1\% + 3.36611 \times (-1.5\%)] \times 77{,}018.476 \\ &= 3{,}814.9785\end{aligned}$$

그런데 위에서 계산한 현물이자율 곡선의 변화에 기초해서 실제 가격 변화를 계산해보면 다음 표와 같이 직접 계산할 수 있다.

t	yt	yt′	CF	CF/(1+yt)^t	CF/(1+yt′)^t
1	0.03	0.04	2,750	2.669.90	2,644.2308
2	0.08	0.081667	2,750	2,357.68	2,350.4218
3	0.1	0.093333	2,750	2,066.12	2,104.1414
4	0.101	0.086001	102,750	69,924.78	73,868.795
			sum	77,018.48	80,967.59
			difference	3,949.12	

이렇게 계산된 실제가격 변화와 key rate 듀레이션을 통해서 추정한 가격변화는 상당한 차이를 나타내고 있다. key rate 듀레이션 개념을 활용해서 추정하는 것 보다는 현물이자율 곡선의 변화를 가정하고 채권가격을 실제로 계산하는 것이 더 정확한 결과

를 제공해준다. 그럼에도 불구하고 Key rate 듀레이션 모형은 피셔-바일 듀레이션이 가정한 현물이자율 곡선의 평행이동 및 비례적 회전이동에 대한 단순화 가정을 완화하고 보다 현실적인 이자율곡선의 움직임을 고려할 수 있다는 점에서 나름대로 장점을 가지고 있다.

Ⅷ 채권의 볼록성(Convexity)

기본적으로 채권가격은 이자율에 대해서 비선형이기 때문에 채권가격을 추정함에 있어서 선형 추정방법은 한계가 있고, 2계 미분을 이용한 점근적 추정법(second order approximation)이 많이 사용된다. 자산가격 함수 $f(x)$를 1계 미분한 $f'(x)$는 Δ(delta)라고 부르는데, 이는 앞에서 살펴본 바와 같이 듀레이션과 관련되어 있다. 그리고 자산가격 함수 $f(x)$를 2계 미분한 $f''(x)$는 Γ(gamma)라고 부르며, 볼록성과 관련된다.

1. 볼록성의 정의

볼록성이란 이자율의 함수로서 채권이나 채권 포트폴리오 가격의 곡률을 측정하는 측도이다. 볼록성은 이자율이 변화할 때 채권가격의 변화량이 어떻게 변화하는가, 즉 채권가격의 이자율에 대한 미분값이 어떻게 변화하는가를 측정하는 측도이다. 듀레이션과 볼록성을 결합하여 가격변화를 추정하면 듀레이션만을 사용한 경우보다 가격변화 추정의 정밀도가 높아진다. 이처럼 듀레이션과 볼록성을 같이 사용하여 가격변화를 추정하는 것과 관련된 기본적인 아이디어는 다음과 같이 2계 미분까지 전개한 테일러 식에 기초해 있다.

$$f(x) \approx f(x_0) + f'(x_0)(x - x_0) + \frac{1}{2}f''(x_0)(x - x_0)^2$$

$$\Rightarrow P(y) \approx P(y_0) + \frac{dP}{dy}|_{y_0}(y - y_0) + \frac{1}{2}\frac{d^2P}{dy^2}|_{y_0}(y - y_0)^2$$

테일러 식과 같이 함수를 추정하는 점근법(approximation)에는 광역적 점근법(global approximation)과 국소적 점근법(local approximation)이 있다. 국소점(local point)에 점근하는 방법은 국소적 점근법(local approximation)이다. 위의 테일러 전개식에 사용된 볼록성은 다음과 같이 정의된다.

$$\gamma^* = \left(\frac{d^2P}{dy^2}\right)\left(\frac{1}{P}\right) \qquad \text{(식 8–1)}$$

이 식에서 채권가격의 이자율에 대한 2차 미분은 다음과 같다.

$$\begin{aligned}\frac{d^2P}{dy^2} &= \frac{(1\times 2)C}{(1+y)^3} + \frac{(2\times 3)C}{(1+y)^4} + \cdots + \frac{(n\times(n+1))(M+C)}{(1+y)^{n+2}} \\ &= \frac{1}{(1+y)^2}\left[\frac{(1\times 2)C}{(1+y)} + \frac{(2\times 3)C}{(1+y)^2} + \cdots + \frac{(n\times(n+1))(M+C)}{(1+y)^n}\right]\end{aligned}$$

이 경우 채권가격의 이자율에 대한 이차미분을 채권가격으로 나누어주면 각각의 순할인채의 볼록성을 각 순할인채의 가중치를 곱해서 더해준 것으로 전체 이표채의 볼록성이 표현됨을 이해할 수 있다. 다만 이 경우 각각의 순할인채의 가격을 순할인채의 만기수익률로 구한 것이 아니라 이표채의 만기수익률로 구했다는 점을 주의하자. 만약 현물이자율곡선이 수평인 경우라면 순할인채의 만기수익률과 이표채의 만기수익률은 동일한 값을 갖지만 일반적으로 이러한 동일성은 성립하지 않는다. 현물이자율곡선이 수평이라고 가정했을 경우에 첫 번째 순할인채의 볼록성은 $\frac{(1\times 2)}{(1+y)^2}$으로 이해할 수 있고, 두 번째 순할인채의 볼록성은 $\frac{(2\times 3)}{(1+y)^2}$으로 이해할 수 있다. 이처럼 각각의 순할인채의 볼록성을 가중합한 것이 전체 이표채권의 볼록성이 되는 것이다. 볼록성의 정의와 듀레이션의 정의를 테일러 전개식에 적용하면 채권가격의 퍼센티지 변화에 대한 점근적 추정치를 다음과 같이 구할 수 있다.

$$\frac{\Delta P}{P} \approx -D^* \times \Delta y + \frac{1}{2} \times \gamma^* \times \Delta y^2 \qquad \text{(식 8–2)}$$

2. 수평의 현물이자율곡선과 볼록성

이제 수정 듀레이션과 볼록성을 계산하는 수치사례를 살펴보자. 다음 표는 액면가 100,000이고, 기간 당 액면이자율은 2.75%, 만기수익률은 10%인 경우에 수정 듀레이션과 볼록성을 계산하고 있다.

t	y	CF	$CF/(1+y)^t$	w_t	D_t^*	$w_t \times D_t^*$	γ_t^*	$w_t \times \gamma_t^*$
1	0.1	2,750	2,500	0.0324	0.9090	0.0295	1.6528	0.0536
2	0.1	2,750	2,272.7272	0.0295	1.8181	0.0536	4.9586	0.1463
3	0.1	2,750	2,066.1157	0.0268	2.7272	0.0731	9.9173	0.2660
4	0.1	102,750	70,179.6325	0.9112	3.6363	3.3134	16.5289	15.0612
			77,018.4755	1		3.4697		15.5272

이 사례는 현물이자율곡선이 수평이라고 가정하고 있다. 이 경우 수정 듀레이션과 볼록성을 구하기 위해서는 가장 먼저 이표채를 구성하는 각각의 순할인채의 가중치를 구해야 한다. 즉, 각 만기별 순할인채의 기간별 수익률이 10%로 동일하다고 가정했을 경우에 순할인채의 가격을 전체 가격의 합계약으로 나누면 가중치를 쉽게 구할 수 있다. 그리고 수정 듀레이션과 볼록성은 각각의 순할인채의 수정 듀레이션과 볼록성을 가중평균한 것으로 간단하게 구할 수 있다. 그 결과 이 채권의 수정 듀레이션은 3.4697로, 볼록성은 15.5272로 계산되었다. 이렇게 계산된 듀레이션과 볼록성을 이용하여 실제 가격변화의 추정치를 구해보자. 먼저 채권의 만기수익률이 1% 상승한 경우에 가격변화율과 가격변화분은 다음과 같이 추정된다.

$$\frac{\Delta P}{P} = -3.469797 \times 1\% + \frac{1}{2} \times 15.5273 \times 0.01\% = -3.392\%$$
$$\Rightarrow \Delta P = -3.392\% \times 77{,}018.48 = -2{,}612.59$$

다음으로 채권의 만기수익률이 1% 하락한 경우에 가격변화율과 가격변화분은 다음과 같다.

$$\frac{\Delta P}{P} = -3.469797 \times (-1\%) + \frac{1}{2} \times 15.5273 \times 0.01\% = 3.547\%$$
$$\Rightarrow \Delta P = 3.547\% \times 77{,}018.48 = 2{,}732.18$$

듀레이션의 경우에는 만기수익률 변화의 부호에 영향을 받지만 볼록성은 항상 플러스가 되기 때문에 만기수익률 변화의 부호에 영향을 받지 않는다. 듀레이션만 사용한 경우에 너무 낮게 추정된 값을 볼록성이 실제 값에 가깝게 보정해주는 역할을 한다. [그림 Ⅷ-1]을 살펴보자. 그림에서 만기수익률 y_0가 y_1으로 상승한 경우 듀레이션만으

그림 Ⅷ-1 볼록성(Convexity)

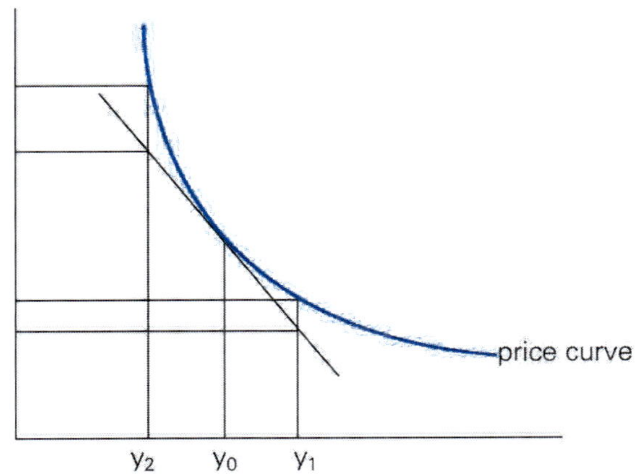

로 가격변화를 추정하면 실제 가격이 하락하는 것을 과대하게 많이 떨어진 것으로 추정하게 된다. 즉, 접선을 그리는 직선과 실제 가격곡선과의 차이만큼 과대하게 떨어진 것으로 평가하게 된다. 따라서 볼록성을 도입하여 이를 상방으로 보정해줄 필요가 있는 것이다. 또한 만기수익률 y_0가 y_2로 하락한 경우에도 듀레이션만으로 가격변화를 추정하면 실제 가격이 상승한 것보다 너무 과소하게 추정하여 볼록성을 사용하여 더 위로 실제 가격변화에 가깝게 보정해줄 필요가 있는 것이다.

이 채권의 만기수익률이 10%에서 11%로 상승한 경우와 9%로 하락한 경우에 실제 가격변화는 다음과 같다.

$$P(y=0.11)-P(y=0.1)=74{,}404.8-77{,}018.5=-2{,}613.7$$
$$P(y=0.09)-P(y=0.1)=79{,}751.8-77{,}018.5=2{,}733.3$$

결과적으로 볼록성을 듀레이션과 같이 가격변화 추정에 사용하게 되면 앞 절에서 살펴본 바와 같이 듀레이션만 사용하여 추정하는 경우보다 실제가격 변화를 훨씬 정확하게 추정한다는 것을 확인할 수 있다. 이처럼 2계미분을 1계미분에 더하여 추가적으로 이용한 가격변화의 점근적 추정은 실제 가격변화에 상당히 근접한 값을 제시해 주고 있다.

t	yt	CF	CF/(1+yt)^t	weight(w)	D_t^*	$w \times D_t^*$	γ_t^*	$w \times \gamma_t^*$
1	0.03	2,750	2,669.90	0.0347	0.971	0.034	1.885	0.065
2	0.08	2,750	2,357.68	0.0306	1.852	0.057	5.144	0.157
3	0.1	2,750	2,066.12	0.0268	2.727	0.073	9.917	0.266
4	0.101	102,750	69,924.78	0.9079	3.633	3.298	16.499	14.979
			77,018.48		duration	3.462	convexity	15.468

3. 우상향 현물이자율곡선과 볼록성

다음으로 현물이자율곡선의 평행이동에 기초한 피셔-바일 듀레이션과 관련된 볼록성을 살펴보자. 위에서 주어진 수치 사례에서 이표채를 구성하는 첫 번째 순할인채부터 네 번째 순할인채의 피셔-바일 듀레이션은 각각 $D_1^* = \frac{1}{1.03}$, $D_2^* = \frac{2}{1.08}$, $D_3^* = \frac{3}{1.1}$, $D_4 = \frac{4}{1.101}$ 이다. 그리고 첫 번째 순할인채부터 네 번째 순할인채의 볼록성은 각각 $\gamma_1 = \frac{1 \times 2}{1.03^2}$, $\gamma_2 = \frac{2 \times 3}{1.08^2}$, $\gamma_3 = \frac{3 \times 4}{1.1^2}$, $\gamma_4 = \frac{4 \times 5}{1.101^2}$ 이다. 이렇게 계산한 피셔-바일 듀레이션과 볼록성에 가중치를 곱하여 더해주면 채권 전체의 피셔-바일 듀레이션과 볼록성이 된다. 다음으로 현물이자율곡선이 평행이동 하는 경우에 피셔-바일 듀레이션과 볼록성을 결합하여 가격변화를 추정한 결과를 살펴보자. 먼저 채권의 만기수익률이 1% 상승한 경우에 가격변화율과 가격변화분은 다음과 같이 추정된다.

$$\frac{\Delta P}{P} = -3.46195 \times 1\% + \frac{1}{2} \times 15.4681 \times 0.01\% = -3.385\%$$
$$\Rightarrow \Delta P = -3.385\% \times 77{,}018.48 = -2{,}606.77$$

다음으로 채권의 만기수익률이 1% 하락한 경우에 가격변화율과 가격변화분은 다음과 같다.

$$\frac{\Delta P}{P} = -3.46195 \times (-1\%) + \frac{1}{2} \times 15.4681 \times 0.01\% = 3.539\%$$
$$\Rightarrow \Delta P = 3.539\% \times 77{,}018.48 = 2{,}725.91$$

현물이자율곡선이 각각 1% 상승하는 쪽으로 평행이동한 경우의 채권의 실제가격

변화를 계산해보면 −2,607.83으로 나타났고, 1% 하락하는 쪽으로 평행이동 한 경우에 채권의 실제가격 변화는 2,727.00으로 나타났다. 이 경우에도 추정된 값과 실제 가격변화의 값이 상당히 유사함을 확인할 수 있다.

4. 볼록성과 투자성과

한편, 투자자들은 다른 조건이 동일한 경우에 두 포트폴리오 중에서 볼록성이 상대적으로 큰 포트폴리오를 선호하는 경향이 있다. 그것은 많은 경우에 있어서 볼록성이 높은 포트폴리오가 볼록성이 낮은 포트폴리오에 비해서 더 높은 성과를 제공해 줄 것으로 투자자들이 기대하기 때문이다. 이처럼 투자자들이 볼록성을 선호하는 이유를 이해하기 위해서 다음과 같이 세 개의 순할인채가 존재하는 경우를 간단한 예로 들어서 살펴보자.

아래의 표에서 바벨(barbell) 포트폴리오는 2기 만기 순할인채와 4기 만기 순할인채를 보유한 포트폴리오를 의미하며 불릿(bullet) 포트폴리오는 바벨 포트폴리오 사이에 있는 3기 만기 순할인채를 지칭한다. 이표채의 경우에도 이표채를 구성하는 단기 순할인채와 장기 순할인채를 결합하여 바벨(barbell) 포트폴리오로 구성할 수 있고, 이표채를 구성하는 중기 순할인채를 불릿(bullet) 포트폴리오로 볼 수도 있다.

이제 2기 만기 순할인채와 4기 만기 순할인채를 섞어서 3기 만기 순할인채와 동일한 가격과 동일한 듀레이션을 갖는 포트폴리오를 만들어보자. 이 경우 다음과 같이 가격과 듀레이션에 대한 두 개의 방정식을 다음과 같이 쓸 수 있다.

$$P_3 = n_2 P_2 + n_4 P_4 \;\Rightarrow\; 91,547.17 = 94,259.59 \times n_2 + 88,848.79 \times n_4$$

$$D_3^* = \frac{n_2 P_2}{P_3} D_2^* + \frac{n_4 P_4}{P_3} D_4^* \;\Rightarrow\; 2.913 = \frac{n_2 \times 94,259.59}{91,514.17} \times 1.942 + \frac{n_4 \times 88,848.70}{91,547.17} \times 3.883$$

$$\Rightarrow\; n_2 = 0.4854 \;\text{ and }\; n_4 = 0.5150 \;\Rightarrow\; W_1 = 0.5 \;\text{ and }\; W_2 = 0.5$$

바벨 포트폴리오의 듀레이션이 2기 만기 순할인채인 불릿의 듀레이션과 같아야 한다는 점과 수평적 현물이자율 곡선을 고려하면 바벨 포트폴리오의 가중치가 각각 0.5가 되어야 하기 때문에 위의 방정식은 간단하게 풀 수 있다. 이 계산을 통하여 바벨 포트

t	yt	M	Price	D_t^*	γ_t
2	0.03	100,000	94,259.59	1.941748	5.655575
3	0.03	100,000	91,514.17	2.912621	11.31115
4	0.03	100,000	88,848.7	3.883495	18.85192

폴리오와 불릿의 듀레이션과 투자금액이 같아지도록 조정할 수 있다. 이 경우 바벨 포트폴리오는 1년 만기 순할인채는 0.4854개를 사고, 2년 만기 순할인채를 0.5150개를 산 포트폴리오인데 그 볼록성을 구해보면 $0.5 \times 5.6556 + 0.5 \times 18.8519 = 12.2537$가 되어 불릿의 경우에 계산된 볼록성 값인 11.311보다 큰 값을 가짐을 알 수 있다. 볼록성의 정의에 의해서 바벨 포트폴리오는 불릿보다 항상 볼록성이 더 크다는 것을 알 수 있다.

통상적으로 이렇게 만들어낸 바벨 포트폴리오와 불릿 포트폴리오는 위험관리 투자전략인 헤징(hedging)과 면역(immunization)에 사용된다. 헤징과 면역은 둘 다 위험관리에 사용하는 개념이지만 헤징(hedging)은 단기적 투자지평에서 이자율의 변화가 있을 때 포트폴리오의 가치를 보호하는 투자전략이고, 면역(immunization)은 보다 장기적인 투자지평에서 이자율 변화에 대응하여 포트폴리오 가치를 보호하는 투자전략이다.

먼저 바벨과 불릿 포트폴리오를 헤징에 사용하는 경우를 살펴보자. 이 사례에서는 현물이자율곡선이 평행이동(parallel shift)하는 경우를 가정한다. 평행이동 시나리오란 앞서 2, 3, 4 기간 만기 순할인채 수익률이 3%로 수평적인 모습을 그리고 있었는데, 채권포트폴리오를 구성하고 난 직후 순할인채 수익률이 4%로 일제히 상승하든지 아니면 2%로 일제히 하락하는 경우를 말하는 것이다.

[그림 Ⅷ-2]를 보면 바벨 포트폴리오 가치에서 불릿 포트폴리오 가치를 차감한 포지션의 가치는 순할인채 수익률 3%인 경우에는 0이 된다. 그러나 순할인채 수익률이 상승하거나 하락하는 경우에 이 포지션의 가치는 항상 플러스 값을 갖게 된다. 이는 바벨 포트폴리오의 볼록성이 불릿 포트폴리오의 볼록성보다 더 크기 때문에 나타나는 현상이다.

[그림 Ⅷ-3]을 보면, y_0 이자율 하에서 바벨 포트폴리오와 불릿 포트폴리오의 가격이 P_0로 같게 맞추어져 있고, 접선의 기울기가 같으므로 이 두 포트폴리오의 듀레이션도 같아지도록 만들어져 있다. 바벨 포트폴리오의 볼록성이 불릿의 볼록성보다 더 크

그림 Ⅷ-2

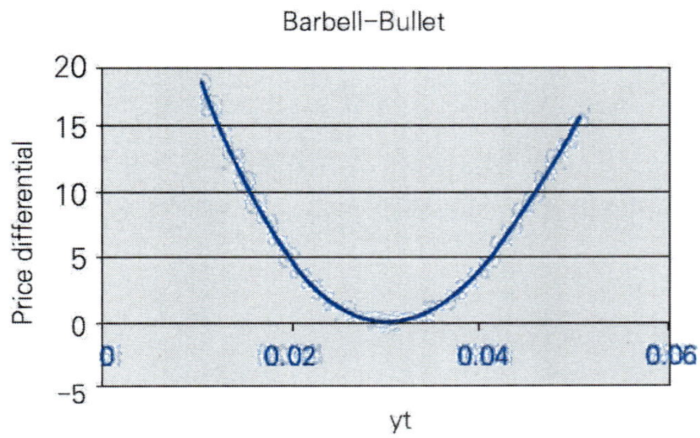

게 나타남을 확인할 수 있다. 이 경우 바벨 포트폴리오와 불릿을 구성하는 순할인채 수익률들이 모두 상승하거나 하락할 때 바벨의 가치에서 불릿의 가치를 차감하는 포지션의 가치는 항상 플러스값을 갖게 될 것임을 확인할 수 있다. 이자율이 올라가는 경우를

그림 Ⅷ-3 불릿과 바벨의 가치변화

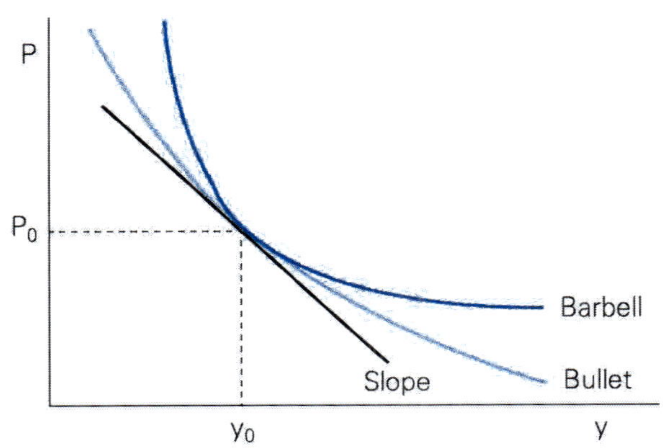

보면 바벨의 가치는 불릿의 가치보다 작게 떨어지고, 이자율이 하락하는 경우를 보면 바벨의 가치는 불릿의 가치보다 많이 올라감을 확인할 수 있다. 따라서 이자율이 올라가든 내려가든 바벨 가치에서 불릿의 가치를 차감한 포지션의 가치가 항상 플러스 값을 갖는 이유는 바벨의 볼록성이 불릿의 볼록성보다 더 크기 때문에 나타나는 현상이다.

그렇다면 현물이자율 곡선이 어떤 형태로 움직이든지 항상 바벨의 성과가 불릿의 성과보다 항상 우수한가? 그렇지는 않다. 위의 사례에서 독자들이 염두에 두어야 할 사항은 수평인 현물이자율곡선의 평행이동 시나리오 하에서 이러한 현상이 나타난다는 것이다.

그렇다면 현물이자율 곡선이 평행이동이 아니고 우상향의 모양으로 바뀌면(steepening) 어떻게 될 것인가? 예를 들어 기간별 순할인채 수익률이 $y_2' = 0.02$, $y_3' = 0.03$, $y_4' = 0.04$로 바뀐 경우를 생각해보자. 이 경우에 불릿의 가격은 원래와 동일한 $P_3 = 91{,}514.17$로 유지된다. 그러나 바벨의 가치는 다음과 같이 산출된다.

$$
\begin{aligned}
n_2 \times \frac{100{,}000}{(1+y_2)^2} + n_4 \times \frac{100{,}000}{(1+y_4)^4} &= 0.485437 \times \frac{100{,}000}{1.02^2} + 0.5150 \times \frac{100{,}000}{1.04^4} \\
&= 90{,}681.09
\end{aligned}
$$

현물이자율곡선이 우상향으로 바뀌면 장기 순할인채가 더 높은 순할인채 수익률(4%)로 할인되어 바벨 포트폴리오 가치가 감소하는 부분이 단기 순할인채가 더 낮은 순할인채 수익률(2%)로 할인되어 포트폴리오 가치가 증가하는 부분보다 더 크게 되어 전체적으로 포트폴리오 가치가 감소하게 된다. 이처럼 현물이자율곡선이 우상향의 모습으로 바뀌게 되면 위의 사례와는 반대로 불릿의 성과가 바벨의 성과보다 더 높게 된다.

만약 현물이자율 곡선이 우하향(flattening)의 모양으로 바뀌면 어떻게 되겠는가? 예를 들어 기간별 순할인채 수익률이 $y_2' = 0.04$, $y_3' = 0.03$, $y_4' = 0.02$로 바뀐 경우를 생각해보자. 이 경우에 불릿의 가격은 원래와 동일한 $P_3 = 91{,}514.17$로 유지된다. 그러나 바벨의 가치는 다음과 같다.

$$
\begin{aligned}
n_2 \times \frac{100{,}000}{(1+y_2)^2} + n_4 \times \frac{100{,}000}{(1+y_4)^4} &= 0.485437 \times \frac{100{,}000}{1.04^2} + 0.5150 \times \frac{100{,}000}{1.02^4} \\
&= 92{,}459.41
\end{aligned}
$$

현물이자율곡선이 우하향으로 바뀌면 장기 순할인채가 더 낮은 순할인채 수익률

(2%)로 할인되어 바벨 포트폴리오 가치가 증가하는 부분이 단기 순할인채가 더 높은 순할인채 수익률(4%)로 할인되어 포트폴리오 가치가 감소하는 부분보다 더 크게 되어 전체적으로 포트폴리오 가치가 증가하게 된다. 이처럼 현물이자율곡선이 우하향의 모양으로 바뀌게 되면 바벨의 성과가 불릿의 성과보다 더 우수하게 된다.

정리하면, 일반적으로 볼록성이 상대적으로 더 높은 포트폴리오의 성과가 더 우수하게 나타나는 경우는 현물이자율곡선이 평행이동하거나 우하향의 모양으로 바뀌게 되는 경우이다. 그리고 일반적으로 볼록성이 상대적으로 더 낮은 포트폴리오의 성과가 더 좋은 경우는 현물이자율곡선이 우상향하는 모양으로 바뀌는 경우에만 한정된다.

5. 면역전략

다음으로 채권업계에서 많이 사용되고 있는 면역(Immunization)전략을 살펴보자. 일반적으로 헤징 전략은 투자지평이 짧기 때문에 채권거래자(trader)들이 많이 사용하고 면역전략은 연금이나 생명보험회사 등 기관투자자들이 주로 사용한다. 면역전략의 대표적인 사례로 모든 금융기관들이 일상적으로 수행하는 ALM(Asset－liability management)을 들 수 있다. 금융기관들은 자본의 가치를 유지하기 위하여 자산과 부채의 듀레이션을 유사하게 만들어서 이자율의 변화에 대한 민감도를 일정하게 유지하려고 노력한다. 금융기관들이 소유한 자산과 부채는 모두 채권의 형태로 이루어져 있다. 금융기관이 발행한 채권은 부채이며, 금융기관이 매수한 채권은 자산이다. 금융기관이 소유한 이 자산과 부채의 듀레이션 차이를 듀레이션갭(duration gap)이라고 한다. 금융기관들은 자신들의 자본의 가치를 일정하게 유지하기 위하여 이러한 듀레이션 갭을 될 수 있는 한 줄이기 위해서 노력한다.

면역전략의 경우 채권의 재투자위험과 가격위험을 동시에 관리할 정도로 투자지평이 길다. 중간에 액면이자를 받아서 재투자를 수행할 정도로 긴 기간이라면 면역이고 재투자가 발생하지 않는 경우는 헤징(hedging)이라고 부를 수 있다. 일반적으로 많이 사용되는 면역전략은 현금흐름 매칭(cash flow matching)과 듀레이션 매칭이 존재한다. 현금흐름 매칭은 Dedication이라고도 하는데, 가장 간단한 방법은 현금유출의 시점과 일치하는 순할인채를 구입하는 것이다. 이런 목적을 달성하기 위해 과거에 STRIPS가 인기

t	M	FV (t=3):y=.03	FV (t=3):y=.02	FV (t=3):y=.04
2	100,000	103,000.00	102,000	104,000
3	100,000	100,000.00	100,000.00	100,000.00
4	100,000	97,087.38	98,039.21569	96,153.84615
	bullet	100,000.00	100,000.00	100,000.00
	barbell	100,000.00	100,004.76	100,004.67

를 끌었던 것이다. 그러나 STRIPS 시장의 유동성이 크지 않고, 세금문제 등 복잡한 문제가 있어서 STRIPS 시장의 활성화에는 한계가 있다.

그래서 이에 대한 대안으로 생각해 볼 수 있는 것이 듀레이션 매칭(duration matching)이다. 현금흐름 매칭과 듀레이션 매칭을 비교하기 위하여 위의 사례를 다시 살펴보자. 보유기간은 3기간이라고 가정한다. 이 경우 현금흐름 매칭은 3기간 만기 순할인채(불릿)를 구입하는 것이고, 듀레이션 매칭은 바벨 포트폴리오를 구입하여 3기간까지 보유하는 것이다. 앞에서 바벨 포트폴리오의 매컬리 듀레이션을 3기간으로 맞추어 놓았음을 기억하자.

위의 표에서 이자율이 3%로 일정하게 유지되는 경우의 바벨 포트폴리오 가치는 다음과 같다.

$$n_2 \times 103{,}000 + n_4 \times \frac{100{,}000}{1.03} = 0.485437 \times 103{,}000 + 0.515 \times \frac{100{,}000}{1.03}$$
$$= 100{,}000$$

만약 바벨 포트폴리오를 구입했는데 현물이자율곡선이 아래로 평행이동하여 순할인채 수익률이 모두 2%가 된 경우 3기 말의 바벨 포트폴리오 가치는 다음과 같다.

$$n_2 \times 102{,}000 + n_4 \times \frac{100{,}000}{1.02} = 0.485437 \times 102{,}000 + 0.515 \times \frac{100{,}000}{1.02}$$
$$= 100{,}004.76$$

만약 바벨 포트폴리오를 구입했는데 현물이자율곡선이 위로로 평행이동하여 순할인채 수익률이 모두 4%가 된 경우 3기 말의 바벨 포트폴리오 가치는 다음과 같다.

$$n_2 \times 104,000 + n_4 \times \frac{100,000}{1.04} = 0.485437 \times 104,000 + 0.515 \times \frac{100,000}{1.04}$$
$$= 100,004.67$$

이 경우 바벨 포트폴리오가 항상 성과가 좋게 나타나는가? 그것은 아니다. 면역전략의 경우에도 앞서 살펴본 헤징의 경우와 유사하다. 만약 현물이자율곡선이 평행이동하는 경우라면, 이자율이 상승한 경우 바벨 포트폴리오의 재투자에서 얻는 수익이 할인된 가격에서 얻는 손실을 상회한다. 그리고 이자율이 하락한 경우 바벨 포트폴리오의 할인된 가격에서 얻는 이익이 재투자 손실을 상회한다. 따라서 현물이자율곡선이 평행이동하는 경우에는 바벨 포트폴리오는 불릿 포트폴리오에 비해서 이득이 존재한다. 위이 사례에서 이자율이 1% 하락한 경우 바벨 포트폴리오의 불릿에 대한 상대적인 이득은 4.76이었고, 이자율이 1% 상승한 경우 바벨 포트폴리오의 불릿에 대한 상대적인 이득은 4.67이었다.

그리고 현물이자율곡선의 기울기가 하락(flatting)하게 된다면 바벨 포트폴리오는 더 높은 재투자수익률에서도 이득이 발생하고 할인된 가격의 상승에서도 이득이 발생한다. 그러나 현물이자율 곡선의 기울기가 상승(steepening)하게 된다면 바벨포트폴리오는 재투자 수익에서도 손실이 발생하고 할인된 가격의 하락에서도 손실이 발생한다.

결과적으로 이자율곡선의 기울기가 중립적인 상황에서는 바벨 포트폴리오의 성과가 더 우수할 것으로 기대할 수 있고, 다른 요인들이 동일하다면 볼록성, 즉 γ 값이 높은 포트폴리오를 투자자들이 선호한다고 볼 수 있다.

IX. 이자율 파생상품의 가격결정

이자율 파생상품 가격결정 모형은 주로 차익거래 가격결정 모형(arbitrage pricing model)을 활용하는데, 이미 학계와 실무에서 많은 모형들이 소개되고 있다.[1] 본 장에서는 가장 간단하면서도 실무에서 많이 활용되었던 Solomon 모형을 소개한다.

본서의 전반부에서 이자율 기간구조를 설명하였던 CCAPM은 대표적인 일반 균형 모형이다. 이와 같은 일반균형 모형 하에서는 대표적 대리인(representative agent)의 기대효용을 주어진 예산제약 하에서 극대화하고 추가적으로 시장청산 조건을 고려하여 모든 자산의 가격을 한꺼번에 결정하였다. 이러한 일반균형 모형 하에서는 모든 자산의 가격, 즉 주식뿐만 아니라 본 장에서 관심의 대상이 되는 채권 및 채권 파생상품의 가격이 동시에 결정되는 모형이라고 볼 수 있다.

그런데 이와는 대조적으로 본 장에서 소개하는 이자율 파생상품 가격결정 모형은 채권의 가격을 결정하였던 일반균형 모형과는 다른 부분균형 방법론을 사용한다. 채권과 채권파생상품은 밀접한 관련이 있기 때문에 채권가격이 주어진 상태에서 채권가격을 어떻게 결정할 것인가가 부분균형 방법론의 기본적인 접근법이다. 이 방법은 주어진 채권의 가격, 즉 기초자산(basis asset)의 가격을 있는 그대로 수용하면서 그 가격으로부터 이자율 파생상품의 가격결정에 관한 정보를 도출한다. 이자율 파생상품은 기초자산(즉 채권)이 무엇인지 명확하기 때문에 그 기초자산의 가격을 활용해서 자신의 가격을 결정하는 이와 같은 접근법은 보통 차익거래 가격결정(arbitrage valuation)이라고 지칭한다.

일반균형 모형의 경우에는 자산들의 기대 위험프리미엄(risk premium)을 찾으려고 노력하고 그것을 도출하였다. 그런데 일단 기초자산(basis asset)의 가격이 주어진 상황에서 파생상품의 가격을 결정할 때는 기초자산의 위험프리미엄과 파생상품의 위험프리미엄 간에는 체계적인 관계가 존재한다. 차익거래 가격결정(arbitrage valuation)의 가장

1 Ho and Lee 모형, log-normal 모형, Hull and White 모형 등이 대표적인 이자율 파생상품 가격결정 모형들이다.

큰 특징 중 하나는 위험기피적 투자자만 존재하는 경우나 위험중립적인 투자자만 존재하는 경우나 파생상품의 가격결정 상의 차이는 없다는 것이다. 현실적으로 위험기피적인 사람들이 존재하는 상황에서 파생상품을 가격결정 할 때는 파생상품의 특성 상 기초자산 가격(이 경우 채권의 기대수익률은 위험프리미엄을 포함하고 있다)을 활용해서 그로부터 파생상품 가격결정에 대한 정보를 도출하여 이것을 채권 파생상품의 가격결정하는 경우, 사람들이 위험 중립적이라고 가정(즉, 채권의 기대수익률이 무위험수익률과 동일하다고 가정)하고 파생상품의 가격을 결정하는 경우와 정확히 동일한 결과가 나타난다. 이를 위험중립적 가격결정(risk neutral valuation)이라고 한다. 이것이 왜 이렇게 되는지 잠시 생각해보자. 다음은 위험 회피적인 가격결정(일반균형 접근법)에 관한 설명이다.

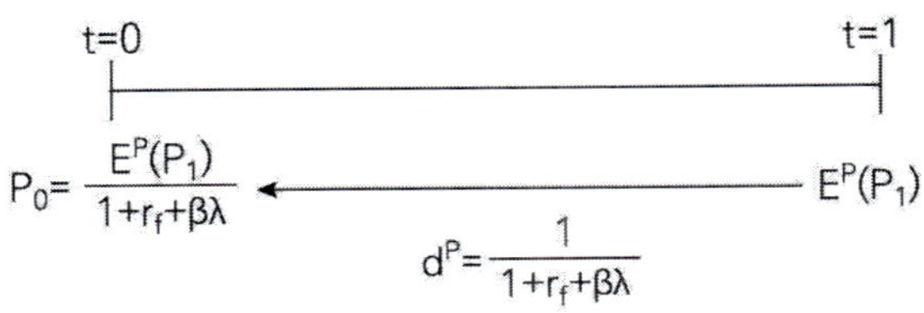

이 식에서 E^P는 현실 세계의 (Physical) 기대치를 의미한다. 따라서 현실세계의 기대치를 현재가치로 할인할 때에는 위험프리미엄(risk premium) $\beta\lambda$가 무위험이자율에 더해진다. CAPM 식으로 설명하면 β는 시장베타이고, λ는 시장포트폴리오의 초과수익률에 해당한다. 전자는 개별자산의 위험크기, 후자는 위험의 시장가격을 측정한다. 개별자산의 위험크기와 위험의 시장가격의 곱이 위험프리미엄의 크기를 결정하는 것이다. 이와는 대조적으로 위험중립적인 차익거래 가격결정 접근법은 아래와 같다.

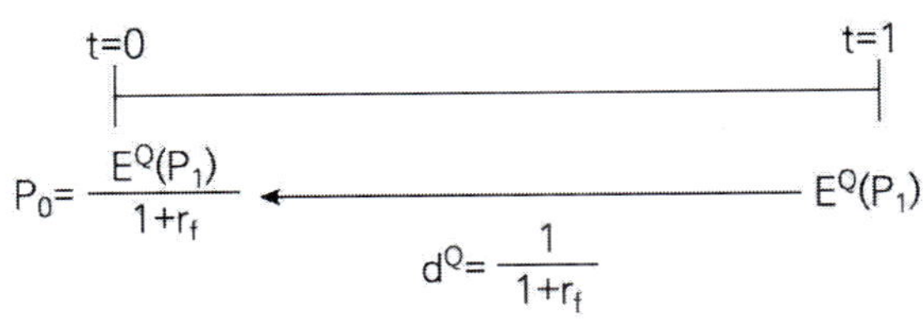

그런데 이 식에서 E^Q은 위험중립적 세계의 자산가격에 대한 기대치를 나타낸다. 상첨자 Q는 확률측도(probability measure)가 $P-$measure에서 $Q-$measure로 바뀌었음을 보여주고 있다. 위험중립적 세계에서 위험중립적 기대치를 무위험 이자율로 할인하면 위험기피적인 현실세계의 할인한 값과 같아진다.

$$P_0 = \frac{E^P(P_1)}{1+r_f+\beta\lambda} = \frac{E^Q(P_1)}{1+r_f}$$

Radon－Nikodym derivative라는 수학적 개념을 활용하면 이 사실을 증명할 수 있다. 본 장에서 소개하는 Solomon 모형은 채권 가격결정 모형이 아니며 채권의 가격이 주어진 상황 하에서 채권의 파생상품의 가격을 결정하는 모형임을 주의할 필요가 있다. Solomon 모형은 다음과 같이 3단계를 통해서 풀어낼 수 있다.

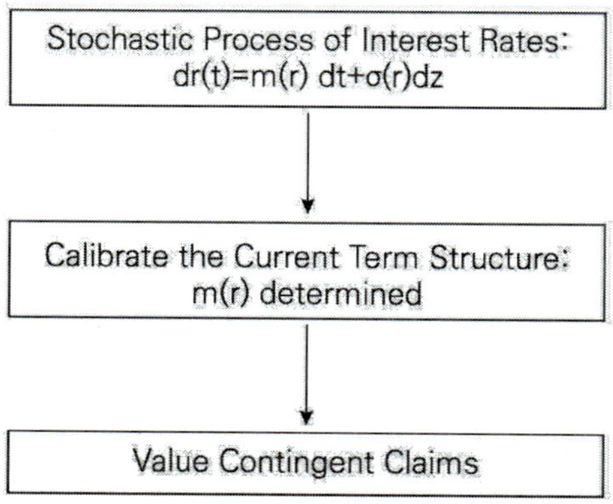

즉, Solomon 모형을 풀어내는 첫 번째 단계는 이자율의 확률과정(stochastic process)을 구축하는 단계이다. 그런데 Solomon 모형의 이자율 확률과정은 본서의 전반부에서 이자율 기간구조를 풀어낸 Vasicek 모형과는 다른 특성이 있다. Solomon 모형의 이자율 확률과정에서 추세항(drift－term) $m(r)$은 데이터에 의해서 결정된다고 가정한다. 즉, $m(r)$은 관측된 채권가격에 정확하게 부합(fitting)하도록 설정한다. 2단계에서는 지금 현재의 현물이자율곡선과 일관성을 지니도록 $m(r)$을 결정한다. 그 다음 3단계에서는 채권파생상품의 가격을 결정한다. 이러한 모형의 설정단계를 거친 Solomon 모형의 구체적 형태는 다음과 같다.

$$d\ln(r) = m(t)\,dt + \sigma dz \qquad \text{(식 9-1)}$$

이 식에서 추세항인 $m(t)$는 1년 동안의 로그 이자율의 변화가 얼마나 될 것인가에 대한 기댓값인데, 그것을 연 단위로 환산한 것이다. 실제 변화량은 $m(t)$와 dt를 곱하여 산출하는데, dt는 통상적으로 매우 짧은 기간을 나타낸다. 이러한 기댓값의 변화를 좀

더 자세히 들여다보면,

$$E(\Delta \ln(r)) = m(t)\Delta t \qquad \text{(식 9-2)}$$

t의 변화: $t+\Delta t$

$\ln(r_t)$의 변화: $\ln(r_{t+\Delta t}) = \ln(r_t) + m(t)\Delta t$

이것은 기댓값의 변화이고, 실제 값의 변화는 다음과 같다.

$$\Delta \ln(r) = m(t)\Delta t + \sigma\epsilon_t, \quad \epsilon_t \sim N(0,1) \qquad \text{(식 9-3)}$$

$\Delta t = \dfrac{1}{250}$인 경우, $\epsilon_t\sqrt{\Delta t} \approx dz$, dz는 Brownian motion

중요한 것은 $m(t)$는 시간 가변적인(time-varying) 추세항이라는 사실이다. 이 모형에서는 채권가격 데이터 즉, 현물이자율 곡선이 $m(t)$를 결정하도록 한다는 점은 앞서 언급하였다. 이 경우 이항나무 모형(the binomial approximation)을 이용하여 채권파생상품 가격이 어떻게 결정되는지를 살펴보자. $\ln(r)$과 r의 변화 사이의 관계는 다음과 같다.

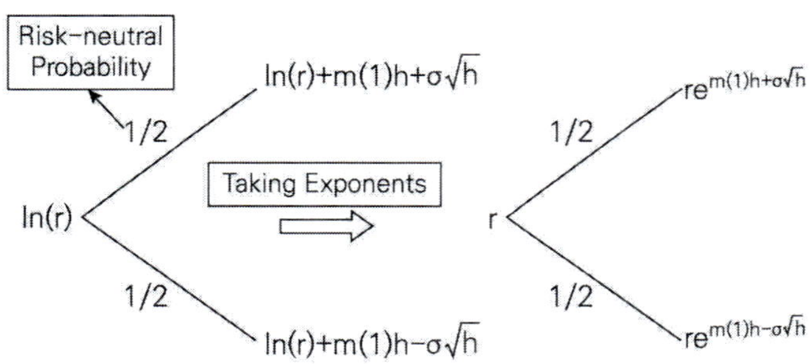

위험중립 확률이 $\frac{1}{2}$로 주어져 있을 때, h만큼 시간이 지났을 때 경우의 수는 up node에서의 이자율은 $\ln(r)+m(1)h+\sigma\sqrt{h}$로 결정되고, down node에서의 이자율은 $\ln(r)+m(1)h-\sigma\sqrt{h}$로 결정된다. 여기에서 h는 Δt에 해당한다. 로그이자율의 평균은 시간에 비례하고 분산도 시간에 비례하기 때문에 표준편차는 시간의 제곱근(square-root)에 비례한다.

이에 따라 양 변에 exponential을 취하면 up node에서의 이자율은 $re^{m(1)h+\sigma\sqrt{h}}$

가 되고, down node에서의 이자율은 $re^{m(1)h-\sigma\sqrt{h}}$가 된다. 이를 기초로 다음과 같은 4개의 순할인채의 가격결정과정을 살펴보자. 순할인채의 가격은 미래 이자율의 경로에 의존할 것이다. 그런데 그 정보는 이미 현재의 이자율기간 구조속에 내재되어 있다. 현물이자율 곡선에 대한 정보는 다음과 같다. 아래 표에서의 가격은 액면가가 1원인 경우의 가격이다. 1기간은 6개월이고 1년 동안의 로그이자율의 표준편차 $\sigma=0.17$이라고 가정한다.

Maturity	t=1	t=2	t=3	t=4
Price	.9730	.9476	.9222	.8972
y(t)	2.77%	2.725%	2.735%	2.75%
Spot Rate	5.54%	5.45%	5.47%	5.50%

동 표에서 $0.9730=\dfrac{1}{1.0277^1}$, $0.9746=\dfrac{1}{1.02725^2}$과 같은 방식으로 결정된다. 아래 그림에서 오늘의 단위기간 당 이자율은 r이고, 1기간 지났을 때 이자율은 r_u, r_d가 된다.

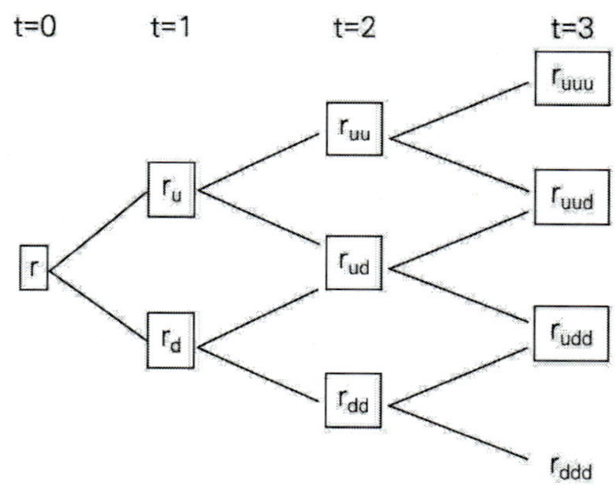

그림에서 r_{ud}와 r_{du}의 값은 동일하다. 왜 그럴까? $t=1$의 up node에서 r은 $re^{m(1)h+\sigma\sqrt{h}}$이다. $t=2$에서 이것이 down node로 내려온다면, $re^{m(1)h+\sigma\sqrt{h}}$가 다음과 같이 변하게 된다.

$$re^{m(1)h+\sigma\sqrt{h}}e^{m(2)h-\sigma\sqrt{h}}=re^{m(1)h+m(2)h} \qquad \text{(식 9–4)}$$

또한 $t=1$의 down node에서 r은 $re^{m(1)h-\sigma\sqrt{h}}$이다. $t=2$에서 이것이 up node로 올라간다면, $re^{m(1)h-\sigma\sqrt{h}}$가 다음과 같이 변하게 된다.

$$re^{m(1)h-\sigma\sqrt{h}}e^{m(2)h+\sigma\sqrt{h}}=re^{m(1)h+m(2)h} \quad \text{(식 9–5)}$$

이처럼 r_{ud}와 r_{du}의 값이 동일하게 되는 구조를 경로독립적(path−independence)이라고 지칭한다. 이것은 굉장히 중요한 성질이다. 경로독립성에 의해서 $t=2$에서 노드의 수 즉, 경우의 수가 3개가 된다. $t=3$에서는 경우의 수가 4개가 된다. 즉, t 시점에서의 node의 수가 $t+1$개가 되는 편리한 특성을 갖게 된다. 이것은 통계학 개념으로 마코비안 프로세스(Markovian process)가 된다. 마코비안 프로세스란 오늘의 정보가 중요하고 그 전에 어떻게 오늘의 상태에 이르게 되었는가, 즉 오늘의 상태에 이르게 된 경로는 중요하지 않다는 것을 의미한다.

각각의 시점에서 $m(1)$, $m(2)$, $m(3)$를 알면 이자율의 분포를 알 수 있다. 이 정보는 현재의 현물이자율 곡선의 구조에 내재해 있다. 먼저 $m(1)$을 찾아보자. 오늘의 1기간(6개월) 당 현물이자율이 5.54%로 주어져 있다.

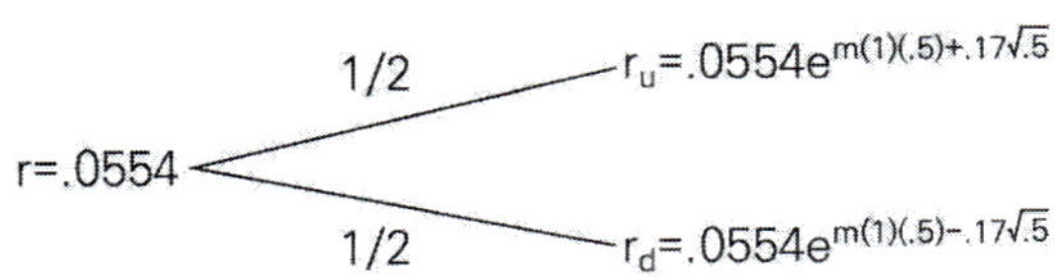

다음으로, 1년 만기 순할인채를 생각해보면, node의 숫자가 3개가 된다. 만기에 1원을 주는 순할인채의 6개월 시점의 가격은 다음과 같이 주어져 있다.

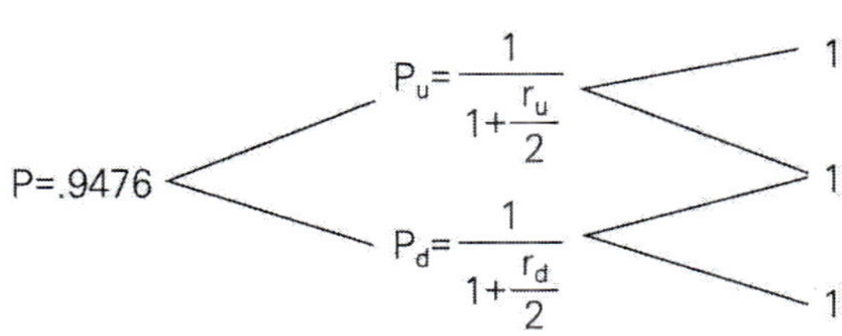

이 그림에서 0.9476은 위의 표에서 표시된 1년 만기 순할인채의 현재가격이다. 따라서 $m(1)$은 다음 계산절차에 따라서 손쉽게 찾아낼 수 있다.

$$0.9476 = \frac{0.5 \times P_u + 0.5 \times P_d}{1 + y(1)}$$
$$= \frac{0.5 \times \dfrac{1}{1 + 0.0554e^{m(1) \times 0.5 + 0.17 \times \sqrt{0.5}}/2} + 0.5 \times \dfrac{1}{1 + 0.0554e^{m(1) \times 0.5 - 0.17 \times \sqrt{0.5}}/2}}{1 + 0.0554/2}$$

이 식에서 $m(1)$을 구하면 $m(1) = -0.07971$이 산출된다. 이 값을 대입하여 r_u와 r_d를 구하면 다음과 같다.

$$r_u = 0.0554e^{-0.07971(0.5) + 0.17\sqrt{0.5}} = 0.06004$$
$$r_d = 0.0554e^{-0.07971(0.5) - 0.17\sqrt{0.5}} = 0.04721$$

참고로 r_u와 r_d의 평균값은 0.0536이 나오는데 이것의 절반 값은 ${}_1f_1$이 된다. 이제 $m(2)$를 구해보자. 이자율의 구조는 다음과 같이 주어져 있다.

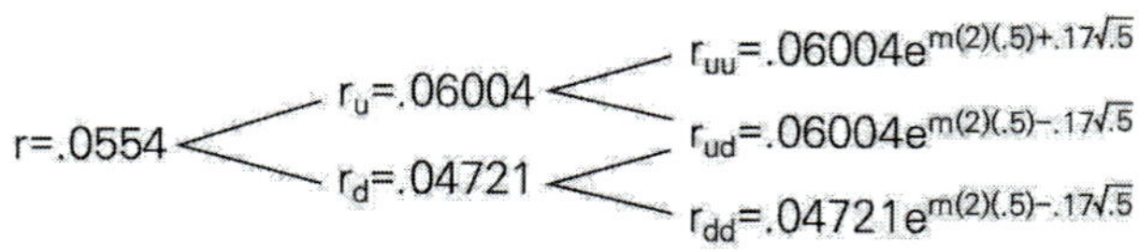

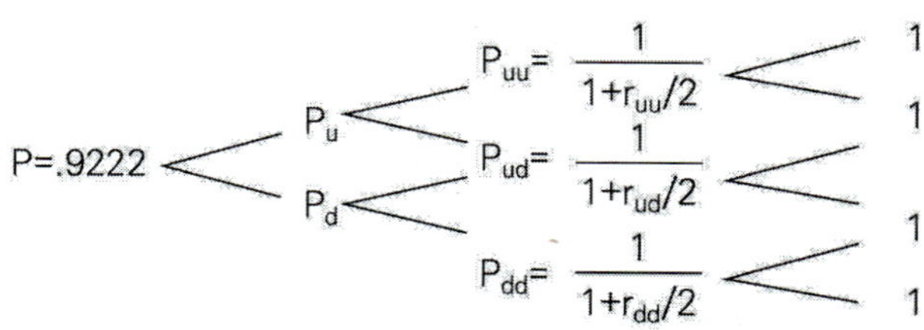

이 그림에서 0.9222은 위의 표에서 표시된 1년 6개월 만기 순할인채의 현재가격이다. 이 경우 $m(2)$는 다음 방정식 체계의 해가 된다.

$$P_u = \frac{0.5 \times P_{uu} + 0.5 \times P_{ud}}{1 + 0.06004/2}, \quad P_d = \frac{0.5 \times P_{ud} + 0.5 \times P_{dd}}{1 + 0.04721/2}$$
$$0.9222 = \frac{0.5 \times P_u + 0.5 \times P_d}{1 + 0.0554/2}$$
$$P_{uu} = \frac{1}{1 + r_{uu}/2}, \quad P_{ud} = \frac{1}{1 + r_{ud}/2}, \quad P_{dd} = \frac{1}{1 + r_{dd}/2}$$

이 식을 풀면 $m(2)=0.04232$가 된다. 그에 따라서 r_{uu}, r_{ud}, r_{dd}를 풀면 다음과 같다.

$$r_{uu} = 0.06004 \times e^{0.04232(0.5)+0.17\sqrt{0.5}} = 0.06915$$

$$r_{ud} = 0.06004 \times e^{0.04232(0.5)+0.17\sqrt{0.5}} = 0.05437$$

$$r_{ud} = 0.04721 \times e^{0.04232(0.5)-0.17\sqrt{0.5}} = 0.04275$$

이 값들을 평균($\frac{1}{4}\times 0.06915+\frac{1}{2}\times 0.05437+\frac{1}{4}\times 0.04275$)하면 0.0552가 나오는데, 이 값의 절반 값은 $_2f_1$이 된다.

이와 같은 방식으로 진행하면 이자율 경로나무는 현존하는 순할인채 가격에 기초하여 확장해 나갈 수 있다.

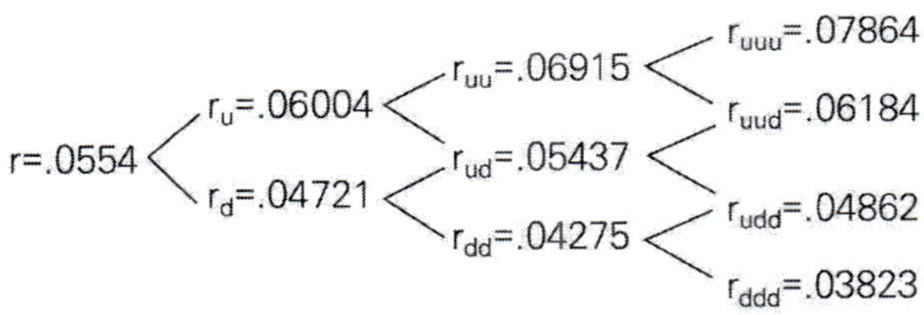

이것을 어디에 사용할 것인가? 이것을 유럽형 채권옵션의 가격결정에 적용해보자. 유럽형 옵션은 권리를 만기일에만 행사할 수 있다. 여기에서 고려하는 유럽형 옵션의 기초자산은 만기 4년($t=4$)인 액면가 $100인 순할인채이다. 옵션의 만기는 2기간 즉, 1년이다. 이 콜옵션의 행사가격은 $95이다.

이 경우 2년 만기 순할인채의 가격나무는 다음과 같이 전개된다.

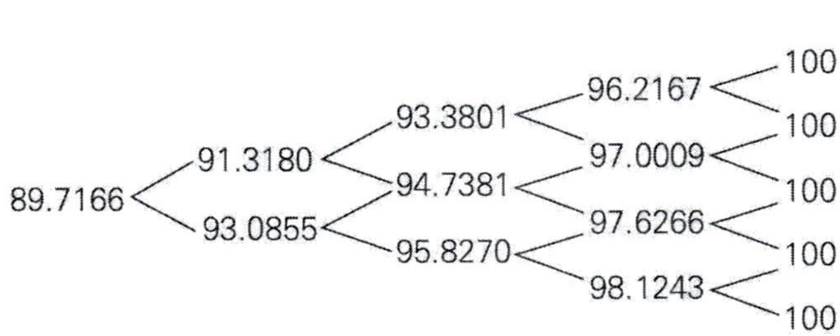

채권의 만기가 4기간이므로 최종적 경우의 수는 5개이다. 순할인채의 액면가는 100이다. 이 순할인채의 가격을 구할 때는 위의 채권이자율 경로를 활용하여 가격을 구할 수 있다. 이 경우 옵션 가격결정을 해보자. 2기간 만기 옵션이니까 95보다 큰 가격은 95.8270인 경우에만 콜옵션이 행사된다. 만기 시점에서 이 콜옵션의 가치는 $\text{Max}[P-95{,}0]$으로 결정되는데, 이 옵션의 현재 가치는 다음과 같이 결정된다.

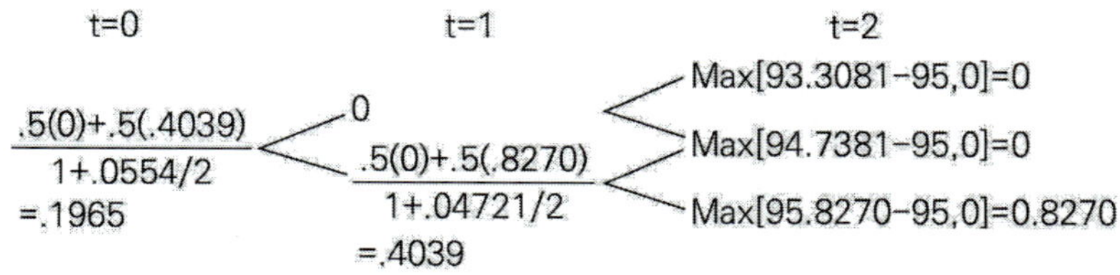

결과적으로 이 콜옵션의 현재가격은 0.1965가 된다. 동일한 방식으로 행사가격이 95인 풋옵션의 $t=2$ 시점에서의 가치는 $\text{Max}[95-P, 0]$으로 결정되는데, 이 옵션의 현재가격은 0.5066이 된다.

이번에는 미국형 옵션을 살펴보자. 미국형 옵션은 만기 이전에 유리하면 자유롭게 권리행사가 가능하다. 여기에서 기초자산은 이표채이다. 이 이표채의 만기는 2년(4기간)이고 액면가는 $100이며, 액면이자율은 5.5%인 이표채이다. 이 미국형 옵션의 행사가격은 100이고, 만기는 1.5년(3기간)이다. 이 경우 가격의 경로는 다음과 같다.

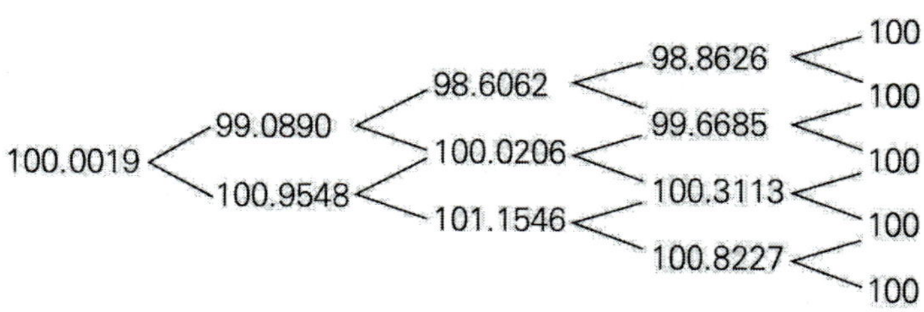

이 가격 경로의 우측 상단의 값 98.8626은 $\frac{0.5 \times (100 + 2.75 + 100 + 2.75)}{(1 + 0.07864/2)}$와 같이 계산된 값이다. 이 식에서 100은 액면가이고 2.75는 만기에 지급되는 액면이자이다. 0.07864는 앞의 이자율나무 경로의 가장 마지막 상단의 값이다.

가운데 상단 98.6062는 $\frac{0.5 \times (98.8626 + 2.75 + 99.6685 + 2.75)}{(1 + 0.06915/2)}$와 같이 계산된 값이다. 이 식에서 2.75는 이 시점에서 지급되는 액면이자이며, 0.06915는 앞의 이자율나무 경로의 중간 상단의 값이다. 이런 식으로 계산하면 이 채권의 가격경로 전체를 구할 수 있다.

이 경우 3기간 이후 시점의 가격이 행사가격 100 이하가 되는 것은 제외하고 100

이상인 것만 고려하여 옵션의 가격을 계산하면 된다. 참고로 옵션의 가치를 계산할 때 미래 현금흐름을 정확하게 알아야 할 필요가 있다. 옵션이 갖는 미래의 현금흐름은 옵션 보유자가 권리를 행사할지 여부에 의해서 결정된다. 즉, 각 상황의 매 시점에서 옵션 보유자는 옵션을 계속 보유할지 아니면 권리를 행사할지를 결정해야 한다. 최적의 옵션 가치는 옵션의 시장가치를 극대화하는 행동에 의존하게 될 것이다.

미국형 옵션을 현재 행사하지 않고 보유하는 경우에 얻게 되는 가치는 WV(wait value)이다. WV는 옵션을 시장에서 매도했을 때 얻을 수 있는 가치이기도 하다. 현재 옵션을 행사하게 되면 얻게 되는 가치는 EV(exercise value)이다. 그리고 WV와 EV 중에서 높은 값은 CV(call value)이다. 이러한 개념을 기초로 위의 이표채 가격경로의 3기 가격을 기준으로 2기 옵션의 가치를 구하면 다음과 같다.

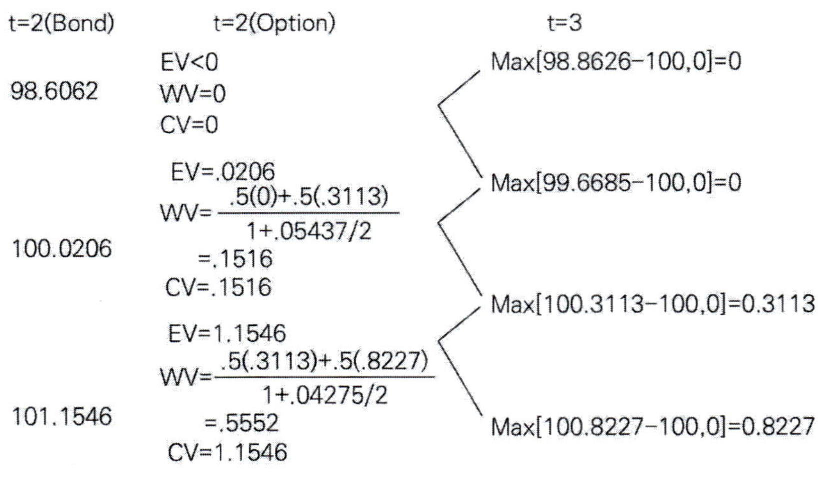

3기의 옵션 가치를 현재가치로 할인한 것은 모두 WV이다. 할인할 때의 할인율은 위의 이자율 경로 나무의 해당 할인율이다. 그리고 각각의 EV는 2기 시점의 채권가격에 기초하여 옵션을 행사했을 때 얻게 되는 가치이다. 그리고 1기 시점에서 평가하기 위해서는 CV의 값을 기준으로 아래와 같이 평가할 수 있다.

t=1(Bond) t=1(Option) t=2

EV<0

99.0890 $WV=\frac{.5(0)+.5(.1515)}{1+.06004/2}$ 0

=.0736

CV=.0736 .1515

EV=.9548

100.9548 $WV=\frac{.5(.1515)+.5(1.1546)}{1+.04721/2}$

=.6380 1.1546

CV=.9548

이 경우에도 마찬가지로 2기 시점의 CV를 1기 시점으로 할인한 가치는 모두 WV가 된다. 그리고 1기 시점의 채권가격에 기초하여 EV를 구할 수 있고 WV와 EV 중에서 큰 값이 CV가 된다. 마지막으로 현재 시점의 옵션가치를 구하기 위해서는 1기 시점의 CV를 기준으로 옵션의 가치를 아래와 같이 평가할 수 있다.

t=0(Bond) t=0(Option) t=1

.0736

EV=.0019

100.0019 $WV=\frac{.5(.0736)+.5(.9548)}{1+.0554/2}$

=.5003 .9548

CV=.5003

최종적으로 현재의 이 미국형 콜옵션의 가치는 0.5003이 된다는 것을 확인할 수 있다. 풋옵션에 대해서도 동일한 절차를 거쳐서 풋옵션의 가치를 구할 수 있는데, 현재의 풋 가격은 0.481579가 나온다.

상기 모형은 한 개의 변동성 파라미터 σ만을 사용하는 매우 단순한 모형이다. 이 한 개의 변동성 파라미터가 단기 이자율의 변동성을 결정할 뿐만 아니라 장기 이자율의 변동성도 결정한다. 따라서 이 파라미터는 이자율기간구조의 변동성과 잘 맞지 않을 가능성도 존재한다. 또한 동 모형은 평균회귀(mean-reverting) 특성을 갖지 않는다. 이자율의 변화는 한번은 양의 방향으로, 또 한 번은 음의 방향으로 움직이는 특성이 있는데, 이러한 이자율의 변화 특성을 반영하지 못하였다. 동 모형은 너무 단순한 구조를 갖고 있어서 현실에서 사용하기에는 한계가 있다. 특히 1기간이 6개월로 너무 길게 잡혀 있다. 1기간을 매우 작게 만들게 되면 옵션 가격이 일정한 수준으로 수렴하는 것을 볼 수 있다. 동 모형은 매우 단순한 모형이기는 하지만 채권 옵션의 구조를 이해하는데 도움을 주고 있다. 즉, 채권 파생상품의 가격결정을 이해하는 학습목적에서는 유용한 모형이다. 우리나라의 현실에서는 채권파생상품 가격결정 모형으로 Hull & White 모형이 많이 사용되고 있다.

X. Repo(RP, Repurchase Agreement)

RP, 즉 Repo는 단기금융시장의 대표적인 상품이다. 단기저축은 정기예금보다는 대부분 RP가 많이 활용된다. MMF(money market fund)의 경우에도 그 중의 상당 부분이 RP에 투자되고 있다. 또한 CMA 계좌도 RP에 투자하는 RP 전용 CMA 계좌가 존재한다. 이런 경우들을 대고객 RP라고 한다. RP에서 대고객 RP보다 더 중요한 비중을 차지하는 것은 기관 간 RP이다. 물론 양자의 방법은 유사한 측면이 있다. 본 장에서는 기관 간 RP에 초점을 맞추어서 살펴본다.

RP, 즉 Repo가 왜 중요한가? 많은 펀드들의 단기적인 투자, 즉 정부발행 채권(Treasury security), 모기지 채권(mortgage security), 공공기관 발행 채권(agency security) 등에 투자를 할 때 신용투자(buying on margin) 및 공매도(short sale) 등의 활용을 가능하게 해주는 것이 바로 Repo 시장이다. 헤지펀드, 투자은행 등이 채권 유통시장에서 차익거래를 수행할 때마다 채권 가격을 모두 다 지불해야 한다면 엄청난 규모의 자금이 필요할 것이다. 그 자금을 직접 조달하지 않고도 저렴하고 쉽게 차익거래를 수행하게 해줄 수 있는 매커니즘이 Repo 시장에서 제공된다. Repo 시장이 활성화되면 채권시장에서 가격발견 기능이 활성화되고 채권의 가격발견 기능이 활성화되면 이자율곡선이 효율적으로 결정된다. 이자율곡선은 통화정책의 파급경로에서 중요한 역할을 수행하는데, 이 파급경로가 효율적으로 결정되어야 금융시장이 활성화되고 통화정책의 정책목표가 효율적으로 달성된다. 전 세계 모든 나라들이 Repo 시장을 발전시키려는 이유가 여기에 있다.

일반적으로 Repo(Repurchase Agreement, RP)란 증권(security)을 다시 사기로 약정하고 매도한 계약을 의미한다. Repo는 경제적 실질 면에서 보면 담보부 대출을 받은 것과 비슷하다. A의 입장에서 B와 Repo 계약을 체결했다고 한다면 A는 B에게 담보를 제공하고 돈을 빌린 셈이 된다. 또한 B는 A로부터 담보물을 받고 돈을 빌려준 입장이므로 B의 입장에서는 A와 역Repo 계약을 체결했다고 표현한다. 여기서 담보로 제공되는 것은 국공채 이외의 다른 증권도 가능하다. 담보로 제공되는 증권은 정부발행 채권, 모기지 채권, 공공기관 발행 채권 등이 해당되며, 이외에도 회사채, 심지어는 주식도 가능하다. 그러나 일반적으로 Repo 딜러들이 기꺼이 받아들이고 담보가치를 후하게 평가해주는 증권은 변동성이 작은 증권이다. 대체적으로 변동성이 작은 증권은 재무성 채권(Treasury security)이다. 그래서 Repo 거래의 대부분은 재무성 채권을 담보로 제공하고 돈을 빌리는 것이다. Repo 거래는 일반적으로 만기가 하루나 이틀짜리 거래이다. 만기가 이것보다 긴 거래는 Term Repo라고 부른다.

아래에서는 채권 산업 실무에서 Repo를 어떤 식으로 활용하는지에 관한 사례를 살펴보고자 한다. 이 사례들을 통해서 Repo 시장이 왜 중요한지를 보다 명확하게 이해할 수 있게 될 것이다. [그림 X－1]에서는 Merrill Lynch와 GM(General Manager, Repo 딜러) 간의 Repo 거래를 묘사하고 있다. [그림 X－1]에서 묘사한 Merrill Lynch가 수행한 레버리지를 이용한 거래는 다음과 같다.

메릴린치가 T－bond를 GM, 즉 Repo 딜러에게 매도한다. GM이 메릴린치에 T－bond를 받고 대금을 지급한다. 그 대신 Merrill Lynch은 GM으로부터 하루 뒤에 자신들이 매도한 T－bond를 재매입하겠다는 약정을 한다. Merrill Lynch는 GM으로부터 T－bond를 재매입할 때 차입한 돈과 이자를 상환하겠다고 약정하였다.

이 거래를 GM Repo 딜러 입장에서 보면 자신이 제공한 담보부 대출에 대해서 이자를 부과하는데, 그 이자가 $1,850이다. 이 경우 메릴린치가 자신이 소유한 채권을 Repo 딜러에게 담보로 제공하고 대출을 받은 것으로 생각할 수 있다. 그리고 하루 이후

그림 X-1 REPO 구조

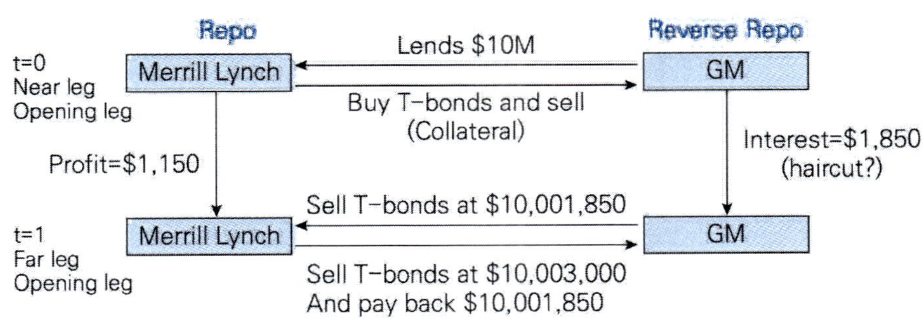

에 담보로 제공하였던 채권을 회수하고 차입한 돈을 상환하였다. 이것은 한 가지 해석이다.

대고객 RP의 경우에도 동일한 매커니즘이다. 증권회사가 자신들이 보유한 채권을 담보로 제공하고 고객들은 자신이 가진 돈을 빌려주었고 증권회사의 담보를 제공받았다. 그리고 하루 이후에 고객들은 자신이 제공한 대출의 원금과 이자를 회수하고 그 담보 채권을 증권회사에 돌려준다. 우리나라 대고객 RP도 일종의 담보부 대출로 생각할 수도 있다. 증권회사가 보유채권을 담보로 제공하고 고객에게 돈을 차입하고 고객은 하루 이틀 후 만기가 되면 원금과 이자를 상환받는 형태이다. 그런데 대고객 RP가 담보부 대출과 중요한 차이점이 하나가 있다. 보통 담보부 대출의 경우 대부자는 담보를 받고 대출을 해주는데, 대부자는 담보에 대한 법적인 소유권이 없고 차입자가 여전히 담보물에 대한 법적인 소유권을 갖고 있다. 이 경우 대부자는 담보물에 대한 법적인 처분권이 없다. 그러나 RP의 경우 담보물에 대한 법적인 소유권이 자금의 대부자에게 넘어와서 담보물에 대한 처분권을 대부자가 갖게 된다. 다만 담보물을 되돌려 줄 때 동일한 증권을 되돌려주기만 하면 된다. RP의 경우 자금의 대부자가 담보물에 대한 매매 처분권까지도 가지고 있기 때문에 그런 면에서 본다면 RP는 일반 담보부 대출과 차별화된 특성을 갖는다고 볼 수 있다. 위의 사례에서 Repo 딜러는 Merrill Lynch가 제공한 담보를 활용할 수가 있다. 제3자에게 빌려주거나 매도할 수 있다. 증권회사가 자신이 보유한 채권을 담보로 제공하고 돈을 차입하고 난 이후에 원금과 이자를 상환하고 담보를 되돌려 받는 거래 형식, 이것이 대고객 RP의 주된 내용이다.

다음으로 Repo를 통해서 신용투자(buying on margin)가 어떻게 이루어지는지를 간단한 예를 통해서 살펴보자. 이 사례는 현실을 약간 극단화 한 사례이다. Merrill Lynch는 향후 금리가 떨어져서 채권(Treasury security) 가격이 상승할 것으로 예상했다고 하자. 이 경우 Merrill Lynch는 자신이 보유한 현금을 이용하여 T-bond를 매입하면 된다. 그렇지만 이 경우에는 T-bond의 가격변동성이 크지 않기 때문에 수익의 크기가 작을 것으로 예상된다. 따라서 이런 경우 Merrill Lynch는 레버리지를 사용해서 투자하기를 원할 것이다. 먼저 Merrill Lynch가 Repo 딜러에게 천만달러를 차입하여 T-bond를 매입하고 그것을 담보로 즉시 제공한다. 그리고 Repo 딜러가 담보로 잡은 천만달러어치의 T-bond를 다음 날 돌려주면 그것을 팔아서 원금과 이자를 Repo 딜러에게 상환하고 차익을 얻는다. 이 거래를 정리해보면 Merrill Lynch는 애초에 돈이 하나도 없더라도 채권투자를 통해서 차익을 남길 수 있게 되는데, Repo 시장이 이를 가능하게 해주었다. 이러한 거래방식이 기관 간 Repo가 채권시장에서 신용투자를 가능하게 해주는 매커니즘이다. 이 경우 Repo 딜러는 채권 가격 하락으로 인해 원금을 돌려받지 못하는 위험을 방지하기 위해서 시장가치가 천만달러인 T-bill의 담보가치를 980만 달러까지만 인정하고, 추가로 20만 달러의 납입금을 요구할 수 있다. 이러한 담보가치 보전을 위한 추가 납입금을 haircut이라고 한다. 이 사례에서는 담보물 시장가치를 2% 할인하였다. 이 할인율을 haircut rate라고 한다. haircut을 설정하면 Repo 딜러는 Merrill Lynch가 T-bond 투자에서 손실을 보더라도 자신이 제공한 대출의 가치를 방어할 수 있게 된다. 또한 이 사례에서 애초에 Repo 딜러가 채권가격 하락을 예상하고 있었다면 Repo 딜러는 자신이 담보로 받은 T-bond를 short sale에 이용할 수도 있다. 즉, Repo 딜러는 Merrill Lynch로부터 받은 T-bond를 받은 즉시 매도하고 다음날 T-bond를 되돌려줄 때는 떨어진 가격으로 재매입하여 T-bond를 돌려주고 차익을 남길 수 있다. 이 경우 Repo 딜러는 Merrill Lynch로부터 자신이 빌려준 자금의 이자를 받을 뿐만 아니라 자신의 short sale에서도 이득을 얻게 된다.

이 사례에서 Merrill Lynch는 담보를 제공(sell)하고 차입(borrow)했기 때문에 Repo를 수행했다고 표현하고, Repo 딜러는 담보를 제공받고(buy) 대부(lend)하는데 이를 Reverse Repo를 수행했다고 표현한다. Repo 딜러는 Repo도 수행하고 Reverse Repo도 수행하여 포지션을 반대로 보유하는 경우도 있다. 위에서 설명한 Repo rate는 Repo 딜러 기준으로 용어를 설정한다. Repo 딜러가 담보를 팔고 돈을 빌릴 때 지불하는 이자율을 Repo rate라고 하고, 반대로 Repo 딜러가 담보를 받고 돈을 빌려줄 때 받게 되는 이자율은 Reverse Repo rate라고 한다. 일반적으로는 Reverse Repo rate가 Repo rate보다 조금 더 높다. Reverse Repo rate와 Repo rate의 차이는 Repo 딜러가 얻게 되는 이득이다. 아래의 [그림 X-2]는 금융기관 X의 관점에서 바라본 Repo 계약을 그림으로 나타낸 것이다.

X의 입장에서 보았을 때, Repo 거래의 Opening leg에서는 X는 Y에게 T-note를 주고 현금을 $백만을 받았다. X는 sell했기 때문에 Repo를 수행한 것으로 표현하고 Y는 buy했기 때문에 Reverse Repo를 수행한 것으로 표현한다. X를 기준으로 보았을 때, Repo 거래의 Closing leg에서 X는 T-note를 돌려받고, 원금과 이자를 갚는다.

그림 X-2 REPO 계약적 구조

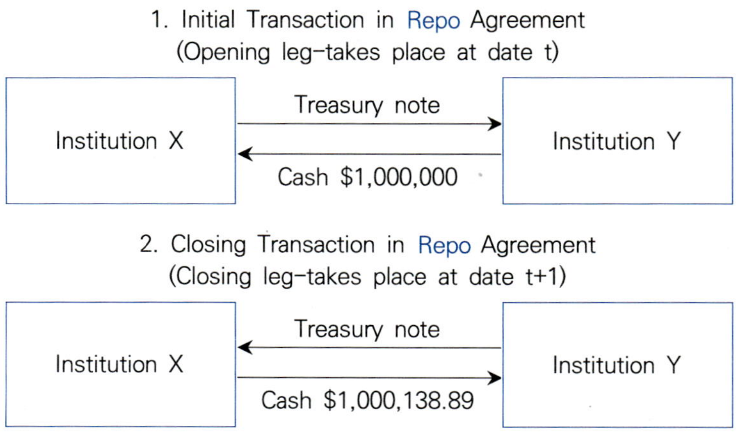

다음 [그림 X−3]은 X의 입장에서 보았을 때, X가 Reverse repo를 수행하는 경우를 나타낸다. Reverse Repo 거래의 Opening leg에서는 X는 T−note를 받고 Y에게 현

그림 X-3 Reverse REPO 계약적 구조

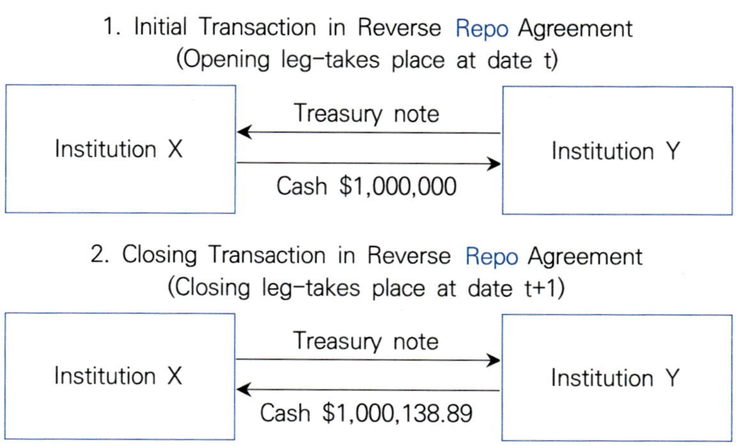

그림 X-4 기관 간 RP 구조

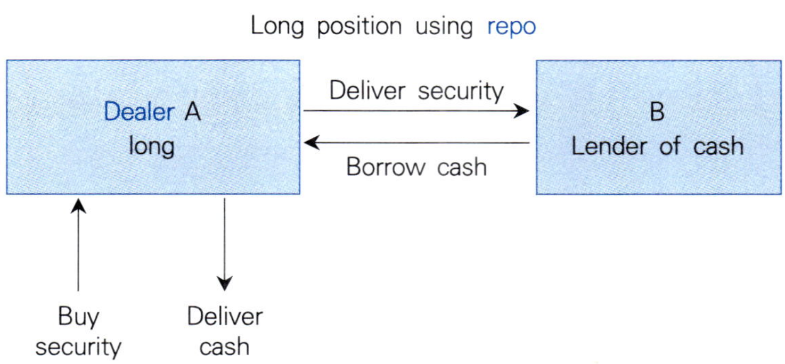

금을 $백만을 대부한다. X는 buy했기 때문에 Reverse Repo를 수행한 것으로 표현하고, Y는 sell했기 때문에 Repo를 수행한 것으로 표현한다. X를 기준으로 보았을 때, Reverse Repo 거래의 Closing leg에서 X는 T−note를 돌려주고 원금과 이자를 받게 된다.

Repo는 대고객 RP가 있고, 기관 간 RP가 존재한다. 대고객 RP는 앞의 [그림 X

그림 X-5 기관 간 REPO 만기시점

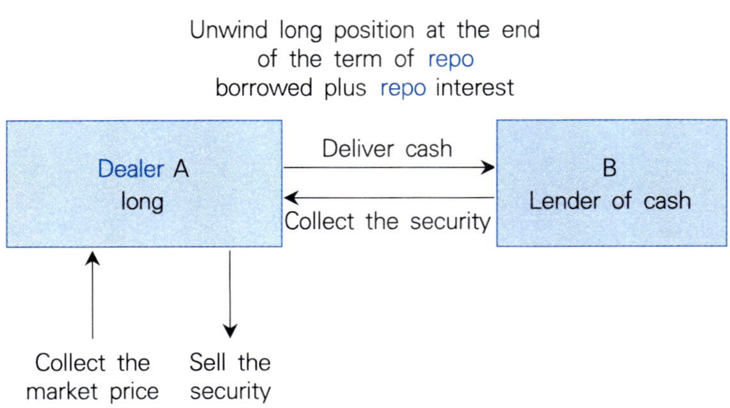

−2]와 [그림 Ⅹ−3]에서 거의 대부분이 설명된다. 그런데 기관 간 RP는 이것보다 좀 더 복잡한 내용이 존재한다. [그림 Ⅹ−4]는 딜러 A 입장에서 딜러 B로부터 돈을 빌려서 Treasury dealer에게 채권을 사서 담보로 딜러 B에게 제공한다. 대부분의 경우 Repo 딜러와 Treasury 딜러가 같은 회사인 경우가 많다. 보통 투자은행(Investment Bank)에서는 Treasury 데스크, Repo 트레이딩 데스크와 스왑 데스크, 파생상품 데스크 등의 업무를 동일한 회사가 수행하는 경우가 많아서 동시에 거래가 이루어진다. 따라서 딜러 A는 자신의 돈을 거의 쓰지 않고 채권을 구입하는 전략을 취할 수 있게 되는 것이다. [그림 Ⅹ−5]는 이를 설명하고 있다.

이 경우 만기가 되면 딜러 A는 딜러 B가 자신에게 되돌려 준 Treasury security를 팔고 대금을 회수하여 딜러 B에게 원금과 이자를 갚고 채권 가격이 상승하였을 경우에는 자신의 수익을 취할 수 있게 되는 것이다.

Reverse Repo는 이와는 반대 포지션이다. 딜러 A는 Treasury security를 담보로 받고 바로 팔고 난 다음에 다음날 가격이 떨어지면 다시 매입하여 딜러 B에게 돌려준다. 이 경우 딜러 A는 돈을 빌려주고 채권을 담보로 받았는데, 그것을 팔아서 다시 현금을 보유하는 것과 같은 포지션이다. [그림 Ⅹ−6]은 이를 설명하고 있다.

Reverse Repo는 딜러 A가 채권가격이 떨어질 것으로 예상할 때 차익을 남길 수 있는 Repo 거래이다. 딜러 A는 이제 만기가 되면 채권을 돌려주어야 하는데, 딜러 B로

그림 X-6 기관 간 Reverse RP 구조

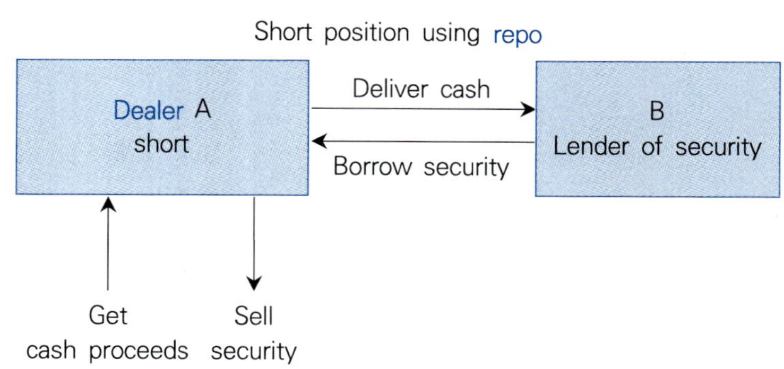

그림 X-7 기관 간 Reverse REPO 만기시점

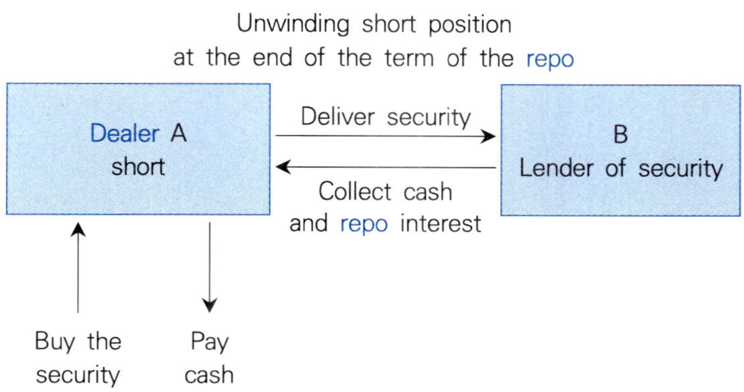

부터 원금과 이자를 돌려받고 그 돈으로 채권을 사서 돌려주면 거래가 끝나게 된다. 이처럼 Reverse Repo를 통해서 공매(short sale)가 가능하게 된다. [그림 X −7]은 이를 설명하고 있다.

이제 구체적인 Repo 자금거래의 수치 예를 살펴보기로 하자. 2020년 6월 10일에 헤지펀드 X는 $10 million을 자금조달하여 2050년 5월 15일 만기 액면가 $10 million, 액면이자 7.25% 채권을 구입하기를 원한다. 이 헤지펀드는 3일 동안 즉, 2020년 6월 13일 까지 이 포지션을 유지하기를 원한다. 이 거래를 분석해보자. 다음 표는 이 기간 동안 bid−ask spread를 나타낸다.

Date	Ask price	Bid price
2006-06-10	94.16	94.03
2006-06-11	94.97	94.84
2006-06-12	95.03	91.91
2006-06-13	96.91	96.78

위의 표는 Treasury 딜러의 입장에서 ask price는 Treasury 딜러가 팔기를 원하는 가격이고, bid price는 Treasury 딜러가 사기를 원하는 가격을 나타낸다. 헤지펀드 X는

6월 10일날 T−bond를 Treasury 딜러로부터 매입하여 Repo 딜러에게 인도하였다. 이 경우 헤지펀드 X는 Repo 거래를 수행한 셈이다. Repo 딜러는 이것을 담보로 받고 돈을 빌려주었다. Repo 딜러는 0.5% haircut을 실시하였다. 이 경우 돈을 얼마를 빌려야 하는지 계산해보자.

헤지펀드 X는 6월 10일 날 Treasury 딜러로부터 T−bond를 매수할 때 Treasury 딜러의 팔자가격(ask price)인 94.16으로 매입해야 한다. 그리고 6월 13일날 T−bond를 매도할 때는 Treasury 딜러의 사자가격(bid price)인 96.78로 팔아야 한다.

6월 10일 opening leg에서 Fund X는 T−bond를 매입한다. Invoice price는 다음과 같이 계산된다.

$$94.16 + \frac{7.25}{2} \times \frac{26}{184} = 94.16 + 0.5122 = 94.6722$$

이 식에서 94.16은 clean price이고, 누적이자(accrued interest)는 7.25%의 절반 값에서 누적이자를 계산하기 위해 날짜를 세야 한다. 액면이자 지급일(coupon payment date)의 일수는 2020년 5월 15일부터 2020년 11월 15일까지 184일이고, 가장 최근 액면이자 지급일인 5월 15일부터 거래가 이루어진 6월 10일까지 26일이 경과되었다. 따라서 누적이자는 위의 식에서와 같이 $\frac{7.25}{2} \times \frac{26}{184}$로 계산된다. clean price에 누적이자를 더해준 94.6722가 Invoice price가 되며, 여기에 $10 million을 곱하면 $9,467,220가 채권을 매입하는데 들어가는 액수이다. 채권을 거래할 때는 마지막 숫자는 0을 쓴다. 이것이 시장 관행(market convention)이다. 이 경우 hair cut 즉 헤지펀드 X가 자체적으로 조달해야 하는 self financing 액수는 다음과 같다.

$$9,467,220 \times 0.005 = \$47,336.10$$

이 경우 Repo를 통해서 헤지펀드 X가 조달한 것으로 간주할 수 있는 Repo−financing 금액은 다음과 같다.

$$9,467,220 - 47,336.10 = \$9,419,883.90$$

이 경우를 그림으로 나타내면 다음과 같다.

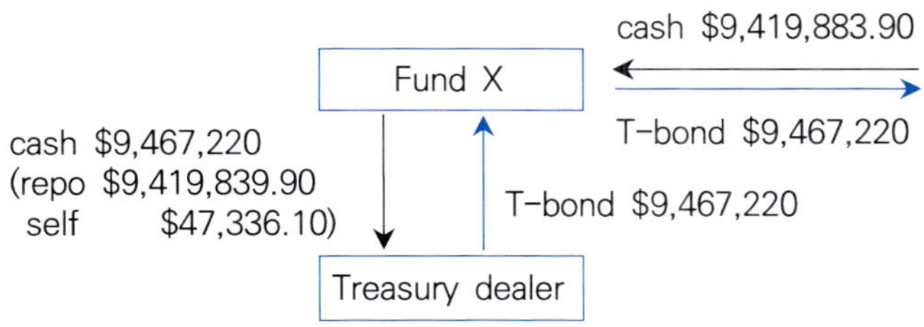

이제 3일 후에 만기가 도래하면 closing leg에 돌입한다. 이 경우 헤지펀드 X는 96.78을 받고 T-bond를 시장에 매도한다. 이 경우 Invoice price는 다음과 같다.

$$96.78 + \frac{7.25}{2} \times \frac{29}{184} = 96.78 + 0.5713 = 97.3513$$

이 경우 액면가 $10 million이므로 총 수취 금액은 $9,735,130이다. 이 중에서 돌려주어야 할 금액은 원금과 Repo 이자금액(Repo 이자율 연 6%)을 합친 금액이며 다음과 같이 계산된다.

$$\begin{aligned} 9,419,883.90 + 0.06 \times \frac{3}{360} &= 9,419,883,90 + 4,709.94 \\ &= \$9,424,593.84 \end{aligned}$$

이 경우 Repo rate의 이자를 계산할 때 분모를 365일로 하지 않고 360으로 하는 것이 시장의 관행이다. 이 경우 헤지펀드 X는 얼마의 돈을 벌게 되는가? 펀드의 순이익(net profit)는 다음과 같이 계산된다.

$$9,735,130 - 9,424,593.84 - 47,336.10 = 263,200.06$$

이 펀드의 ROI는 다음과 같다.

$$\frac{310,536.16}{47,336.10} - 1 = 556\%$$

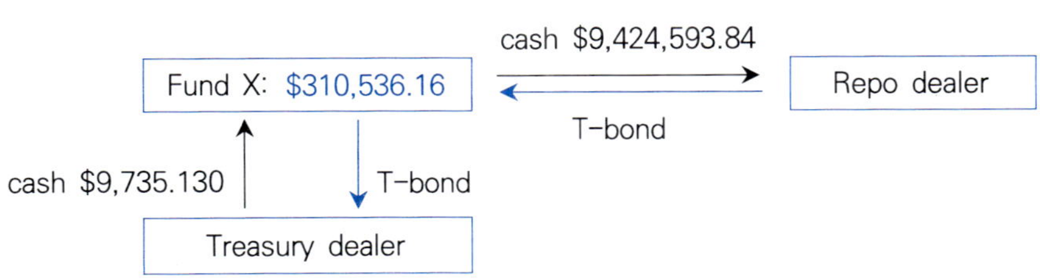

여기에서 carry수익 개념은 채권을 보유한 기간 동안에 발생한 누적이자(accrued interest)에서 자금조달비용(financing cost) 즉, Repo interest를 차감한 것과 같다. 채권을 보유한 3일 동안의 누적이자는 채권을 매도할 때의 누적이자에서 채권을 매입할 때의 누적이자를 차감하면 된다. 그리고 Repo interest는 위에서 4,709.94로 계산되었다. 그 결과 Carry 수익은 다음과 같이 계산된다.

$$Carry = (57,130 - 51,220) - 4,709.94 = 1,200.06 > 0$$

이렇게 양의 Carry 수익이 발생하는 경우도 있지만, Carry 수익이 음의 경우가 되는 경우도 발생한다. 양의 Carry 수익은 Repo 거래의 위험을 줄여주는 완충제 역할을 한다. 즉, 채권 가격이 약간 떨어져서 손실이 발생하더라도 Carry 수익이 그 손실을 줄여주는 역할을 하는 것이다.

다음으로 System Repo를 살펴보자. System Repo는 중앙은행이 공개시장 조작에서 활용하는 Repo이다. 미국의 경우 System Repo 거래는 연방공개시장위원회(FOMC)에서 주관하고 SOMA(system open market account, SOMA)에서 Repo와 Reverse Repo를 위탁받아 수행한다. SOMA는 FOMC의 감독에 따라서 목표금리를 달성하도록 필요한 정도로 Repo와 Reverse Repo를 수행한다. 이 중에서 Repo는 Treasury securities에 long position을 취하도록 하는 수단이다. Repo는 딜러 입장에서 Repo인 것을 Repo라고 한다. 딜러 입장에서 Repo이면 딜러가 중앙은행에 담보를 제공하고 돈을 빌려가는 입장이 되는데, Repo를 수행할 수 있는 딜러는 주로 primary dealer만 가능하다. Reverse Repo는 딜러가 중앙은행에 돈을 빌려주는 거래로서, 돈을 빌려주는 쪽은 반드시 primary dealer일 필요는 없다. 즉, 일반 은행이나 정부출연기관, MMF 등의 경우에도 Reverse Repo를 수행할 수 있다. 중앙은행에 돈을 빌려주는 주체의 집합은 돈을 빌려갈 수 있는 주체의 집합보다 더 크다.

Repo 거래에서 뉴욕 연준 데스크는 treasury security, agency debt, agency MBS 등을 사주고 거래 상대방인 Repo 딜러는 팔았으니까 Repo 딜러 입장에서 Repo거래가 되는 것이다. 이 경우 뉴욕 연준은 이후에 다시 팔 것을 합의하고 채권을 사주고 돈을 빌려준다. 뉴욕 연준도 haircut을 수행한다. haircut rate는 담보물의 변동성에 비례한다. 뉴욕 연준 데스크가 Repo의 거래상대방이 되어 Repo 거래가 체결되면 통화량이 늘어나고, 뉴욕 연준 데스크가 Reverse Repo의 거래상대방이 되어 Reverse Repo 거래가 체

그림 X-8 System Repo

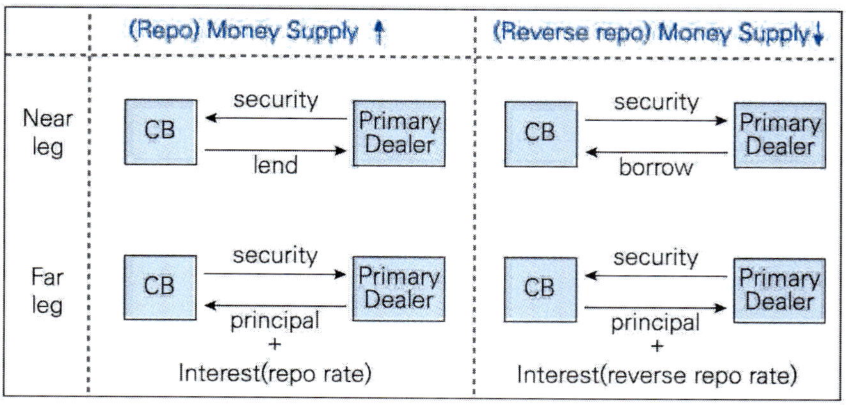

결되면 통화량이 감소한다.

이처럼 통화량을 조절하는 공개시장에서의 Repo 거래를 System Repo라고 부른다. 최근 한국은행도 코로나 사태로 시중에 유동성 공급을 늘려주기 위하여 System Repo를 수행한 바 있다. 또한 한국은행은 Repo거래를 허용하는 대상 기관을 증권회사들로 확대하고 적격 담보물의 집합도 늘려주었다. 우리나라의 경우 주요 Repo 거래의 만기는 7일 기간물(Term Repo)이다. 7일 기간물이 우리나라 정책금리이고 금융통화운영위원회에서 결정한다.

XI. 스왑(Swap)

지금까지 본서에서 학습한 것은 국채 이자율곡선, 순할인채 현물이자율곡선, Constant maturity yield curve, On the run issue curve 등 모두 국채와 관련된 이자율곡선이었다. 그런데 국채 관련 이자율곡선 이외에도 스왑커브가 추가적으로 존재한다. 특히 최근 스왑커브의 중요성이 부각되면서 지표이자율곡선이 국채이자율곡선이 아니라 스왑커브가 되는 경우가 있다.

스왑상품은 매우 다양하지만 대표적인 스왑상품은 IRS(interest rate swap)와 CRS(currency swap)가 있다. 특히 IRS는 전세계에서 명목가치로서는 가장 큰 시장을 형성하고 있다. 스왑에는 이 두 가지 이외에도 서로 가치만 맞으면 교환하는 계약을 맺으면 스왑이 되기 때문에 매우 다양한 형태가 존재한다. 그렇다면 물물교환(barter)과 스왑의 차이는 무엇일까? 물물교환은 교환이 이루어지면 그것으로 거래가 종료된다. 만약 쌀과 옥수수를 교환하는 물물교환이라면 쌀을 주고 옥수수를 받으면 그것으로 물물교환 거래가 종료된다. 그런데 스왑은 지금 현재 쌀을 주고 옥수수를 받고 나서 1년 후에 다시 옥수수를 주고 쌀을 받기로 하는 형태의 계약이다. 즉, 현재의 거래를 미래 시점에서 반대방향으로 거래하기로 약정을 맺는다면 스왑거래가 된다.

다양한 스왑거래의 한 가지 사례로 Total return swap의 사례를 들 수 있다. A는 옷을 만드는 공장을 소유하고 운영 중이고, B는 옥수수 가공품을 만드는 공장을 소유하고 운영 중이다. A와 B는 서로 아는 사이인데, 서로 공장을 바꾸어서 5년 동안 생산하고 바꾼 공장에서 발생한 수익을 갖는 그러한 경우를 Total return swap이라고 한다. 이 경우에도 서로 간의 가치를 맞춰서 맞바꿀 수 있기 때문에 굉장히 다양한 형태로 스왑이 이루어질 수 있다. 실제로 우리나라의 SK그룹이 동남아에서 미국의 금융사 JP 모건과 Total return swap을 수행한 사례가 존재한다.

1. 이자율 스왑(IRS; Interest rate swap)

이제 가장 대표적인 스왑인 IRS를 살펴보자. IRS는 장외시장(OTC market)에서 거래되고 있기 때문에 거래상대방 위험(counterpart risk), 즉 신용위험이 존재한다. 서로 계약을 할 때 저쪽에서 계약을 이행하지 않으면 손해를 볼 수 있다. 아래의 [그림 XI-1]은 기본적인 형태의 IRS를 묘사하고 있는데, 이를 Plain Vanilla 스왑이라고 부른다. 명목금액이 $10 million이고 만기는 5년, 고정금리와 변동금리의 교환지급 주기는 6개월인 IRS를 묘사하고 있다. 6개월마다 양측 스왑 당사자들은 고정금리와 변동금리를 상대방에게 지급한다.

IRS에서 좌측은 고정금리로 명목금액의 연 10.5%를 우측에게 지급한다. 즉 6개월마다 5.25%를 우측에게 지급한다. 이 고정금리는 연리로 표시하는 경우 Swap rate라고 부른다. 우측은 6개월 LIBOR 금리를 6개월마다 좌측에 지급한다. 좌측은 고정금리를 주고 변동금리를 받으며, 우측은 변동금리를 주고 고정금리를 받는 이자율의 스왑이 바로 IRS이다. 명목금액은 좌측 우측 모두 $10 million인데 이것은 주고받을 필요가 없다. 그리고 실무적으로 양측이 고정금리와 변동금리를 주고받는 것 보다는 차액만 정산하

그림 XI-1 Swap 구조

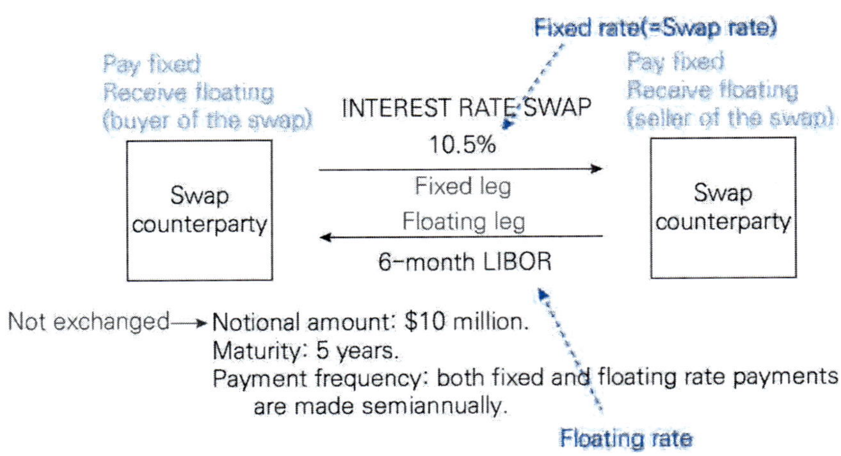

는 것이 일반적이다.

[그림 XI－1]의 좌측, 즉 고정금리를 주고 변동금리를 받는 사람을 Buyer of the swap이라고 하는데 최근에는 Fixed payer라고 부른다. [그림 XI－1]의 우측, 즉 변동금리를 주고 고정금리를 받는 사람은 Fixed receiver라고 부른다. 6개월 LIBOR 금리는 변동금리인데, 이 스왑의 Fixing rate, 혹은 Basis rate라고 부른다. Fixing rate나 Basis rate는 변동금리이다. 이 Fixing rate를 무엇을 선택하는가에 따라서 스왑의 성격이 달라지기 때문에 이 Fixing rate에 주목해야 한다. 만약에 이자를 교환하는 주기가 3개월이면 Fixing rate는 3개월짜리로 사용해야 한다. 앞서 언급한 바와 같이 이것이 Plain Vanilla 스왑의 주된 골격이다. 이 경우 Plain Vanilla 스왑의 현금흐름은 [그림 XI－2]와 같다.

고정지급액은 Swap rate를 교환하는 주기로 나누어서 계산한다. 예를 들어 교환 주기가 1년에 2회면 2로 나누고 교환 주기가 1년에 4회면 4로 나누는 식이다. [그림 XI－2]의 아래쪽은 가상적(hypothetical)인 변동금리 지급액이다. 이 지급액도 LIBOR금리를 지급 주기로 나누어서 계산한다. 왜 가상적(hypothetical)이라고 하는가? 그것은 현재 시점에서는 첫 번째 지급 변동금리만 알고 있기 때문이다. 현재시점에서는 두 번째 변

그림 XI-2 plain vanilla swap 현금흐름

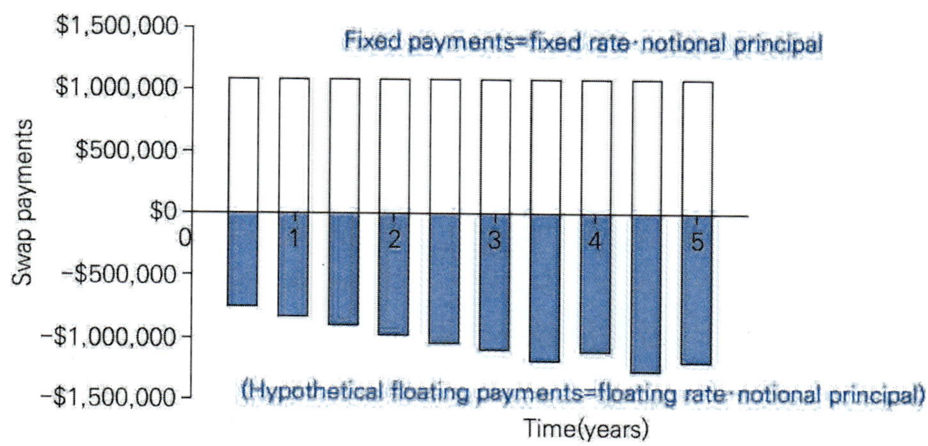

동금리 지급액은 알 수 없으며 그 시점이 도래해야 얼마인지 알 수가 있다.

이 경우 Swap rate가 어떻게 결정되는지를 살펴보자. 일반적으로 스왑계약을 체결할 때는 어떠한 지불금액(payment)도 교환하지 않는다. 그리고 스왑이 공정(fair)하다는 것은 서로 주어야 할 것과 받아야 할 것을 현재가치로 평가하면 그 순가치가 0이 되어야 한다는 것이다. 즉, 현재 시점 $t=0$에서 스왑의 Floating leg의 가치와 Fixed leg의 가치가 같아야 한다. 변동금리 채권과 고정금리 채권 둘 다 Par value가 되도록 이자율이 결정되어야 한다. Fixed leg에서는 그 이자율이 Swap rate가 되고 Floating leg 쪽에서는 6개월 LIBOR가 되어야 한다.

Swap rate가 어떻게 결정되는지를 보기위해서는 변동금리채권 FRN(Floating Rate Note)의 가격결정 과정을 이해할 필요가 있다. 1 기간은 6개월로 가정한다. 현재 시점에서 6개월짜리 LIBOR 금리를 $L(0)$라고 하자. 만약 현재시점에서 FRN을 샀다면 6개월 이후에 받게 되는 이자는 $\frac{L(0)}{2}\times M$이 된다. 6개월 후에 시장에 공시되는 6개월 짜리 LIBOR 금리를 $\tilde{L}(1)$이라고 하면 1년 후에 받게 되는 이자는 $\frac{L(1)}{2}\times M$이 된다. 만약 $T-1$ 시점에 시장에서 관측된 LIBOR 6개월 금리가 $L(T-1)$이라면 T시점에 받게 되는 이자는 $\frac{L(T-1)}{2}\times M$이 된다.

이 경우 가격결정을 매 시점마다 각각 독립적으로 수행한다고 가정해보자. 이것을 채권으로 생각하면 만기에 채권 액면가를 받게 된다. 이 경우 FRN의 가격은 얼마나 될 것인가? 이 경우 $T-1$시점의 이 채권의 가치는 얼마인가? 여기에 신용위험은 없다고 가정한다. 내가 T시점에 얼마 받을지를 알고 있다. 이 경우 $T-1$ 시점의 현재가치로 평가하면 다음과 같다.

$$\frac{\left(1+\frac{L(T-1)}{2}\right)\times M}{\left(1+\frac{L(T-1)}{2}\right)}=M$$

$T-2$에서도 생각해보자. 이 시점의 LIBOR 금리는 $L(T-2)$이므로 $T-1$ 시점의 가치는 $\frac{L(T-2)}{2}\times M+M$을 $\frac{L(T-2)}{2}$의 할인율로 할인한 금액이다. 따라서 계산은 다음과 같이 된다.

$$\frac{\left(1+\frac{L(T-2)}{2}\right)\times M}{\left(1+\frac{L(T-2)}{2}\right)}=M$$

$T-2$ 시점에서의 채권의 가치도 M이 된다. 액면이자 지급일(excoupon date)만 되면 FRN의 가치는 M이 된다. 그 이유는 바로 쿠폰 이자율과 할인 이자율을 항상 동일하게 되도록 설정해두었기 때문에 항상 이런 일이 벌어진다. 스왑에서는 Time to maturity라는 용어 대신에 Tenor라는 용어를 쓰는데, 이 Fixing rate의 Tenor가 6개월이다. 그 Tenor를 액면이자 지급주기(coupon payment frequency)에 맞추면 FRN의 가치는 액면이자 지급일에서는 항상 M이 된다.

내가 오늘 액면이자 지급일에 이 채권을 매입하였는데, 다음 기에 얻게 되는 이 채권의 가치는 다음과 같이 되는 것을 정확하게 알 수 있다. 시장에서 공시된 LIBOR 금리에 의거한 가치이기 때문에 여기에 FRN의 가치와 관련된 불확실성은 없다. 즉, FRN을 매입한 것은 액면가가 M인 순할인채를 매입한 것과 동일한 효과를 나타낸다.

$$\left(1+\frac{L(0)}{2}\right)M$$

이 순할인채의 맥컬리 듀레이션은 6개월이다. FRN의 맥컬리 듀레이션은 얼마인가? 6개월이다. FRN을 이렇게 이해할 수 있다. 오늘이 액면이자 지급일이라면 FRN의 현재 가치는 M으로 Par value가 된다.

다시 위의 [그림 XI−2]를 보면, 양쪽 다 채권의 가치는 $10million이 된다. 어차피 액면금액은 서로 맞바꾸지 않고 고정금리와 변동금리만 교환하기 때문에 채권의 액면가 즉 원금이 서로 교환되는 일은 없다. 이것이 Par−par swap이다. Par−par swap이 되기 위해서는 변동금리 쪽의 현재가치와 고정금리 쪽의 현재가치가 동일하게 만들어야 한다. 고정금리 채권의 경우 만기가 5년이면 그 금리가 국채이자율과 같아야 하지 않나? 부도위험(default risk)로 인해서 중간의 스왑딜러들이 약간의 위험프리미엄(risk premium)을 부과한다. 그래서 일반적으로 국채 이자율보다 Swap rate는 조금 높게 결정된다. 스왑 당사자들은 부도위험이 서로 상쇄되기 때문에 추가적으로 상대방에 대해서 위험프리미엄을 요구하지는 않는다.

이처럼 Par swap rate는 신용위험으로 인해서 국채의 Par yield curve보다 조금 위에 존재한다. 그리고 swap rate보다 높은 것이 AAA, AA, A, BBB 등급 등의 투자등급(investment grade) 회사채 yield curve가 순차적으로 높아진다. 그리고 그 보다 더 높은 yield curve는 투기등급(speculative grade) 회사채로서 BB, B, CCC 등급의 회사채의 yield curve로서 순차적으로 높아진다. 투기등급 회사채는 Junk bond 혹은 High-yield bond 등으로 불린다. 이 모든 yield curve의 신용스프레드(credit spread)의 기준점으로 Par treasury security의 yield curve가 존재한다.

그리고 Swap rate와 Par 차이를 스왑스프레드(swap spread)라고 한다. 그런데 시장에서 국채와 회사채를 스왑하는 경우는 거의 없다. 그 대신 다음의 방법을 준용한다. BBB 등급 회사채를 보유한 A는 B에게 자신이 보유한 회사채의 고정금리를 1년 동안 주는 대신 B에게 $LIBOR+\alpha$를 요구할 수 있다. 투자은행(investment bank)들이 특정한 자산(asset)을 받아서 스왑을 하는데, $LIBOR+\alpha$로 바꿔준다. 이 α를 Asset swap spread(margin)라고 한다. 이 α, 즉 Asset swap spread는 스왑 곡선을 기준으로 계산한다.

엄밀하게 말하면 Asset swap spread는 회사채의 고정금리와 Swap rate의 차이로 정의되는 것은 아니지만 거의 비슷한 크기를 나타낸다. 이처럼 Swat rate curve를 기준으로 가산금리를 계산한 것을 Asset swap spread(margin)이라고 볼 수 있다. 국채의 Asset swap margin은 마이너스 값을 갖는다.

과거에는 Credit spread가 얼마인가를 기준으로 회사채의 위험도를 평가하였지만, 최근에는 대부분의 상품이 스왑커브를 기준으로 Asset swap spread를 측정한다. 그러나 2008년 LIBOR 담합 스캔들이 발생하면서 스왑커브의 신뢰도가 추락하였다. LIBOR(London Interbank Offer Rate)는 은행들이 다른 은행에 돈을 빌려줄 때 받는 이자율을 평균한 개념이다. 다른 은행에서 돈을 빌릴 때 지불하는 이자율은 LIBID(London inter-bank Bid Rate)라고 부르는데, LIBOR가 LIBID보다 높다. 2008년에 금융위기 발발로 은행들 간의 자금거래가 이루어지지 않고, 서로 담합을 해서 LIBOR 금리를 발표하는 바람에 시장행태가 파행으로 이어졌다. 스왑시장뿐만 아니라 회사채 시장 등 국채를 제외한 모든 시장이 파행적 행태를 보이는 등 파급효과가 일파만파로 퍼져나갔다.

이 사건을 계기로 지금까지 전 세계 금융감독 기구에서 Fixing rate를 바꾸기 위한 노력을 지속하고 있다. 최근에는 LIBOR 대신 OIS(overnight interest rate swap) Rate를 Fixing rate로 사용하기로 방향이 정해지고 있다. 참고로 우리나라에는 아직까지 OIS 시장이 존재하지 않는다. 국제금융시장에서 OIS Rate 사용이 일반화되면 우리나라 스왑시장과 회사채 시장 등 금융시장 전반이 위축될 우려가 있다. 국내에서 OIS 시장을 시급하게 육성할 필요성이 크다. OIS 거래 방식의 예를 들면, 만기가 1개월 이하인 단기 상품을 이용해서 Fixed rate는 $3\% \times \frac{1}{360}$을 주고, Floating rate는 일별 call 금리를 지급하는데, 매일 매일 정산하는 것이 아니라 만기에 일괄 정산하는 방식이다.

우리나라의 경우 3개월 CD rate이 Swap의 Fixing rate으로 간주되고 있고, 단기 신용거래에 있어서 가장 중요한 상품이다. 그런데 2008년 금융위기 당시에 LIBOR가 문제가 된 것처럼 우리나라 CD 담합문제가 존재하였다. 그로 인해 CD rate이 시장이자율을 적정하게 반영하지 못하고 있다는 우려가 확산되었다. 이처럼 우리나라에서 CD 담합 문제가 발생한 이유는 CD가 발행이 잘 안되어 거래량이 작기 때문이다. 은행 감독당국은 예금과 대출의 비율, 즉 예대율을 중요시하여 항상 관리한다. 예금에 비해 대출이 너무 많으면 예금을 적기에 돌려주지 못할 위험이 커지고, 예금에 비해 대출이 너무 작아도 수익성이 떨어지는 문제가 발생한다. CD는 기관간 거래가 아니라 개인고객에게 팔리는 상품이다. 그래서 우리나라에서는 원래 CD를 예금으로 간주하였는데, 2008년 글로벌 금융위기 당시 외국계 신용평가사에서 CD를 예금으로 보는 것이 적절한가에 대한 의구심을 표하였고, 우리나라 기재부에서 CD를 예금에서 제외하는 조치를 취하게 되었다. 그래서 은행들은 예금으로 취급되지 않는 CD를 발행할 유인이 떨어져서 CD의 발행에 소극적인 자세를 보이게 되었다. 그래서 CD rate가 거의 변화하지 않아서 은행들 간에 담합문제가 발생하였다. 우리나라의 경우 초단기는 Call 금리를 사용하고 현재는 7일 만기 RP 금리를 정책금리로 설정하고 있는 상황이다.

위에서 언급한 바와 같이 우리나라에서는 OIS가 OTC 시장에서 거래가 거의 이루어지지 않고 있다. 그렇지만 현재 한국은행 등이 우리나라 OIS 시장 육성에 적극적인 의지를 가지고 있기 때문에 조만간 OIS 시장이 국내에 등장한 것으로 예상된다. 한국은행이 OIS 시장 육성에 특별한 관심을 갖는 이유는 한국은행이 정책금리를 올릴지 내릴지에 대한 시장의 예측에 OIS 시장이 도움을 줄 수 있기 때문이다. 또한 은행의 단기적인 자금조달과 관련된 대표적인 이자율은 LIBOR 금리인데, LIBOR 금리는 Euro deposit 금리와 동일하다. 이 리보금리에서 Treasury Bill 금리를 차감한 것을 TED spread라고 부른다. 과거에는 통상적으로 이 TED spread가 확대되면 은행의 유동성 문제가 발생하는 것으로 알려져 왔다. 그런데 최근, 특히 2008년 글로벌 금융위기 이후에는 은행의 유동성 문제에 대한 지표로 TED spread를 대신해서 LIBOR−OIS spread가 추천되고 있다. 알란 그린스팬이 2008년 금융위기 때 가장 주목해야 하는 중요한 지표로 LIBOR−OIS spread를 추천한 바 있다. OIS의 구조는 일반적인 스왑과 동일하지만, 일일정산(daily settlement)을 하지 않고, 만기시점에서 일괄적으로 정산을 수행한다.

2. CMS(constant maturity swap)

또 다른 변종 스왑으로 CMS가 있다. 일반적인 2년 만기 Plain Vanilla 스왑은 $t=1,2,3,4$ 시점에서 Floating leg 측에서 발생하는 변동 금리, 즉 $\frac{L(0)M}{2}$, $\frac{L(1)M}{2}$, $\frac{L(2)M}{2}$, $\frac{L(3)M}{2}$와 Fixed leg 측에서 발생하는 고정금리 $\frac{r_s(2)M}{2}$, $\frac{r_s(2)M}{2}$, $\frac{r_s(2)M}{2}$, $\frac{r_s(2)M}{2}$를 맞바꾸는 방식이다. 앞서 살펴본 Plain Vanilla 스왑에서 가장 큰 특징은 6개월마다 한 번씩 쿠폰을 지급하면 6개월짜리 이자율을 fixing rate로 사용하여 매칭시킨다. 그렇게 해야만 매번 ex−coupon date에 par value가 성립된다. 따라서 Floating leg의 매킬리 듀레이션은 6개월이 된다.

그런데 CMS의 구조는 Plain Vanilla 스왑과는 차별적이다. CMS는 예를 들어서 $t=1,2,3,4$ 시점에서, 오늘 관측한 10년 만기 Swap rate를 6개월 후에 지급하고, 6개월 후에 관측된 10년 만기 Swap rate를 1년 후에 지급하고 이렇게 지급하는 이자율 $\frac{(r_s(10,0)-\alpha)M}{2}$, $\frac{(r_s(10,1)-\alpha)M}{2}$, $\frac{(r_s(10,2)-\alpha)M}{2}$, $\frac{(r_s(10,3)-\alpha)M}{2}$과 Fixed leg 측에서 발생하는 고정금리 $\frac{r_s(2)M}{2}$, $\frac{r_s(2)M}{2}$, $\frac{r_s(2)M}{2}$, $\frac{r_s(2)M}{2}$를 교환하는 방식이다. CMS 스프레드는 일반적으로 플러스로 나타나지만 Yield curve가 우하향(downward sloping)이면 α가 마이너스 값을 가지게 된다.

한편, 스왑의 가치는 시간이 지남에 따라서 달라지게 된다. 이자율도 최초 계약을 맺은 시점과 달라지고 시간도 지나감에 따라서 스왑의 가치는 양의 값이 될 수도 있고 음의 값이 될 수도 있다. 만약 $V(fixed)-V(floating)>0$인 경우라면 스왑의 가치는 fixed receiver에게 양이 되지만 fixed payer에게는 음이 될 것이다. 스왑 만기가 되기 이전에 스왑포지션을 청산하게 되면 fixed payer는 양의 지불금액 $[V(fixed)-V(floating)]$를 fixed receiver에게 지불하게 될 것이다.

만약 $V(fixed)-V(floating)<0$인 경우라면 스왑의 가치는 fixed payer에게 양이 되고 fixed receiver에게는 음이 될 것이다. 스왑 만기가 도래하기 전에 스왑포지션을 청산하게 되면 fixed receiver는 양의 지불금액 $[V(floating)-V(fixed)]$을 fixed payer에게 지불하게 될 것이다. 이처럼 스왑 거래는 영합게임(zero sum game)의 일종이다.

참고로 우리나라의 경우 Swap spread(Swap rate－국공채 이자율)가 마이너스가 나타난다. 이는 우리나라에 특수한 현상이다. 왜 이런 현상이 벌어지는가? 우리나라 은행의 재무상태표를 보면, 주택담보대출의 금리가 $CD+\alpha$이며, 변동금리 대출의 비중이 과다함을 알 수 있다. 그래서 은행들은 스왑시장에 가서 CD금리를 지급하고(pay CD), 고정금리를 수취(receive fixed)하는 거래를 수행한다. 이로 인해 우리나라 은행들은 대부분 fixed receiver이다. 스왑시장에서 우리나라 은행들의 거래 상대방은 대부분 외국계 IB이다. 이 때문에 스왑시장에서 고정금리(fixed rate)가 낮아지는 경우가 많다. 금융위기를 전후해서도 swap rate가 마이너스가 되는 경우가 많이 발생한 전례가 있다.

3. 통화스왑(CRS; currency rate swap)

변동금리와 변동금리를 교환하는 대표적인 사례가 통화스왑(CRS)이다. 참고로 변동금리와 변동금리를 교환하는 스왑을 Basis swap이라고 한다. 다음은 Australia Dollar Currency Rate Swap의 사례를 보여주고 있다. 호주에 사는 A는 미국에 사는 B로부터 달러를 차입하고 B에게 호주달러를 빌려주었다. A는 B로부터 호주 달러에 대한 고정금리 이자를 받고, B는 A로부터 달러 변동금리 이자를 받게 된다.

먼저 A는 B로부터 미국 달러를 차입하여 spot FX rate으로 호주 달러로 환전하여 M_{AD}를 만든다. 그리고 이 금액을 B에게 빌려주면 $R_{AD}(T)M_{AD}$의 이자를 중간 현금흐름으로 받게 된다. 그리고 만기가 되면 $R_{AD}(T)M_{AD}$의 이자와 원금 M_{AD}를 받게 된다. 그리고 A는 B에게 미국 달러를 빌린 것에 대해서 중간에 $L_{US}(t-1)M_{US}$의 이자를 지급해야 하며, 만기가 되면 $L_{US}(T-1)M_{US}$의 이자와 원금 M_{US}를 상환해야 한다.

이것을 통화스왑이라고 하는데, FX 스왑과 다른 것은 서로 이자를 서로 교환한다는 점이다. 이 경우 Fixing rate는 3개월 미국 Libor 금리이며, 원금은 실제적으로 최초의 FX 환율에 의해 교환된다.

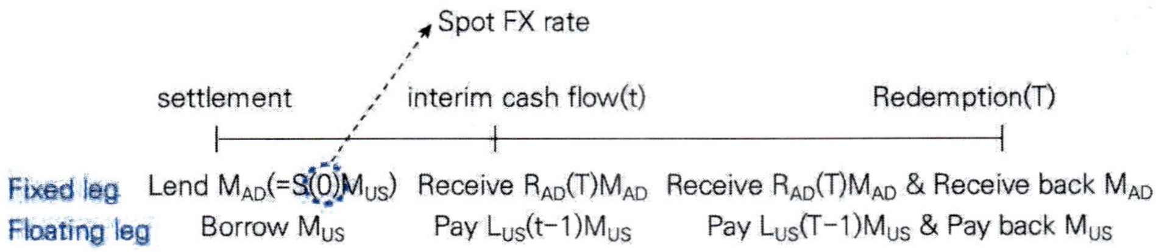

이것이 CRS 구조이다. 우리나라 원화의 경우를 대입해도 동일한 구조로 설명할 수 있다. 다만 원화 이자를 고정금리 대신 CD 금리로 지급하는 경우도 있다. 달러 유동성 위기가 발생하는 경우에는 원화 IRS rate 보다 CRS rate가 매우 낮아지는 경우가 있다. 이 경우 CRS−IRS를 basis spread라고 부르는데, 2008년 글로벌 금융위기 당시에 basis spread가 마이너스로 떨어지는 경우가 발생하였다. basis spread는 달러 유동성위기를 측정하는 대표적인 측도로 사용된다.

XII. 회사채와 유동화증권

앞에서의 채권의 위험과 관련된 논의에서는 주로 국채 중 이표채가 갖는 재투자위험과 할인위험(가격위험) 등에 대해서 살펴보았다. 본 장에서는 그에 더하여 회사채가 갖는 신용위험과 유동화증권이 갖는 조기상환위험에 관해서 살펴보고자 한다. 먼저 회사채의 계약이행의 안전성 및 상환과 관련된 기본적 계약사항들이 회사채의 신용위험에 어떠한 영향을 미치는지를 살펴보고, 고수익회사채(high yield bond)와 MTN(medium term notes)에서 그와 같은 기본적 계약사항들이 어떻게 변형되어 회사채 시장을 다채롭게 만드는지를 살펴본다.

다음으로 유동화증권의 대표적 사례로 모기지 패스스루 증권을 살펴보고 조기상환이 그 현금흐름의 결정에 얼마나 중요한지를 확인한다. 또한 수축위험과 확장위험 등 조기상환위험이 유동화증권 위험의 기본적 성격을 결정하고 있음을 살펴본다. 또한 이러한 조기상환과 관련된 위험이 발생시키는 문제들은 대출채권담보부증권(CMO, collateralized mortgage obligations) 및 계획된 상환집합 트랜취(PAC tranches) 등 혁신적인 상품의 도입을 통해 일부분 해결되고 있음을 확인한다. 더불어 조기상환위험 및 그 해소 패턴은 자산유동화증권(ABS)의 성격에 따라서 차별적으로 나타난다는 사실을 확인하고, CDO 사례를 통해서 다양한 자산들의 복합적인 자산유동화 관련 위험이 효율적으로 관리될 수 있음을 살펴본다. 마지막으로 합성 CDO가 신용위험을 제3자에게 전가하는 수단으로 이용하는 CDS의 구조를 간략하게 살펴본다.

1. 회사채

회사채의 발행회사는 이자지급일 및 만기일에 이자와 액면가를 지급하겠다는 약속을 하고 자금을 차입하는데 그 만기는 20년 내지 30년이 대부분이다. 국채의 경우 신용위험이 없지만 회사채의 경우 발행자인 기업이 이자 혹은 액면가를 지불하지 못해 부도가 발생하는 경우가 있을 수 있다. 이 경우 회사채 보유자는 우선주 및 보통주에 우선해서 우선적으로 지급받을 법적 권리를 갖고 있다. 회사채의 본질적 특성은 비교적 단순해 보이지만 채권발행자의 약속과 투자자들의 권리는 매우 복잡하고 전문적인 용어로 채권계약서(bond indentures)에 명시되어 있다. 투자자들은 채권발행자와의 복잡한 계약 작성과 계약준수에 대한 모니터링을 직접 수행하는 것 보다는 회사채 관련 사무에 특화되어 있는 대리인(corporate trustee)에게 일임하는 것이 편리할 뿐만 아니라 비용 측면에서도 효율적이다.

1) 회사채의 담보, 보증

회사채의 발행자는 신용도를 보강하기 위하여 실물자산을 담보물로 사용할 수 있다. 이 경우 형성된 모기지 담보물권(lien)은 원칙적으로 채권 발행자가 부도 시 지급하지 않은 부분에 대해서 담보 자산을 매각할 수 있는 권한[1]을 채권보유자에게 부여한다. 그렇지만 실무적으로 만기 이전에 모기지 담보 자산의 유질(foreclosure)[2]과 매각(sale)은 그 발생빈도가 많지 않다. 그렇지만 모기지 담보물권은 기업 부도 시 어떠한 재구조화의 협상과정에서도 여타의 채권자들에 비해 상대적으로 강력한 협상력을 제공해준다. 한편 일부 회사들은 고정자산 혹은 실물자산을 가지고 있지 않아서 모기지 담보물권(lien)을 제공할 수 없는 경우에는 자산들이 소유한 주식, 채권과 같은 유가증권을 담보로 제공한다. 이렇게 담보로 제공된 유가증권들을 집합자산(collateral)이라고 한다. 이처럼 유가증권을 담보로 제공한 채권을 집합 트러스트 채권(collateral trust bonds)라고 부른다.

한편 무담보사채(debenture bonds)는 자산의 담보 제공이 없는 채권이다. 담보제공이 없다고 해도 무담보사채 보유자들은 채권자 일반이 채권 발행자의 자산에 대해서 갖는 청구권을 갖는다. 담보와 관련한 채권들은 발행 회사의 발행비용을 결정한다. 일반적으로 모기지 채권의 발행비용은 무담보사채(debenture bonds)의 발행 비용보다 작다. 무담보사채의 비용은 후순위 무담보사채(subordinated debenbture bonds)의 비용보다 작다.

1 유치권, 선취특권, 원특권 등 여러 명칭을 가짐.

2 채무자가 변제를 하지 못하는 경우 채권자가 담보물의 소유권을 취득하거나 법정절차 없이도 담보물건을 처분할 수 있는 권한의 행사.

다음으로 보증사채(guaranteed bonds)는 다른 기관에 의해서 상환의 보증이 이루어진 사채를 말한다. 보증의 내용은 피보증자의 원금과 이자의 상환에 대한 보증이 명시되는 경우가 일반적이다. 발행자의 상환능력이 심각하게 훼손되었을 때 어떠한 종류의 법적인 우선권에 대한 보장도 채권 보유자의 재무적 손실을 막지 못한다는 점을 고려한다면 보증의 중요성을 이해할 수 있다.

2) 회사채의 수의상환, 감채기금

회사채의 발행자들은 만기 이전에 채권을 재매입(redeem)할 수 있는 권리, 즉 수의상환권을 갖기를 원한다. 채권 발행 후 시장 이자율수준이 발행채권의 액면이자율에 비해 매우 낮은 수준으로 떨어지는 경우 발행자는 채권을 재매입하고 액면이자율이 낮은 채권을 재발행하면 이익이 되기 때문이다. 만기 이전에 채권을 재매입하는 것은 채권 보유자에게 손해를 끼칠 수 있기 때문에 채권 발행자는 콜 프리미엄을 제공해야 한다.

채권에 대한 콜옵션이 행사되는 경우, 발행자가 지불해야 하는 가격은 사전에 정의된 수익보장 프리미엄 조항에 따라서 이루어지는데, 이를 재설정 가격(whole redemption price)이라고 부른다. 콜 프리미엄을 제공하는 목적은 최초 발행채권을 구매한 투자자의 수익을 보호하는 데 있다. 수의상환권을 상시적으로 행사 가능한 채권(a currently callable issue)도 있지만, 보통은 발행 초기 몇 년간은 수의상환권을 제한한다. 만기까지 수의상환권이 금지되는 채권은 불릿채권(bullet bonds)이라고 부른다. 참고로 자금재조달과 수의상환은 동의어가 아니다. 수의상환은 채권을 재매수하는 것을 말한다. 자금재조달은 발행자가 채권을 발행하여 그 돈으로 이전 채권을 상환하는 데 사용하는 것을 말한다.

한편, 무담보 회사채와 같이 신용위험에 취약한 경우 투자자는 발행자에게 액면가의 특정 비중만큼 매년 적립(retire)하도록 요구할 수 있는데 이를 감채기금 요구라고 한다. 일반적으로 감채기금 적립은 만기일에 채권 상환이 완전하게 이루어질 수 있도록 설계 되어 있다. 일반적으로 감채기금 적립은 (1) 회사채 수탁자에게 액면가의 일정 부분을 현금으로 지불하는 방법, (2) 액면가의 일정 부분만큼 공개시장에서 채권을 구매한 후 회사채 수탁자에게 인도하는 방법이 있다. 첫 번째 방법에 의해서 정리된다면 정리된 날짜 이후부터 정리된 부분의 이자지급은 중단된다.

감채기금 목표를 위해 요구되는 정기적인 지불은 매 기간 일정한 것이 보통이지만, 일부 무담보 회사채의 경우 감채기금 요구조건에 명시된 상환금액 이상으로 재매입할 것을 요구하는 것이 허용되기도 하는데, 이를 가속 감채기금 조항(accelerated sinking fund provision)이라고 부른다.

3) 회사채의 신용등급

미국의 대표적인 3대 신용평가회사는 (1) Moody's Investors Service, (2) Standard & Poor's Corporation, (3) Fitch Ratings 등이다. 이들이 제공하는 신용평가시스템에서 가장 높은 신용 등급의 채권들은 Aaa, AAA 등으로 표현되며, 신용위험이 낮다는 것을 표시한다. 가장 높은 상위 4개 범주에 속하는 채권들(트리플 A, 더블 A, 싱글 A, 트리플 B)은 투자등급 채권이라고 부르고, 이 범주보다 낮은 채권들은 비투자등급 채권이라고 부른다. 비투자등급 채권은 high yield bond 혹은 junk bond라고 부른다. 신용등급의 관점에서 본다면 채권시장은 투자등급 채권시장과 비투자등급 채권시장으로 양분된다.

회사채 신용등급 평가 시 고려되는 사항들은 경영의 질, 지불능력, 담보 및 계약사항들을 들 수 있다. 먼저 경영의 질은 이사진의 업무 수행기록, 경영, 이사의 차입자금에 대한 책임 및 이들 자금에 대한 상환, 윤리적인 평판 등으로 평가할 수 있다.

또한 산업트랜드 및 경기순환에 대한 취약성, 진입장벽, 기술적 변화에 대한 노출의 정도, 규제환경 및 규제 변화가 기업의 현금흐름에 미치는 영향, 시장 경쟁에서의 위치 즉, 생산라인의 다변화 등 비용과 수익의 구조, 기업의 추가적인 재무적 조달과 관련된 유동성의 원천, 계약적, 혹은 비 계약적인 신용보강, 모 회사로부터의 계약적 합의 및 보증 등을 회사채의 지불능력을 평가할 때 일반적으로 고려하는 사항으로 볼 수 있다.

담보(collateral)와 관련해서는 부채의 상환을 보장해주는 담보자산이라는 전통적 의미에서 뿐만 아니라 발행자에 의해서 통제되는 저당 잡히지 않은 자산의 질과 가치라는 측면에서도 고려된다. 담보와 관련해서 주의해야 할 사항은 기업에 부도가 발생한 경우이다. 부도가 발생하여 기업이 청산(liquidation) 절차를 밟는 경우(미국 파산법 Chapter 7에 해당) 잔여 자산의 분배는 절대적 우선권에 기초하여 채권자들에게 분배되어 담보부 채권자는 무담보 채권자에 비해 유리한 측면이 있다. 그러나 재구조화(reorganization)를 통해 회생절차를 밟게 되는 경우(미국 파산법 Chapter 11에 해당)에는 절대적 우선권 원칙이 적용되지 않는다. 재구조화는 모든 채권자 및 주주 집단의 지지를 요구하기 때문에 담보 채권자는 자신의 청구권에 대한 우선권을 보장받지 못하게 되는 경우가 발생할 수 있다.

또한 추가적 계약사항들로서, 재무특약(covenants)의 사례를 생각해볼 수 있다. 재무특약이란 대출합의와 관련된 사항과 조건들로, 재무적 사항에 대한 처리 원칙을 담고 있는 동시에 경영의 방향을 제시하는 경우도 있다. 재무특약은 채권자들의 위험을 감소시키는 역할을 하며, 채권자들의 감시망을 벗어나서 주주들에게로 부가 부당하게 이전되는 것을 막아주는 역할을 한다. 채권 특약사항 중 강행조항(positive covenant)은 발행기업이 채권변제일까지 수행해야 하는 행위를 규정한 조항을 의미하며, 금지조항(negative covenant)은 차입자가 특정 행위를 수행하지 못하도록 요구하는 조항을 의미한다.

또한 추가적으로 회사채의 신용등급에 영향을 미치는 위험으로 사건위험(event risk)를 들 수 있다. 이러한 사건위험은 자연적인 산업적 사고나 규제 환경의 변화 및 인수합병 혹은 기업의 재구조화 등으로 인해서 발생한다.

4) 고수익(High Yield) 회사채 부문

High yield 회사채는 triple B 신용등급 이하의 채권을 말하며 정크본드(junk bonds)라고도 한다. High yield 회사채는 고정된 액면이자와 장기의 만기를 갖는 표준적인 구조가 변형된 복잡한 구조가 존재한다. 먼저 LBO(Leveraved Buyout) 혹은 자본재구조화에서 기업이 부담하는 높은 이자는 심각한 현금흐름제약으로 작용한다. LBO나 자본구조조정에 결부된 기업들은 이연된 액면이자 구조를 갖는 채권 발행을 선호한다. 이들 채권들은 일정기간 동안 액면이자 지급이 유예된다. 이연된 액면이자 지급 구조는 세 가지 종류가 있다. (1) 이자지급 이연채권(deferred－interest bonds), (2) 단계적 이자지불 채권(step－up bonds), (3) 현물출자 채권(payment in kind bonds).

이자지급 이연채권은 가장 일반적인 형태이다. 이 채권은 액면가에서 많이 할인된 형태로 매도되고 3년에서 7년 정도의 유예기간 동안 액면이자를 지급하지 않는다. 유예기간 동안 이자를 지불하지 않기 때문에 이 채권은 순할채로 표현되기도 한다. 단계적 이자지불 채권은 액면이자를 지급하지만 낮은 액면이자율에서 시작하여 점차 높은 액면이자를 지급한다. 마지막으로 현물출자 채권은 이자 지급일에 현금을 지급할 것인지 유사한 채권을 지급할 것인지의 선택권을 갖는다. 채권 발행자가 이러한 선택권을 갖는 기간은 5년에서 10년 정도이다.

1987년 말에 성행하였던 정크본드[3]는 발행자가 액면이자를 재조정하여 사전에 결정된 가격(이를테면 $101)으로 거래되는 구조를 갖고 있었다. 액면이자율 재조정은 1회 이상 허용되었으며, 새롭게 조정된 액면이자율은 (1) 재조정일의 이자율 수준, (2) 시장이 원하는 재조정일의 신용스프레드 등을 반영한다. 이 구조는 확장된 재조정(extendable reset)이라고 부른다.

확장된 재조정 채권과 변동금리 채권의 차이를 생각해보자. 변동금리 채권의 경우, 채권계약서 상에 명시된 바와 같이 특정 벤치마크에 스프레드를 얹어서 액면이자율이 결정된다. 그 스프레드는 동 채권이 발행될 때 시장 조건을 반영한다. 확장된 재조정 채권의 액면이자율은 이와는 대조적으로 재조정 당시의 시장 상황, 즉 새로운 금리수준과 새로운 스프레드 수준을 반영하여 결정된다. 투자자들에게 이 채권이 갖는 장점은 그 가격이 액면가에 고정된다는 점에 있다. 그렇지만 부도위험이 갑자기 상승하는 경우에는 채권가격을 액면가로 유지하기가 불가능한 경우도 존재하였다.

High yield 채권의 만기수익률은 역사적으로 상당히 높은 수준이었다. 1978년 이후 25년간의 High yield 채권의 10년 만기 재무성 채권에 대한 연평균 만기수익률 스프레드는 501bp의 높은 성과를 나타내었다. 이 기간 동안 High yield 채권의 부도손실률은 4.1%로 추정되었다. 그 결과 이 기간 동안 High yield 채권의 10년 만기 재무성 채권에 대한 연평균 투자수익률 스프레드는 114bp 정도로 예외적으로 높은 가치를 제공해주는 것으로 보이지는 않는다. 장기적으로 High yield 회사채 부문은 투자등급 회사채와 재무성채권의 성과보다는 우수하지만 보통주의 성과에는 미치지 못하고 있다.

5) MTN(medium term notes)

MTN(medium term note)는 회사채의 일종이다. MTN의 만기는 CP(commercial pa-

3 월스트리트에서 채권부장이던 Michael Milken은 정크본드, 일명 '추락한 천사(fallen angel)'에 집중적으로 투자하여 '정크본드의 제왕'으로 불렸다. 1987년 10월 주식시장 대폭락(블랙먼데이)과 더불어 밀컨의 정크본드에 투자했던 저축조합들의 부실화로 조사가 시작되었다. 결국 1988년 Milken은 98개 항목으로 기소되었으며, 미국 정크본드시장은 사실상 붕괴되었다.

per)보다는 길고 회사채보다는 짧은 중기채권으로 그 만기가 9개월~30년이다. MTN은 1982년에 채택된 SEC의 Rule 415[4] 하에서 기업들은 자금의 필요시기에 따라 발행시기와 만기를 선택하고 고정금리 채권, 변동금리 채권을 발행할 수 있다. 액면이자 지급은 미국 달러화로 표시되며 외국통화 표시도 가능하다.

회사채는 투자은행에서 총액인수 방식으로 발행되지만 MTNs는 투자은행이나 다른 브로커 역할을 하는 대리인에 의해서 모집주선 형태로 발행된다. 또한 회사채는 대규모로 정기적으로 발행되지만 MTNs는 소규모로 연속적 혹은 수시로 발행된다. MTNs을 발행하는 회사는 SEC에 채권 발행 관련 일괄신고서(shelf registration)를 제출한다. MTN 일괄등록은 $100에서 $1 billion 사이로 진행되지만 발행이 더 필요한 경우 추가적인 일괄등록도 가능하다.

기업의 재무담당자가 자금조달을 MTNs으로 할지 회사채로 할지를 고민할 때 발행비용과 발행구조의 유연성을 비교할 것이다. MTN 시장의 급속한 성장은 발행의 비용과 유연성에서 MTNs이 상대적인 장점을 갖고 있기 때문이다. 그러나 회사채 시장도 여전히 건재한 것을 보면 모든 시점과 모든 시장 환경에서 MTNs에 절대적인 우위가 있다고 보기는 어렵다.

MTNs의 발행자가 동시적으로 파생상품시장에서 거래하는 경우의 MTNs은 구조화 MTN이다. 구조화 채권을 창출하는데 사용되는 가장 일반적인 파생상품은 스왑이다. 사실 MTN 시장의 발달은 상업은행의 스왑 활성화를 그 배경을 하고 있다. 그리고 스왑 이외에도 옵션이나 선물/선도, 캡 등 다양한 파생상품과 MTN의 결합을 통한 구조화가 가능하므로 회사채를 통해서 창출할 수 있는 것보다 더 복합적인 위험－수익 형태를 만들어 내고 있다. MTNs은 생애의 일부 동안 변동금리채권이 될 수 있고, 액면이자율 재조정 공식은 지표금리에 기반하며, 주가지수, 개별 주가, 환율, 상품 지수 등에 기초하는 경우도 있다. 역변동금리 채권 또한 구조화 MTN 시장에서 창출되었다.

구조화 MTNs은 투자등급 부채발행에만 참여할 수 있는 기관투자자들이 다른 자산 클래스에 참여할 수 있는 기회를 제공해준다. 예를 들어, MTN을 매입한 투자자는 액면이자가 S&P500에 연동되어 있을 경우에, 주식을 소유함이 없이 주식시장에 참여하는 효과를 누릴 수 있다. 액면이자율이 해외 주가 지수에 연동되어 있는 경우에는 투자자

4 Shelf Registration/Shelf Offering 항목으로, 기업이 자금조달을 위한 증자시 따라야 할 절차를 규정해 놓음.

가 해외 주식을 소유함이 없이 해외 주식시장에 참여할 수 있게 된다. 이러한 서비스 제공의 대가로 차입자들은 자신들의 자금조달 비용을 상당 수준 낮출 수 있다.

구조화 MTNs의 발행과정은 일반적인 회사채의 경우와 매우 다르게 진행된다. 일단 발행량이 소량이다. 그리고 스왑시장에서 상품설계의 유연성을 원하는 투자자들은 대리인을 통해서 발행자에게 접근할 수 있다. 그들 자신들이 원하는 데로 상품을 디자인 해줄 수 있는지를 발행자에게 문의하는데, 이를 역방향 문의(reverse inquiry)라고 한다. 역방향 문의를 통해서 만들어지는 투자자요청 MTN은 최근 구조화 MTN 시장에서 상당한 비중을 차지하고 있다.

2. 모기지 패스스루 증권(MPTS, Mortgage Pass-through Securities)

1) 패스스루의 현금흐름

모기지 패스스루 증권의 현금흐름은 모기지 기초자산으로부터의 현금흐름에 전적으로 의존한다. 모기지 기초자산 현금흐름이란 이자로 표현되는 월별 모기지 지급액과 원금 상환계획에 따른 지급액, 그리고 조기상환 발생액의 합계로 이루어진다. 그렇지만 패스스루 증권의 현금흐름은 모기지 기초자산으로부터의 현금흐름과 양도 같지 않고 타이밍도 같지 않다. 기본적으로 패스스루 증권의 월별 현금흐름은 기초자산에서 발생하는 현금흐름에서 서비스 수수료 및 기타 수수료의 합계액을 차감한 것과 같다고 볼 수 있다. 기타 수수료란 발행자가 요구하는 수수료와 발행을 보증하기 위해서 패스스루 보증자가 요구하는 수수료 등이다. 그리고 현금흐름의 타이밍도 다르다. 월별 모기지 지불금은 매월 일정한 날짜에 모기지 대출자에게 요구된다. 그러나 그 현금흐름이 패스스루 증권 보유자에게 전달되는 데에는 지체현상이 발생한다. 얼마나 지체되는가는 발행 패스스루 증권의 유형에 따라 차이가 있지만 기본적으로 조기상환으로 인해서 패스스루의 현금흐름은 불확실하다. 여기에서 발생하는 조기상환 위험을 해결하기 위해서 CMO(Collateralized Mortgage Obligations) 구조가 고안되었다는 점은 다음 절에서 살펴볼 것이다.

2) 패스스루의 종류

먼저 미국 정부기관들이 발행한 패스스루(Agency pass through)를 살펴보자. 미국의 경우 정부보증은 이자와 원금의 정시상환을 보증하는 완전 보증 방법(fully modified pass through)이 있고, 원금을 제외한 이자의 정시 상환만을 보증하는 방법(modified pass through)이 있다. Government National Mortgage Association, 즉 Ginnie Mae가 보증하는 패스스루는 미국 정부의 신용으로 보증한 완전 보강된 패스스루이며, 미국 재무성 채권과 마찬가지로 부도 위험과 관련해서 무위험증권이다. 일반적으로 MBS(mortgage backed security)라고 함은 Ginnie Mae 패스스루를 의미한다. 그리고 Federal Home Loan Mortgage Corporation, 즉 Freddie Mac이 발행하는 패스스루는 미국 정부의 보증을 받는 것은 아니지만 Ginnie Mae 패스스루와 유사한 신뢰도를 얻고 있으며, 신용이 보강된 패스스루이다. 또한 Federal National Mortgage Association, 즉 Fannie Mae가 발행한 패스스루는 완전하게 신용이 보강된 패스스루이다.

한편 비정부기관 패스스루(nonagency pass through)는 상업은행이나 저축기관들(thrifts), 유동화전문회사(private conduit) 등이 발행한다. 유동화전문회사들은 Fannie Mae 등의 기준에 미달하는 모기지(nonconforming mortgage)를 매수하고, 통합하여 이를 담보로 패스스루를 발행한다. 비정부기관 패스스루는 미국 증권거래위원회(Securities and Exchange Commissioin, SEC)에 등록해야 한다. 이하에서 살펴볼 신용보강(credit enhancement) 방법의 발전은 이러한 패스스루 시장의 성공을 자극하였다.

3) 신용보강(credit enhancement)

신용평가회사가 패스스루의 신용평가를 수행할 때 고려하는 주된 요인들은 자산유형, 대출의 형태(고정금리, 변동금리, 분할상환 및 일시상환), 대출의 만기, 지리적 분포, 대출의 크기, 한도초과융자(jumbo loan), 대출의 계절성, 대출목적 등이 있다. 신용보강의 크기는 특정 모기지 풀의 속성과 목표 신용등급 간의 차이에 따라서 결정된다. 신용보강의 방법에는 외부적인 신용보강과 내부적인 신용보강이 있다.

외부적 신용보강(external credit enhancements)은 제3자의 보증 형태로 진행된다. 이 보증은 (1) 기업보증, (2) 신용장, (3) pool 보험, (4) 채권보험 등이 있다. 이 경우 보증을 제공하는 제3자의 신용등급은 최소한 패스스루의 목표 신용등급은 되어야 한다는 제약조건이 작용한다. pool 보험은 패스스루의 부도와 유질(foreclosures) 등으로 인해서 발생한 손실을 보상해주며, 채권보험은 그 이외의 보조적인 신용보강 형태이다.

내부적 신용보강(internal credit enhancements)은 부도가 발생하지 않더라도 모기지 대출의 현금흐름 특성까지 변경시킬 수 있다. 내부적 신용보강의 가장 일반적 형태는 준비금 펀드(reserve funds), 초과담보(overcollateralization), 선순위/후순위 구조 등을 활용한다.

먼저 준비금 펀드(resreve funds)는 현금준비금 펀드와 초과서비스 스프레드 계좌의 두 가지 형태로 분류된다. 현금준비금 펀드는 화폐시장 상품에 투자되는 현금계좌로서 전형적으로 신용장 등 다른 외부 신용보강 수단과 병행하여 사용된다. 초과서비스 스프레드 계좌는 순 액면이자와 서비스 수수료, 다른 모든 부대비용을 지불하고 난 이후에 적립되는 준비금 계좌이다. 예를 들어 총 가중평균 액면이자율(weighted average coupon rate, WAC)이 7.75%이고, 서비스 수수료 및 다른 부대비용의 합이 0.25%이며, 순 WAC가 7.25%라면, 초과 서비스 스프레드는 0.25%가 된다. 이러한 방식으로 적립된 준비금 계좌는 미래 가능한 손실에 대비하여 점차 적립금액이 커지게 된다.

다음으로 초과담보(overcollateralization)는 모기지 대출금 풀의 원금크기보다 더 큰 원금 풀을 창출하는 기법이다. 예를 들어 발행 액면가는 $100 million이지만 모기지 풀의 액면가는 $105 million인 경우를 생각해볼 수 있다.

한편, 선순위/후순위 구조(senior/subordinated structure)는 내부 신용 지원 구조로 가장 널리 이용되고 있다. 후순위 등급물은 담보물의 손실을 흡수하는 첫 번째 부분이다. 후순위 계급은 선순위 등급물을 보호한다. 예를 들어 $100 million의 패스스루 채권의 구성을 보면 91.25 million의 선순위 채권과 나머지 $7.75의 후순위 채권으로 이루어진 경우를 생각해보자. 만약 $5 million의 손실이 발생한 경우 후순위 클래스에서 이 손실을 실현하게 되어 후순위 클래스의 손실률은 64.5%(=$5/$7.75)이 된다. 만약 손실이 $10 million이 발생하면 후순위 클래스의 실현 손실률은 100%(=$7.75/$7.75)이고, 선순위 클래스의 실현 손실률은 2.4%(=$2.25/$92.25)가 된다. 이 경우 후순위 클래스의 보유자는 선순위 클래스 보유자에 비해서 부도위험에 더 많이 노출되므로, 더 높은 수익률 프리미엄을 요구할 수 있다. 이러한 구조는 선순위 클래스 보유자가 수익률 스프레드를 후순위 클래스 보유자에게 양보하는 자가보험의 일종으로 해석할 수 있다.

4) 조기상환(Prepayment)과 현금흐름

패스스루 증권의 가치를 평가하기 위해서는 패스스루 증권의 현금흐름을 알아야 하지만 조기상환으로 인해 패스스루 증권의 현금흐름을 추정하기가 쉽지 않다. 풀 속에 남아 있는 기초자산 원금의 일정 부분이 매월 조기 상환된다고 가정하고 이를 조건부 조기상환율(CPR, conditional prepayment rate)이라고 부른다. CPR은 과거 조기상환의 경험과 미래 경제 환경 등에 대한 기대치 등을 반영한다고 본다. 조건부 조기상환율이 연율이라는 점을 감안한다면, CPR에 기초한 월별 조기상환율(single monthly mortality rate, SMM)은 다음과 같이 구할 수 있다.

$$SMM = 1 - (1 - CPR)^{1/12} \qquad \text{(식 12–1)}$$

만약 CPR이 6%라면 그에 대응하는 SMM은 다음과 같이 계산된다.

$$SMM = 1 - (1 - 0.06)^{(1/12)} = 0.005143$$

SMM이 $w\%$라는 것은 월 초의 잔존 모기지 액면가에서 개획된 상환을 차감한 것의 약 $w\%$가 해당 월에 조기상환될 것임을 의미한다.

$$t\text{월의 조기상환금} = SMM \times (t\text{월의 모기지 액면가} - t\text{월의 계획된 원금상환})$$

예를 들어, 월 초의 잔존 모기지 액면가가 $290 million이었다고 하자. SMM이 0.5143%이고, 원금상환이 $3 million으로 계획되어 있다면 추정된 조기상환금은,

$$0.005143(\$290,000,000 - \$3,000,000) = \$1,476,041$$

그런데 미국의 경우 일반적으로 사용되고 있는 미국공공증권거래인협회(Public Securities Association(PSA))[5]의 조기상환 기준은 30년 만기 모기지의 조건부 조기상환율에 대해서 다음과 같이 가정한다. (1) 최초 월에는 0.2%의 조건부 조기상환율에서, 최초 30개월에 이를 때까지 매월 0.2%씩 상승하여 30개월 후에는 연간 조건부 조기상환율이

5 1976년 설립된 미국 공공증권협회(Public Securities Association)가 보다 광범위한 회원을 받아들이기 위해 1997년 Bond Market Association으로 변경되었으며, 2006년 채권시장협회와 증권협회가 통합하여 증권산업 및 금융시장협회(SIFMA)로 재편되었다. 그럼에도 금융모형의 이름으로 애초 명칭이었던 PSA 조기상환 기준 명을 여전히 사용하고 있다.

6%에 이른다. (2) 그 이후에는 연간 조건부 조기상환율이 6%로 일정하게 유지된다. 이러한 기준은 100% PSA, 단순하게는 100PSA라고 부른다. 100PSA는 수식으로 표현하면 다음과 같다.

$$\text{if } t \leqq 30: \quad CPR = 6\%(t/30)$$
$$\text{if } t > 30: \quad CPR = 6\%$$
(식 12-2)

t는 모기지 대출 이후의 경과월 수이다. 100PSA를 기준으로 조기상환율의 속도를 다양하게 표현할 수 있다. 예를 들어 50PSA는 기준 조기상환율의 절반속도를 표현하고, 300PSA는 기준보다 3배 빠른 속도를 의미한다.

[표 XII-1]은 다양한 PSA 속도 하에서 조기상환이 완료될 때까지 걸리는 시간을 보여준다. 예를 들어 최근 발행된 모기지(모기지 경과월 수 0)에 대해서 주택소유자들은 평균 17.4년 이후에 조기상환을 완료한다. 동 표에 의하면 만약 주택소유자가 9년 무렵에 조기상환을 완료하고 싶다면, 그는 조기상환 속도를 200PSA에 맞추어야 할 것이다.

조건부 조기상환율 CPR은 (식 12-1)을 이용하여 월별 조기상환율 SMM으로 전환할 수 있다. 예를 들어 5개월 후, 20개월 후, 31개월부터 360개월까지의 월별 조기상환율은 다음과 같다.

표 XII-1 조기상환 완료시까지 평균 시간(연)

모기지(월수)	PSA				
	75%	100%	150%	200%	300%
0	22.9	17.4	11.8	9.1	6.3
6	22.5	17.0	11.4	8.6	5.6
12	22.2	16.6	11.1	8.3	5.5
24	21.8	16.2	10.7	7.9	5.1

출처: Kaen Auld Wagner and Evan B. Firestone, "Homeowner Mobility and Mortgage Prepayment Forecasting," Chapter 11 in Frank J. Fabozzi(ed), Handbook of Mortgage-Backed Securities(Chicago: Probus Publishing, 1995), Exhibit 2.

- 5개월 후 : $CPR = 5\%(5/30) = 1\% = 0.01$

  $SMM = 1-(1-0.01)^{1/12} = 1-0.99^{0.083333} = 0.000837$
- 20개월 후 : $CPR = 6\%(20/30) = 4\% = 0.04$

  $SMM = 1-(1-0.04)^{1/12} = 1-0.96^{0.083333} = 0.003396$
- 31－360개월 후: $CPR = 6\%$

  $SMM = 1 = (1-0.06)^{1/12} = 0.005143$

165PSA를 가정하면 5개월, 20개월, 31－360개월의 SMM은 다음과 같다.

- 5개월 후 : $CPR = 6\%(5/30) = 1\% = 0.01$

  $165PSA = 1.65 \times 0.01 = 0.0165$

  $SMM = 1-(1-0.0165)^{1/12} = 1-0.9835^{0.083333} = 0.001386$
- 20개월 후 : $CPR = 6\%(20/30) = 4\% = 0.04$

  $165PSA = 1.65 \times 0.04 = 0.066$

  $SMM = 1-(1-0.066)^{1/12} = 1-0.934^{0.083333} = 0.005674$
- 31－360개월 후: $CPR = 6\%$

  $165PSA = 1.65 \times 0.06 = 0.099$

  $SMM = 1 = (1-0.099)^{1/12} = 0.007828$

165PSA를 가정한 경우의 SMM은 100PSA를 가정한 경우의 SMM의 1.65배가 아니다. 165PSA를 가정한 경우의 CPR이 100PSA하에서의 CPR의 1.65배이다. 이러한 PSA 가정 하에서 패스스루에 대한 월별 현금흐름을 추정할 수 있다. 패스스루의 현금흐름 추정을 위한 다음 예제를 살펴보자.

예제 12-1 어떤 패스스루의 액면가가 $400 million이라고 하고, 액면이자율이 7.5%이다. 현재 시점은 모기지 발행 이후 3개월이 지난 시점(4개월째)이고, 잔존 모기지의 가중평균액면이자율(WAC, weighted average coupon rate)은 8.125%이고, 가중평균만기(WAM, weighted average maturity)는 357개월이라고 하자. 이 경우, 100PSA를 가정할 때, 패스스루의 첫째 월의 SMM과 조기상환금액, 그리고 첫째 월의 액면이자를 구하시오. 첫째 월에 패스스루에 발생한 현금흐름은

얼마인가? 첫째 월에 계획된 원금상환액이 \$267,535이라면 두 번째 월 초의 패스스루 액면가는 얼마인가? 35번째 월의 SMM은 얼마인가?

풀이 첫째 월의 CPR은 $0.06 \times \frac{4}{30} = 0.008$이다. 따라서 첫째 월의 SMM은 다음과 같다.

- $SMM_1 = 1 - (1 - 0.008)^{(1/12)} = 0.000669$
- 첫째 월의 조기상환금액 $= \$400,000,000 \times 0.000669 = \$267,649.5$
- 첫째 월의 액면이자: $\$400,000,000 \times 0.075 \times \frac{1}{12} = \$2,500,000$

  첫째 월에 패스스루에 발생한 현금흐름은 조기상환금액과 패스스루의 액면이자, 그리고 계획된 원금상환 금액의 합계액이다.
- 첫째 월의 현금흐름:

  $\$267,649.5 + \$2,500,000 + \$267,535 = \$3,035,184.5$

  두 번째 월 초의 패스스루 액면가를 구하기 위해서는 첫 번째 월 초의 패스스루 액면가에서 조기상환금액과 계획된 원금상환 금액을 차감한다.
- 두 번째 월 초의 액면가:

  $\$400,000,000 - \$267,649.5 - \$267,535 = \$399,464,815.5$

  PSA 가정에 따라서 35번째 월의 SMM은 27번째 월의 SMM과 동일하다. 27번째 월에서 357번째 월까지 모든 월의 조건부 조기상환율 CPR은 동일하다고 가정된다. 27번째 월의 SMM은 다음과 같이 계산된다.
- 27번째 월의 CPR＝35번째 월의 CPR: $0.008 + 0.002 \times 26 = 0.06$
- 27번째 월의 SMM＝35번째 월의 SMM: $1 - (1 - 0.06)^{(1/12)} = 0.005143$

이와 같은 방식으로, 357개월에 걸쳐서 매월 계획된 원금상환액이 주어진 경우 매월의 액면이자 금액을 계산할 수 있고, 조기상환금액과 계획된 원금상환액 및 액면이자 금액을 합치면 패스스루가 발생시키는 매월의 현금흐름을 추정할 수 있다. 추정된 현금흐름과 주어진 패스스루의 시장가격을 이용하면 패스스루의 현금흐름 수익률(cash flow yield)를 구할 수 있다. 현금흐름이 현실에 부합하기 위해서는 월별 조기상환율인 SMM의 추정치가 현실에 가까운 값을 가져야 한다. 위에서 설명한 조건부 조기상환율 CPR(혹은 월별 조기상환율 SMM)은 Federal Housing Administration(FHA)의 경험적 데이터를 바탕으로 PSA(Public Securities Association)위원회가 만들어낸 기준 조기상환율이다. 동 위원회는 자신들의 연구에서 최초 모기지가 발행되고 나서 30개월 이상이 되면 CPR

즉, 조건부 조기상환율은 6%가 되는 경향이 있음을 확인하였다. 이들은 CPR이 최초 첫 번째 월의 0.2%에서 30째 월의 6%까지 선형적으로 증가한다고 가정하고 있다.

5) 조기상환에 영향을 미치는 요소들

위에서 설명한 바와 마찬가지로 패스스루의 현금흐름을 추정함에 있어서 모기지 풀에 대한 조기상환 패턴을 예상하는 것이 매우 중요하다. 일반적으로 모기지 대출자들의 조기상환에 영향을 미치는 요소들은 (1) 각 시점에서 측정된 시장지배적 모기지 수익률, (2) 모기지 대출의 특성, (3) 계절적 요인들, (4) 일반적 경제활동 수준 등이 있다.

먼지 시장 지배적인 모기지 수익률은 조기상환 행위에 3가지 방식으로 영향을 미친다. 첫째, 시장의 모기지 이자율이 대출이자율에 비해 낮아질수록 모기지 대출에 대한 조기상환 동기는 커진다. 이 경우 기존 모기지 대출을 조기상환하고 새로운 모기지 대출을 받는 재금융이 경제적인 의미를 갖기 위해서는 이자절감의 이득이 기존 대출을 조기상환하고 새로운 대출을 받는데 들어가는 제반 비용을 초과하는 경우에 의미를 갖는다.

둘째, 모기지 이자율의 경로가 재금융 번아웃(refinancing burnout) 현상을 통해 조기상환에 영향을 준다. 모기지 이자율 경로의 중요성을 이해하기 위해서 모기지 대출이자율이 11%라고 가정해보자. 모기지 대출 이후 모기지 시장이자율이 8%로 하락하는데 두 가지 경로를 생각해보자. 첫 번째 경로에서는 모기지 이자율이 첫 해에 8%로 떨어졌고, 다음 해에는 13%까지 올랐으며 세 번째 해에 다시 8%로 하락했다고 하자. 두 번째 경로는 모기지 이자율이 첫 해 말에 12%, 둘째 해 말에 13%, 세 번째 해 말에 8%로 떨어졌다고 하자. 만약 모기지 이자율이 첫 번째 경로를 따른다면, 재금융으로 이익을 보는 사람들은 모기지 이자율이 8%로 떨어졌을 때 기회를 활용하려고 할 것이다. 3년 말에 이르러 모기지 이자율이 다시 8%로 떨어진 시점을 생각해보면, 재금융기회로부터 이익을 얻는 사람들은 모기지 이자율이 처음 8%로 떨어졌을 때 이미 재금융을 수행했기 때문에 조기상환율이 높아지지는 않을 것이다. 이것을 재금융 번아웃(refinancing burnout) 현상이라고 한다. 대조적으로 모기지 이자율이 두 번째 경로를 따를 때, 조기상환율은 초기 2년 동안에는 낮은 상태로 유지되었다가 모기지 이자율이 8%로 낮아진 3년째가 되면 재금융 및 조기상환율이 증가할 것으로 기대된다. 이처럼 재금융 번아웃

현상은 모기지 이자율의 경로와 밀접한 연관을 갖는다.

셋째, 시장지배적 모기지 이자율은 주택소유 가능성과 주택 회전율에 영향을 미치고 그를 통해 조기상환에 영향을 준다. 모기지 이자율 수준이 낮아지면 주택구매가 자극되고 주택교체는 조기상환에 영향을 주게 된다.

또한 기본적 계약이자율의 수준과 연방주택청(FHA) 및 재향군인회(VA) 등의 보증 여부, 대출의 만기와 액면이자 지급 방법, 기초자산의 지리적 분포 등과 같은 모기지 대출의 일반적 특징들도 조기상환에 영향을 미친다.

다음으로 계절적 요인들(seasonal factors)도 조기상환에 영향을 미친다. 조기상환에는 계절적 패턴이 존재한다. 일반적으로 봄에는 주택구매가 늘어나며, 늦여름에는 최고조에 이르고, 가을과 겨울에는 주택구매가 감소한다. 따라서 조기상환은 겨울에는 낮으며, 봄에 증가하고 여름에 최고조에 도달하는 것이 보통이지만 패스스루 조기상환의 지체로 인해서 가을에 조기상환의 최고점이 나타날 수 있다.

또한 일반적인 경제활동 수준도 조기상환에 영향을 미친다. 성장하는 경제는 개인소득을 증가시키는 동시에 노동자의 이동기회를 증가시켜 주택교체를 야기한다. 경기불황은 주택교체를 줄인다. 그렇지만 최근의 연구결과 거시경제변수가 조기상환에 미치는 영향은 제한적인 것으로 나타나고 있다.

이상에서 논의한 바와 같이 조기상환에 영향을 미치는 요인들은 다양하게 존재한다. 이들 요인들을 통합하여 월별 조기상환율을 예측하는 데 사용할 수 있다. 예를 들어 골드만 삭스와 같은 투자은행들은 이들 요인들을 이용하여 모기지 풀의 수많은 모기지 대출 각각에 대해서 잔존기간 동안의 조기상환율을 추정하는 모형을 다음과 같이 제시하고 있다.

$$\text{월별조기상환율} = (\text{재금융동기}) \times (\text{계절성승수}) \times (\text{월승수}) \times (\text{번아웃승수})$$

이 식에서 월승수는 (식 12−2)와 같이 PSA가 제시한 조건부조기상환율(CPR)에 의해 결정된다. 그 밖의 다양한 승수들은 앞서 논의한 조기상환율에 대한 영향을 조정하는 승수이다. 이 결과를 이용하면 특정 모기지 풀에 대한 산술평균 조기상환율을 구할 수 있고, 모기지 액면가를 이용한 가중평균 조기상환율도 구할 수 있다.

6) 비정부기관 패스스루(Nonagency pass-through)의 현금흐름

위에서 살펴본 미국 정부기관 패스스루(Agency pass-through)의 현금흐름은 부도나 연체의 영향을 받지 않는다. 그러나 비정부기관 패스스루에서는 부도나 연체의 영향이 고려되어야 한다. 비정부기관 패스스루의 부도율에 대한 표준은 PSA의 표준부도가정(SDA, standard default assumption)을 이용할 수 있다. 주어진 모기지 풀에 대한 연간 부도율은 (100SDA를 가정하면) 모기지 발행 이후 월별 시간의 함수로 다음과 같이 주어진다.

- 1번째 달의 부도율은 0.02%이며, 30번째 월까지 매월 0.02% 증가한다. 30번째 월이 되면 부도율은 0.6%가 된다.
- 30번째 월에서 60번째 월까지 부도율은 0.06%로 일정하게 유지된다.
- 61번째 월에서 120번째 월까지 부도율은 0.6%에서 0.03%로 감소한다.
- 120번째 월 이후에는 부도율은 0.03%로 고정된다.

참고로, 만약 0SDA를 가정하면 부도가 발생하지 않는다는 것을 의미한다.

7) 현금흐름 수익률(cash flow yield)과 평균생존기간

패스스루의 추정된 현금흐름과 시장가격이 주어진 상황에서는 패스스루의 수익률(yield)이 계산될 수 있다. 이 수익률은 기대현금흐름의 현재가치를 시장가격과 같아지게 만들어주는 이자율이다. 이런 방식으로 계산된 수익률을 현금흐름수익률(cash flow yield)라고 한다. 패스스루의 경우 월별 현금흐름이 발생하기 때문에 계산된 yield는 월별이자율이다. 이에 반해 재정증권이나 회사채의 경우 6개월에 한 번씩 액면이자를 지급한다. 패스스루 보유자는 월별 현금흐름을 재투자함으로써 6개월에 한 번씩 액면이자를 지급하는 재정증권이나 회사채보다 더 많은 이자를 확보할 기회를 가질 수 있다. 따라서 패스스루와 재정증권 및 회사채를 동일 기준에서 비교하기 위해서는 현금흐름수익률을 연율화할 때 단순하게 월별수익률에 12를 곱하는 방법을 사용하지 않는다. 그 대신 패스스루의 6개월 현금흐름수익률을 복리 방식으로 먼저 구하고, 거기에 2를 곱하여 연율화하는 방법을 사용한다.

$$\text{패스스루의 6개월 현금흐름수익률} = (1+y_M)^6 - 1$$

이 식에서 y_M은 현금흐름의 현재가치가 패스스루의 가격과 같아지게 만들어주는 월별수익률이다. 최종적으로 패스스루의 채권등가수익률(bond equivalent yield)는 다음과 같이 계산된다.

$$\text{패스스루의 채권등가수익률} = 2 \times [(1+y_M)^6 - 1]$$

그런데 패스스루의 현금흐름을 추정함에 있어서 조기상환에 대한 가정이 매우 중요하다는 점을 기억하자. 재정증권이나 회사채와는 달리 패스스루의 경우 조기상환에 대한 가정 없는 현금흐름수익률(yield)은 의미 없는 숫자에 불과하다. 그리고 조기상환에 대한 가정 즉, PSA를 미리 확정한다고 하더라도 투자자 입장에서 현금흐름수익률이 의미가 있으려면 다음과 같은 조건이 만족되어야 한다. (1) 투자자는 패스스루로부터 발생하는 모든 현금흐름을 계산된 현금흐름수익률(yield)로 재투자해야 한다. (2) 투자자는 모든 모기지의 상환이 완료될 때까지 패스스루를 보유해야 한다. (3) 가정된 조기상환율이 패스스루 전 생애기간 동안 유지되어야 한다. 또한 비정부기관 패스스루의 경우 가정된 부도율과 연체율이 변동 없이 유지되어야 한다. 이러한 모든 조건이 만족된다고 가정했을 때 앞서 계산된 현금흐름수익률(yield)가 신뢰성을 가질 수 있다. 이 조건들이 만족되지 않는다면 투자자들은 그 수익률을 신뢰하지 않을 것이다. 사실상 이 조건들이 모두 만족될 가능성은 희박하기 때문에 패스스루의 계산된 현금흐름수익률(yield)의 한계를 인식할 필요가 있다.

이처럼 패스스루의 현금흐름수익률의 신뢰성은 떨어지는 편이지만, 재정증권과 비교해서 더 높은 yield를 제공해준다. 손쉬운 비교를 위해서 Ginnie Mae 패스스루와 재정증권을 비교해보자. 이 둘은 모두 부도위험이 없다. 그럼에도 불구하고 나타나는 이 둘 간의 수익률 차이는 지니매 패스스루의 조기상환 위험을 반영한다. 비정부기관 패스스루와 정부기관 패스스루의 수익률 간 스프래드는 신용위험과 조기상환 위험을 모두 반영한다. 조기상환 위험이 다른 이유는 기초 모기지의 기본 속성에 기인한다. Ginnie Mae 패스스루의 경우 기초 모기지는 연방주택청(FHA) 및 재향군인회(VA) 등이 보증한 모기지이다. 이자율이 하락하는 경우 보증이 들어간 모기지에 대한 조기상환속도는 그러한 보증을 얻지 못한 모기지의 조기상환 속도에 미치지 못한다. 이는 정부보증을 받은 모기지 대출자들의 경우 이자율 하락폭에 대응하는 재금융 비용을 감내할 만한 능력이 없다는 것을 의미한다.

한편, 패스스루의 경우 조기상환으로 인해서 채권의 실질만기를 나타내는 매컬리 듀레이션도 사용하기가 부적절하다. 패스스루의 경우 평균생존기간이라는 만기측도가 매컬리 듀레이션보다 더 많이 사용되고 있다.

패스스루의 평균생존기간은 원금을 돌려받기까지의 평균시간이다. 원금 상환은 조기원금상환과 계획된 원금상환의 합계액이다. 평균생존기간은 다음과 같은 수식으로 표현된다.

$$\text{평균생존기간} = \sum_{t=1}^{T} \frac{t \times t\text{시점에 돌려받는 액면가}}{12(\text{총 액면가})} \qquad \text{(식 12-3)}$$

이 식에서 T는 전체 월수를 표시한다. 패스스루의 평균생존기간 역시 PSA의 조기상환 가정에 전적으로 의존하고 있음을 알 수 있다.

8) 조기상환위험과 ALM

패스스루의 현금흐름은 조기상환에 의존하기 때문에 불확실하다. 조기상환은 기본적으로 모기지 이자율의 수준에 의존한다. 조기상환 위험은 모기지 이자율이 떨어질 때 발생하는 수축위험(contraction risk)과 모기지 이자율이 상승할 때 발생하는 연장위험(extension risk)으로 구분할 수 있다.

먼저 이자율 하락에 따른 수축위험을 살펴보자. 어떤 투자자가 액면이자 10%의 Ginnie Mae 패스스루를 구입한 경우를 생각해보자. 만약 시장의 모기지 이자율이 6%로 떨어지면 두 가지 결과가 발생할 수 있다. 첫째, 이자율의 하락은 차입자들로 하여금 모기지 대출을 조기에 상환하고 더 낮은 이자율로 재금융할 유인을 키워준다. 이 결과는 수의상환권부 회사채나 지방채권의 경우에도 마찬가지이다. 조기상환의 가능성으로 인해서 이들 증권의 이자율 하락에 따른 가격상승은 조기상환 옵션이 없는 채권의 경우만큼 크지 않을 수 있다. 즉, 패스스루 증권의 가격 상승 잠재력이 조기상환으로 인해서 제약된다. 둘째, 패스스루에서 월별로 발생하는 현금흐름은 이제 낮아진 이자율로 재투자되어야 한다는 점이다. 이자율 하락에 따른 이 두 가지 역효과를 수축위험(contraction risk)라고 부른다.

이제 이자율 상승에 따른 연장위험(extension risk)을 살펴보자. 위의 사례에서 모기지 이자율이 15%로 상승한 경우를 생각해보자. 이자율 상승은 차입자들로 하여금 모기지 대출을 조기에 상환하고 재금융할 유인을 떨어뜨린다. 그 결과 발생하는 조기상환율의 하락은 예상된 것보다 상대적으로 액면가를 증가시키는 효과를 발생시킨다. 따라서 패스스루 가격은 일반적인 채권의 경우와 마찬가지로 하락할 것이지만 그 하락의 폭은 조기상환 옵션이 없는 채권에 비해 더 큰 폭으로 하락할 것이다. 이러한 모기지 이자율 상승의 역효과를 연장위험(extension risk)이라고 한다.

패스스루의 조기상환 위험은 시장이자율이 하락해도 위험(수축위험)하고 상승해도 위험(연장위험)하다는 것을 말해준다. 조기상환위험은 일부 금융기관의 입장에서 패스스루의 매력도를 떨어지게 만든다. 금융기관의 입장에서 패스스루를 보유하게 되면 자산-부채 관리(asset liability management, ALM)가 어려워질 수 있다. 몇 가지 사례를 살펴보자.

- 저축기관이나 상업은행들은 자금을 단기로 조달하여 운용하는데, 자금조달비용보다 높은 운용스프레드를 얻기를 원한다. 그런데 패스스루의 만기는 매우 길기 때문에 이들이 패스스루에 자금을 투자한 경우 불일치가 발생할 수 있다. 패스스루에 투자한 경우 특히 연장위험에 취약하다. 예금기관들은 시장이자율이 상승하는 경우 패스스루 가격이 상대적으로 큰 폭으로 하락하여 단기자금의 원금상환에 어려움을 겪을 수 있다.
- 보험회사의 지급의무를 만족시키기 위해서도 패스스루는 매력도가 떨어진다. 구체적으로 4년 만기 GIC(Guaranteed Investment Certificate, 만기 이전에 찾을 수 있는 정기예금)를 발행한 생명보험회사가 패스스루에 투자한 경우를 살펴보자. 이 경우 패스스루는 현금흐름의 불확실성과 조기상환으로 인해 보험사를 연장위험에 노출시킨다. 만기 4년이 되면 GIC의 원금을 상환해야 하는데, 이자율이 상승한 경우 패스스루의 가격이 큰 폭으로 하락하여 원금상환이 어려워질 수 있다.
- 장기부채를 상환해야 하는 연금펀드의 경우를 생각해보자. 이 경우 패스스루에 투자한다면 연금펀드는 조기상환으로 인해서 자산의 만기가 급격하게 짧아지는

위험에 노출된다. 특히 시장이자율이 하락하는 경우 연금펀드는 축소위험에 노출된다. 조기상환이 더 가속화되고 조기상환금액을 더 낮은 시장이자율로 재투자해야 하는 위험에 노출된다.

이처럼 기관투자자들이 패스스루에 투자할 때, 일부 기관투자자들은 연장위험에 노출되고 일부는 수축위험에 노출된다는 것을 살펴보았다. 그렇다면 기관투자자들을 위해서 패스스루의 현금흐름을 조정하여 수축위험과 연장위험을 감소시킬 수 있을 것인가? 정답은 "가능하다"이다. 패스스루의 현금흐름을 조정하는 대출채권담보부증권(CMO; Collateralized Mortgage Obligation)의 구조를 다음 절에서 소개한다. CMO에 대한 논의에 앞서 패스스루의 조기상환이 투자자들에게 역효과만 주는 것이 아님을 이해할 필요가 있다. 투자의 성과는 패스스루를 할인으로 구입했는지, 아니면 프리미엄으로 구입했는지에도 달려 있다. 할인으로 샀을 때 조기상환은 수익률을 두 가지 점에서 개선한다. 첫째, 조기상환으로 인해서 투자자는 지불가격과 액면가의 차이만큼 자본이득이 실현된다. 둘째, 할인으로 거래되는 패스스루의 액면이자는 신규발행 패스스루의 액면이자보다 낮다. 따라서 조기상환은 투자자가 더 높은 액면이자로 재투자할 수 있는 기회를 제공해준다.

만약 패스스루를 프리미엄으로 구입하였다면, 조기상환은 두 가지 점에서 투자성과를 악화시킨다. 첫째, 조기상환으로 인해서 지불가격과 액면가격의 차이만큼 자본손실이 실현된다. 둘째, 프리미엄으로 거래되는 패스스루의 액면이자는 신규발행 패스스루의 액면이자보다 높다. 따라서 조기상환은 더 낮은 액면이자로 재투자되어 투자성과를 악화시킨다.

3. CMO(Collateralized Mortgage Obligations)

앞서 언급한 같이 모기지 패스스루 증권의 현금흐름은 모기지 기초자산의 현금흐름에 전적으로 의존한다. 그런데 모기지 기초자산의 현금흐름은 조기상환으로 인해서 불확실하고 그에 따라 패스스루 증권은 조기상환위험을 갖는다. 투자업계에서는 패스스루 증권이 갖는 조기상환 위험을 해결하기 위해서 대출채권담보부증권(CMO; Collateralized

Mortgage Obligations) 구조를 고안하였다. 모기지 기초자산의 현금흐름을 변화시키는 것은 불가능하다. 그렇지만 CMO 구조화를 통해서 다양한 채권집합을 창출하고 '현금흐름 넘겨주기'를 통해서 조기상환 위험을 재분배하는 것은 가능하다. CMO가 도입되었다고 해서 모기지 기초자산의 조기상환위험이 없어지는 것은 아니다. 다만, CMO는 서로 다른 만기와 액면이자를 갖는 채권 풀을 구성하고 조기상환의 순위를 각 그룹별로 차별적으로 설정함으로써 투자자들이 원하는 다양한 위험-수익 특성을 만족시킬 수 있는 상품을 창출하였다. CMO는 만기, 액면이자, 조기상환위험이 구분되는 다양한 모기지 관련 상품들을 제공하였고, 이 분야 채권투자자에게 갖는 매력도를 증가시켰다.

CMO 증권의 기초자산은 패스스루나 모기지 대출 혹은 stripped MBS 등의 pool이다. CMO는 이들 기초자산의 pool을 구조화하여 다양한 채권보유자 그룹을 창출한다. 한 상품 내에서 동일한 수준의 신용우선권을 갖는 채권보유자그룹이 2개 이상 존재할 때 그 상품구조를 패이스루(pay-through) 구조라고 한다. 패스스루 상품구조 내에서는 동일한 수준의 신용우선권을 갖는 채권보유자 그룹은 1개만 존재한다. CMO 구조 하에서 창출된 채권그룹들을 트랜취(tranches)라고 부른다. 기초자산으로부터 원금지급액은 트랜취를 종료시키는 데 사용되는데, 각 트랜취를 어떤 순서로 종료시킬 것인가는 투자설명서(prospectus)에 명시되어 있다. 이제 가장 간단한 CMO 구조를 살펴봄으로써 논의를 구체화해보자.

1) 순차적 지불 트랜취(sequential pay tranches)

1983년[6]에 최초로 만들어진 CMO는 각각의 채권 집합이 순차적으로 종료되도록 구조화되었다. 이러한 순차적 지불 CMO의 사례로 CMO-01이라는 가상적인 CMO의 사례를 통해 거래의 기본적 구조를 생각해보자. 이 가상적인 CMO의 담보는 가상적인 패스스루이다. 이 패스스루의 액면가는 $400 million이며 (1) 패스스루의 액면이자율은 7.5%, (2) 모기지 대출의 가중평균 액면이자율(weighted average coupon rate, WAC)은 8.125%, (3) 모기지 대출의 가중평균 만기(weighted average maturity, WAM)는 360개월이다. 액면가 $400 million의 기초자산 담보를 이용하여 다음과 같은 4개의 채권그룹이

6 투자은행 Salomon Brothers와 First Boston이 미국 모기지 대출기관인 Freddie Mac을 위해 1983년에 최초로 발행함.

만들어진다. 이 채권그룹의 특성은 다음 표와 같다.

표 XII-2 CMO-01의 각 트랜취별 액면가와 액면이자율

트랜취	액면가	액면가 가중치	액면이자율(%)
A	$194,500,000	0.48625	7.5
B	36,000,000	0.09	7.5
C	96,500,000	0.24125	7.5
D	73,000,000	0.1825	7.5
	$400,000,000	1	

- 액면이자 지불원칙: 각각의 트랜취의 액면이자는 매월 초의 액면가에 비례하여 지불된다.
- 원금 지불 원칙: 트랜취 A의 원금이 다 지불되고 나서, 트랜취 B 원금이 지불되고, 이것이 완료되면, 트랜취 C 원금이 지불되고, 이것이 완료되면 트랜취 D의 원금이 지불된다.

각 트랜취의 액면가의 합계는 패스스루 증권의 액면가와 동일하다. 이 단순한 구조에서 액면이자율은 모든 트랜취에서 동일하게 설정되어 있지만 현실에서 액면이자율은 다르게 설정될 수 있다. 앞서 언급한 바와 같이 CMO는 패스스루의 현금흐름을 재분배함으로써 창출된다는 사실을 기억하자. 여기에서 패스스루의 현금흐름이란 이자와 원금을 의미한다. 이들 현금흐름은 지불원칙에 따라 서로 다른 트랜취에 분배된다. 위 표의 하단의 지불원칙은 패스스루에서 발생하는 현금흐름이 4가지 트랜취로 어떻게 분배되는지를 설명해주고 있다. 액면이자와 원금의 배분원칙은 별도로 설정된다. 원금, 즉 액면금액은 계획된 원금지급과 조기상환의 합계액이다.

CMO－01에서, 각 트랜취는 매월 액면이자 지급액을 매월 초의 액면금액에 기초하여 지불받는다. 그러나 원금의 지불은 이와는 달리 특별한 방식으로 이루어진다. 후순위 트랜취의 경우 선순위 트랜취의 원금지불이 완료되기 전에는 원금을 지불받지 못한다. 구체적으로 트랜취 A는 원금액 $194,500,000을 모두 지불받을 때까지 원금을 우선적으로 지불받는다. 트랜취 A에 대한 원금지급이 완료되고 나면 트랜취 B, C, D에 대한 원금지불이 순차적으로 진행된다. 이러한 액면이자 지불원칙과 원금지불 원칙에 입각하여 각 트랜취의 현금흐름이 어떻게 결정되는지를 다음 예제를 통해서 살펴보자.

예제 12-2 어떤 패스스루의 액면가가 $400 million이라고 하고, 액면이자율이 7.5%이다. 현재 시점은 모기지 발행 이후 3개월이 지난 시점(4개월째)이고, 잔존 모기지의 가중평균액면이자율(WAC, weighted average coupon rate)은 8.125%이고, 가중평균만기(WAM, weighted average maturity)는 357개월이라고 하자. 165PSA를 가정할 때, 첫째 월의 SMM을 계산하시오. 첫째 월에 트랜취 A, B, C, D에 지급되는 액면이자는 얼마인가? 첫째 월에 계획된 원금상환액이 $267,535이라면 첫째 월에 트랜취 A, B, C, D에 지급되는 현금흐름은 얼마인가? 둘째 월 초의 트랜취 A, B, C, D의 액면금액은 얼마인가?

풀이 100PSA 하에서 첫째 월의 CPR은 $0.06 \times \frac{4}{30} = 0.008$이다. 그리고 165PSA 하에서 첫째월의 CPR은 $0.008 \times 1.65 = 0.0132$이다. 따라서 165PSA 하에서 첫째 월의 SMM은 다음과 같다.

- $SMM_1 = 1-(1-0.0132)^{(1/12)} = 0.001106712$

  첫째 월의 조기상환액: $\$400,000,000 \times 0.001107 = 442,684.7$

  첫째 월에 트랜취 A, B, C, D에 지급되는 액면이자는 전체 액면이자 지급액과 트랜취 A의 비중(0.48625)을 곱한 값으로서 다음과 같이 계산된다.

- 트랜취 A 액면이자: $\$400,000,000 \times 0.075 \times \frac{1}{12} \times 0.48625 = \$1,215,625$
- 트랜취 B 액면이자: $\$400,000,000 \times 0.075 \times \frac{1}{12} \times 0.09 = \$225,000$
- 트랜취 C 액면이자: $\$400,000,000 \times 0.075 \times \frac{1}{12} \times 0.24125 = \$603,125$
- 트랜취 D 액면이자: $\$400,000,000 \times 0.075 \times \frac{1}{12} \times 0.1825 = \$456,250$

  첫째 월에 각 트랜취에 지급되는 현금흐름은 살펴보면 트랜취 A의 경우만 조기상환금액과 계획된 원금상환액 및 지급액면이자의 합계액으로 구성되고, 나머지 트랜취들은 액면이자만 지불된다.

- 트랜취 A 현금흐름: 조기상환금액 + 계획된 원금상환액 + 지급액면이자

$$\$442,684.7 + \$267,535 + \$1,215,625 = \$1,925,844.7$$

  다음으로 둘째 월 초의 트랜추 A의 액면금액은 첫째 월 초의 액면금액에서 조기원금상환액과 계획된 원금상환액을 차감한 값이고 나머지 트랜취들의 액면금액은 첫째 월과 동일하다.

- 둘째 월 초의 트랜취 A의 액면금액:

  $\$194,500,000 - \$710,219.7 = \$193,789,780.3$

이처럼 특정한 조기상환 속도(위의 예에서는 165PSA 가정)를 가정하면, 매 월의 계획된 원금상환액이 주어져 있는 경우 각 트랜취들의 현금흐름이 어떻게 결정되는지 추정할 수 있다. 초기에는 원금상환이 트랜취 A에 집중되기 때문에, 트랜취 A의 액면금액이 0이 되는 시점이 나타나고(예를 들어 80월), 그 이후에는 트랜취 B, C, D에 대한 원금상환이 순차적으로 이루어진다. 어떤 트랜취의 원금상환이 시작되는 시점부터 원금상환이 완료되는 시점까지의 기간을 원금상환 윈도우(the principal pay-down window)라고 한다. 각 트랜취의 원금상환 윈도우의 길이는 조기상환속도와 계획된 원금상환에 따라서 다르게 결정될 것이다. 참고로 본 예제에서 마지막 트랜취 D에 대한 원금상환은 항상 CMO의 만기시점인 357월에 완료된다.

이제 CMO의 창출을 통해서 무엇이 이루어졌는가를 살펴보자. [표 XII-3]을 보면 서로 다른 조기상환 속도에 대응하는 패스스루의 평균생존기간에 대한 사례분석 결과가 나타나 있다. 앞 절에서 패스스루의 평균생존기간을 정의한 바 있는데, 아래 표를 보면 165PSA 조기상환 속도를 가정하면, (주어진 원금상환계획에 대응하여) 평균생존기간이 8.76년으로 계산되었다. 이 평균생존기간은 1월부터 357월까지 추정된 현금흐름을 기초로 (식 12-3)에 의하여 계산된 값이다. [표 XII-3]에 따르면 4개 트랜취의 평균생존기간이 기초자산으로 설정된 패스스루보다 짧은 경우도 있고, 긴 경우도 있음을 확인할 수 있다. 투자자들의 기호에 따라서 평균생존기간에 대한 선택이 가능하게 되었음을 알 수 있다.

그런데 [표 XII-3]을 보면 트랜취들의 평균생존기간에 상당한 격차가 존재한다. 이러한 평균생존기간의 격차는 원금상환의 우선순위 설정을 통해 발생하였는데, 그 결과 각각의 트랜취를 조기상환위험의 방어수단으로 사용할 수 있게 되었다. 예를 들어 트랜취 A의 평균생존기간은 패스스루의 평균생존기간보다 큰 폭으로 감소하여 연장위험(extension risk)으로부터 보호를 제공한다. 시장의 모기지 이자율이 상승하는 경우 패스스루 가격은 큰 폭 하락하지만, 트랜취 A의 경우 만기가 짧아서 가격하락의 폭은 작게 나타나는 것이다. 이러한 연장위험으로부터의 보호는 트랜취 B, C, D가 실질적으로 제공해주고 있는 것이다. 또한 트랜취 C와 D의 평균생존기간은 패스스루보다 길게 나타나서 수축위험(contraction risk)로부터 보호를 제공해준다. 시장의 모기지 이자율이 하락하는 경우 조기상환의 증가로 인해 패스스루 가격의 상승폭이 작게 나타나지만, 트랜취 C와 D의 경우 조기상환이 증가할 우려가 없기 때문에 패스스루가 직면하는 수축위험으로부터 보호되는 것이다. 이러한 수축위험에 대한 보호는 원금상환을 우선적으로 받는 트랜취 A와 B로부터 제공된다.

표 XII-3 CMO-01의 기초자산과 각 트랜취별 평균생존기간

조기상환속도 (PSA)	패스스루 (담보)	트랜취 A	트랜취 B	트랜취 C	트랜취 D
50	15.11	7.48	15.98	21.02	27.24
100	11.66	4.90	10.86	15.78	24.58
165	8.76	3.48	7.49	11.19	20.27
200	7.68	3.05	6.42	9.60	18.11
300	5.63	2.32	4.64	6.81	13.36
400	4.44	1.94	3.70	5.31	10.34
500	3.68	1.69	3.12	4.38	8.35
600	3.16	1.51	2.74	3.75	6.96
700	2.78	1.38	2.47	3.30	5.95

자료출처: Frank, J. Fabozzi, Bond Markets, Analysis, and Strategies, Exhibit 12-3.

표 XII-4 CMO-02의 각 트랜취의 액면가와 이자율

트랜취	액면가	액면가 가중치	액면이자율(%)
A	$194,500,000	0.48625	7.5
B	36,000,000	0.09	7.5
C	96,500,000	0.24125	7.5
Z(accrual)	73,000,000	0.1825	7.5
	$400,000,000	1	

- 액면이자 지불원칙: 각 트랜취의 액면이자는 매월 초의 액면가에 비례하여 지불된다. 트랜취 Z에 대해서는 원금과 이전기간의 합쳐진 이자의 합계액에 이자를 더해준다. 트랜취 Z에 대해서 지불되어야 할 이자는 원금 지불 원칙에 따라 원금상환에 이용된다.
- 원금 지불 원칙: 트랜취 A의 원금이 다 지불되고 나서, 트랜취 B 원금이 지불되고, 이것이 완료되면, 트랜취 C 원금이 지불되고, 이것이 완료되면 트랜취 Z의 원금 및 누적된 이자 지급이 완료될 때까지 수행된다.

2) 발생액(accrual) 트랜취

CMO－01의 사례에서 이자지급 원칙은 모든 트랜취에게 매월 이자를 지급하는 방식이었다. 많은 순차적 지불 CMO 구조에서 최소한 하나의 트랜취는 이자를 지급받지 않고, 이자가 원금에 합쳐지는 구조를 갖는다. 이러한 트랜취를 발생액(accrual) 트랜취 혹은 Z 채권(왜냐하면 그 채권은 순할인채 zero coupon bond와 같기 때문이다)이라고 한다. 발생액 채권 범주에 지급되는 이자는 이 경우 지급순위가 앞서는 트랜취의 원금상환 속도를 증가시킨다.

발생액 트랜취의 사례를 보기 위해서 CMO－02의 사례를 살펴보자. 이 가상적인 CMO 구조는 CMO－01과 기본적으로 동일하지만, 마지막 트랜취 D가 발생액 트랜취인 Z 채권이라는 점만 차이가 난다. 이 CMO 구조는 [표 XII－4]에 나타나 있다.

발생액 트랜취가 존재하는 경우 액면이자 지불원칙과 원금지불 원칙에 입각하여 각 트랜취의 현금흐름이 어떻게 결정되는지를 다음 예제를 통해서 살펴보자.

예제 10-3 본 예제는 [예제 12－2]와 동일하지만 마지막 트랜취가 D가 아니라 Z라는 점만 차이가 있다. 첫째 월에 트랜취 A, B, C, Z에 지급되는 액면이자는 얼마인가? 첫째 월에 계획된 원금상환액이 $267,535이라면 첫째 월에 트랜취 A, B, C, Z에 지급되는 현금흐름은 얼마인가? 둘째 월 초의 트랜취 A, B, C, Z의 액면금액은 얼마인가?

풀이 첫째 월에 트랜취 A, B, C, Z에 지급되는 액면이자는 전체 액면이자 지급액과 트랜취 A의 비중(0.48625)을 곱한 값으로서 다음과 같이 계산된다.

- 트랜취 A 액면이자: $\$400,000,000 \times 0.075 \times \frac{1}{12} \times 0.48625 = \$1,215,625$
- 트랜취 B 액면이자: $\$400,000,000 \times 0.075 \times \frac{1}{12} \times 0.09 = \$225,000$
- 트랜취 C 액면이자: $\$400,000,000 \times 0.075 \times \frac{1}{12} \times 0.24125 = \$603,125$
- 트랜취 Z 액면이자: 0원

트랜취 Z에 지급되어야 할 액면이자 $456,250은 트랜취 A의 원금상환에 이용됨과 동시에 이 금액 $456,250은 트랜취 Z의 액면금액을 증가시킨다. 첫째 월에 각 트랜취에 지급되는 현금흐름은 살펴보면 트랜취 A의 경우만 조기상환금액과 계획된 원금상환액 및 지급액면이자와 트랜취 Z에 대한 액면이자의 합계액으로 구성되고, 트랜취 B, C에는 액면이자만 지불되며, 트랜취 Z에 대한 현금흐름은 0이다.

- 트랜취 A 현금흐름

: 조기상환금액+계획된 원금상환액+트랜취A 액면이자+트랜취Z 액면이자

$442,684.7+$267,535+$1,215,625+$456,250=$2,382,094.7

다음으로 둘째 월 초의 트랜취 A의 액면금액은 첫째 월 초의 액면금액에서 조기원금상환액과 계획된 원금상환액 및 트랜취 Z의 이자지급액을 차감한 값이고 트랜취 B, C의 액면금액은 첫째 월과 동일하며, 트랜취 Z의 액면금액은 첫째월의 액면금액에 이자지급액을 합친 것이다.

둘째 월 초의 트랜취 A의 액면금액은 첫째 월의 트랜취 A의 액면금액에서 조기상환액과 계획된 원금상환금액 및 트랜취 Z의 액면이자금액을 차감한 금액으로 다음과 같다.

- 둘째 월 트랜취 A의 액면금액:

$194,500,000−$442,684.7−$267,535−$456,250=$193,333,530.3

둘째 월 초의 트랜취 B와 C의 액면금액은 첫째 월의 액면금액과 같고, 트랜취 Z의 액면금액은 첫째 월의 액면금액에 이자지급액을 더한 것과 같다.

- 둘째 월 트랜취 Z의 액면금액: $73,000,000+$456,250=$73,456,250

결과적으로 트랜취 Z에 대한 이자지급이 차단되고 그것이 트랜취 A, B, C의 원금상환에 이용되기 때문에 트랜취 A, B, C의 평균생존기간은 짧아질 것으로 기대된다. 이와는 반대로 트랜취 Z의 평균생존기간은 길어진다. 그 결과 Z 채권을 포함함으로써 더 짧은 만기를 가진 트랜취와 더 긴 만기를 가진 트랜취가 창출되었다. 발생액 채권은 재투자를 할 액면이자가 지급되지 않으므로 재투자위험에 민감한 투자자에게 매력적이다. 발생액 트랜취의 재투자위험은 다른 트랜취의 원금상환이 완료될 때까지 제거된다.

3) 계획된 상환 집합 트랜취(PAC(Planned Amortization Class) Tranches)

앞서 살펴본 CMO 혁신은 MBS에 투자를 기피하거나 그 위험에 민감한 기관투자자들의 관심을 끄는 데에는 일단 성공하였다. 그렇지만 여전히 CMO는 조기상환 위험으로 인해 현금흐름의 불확실성 문제를 해결하지 못하는 문제를 안고 있었다. 예를 들어 조기상환율을 165PSA로 예상하였는데, 실현된 조기상환율이 300PSA로 나타났다면

투자한 트랜취의 평균생존기간과 현금흐름에 상당한 차이가 발생하게 된다. 이러한 불확실성은 기관투자자들이 CMO에 본격적인 투자를 기피하게 하는 요인으로 작용하였다. 전통적인 회사채 투자자들은 회사채 특성과 높은 신용등급을 동시에 원한다. 회사채 특성이란 불릿(bullet)과 같은 만기의 확실성 및 감채기금 타입의 신뢰성 높은 상환계획을 말한다. CMO는 높은 신용등급은 만족해주었지만 조기상환의 불확실성으로 인해서 만기와 상환계획에 여전히 불확실성을 안고 있었다.

이 문제를 해결하기 위하여 1987년에 일련의 혁신적인 상품들이 추가로 등장하였는데, 계획된 상환 집합(PAC, Planned Amortization Class) 채권이 바로 그것이다. PAC 채권들은 조기상환 속도가 일정한 범위 내에 존재하는 경우에 현금흐름 즉, 상환계획과 만기를 확정할 수 있다는 특징을 갖는다. PAC 채권을 어떻게 구성하는지를 살펴보기 위하여 앞서 설정한 사례를 그대로 이용한다. 즉, 담보로 설정된 패스스루의 액면가는 $400 million이고, 액면이자율은 7.5%이다. 그리고 모기지 대출의 가중평균액면이자율

표 XII-5 PAC의 원금상환 흐름

월	90% PSA	300% PSA	최소 원금상환: PAC 상환계획
1	508,169.52	1,075,931.20	508,169.52
2	569,843.43	1,279,412.11	569,843.43
3	631,377.11	1,482,194.45	631,377.11
…			
103	1,446,761.00	1,458,618.04	1,446,761.00
104	1,440,825.55	1,433,539.23	1,433,539.23
105	1,434,919.07	1,408,883.01	1,408,883.01
…			
347	617,071.58	12,944.51	12,944.51
348	615,468.65	12,626.21	12,626.21
349	613,875.77	12,314.16	3,432.32
350	612,292.88	12,008.25	0
…			
357	601,439.39	10,029.78	0

자료출처: Frank, J. Fabozzi, Bond Markets, Analysis, and Strategies, Exhibit 12-7.

(WAC)은 8.125%이고, 가중평균만기(WAM)는 357개월이다. 다음 [표 XII-5]의 2열은 90PSA 조기상환속도를 가정하고 원금상환(계획된 원금상환+조기상환)이 어떻게 이루어지는지를 보여주고 있다. 동 표의 3열은 300PSA 조기상환속도를 가정한 원금상환을 보여주고 있다.

동 표의 마지막 열은 조기상환 속도 90PSA와 300PSA에 대한 최소 원금상환을 보여주고 있는데 이것이 PAC 채권의 원금상환 계획이다. 이 원금상환 계획을 보면 1월부터 103월까지는 90PSA 조기상환 속도 하에서의 원금상환에 따르고, 104월부터 원금상환이 종료되기 직전월인 348월까지는 300PSA 조기상환 속도 하에서의 원금상환을 따른다. 그리고 최종적으로 PAC 채권의 원금상환은 349월에 종료된다.

그런데 특이한 점은 담보에 대한 조기상환속도가 90PSA에서 300PSA 사이에 있는 상환계획을 추가로 도입한다고 하더라도, 최소원금상환은 [표 XII-5]의 마지막 열과 크게 달라지지 않는다. 예를 들어 조기상환 속도가 200PSA인 원금상환계획을 추가로 포함한다고 하더라도 최소원금상환계획은 달라지지 않는다. 이 경우에도 1월부터 103월까지 최소원금상환은 90PSA 원금상환계획에 나타난 것과 같고, 104월 이후에는 300PSA 원금상환 계획에 나타난 것과 동일하다. 이러한 특성을 반영하여 사례에서 90PSA를 하위칼라, 300PSA를 상위칼라라고 부른다.

담보상환의 이와 같은 안정적인 속성은 PAC 채권을 만들 수 있는 근거를 제공해준다. 비록 원금상환속도가 90PSA와 300PSA 사이에 존재할 것이 확실하다고 말할 수는 없지만, 상당한 개연성 하에서 PAC 채권의 원금상환계획을 확정할 수 있는 것이다. PAC 채권의 이와 같은 현금흐름의 개선된 예상가능성은 최소 원금상환계획과 같은 반드시 만족되어야 하는 원금상환 스케줄을 구성하였기 때문이다. PAC 채권보유자들은 CMO 내에서 다른 채권 클래스에 비해서 기초 담보로부터 원금상환에 대한 우선권을 갖는다. 이와 같은 PAC 채권의 현금흐름의 더 높은 확실성은 비PAC 트랜취의 희생을 전제로 한다. CMO 구조 내에서 PAC 채권의 상환을 지원해주는 비PAC 채권그룹은 지원채권(support bonds)이라고 부른다. 지원채권은 PAC 채권에 대해서 확장위험과 축소위험, 즉 양방향 조기상환위험으로부터 보호한다.

아래의 [표 XII-6]은 PAC 채권과 지원채권의 평균생존기간을 나타낸다. 다양한 조기상환속도 가정 하에서 하위칼라 90PSA와 상위칼라 300PSA 사이에서 PAC 채권의 평균생존기간은 7.26년으로 안정적으로 나타났다. 그러나 조기상환속도가 이 칼라보다 더

표 XII-6 조기상환율에 따른 PAC 채권의 평균생존기간

조기상환율(PSA)	PAC 채권	지원채권
0	15.97	27.26
50	9.44	24.00
90	7.26	18.56
150	7.26	12.57
300	7.26	3.13
350	6.56	2.51
400	5.92	2.17
500	4.93	1.77
700	3.70	1.37

자료출처: Frank, J. Fabozzi, Bond Markets, Analysis, and Strategies, Exhibit 12-9.

느리거나 더 빠른 경우에는 그 안정성은 무너지고 평균생존기간도 변화한다. 조기상환속도가 하위칼라보다 느리면 평균생존기간이 늘어나고, 상위칼라보다 빠르면 평균생존기간이 줄어든다. 그러나 그 경우에도 지원채권의 평균생존기간의 변화폭은 PAC 채권에 비해 더 크게 나타났다.

대부분의 CMO PAC 구조는 하나 이상의 PAC 채권을 보유하는데, PAC 트랜취들 간의 원금상환 우선순위가 정해져 있다. 우선순위가 가장 높은 PAC 트랜취의 평균생존기간이 가장 짧게 나타나고 조기상환율 PSA 칼라가 가장 넓게 나타난다. 그리고 평균생존기간이 짧은 PAC 트랜취의 경우 원금상환기간의 길이를 나타내는 윈도우도 좁게 나타나서 현금흐름이 불릿 회사채와 닮아 있다. 특정한 부채 상환 스케줄에 직면해 있는 기관투자자들은 이처럼 좁은 윈도우를 가진 트랜취를 선호한다. PAC 채권이 동반하는 조기상환위험에 대한 방어는 지원채권이 담당한다. 선순위 PAC 트랜취일수록 그것을 지원해 줄 수 있는 충분한 액면가를 보유한 지원채권이 존재하므로, 실제로 실현된 조기상환율의 경로가 PSA 칼라를 벗어나는 일이 발생하더라도 안정적인 현금흐름을 보장받게 된다.

4) SMBS(Stripped Mortgage-Backed Securities)

패스스루는 기저자산인 모기지 풀의 현금흐름을 증권 보유자들에게 비례적으로 분배한다. SMBS는 원금과 이자를 비례적 분배에서 불비례적 분배로 변환시킨다. 이 과정에서 SMBS는 기저자산인 모기지 풀의 가격/수익률 관계와 다른 가격/수익률 관계를 갖게 된다. 본 절에서는 이와 관련하여 IO(interest-only) 증권/ PO(principal-only) 증권을 소개한다.

1987년 초에 SMBS는 이자가 IO class에만 지급되고 원금은 다른 PO class에만 지급되는 형태로 발행되기 시작했다. 이들 IO 증권과 PO 증권은 모기지 스트립이라고 불린다. 먼저 PO 증권은 액면가에서 크게 할인된 가격으로 매수된다. PO 증권에서는 조기상환의 속도가 클수록, 투자자가 실현하는 수익률도 커진다. 예를 들어, 30년 만기 모기지를 기초자산으로 하는 패스스루가 있고, 그 액면가는 $400 million이라고 하자. 그리고 투자자는 이 패스스루의 PO 증권을 $175 million에 매수하였다고 하자. 이 투자의 총 수익은 $225million이 될 것이다. 이 수익이 얼마나 빨리 실현될 것인가가 수익률을 결정할 것이다. 극단적인 경우로, 배후의 모기지 풀에서 주택소유자가 자신들의 모기지 대출을 모두 일시상환 하기로 결정했다면, PO 투자자들은 즉각적으로 $225million의 수익을 실현하게 된다. 또 다른 극단에서, 만약 주택소유자들이 30년 동안 주택을 소유하고, 조기상환을 하지 않는다면, 수익금액 $225million는 30년 이후에 실현되고 PO 투자자의 수익률은 낮아질 것이다.

시장의 모기지 이자율이 변화함에 따라서 PO의 가격이 어떻게 변화할 것인가를 살펴보자. 모기지 이자율이 액면이자율보다 낮아지면, 조기상환의 속도가 증가할 것이며, PO 보유자에게 지불이 가속화될 것이다. 따라서 PO 현금흐름이 개선될 뿐만 아니라 그 현금흐름은 더 낮은 이자율로 할인되어 PO 가격은 상승할 것이다. 이와 반대로 모기지 이자율이 액면이자율보다 높아지면, 원금의 조기상환 속도는 느려질 것이다. PO의 현금흐름이 악화될 뿐만 아니라 현금흐름은 더 높은 이자율로 할인되어 PO 가격은 하락한다.

IO가 구매될 때 IO의 액면가는 존재하지 않는다. PO 투자자와 대조적으로, IO 투자자는 원금상환이 천천히 이루어지기를 소망한다. 왜냐하면 IO 투자자들은 매월 기록된 패스스루의 액면가에 대한 이자를 받기 때문이다. 조기상환이 이루어지면, 매월 기록된 패스스루의 액면가가 낮아지고, 이들이 받는 이자는 감소할 것이다. 만약 조기상환이 너무 빠르게 진행되면, IO 투자자는 자신들이 지불한 IO 가격의 원금도 건지지 못하는 경우도 발생할 수 있다.

이제 모기지 이자율이 변동할 때, IO 가격이 어떻게 변화하는지를 생각해보자. 모기지 이자율이 액면 이자율 이하로 떨어지면, 조기상환이 빨라진다. 그 결과, IO의 현금흐름이 악화된다. 비록 악화된 현금흐름이 더 낮은 이자율로 할인되지만, 순효과는 IO 가격이 하락하는 것으로 나타난다. 반대로 만약 모기지 이자율이 액면이자율 이상으로 상승하면, IO의 현금흐름은 개선된다. 비록 개선된 현금흐름이 더 높은 이자율로 할인되지만, 순 효과는 IO 가격이 상승하는 것으로 나타난다. IO의 흥미로운 특성을 볼 수 있다. IO의 가격은 모기지 이자율의 변화와 같은 방향으로 변화한다. 이 효과는 (1) 모기지 이자율이 액면이자율 이하로 떨어질 때, (2) 모기지 이자율이 액면이자율 이상의 일부 구간으로 상승할 때 나타난다.

4. ABS(Asset-Backed Securities)

2절과 3절에서 표준적인 모기지 대출 풀에 기초한 증권에 대해서 논의하였다. 여기서 표준적인 모기지 대출이란 1차 담보물권(first lien) 모기지 대출을 의미한다. 1차 담보물권 모기지 대출이 아닌 다른 대출로 만든 자산유동화 증권은 ABS라고 한다. 미국에서 ABS 시장의 가장 큰 부문은 자동차 대출(auto loans), 신용카드 매출채권(credit card receivables), 주택소유자 지분을 담보로 2차 대출을 받는 주택지분대출(home equity loan) 등이 있다. 최근에 ABS 시장은 다양한 분야로 점차 확대되는 추세이다.

ABS는 투자자를 신용위험에 노출되도록 하는데, 이러한 신용위험에 대해서는 신용평가사들은 담보가 갖는 신용의 질, 판매자/서비스 제공자의 질적 측면, 현금흐름 압력과 지불구조, 법적인 구조 등에서 평가한다. 먼저 담보가 갖는 신용의 질적 측면과 관련해서 신용평가사는 차입자의 지불능력 및 차입자의 재무상태를 평가한다. 또한 대출의 집중도도 검토한다. 자산증권화는 분산화를 통한 신용위험 축소의 원리에 기초한다. 만약 자산 풀의 전체 액면가에 비해 상대적으로 소수의 차입자만 존재한다면, 분산화를 통한 위험감소 효과가 나타나지 않을 수 있다. 이러한 위험은 집중화 위험(concentration risk)이라고 한다. 이 경우 신용평가사는 개별 차입자의 비중과 차입금액을 제한할 것이다. 신용평가사는 모든 ABS에 대해서 신용보강을 수행한다. 외부적 신용보강 방법으로 보험, 기업보증, 신용장 등의 방법을 적용하고, 내부적인 신용보강 방법으로 준비금펀드, 초과담보, 선순위/후순위 구조 등을 적용한다.

각각의 금융기관 혹은 대출자는 자신의 보증에 대한 표준을 갖고 있다. 대부분의 경우 서비스 제공자가 판매자 및 대출의 제공자가 되는데, 그 대출은 담보로 기능한다. 일반적으로 이러한 서비스의 담보가능성 여부를 평가할 때 다음 사항들이 고려된다. (1) 서비스의 역사, (2) 서비스 경험, (3) 발행, (4) 서비스 능력, (5) 인적자원, (6) 금융적 조건, (7) 성장/경쟁/사업 환경 등을 고려한다.

ABS 거래에서 기초 담보가 제공하는 현금흐름은 일반적으로 이자와 원금 상환이다. 그 중 일부는 투자자에게 전달되고 일부는 서비스 수수료, 발행자가 요구하는 부대비용으로 소요된다. 신용평가사는 이러한 담보로부터의 현금흐름이 충분한가를 검토하는데 부도와 연체를 가정하고 다양한 이자지급 경로를 고려한다. 그리고 발행자는 지불우선순위를 결정한다. 즉 채권의 원금상환이 어떤 순서로 상환되는지, 초과현금흐름은 어떻게 사용되는지를 결정하는데, 이 구조는 주로 담보의 종류에 영향을 받게 된다.

채권발행회사는 ABS 발행으로 담보를 판매하고 난 이후에도 그 담보에 대해서 일정한 이해관계를 유지하는 경우가 있다. 이 상태에서 발행회사가 파산할 경우 (ABS 투자자가 아닌) 발행회사의 채권자들은 담보에 접근하려는 유인을 갖고 있는 반면, 파산법원은 담보의 현금흐름을 ABS 투자자들에게 재분배하기를 원하고, ABS 담보의 현금흐름이나 담보 자체를 발행회사의 채권자들로부터 보호하기를 원한다. 이처럼 상충하는 문제를 해결하기 위해서 파산으로부터 보호되는 특수목적회사(special-purpose vehicle, SPV)가 도입되었다. SPV는 담보 판매자들의 100% 자회사로 설립되지만 담보 판매자와는 별도의 제3자로 간주된다. 담보는 SPV에 판매되며, SPV는 이 담보물을 트러스트(trust)에 재판매한다. 트러스트는 투자자의 이익을 대변하여 담보를 보유한다.

ABS의 지불구조 결정에 영향을 미치는 담보는 크게 상환자산과 비상환자산으로 분류된다. 상환자산은 차입자의 규칙적인 상환이 계획된 원금상환과 이자지불로 구성된다. 우선 표준적인 주택 모기지 대출이 이러한 상환자산의 범주에 속한다. 자동차 대출과 일부 주택지분대출(폐쇄형 주택지분대출) 또한 상환자산의 범주에 속한다. 상환자산의 현금흐름을 추정하기 위해서는 MBS와 마찬가지로 조기상환율과 부도율의 추정이 필요하다.

반면 비상환자산은 차입자가 수행해야 하는 규칙적인 상환계획을 갖지 않는다. 그 대신 차입자는 비상환자산에 대해서 최소한의 상환을 수행해야 한다. 만약 상환이 액면가에 대한 이자보다 작으면 이 차이는 액면가를 증액시키는데 사용된다. 만약 상환이 액면이자보다 크면 이 차이는 액면가를 감액시키는데 사용된다. 비상환자산에 대해서는 원금상환에 대해서 미리 짜여진 계획표는 없기 때문에 조기상환 개념은 적용되지 않는다. 신용카드 매출채권, 일부 주택지분대출 등이 비상환자산의 사례이다. 비상환자산의 현금흐름을 추정하기 위해서는 조기상환율은 불필요하지만 부도율의 추정은 여전히 필요하다.

조기상환 분석은 개별 대출수준에서도 가능하고 풀의 수준에서도 가능하다. 풀의 수준에서 분석은 담보를 구성하는 대출이 동질적인 경우에 적절하다. 상환계획은 총가중평균 액면이자와 가중평균 만기에 기초해서 만들어진다. 그리고 ABS의 만기는 특별히 유의미한 변수는 아니며, 그 대신 MBS와 마찬가지로 평균생존기간이 적용된다.

1) 자동차 대출 ABS(Auto loan-backed securities)

자동차 대출증권의 발행자는 (1) 자동차 제조사의 금융자회사, (2) 상업은행, (3) 독립적 금융회사나 자동차 대출에 특화된 소규모 금융기관 등이다. 자동차 대출 ABS의 현금흐름은 규칙적인 월별지불(이자와 계획된 원금상환)과 조기원금상환의 합계로 이루어진다. 월별 이자율은 고정금리와 변동금리 모두 가능하다.

자동차 대출증권 ABS의 조기상환은 다음 사건들로 인해서 발생한다. (1) 대출의 전액 상환을 요구하는 판매나 거래, (2) 자동차의 후속적인 매매, (3) 자동차 손상 혹은 파손, (4) 이자비용 절감을 위한 대출의 상환, (5) 낮은 이자비용을 위한 재금융. 자동차의 후속적인 매매로 인한 조기상환은 경기변동에 민감하다. 특히 경기침체기에 이 요인으로 인한 조기상환은 증가한다. 자동차 대출의 경우 자동차 판매 촉진을 위해서 대출이자율이 시장이자율보다 매우 낮은 수준이기 때문에 조기상환의 원인 중 재금융은 부수적 중요도를 갖는다.

자동차 대출 ABS의 지불구조는 패스스루와 패이스루 방식이 있다. 패스스루 구조에서는 동일한 수준의 신용우선권을 갖는 채권보유자 그룹이 1개만 존재하며, 패이스루

구조에서는 각기 다른 수준의 신용우선권을 갖는 채권보유자 그룹이 2개 이상 존재한다. 자동차 대출 ABS의 전형적인 패스스루의 구조를 살펴보면 선순위 트랜취 A, 후순위 트랜취 B, 그리고 IO(interest only) 트랜취 등이 존재한다. 자동차 대출 ABS의 대부분의 거래가 패스스루 구조이지만 규모가 작은 거래에 주로 많이 사용되며, 규모가 큰 거래는 보통 패이스루 구조를 갖는다. 전형적인 패이스루 구조 하에서 선순위 트랜취는 A1, A2, A3, A4와 같은 복수의 선순위 트랜취가 설정되는데, 액면이자율은 고정이자율과 변동이자율 모두 가능하며, 선순위 트랜취에서 평균생존기간의 범위가 차별적으로 나타나도록 구성된다. 보통 후순위 트랜취는 클래스가 구분되지 않는다. 자동차 대출 ABS의 신용보강은 주로 내부적인 신용보강 방법으로 선순위/후순위 구조를 통해 수행된다. 내부적 신용보강은 이외에도 현금준비금, 추가 담보 등을 통해서 이루어진다.

2) 신용카드 매출채권 ABS

신용카드 매출채권 ABS의 현금흐름은 원금과 금융비용으로 구성된다. ABS 보유자는 월별, 분기별, 6개월 단위별로 정기적인 지불을 받으며, 이자는 고정금리, 변동금리 모두 가능하다. 자동차 대출 ABS와는 대조적으로 신용카드 매출채권 ABS의 원금상환은 특별한 상환방법을 쓰지 않는다. 그 대신 18개월에서 10년까지의 다양한 잠금(lockout) 기간 혹은 갱신(revolving) 기간 동안 차입자의 원금지급은 수탁자에 의해서 추가적으로 신용카드 매출채권에 재투자된다. 이 기간 이후에 원금은 더 이상 재투자되지 않고 투자자에게 지급된다.

신용카드 매출채권 ABS의 정관에는 신용의 질을 보호하는 신속상환(rapid amortization) 규정이 있다. 신속상환은 신탁자(trust)가 투자자에게 액면이자나 서비스 수수료를 지급하기에 충분한 정도의 소득을 발생시킬 수 없는 경우, 혹은 서비스 제공자의 부도가 발생하거나 신용등급이 특정 수준이하로 떨어질 때, 혹은 발행자가 풀링과 서비스 제공의 합의를 위반했을 때에 발생한다.

신용카드 매출채권 ABS의 경우 잠금기간 동안에는 원금상환이 발생하지 않으므로 조기상환율 개념이 성립하지 않는다. 그 대신 시장에서는 월 지불비율(monthly payment rate, MPR)이 사용된다. 이 측도는 전월 액면가 대비 금융서비스 수수료와 원금상환을 모두 포함하는 월별 지불금액의 비율을 측정한다. MPR은 2가지 측면에서 중요하게 고려된다. 첫째, 만약 MPR이 매우 낮다면 원금상환과 관련해서 연장위험이 존재한다. 둘째, MPR이 매우 낮다면 원금을 상환하기에 충분한 현금흐름이 존재하지 않게 되고, 이는 조기상환을 시작하게 하는 사건으로 간주될 수 있다.

신용카드 매출채권 ABS에 사용되는 원금상환(amortization) 구조는 3가지가 있다. 첫째, 패스스루 구조이다. 이 구조 하에서는 신용카드 계정으로부터의 원금상환 현금흐름이 비례적으로 증권보유자에게 지불된다. 둘째, 통제상환(controlled amortization) 구조이다. 이 구조 하에서는 계획된 원금 상환금액이 정해진다. 이 계획 원금 상환금액은 충분히 낮아서 대부분의 시나리오 하에서도 부채상환 의무를 만족시킬 수 있다. 셋째, 불릿(bullet) 지불구조이다. 이 구조 하에서 투자자는 한 번에 원금총액을 상환 받는다. 수탁자는 이자를 지불하면서도 원금상환이 이루어질 수 있도록 원금상환액을 축적시킨다.

초기의 신용카드 ABS 구조에서 신용보강 방법으로 은행의 신용장이 일반적으로 사용되었다. 이러한 제3자 보증의 약점은 담보의 성과와는 별도로 신용장을 제공한 은행의 신용도가 떨어질 경우 구조의 ABS의 신용도도 동반 하락할 수 있다는 점이다. 최근에는 자동차 대출 신용보강과 마찬가지로 내부적인 신용보강 방법으로 선순위/후순위 구조를 사용한다. 추가적인 내부적 신용보강으로 현금준비금 계정의 경우 은행으로부터 차입한 자금은 CP나 다른 화폐시장 상품에 투자된다.

3) 주택지분대출 ABS

주택지분대출(home equity loan, HEL)은 주택 특성에 의해서 지지되는 대출이다. 주택지분대출은 대부분 1차 담보물권(lien)을 지지하는 2차 담보물권으로 기능한다. 이러한 주택지분대출은 폐쇄형과 개방형 모두 가능하다. 폐쇄형 HEL은 고정된 만기를 갖고 만기까지 대출금액을 완전히 상환하는, 일반적 모기지 대출 상각법과 동일한 방법으로 구조화된다. 이러한 폐쇄형 HEL의 현금흐름을 예측하기 위해서는 조기상환율 모형과 부도 모형을 모두 마련해야 한다. 개방형 HEL의 경우 신용한도(line of credit)가 부여되면 신용계정의 크기만큼 신용카드 사용 및 수표 발행이 가능하다. 또한 신용한도에 따라 리볼빙 기간 동안 자금을 차입할 수 있고, 만기 종료시점에서 차입금을 상환할 수 있다.

HEL 발행자는 HEL에 대한 보증을 결정할 때 3가지 핵심적인 비율을 살펴본다. 결합대출가치 비율(combined loan-to-value ratio, CLTV), 2차 담보물권 비율, 지불-소득 비율이 그것이다. CLTV는 모든 모기지 담보물권의 자산평가가치에 대한 비율이다. 예를 들어 어떤 대출신청자가 $10,000의 2차 담보물권을 HEL을 통해서 갖기를 원하는 경우를 생각해보자. 이 자산의 평가가치는 $100,000이고 1차 담보물권은 $80,000이다. 이 경우 CLTV는 90%[=($80,000+$10,000)/$100,000]이다. 그리고 이 사례에서 2차 담보물권 비율은 11.11% [=$10,000/($10,000+$80,000)]이다. 지불-소득 비율의 계산에서 월별 모기지 지불은 모든 모기지 지불을 포함한다.

폐쇄형 HEL의 월별 현금흐름은 MBS와 완전히 동일하다. 이 경우 현금흐름은 순이자, 계획된 원금상환, 조기원금상환 등으로 이루어진다. 폐쇄형 HEL의 현금흐름의 불확실성도 MBS와 마찬가지로 조기상환 위험에서 발생한다. 그런데 HEL 조기상환과 모기지 대출의 조기상환에는 큰 차이가 있다. 일반적으로 HEL 대출규모는 모기지 대출보다 규모가 작기 때문에 조기상환의 중요성이 HEL의 경우 상대적으로 작다. 그로 인해 조기상환을 위한 재금융이 의미를 갖기 위해서는 이자율 하락폭이 모기지 대출에 비해 더 커야 할 것이다.

일반적으로 HEL과 관련된 조기상환 모형은 앞서 살펴본 조건부조기상환기준(PSA) 곡선과 구분되는 HEP(home equity prepayment) 곡선을 갖는다. PSA 곡선이 30개월까지 상승하다가 이후에 6%에서 일정한 형태를 띠는 것이 비해서 HEP 곡선은 보다 짧은 10개월까지 매월 2%씩 상승하다가 20% 수준에서 일정한 형태를 띠는 모습을 나타낸다.

주택지분대출 ABS는 폐쇄형 HEL을 담보로 사용하는 경우도 있고, 개방형 HEL을 담보로 사용하는 경우도 있다. 개방형 HEL을 담보로 사용하는 경우의 ABS를 HEL floater라고 부른다. 이 ABS의 신용보강은 외부적인 신용보강 방법과 내부적인 신용보강 방법 모두를 사용한다.

5. CDO(Collateralized Debt Obligagions)

CDO는 다음과 같은 한 가지 혹은 한 가지 이상의 채무(debt obligations)들의 풀에 의해서 지지되는 증권이다. (1) 미국 투자등급 혹은 비투자등급 회사채, (2) 미국 은행 대출, (3) 신흥시장 채권, (4) 특별상황대출(special situation loans), 부실채권(distressed debt), (5) 해외 은행 대출, (6) ABS, (7) 주거, 상업 목적 MBS. 기초자산 풀이 채권유형의 증권(회사채 혹은 신흥시장 채권)인 경우, CDO는 CBO(collateralized bond obligation)이라고 부른다. 기초자산 풀이 은행대출인 경우 CDO는 CLO(collateralized loan obligation)이라고 부른다.

CDO 구조의 특징은 기초자산 포트폴리오 관리를 담당하는 담보 관리자의 존재이다. 담보자산을 매입하기 위한 자금은 부채발행으로 조성된다. 이들 부채그룹을 트랜취라고 한다. 트랜취는 선순위 트랜취, 매자닌 트랜취, 후순위/자본 트랜취로 구분된다. 이 중에서 매자닌 트랜취는 없을 수도 있다. 후순위/자본 트랜취를 제외하면 신용등급이 필요하다. 선순위 트랜취에 대해서는 최소한 single A 등급이 요구된다. 매자닌 트랜취는 triple B 혹은 최소한 single B 등급이 요구된다. 후순위/자본 트랜취는 신용등급이 요구되지 않으며, 잔여 현금흐름을 취득한다. 담보관리자는 발행 당시에 각 트랜취에 부과된 신용등급을 유지하기 위해서 특정한 테스트 혹은 이를 만족시키는 수행과제를 이행해야 한다. 담보관리자가 각 트랜취에 대해서 지불할 수 있는 이자지불 능력과 원금지불 능력은 담보의 성과에 의존한다. CDO 트랜취의 부채의무(이자와 원금)를 충당하기 위한 성과물의 자금원천은 다음과 같다. (1) 담보자산으로부터 발생하는 액면이자지급, (2) 담보자산의 만기도래 원금지급, (3) 담보자산의 매각 등이 그것이다.

전형적인 CDO 구조에서 하나 혹은 그 이상의 트랜취는 변동금리구조이다. 그런데 담보관리자가 투자하는 기초자산은 변동금리를 지불하는 은행대출의 경우를 제외하면, 대부분 고정금리 채권이다. 트랜취 투자자에게 변동금리를 지불하면서 고정금리 자산에 투자한다. 기초자산으로부터 고정금리 수입을 각 트랜취의 변동금리 지불로 변화시키기 위해서 담보관리자는 파생금융상품, 특히 이자율 스왑을 이용한다.

CDO는 거래 스폰서의 목적에 따라 차익거래 CDO(Arbitrage CDO)와 재무제표개선 CDO(Balance sheet CDO)로 구분된다. 만약 거래 스폰서의 동기가 담보에서 제공되는 수익과 다양한 트랜취에 지불해야 하는 지불금의 차액을 버는 것을 목적으로 하는 경우라면 그것은 차익거래 CDO이다. 만약 거래 스폰서의 동기가 자신의 재무상태표 상의 부채를 제거하는 데 목적이 있다면 그러한 거래는 재무제표개선 CDO라고 한다. 재무제표개선 CDO의 스폰서는 대부분 은행 등인데, 이들은 감독기관의 자기자본 규제를 회피할 목적으로 CDO 거래를 이용한다. 본 절에서는 주로 차익거래 CDO에 초점을 맞추고 있다. 또한 CDO는 현금 CDO와 합성 CDO로 구분되는데, 합성 CDO는 신용파생상품을 이용하는 경우이다. 이에 관해서는 후술한다.

1) 차익거래 CDO

차익거래 CDO 창출의 경제적 실현가능성은 그 구조가 후순위/자본 트랜취에 대해서 경쟁력 있는 수익을 제공하는가 여부에 달려 있다. 후순위/자본 트랜취의 현금흐름을 어떻게 창출하는가를 이해하기 위해서 다음과 같은 CDO 사례를 살펴보자. 이 CDO의 액면가는 $100 million이며, 발행 시 제시된 액면이자율은 다음과 같다.

트랜취	액면가	액면이자 타입	액면이자율
선순위	$80,000,000	변동	LIBOR+70 BP
매자닌	10,000,000	고정	재정증권이자+200 BP
후순위/자본	10,000,000	-	-

가정은 다음과 같다.

- 담보는 10년 만기 채권으로 이루어져 있다
- 담보 내 모든 채권의 액면이자는 고정금리이다
- 담보 내 모든 채권의 구입 시 액면이자는 10년 만기 재무성채권수익률 +400bp이다.

담보관리자는 이자율스왑 계약을 체결하는데, 그 명목원금은 $80 million이고 다음과 같은 합의를 전제로 하고 있다.

- 매년 10년 만기 재무성채권 이자율+100 bp 지급
- 매년 LIBOR 금리 수취

이자율 스왑의 이자 지급은 명목 금액의 상계로 이루어진다. 이제 후순위/자본 트랜취에 현금흐름이 어떻게 결정되는지 살펴보자. CDO를 발행할 때의 10년 만기 재무성 채권의 이자율을 7%라고 가정하자. 이 경우 담보로부터의 이자금액은 다음과 같다.

- 담보로부터의 이자금액: $11\% \times \$100,000,000 = \$11,000,000$

다음으로 선순위 트랜취와 메자닌 트랜취에 지불되는 이자금액은 다음과 같다.

- 선순위 트랜취에 지급되는 이자: $\$80,000,000 \times (LIBOR + 70bp)$

그리고 이자율 스왑계약에서 담보관리자가 제3자와의 거래에서 명목적 액면가 \$80 million(선순위 트랜취의 액면가로 맞추어져 있음)에 대해서 매년 미국 10년만기 재무성 채권 이자율(발행당시는 7%)에 100bp를 얹어서 지급하고, LIBOR 금리를 지급 받는다.

- 스왑 거래 상대방에게 지불하는 이자금액: $8\% \times \$80,000,000 = \$6,400,000$
- 스왑 거래 상대방으로부터 지불받는 이자금액: $\$80,000,000 \times LIBOR$

이 거래를 종합해보자. 먼저 담보관리자가 수취한 이자금액은 다음과 같다.

담보로부터 이자금액	$= \$11,000,000$
스왑 거래상대방으로부터 이자 금액	$= \$80,000,000 \times LIBOR$
수취한 총 이자 금액	$= \$11,000,000 + \$80,000,000 \times LIBOR$

담보관리자가 지급하는 이자금액은 다음과 같다.

선순위 트랜취에 지급되는 이자금액	$= \$80,000,000 \times (LIBOR + 70bp)$
매자닌 트랜취에 지급되는 이자금액	$= \$900,000$
스왑 거래상대방에 지급되는 이자금액	$= \$6,400,000$
지급 총 이자 금액	$= \$7,300,000 + \$80,000,000 \times (LIBOR + 70bp)$

담보관리자가 수취한 현금흐름과 지급한 현금흐름을 상계하면 다음과 같다.

수취한 총 이자금액	$= \$11,000,000 + \$80,000,000 \times LIBOR$
- 지급 총 이자금액	$= \$7,300,000 + \$80,000,000 \times (LIBOR + 70bp)$
순이자금액	$= \$3,700,000 - \$80,000,000 \times (70bp)$
	$= \$3,700,000 - \$560,000 = \$3,140,000$

이 순이자금액을 이용하여 부대비용(자산관리비용 포함)이 지불되어야 한다. 이 금액은 이제 후순위/자본 트랜취에 대한 지불에 사용될 수 있다. 부대비용이 \$634,000이라고 가정하면, 후순위/자본 트랜취에 지불 가능한 현금흐름은 \$2,506,000이다. 후순위/자본 트랜취의 액면가는 \$10,000,000이고, 그것이 액면가로 팔린다고 할 때, 잠재적 수익률은 25%에 달한다.

이 사례에서 몇 가지 단순화 가정이 전제되어 있다. 부도가 발생하지 않고, 담보관리자가 매입한 모든 증권들에 수의상환권이 없으며, 조기상환 위험도 없다. 그리고 선순위 및 매자닌 트랜취의 만기와 담보의 만기 불일치도 존재하지 않는다. 이러한 단순화 가정에도 불구하고 이 사례는 차익거래 CDO 구조의 기본적인 경제학을 제시하고 있다. 이자율 스왑의 필요성 및 후순위/자본 트랜취의 양의 수익 결과를 잘 보여주고 있다. 딜러들은 CDO의 후순위/자본 트랜취에 최소한의 이익 잠재력이 존재하는지를 반드시 검토한다. 이러한 판단의 기준점은 시장조건이 제공해준다.

2) 현금흐름거래(cash flow transactions)와 시장가치거래(market value transaction)

CDO는 담보수익의 원천에 따라 현금흐름거래와 시장가치거래로 구분된다. 담보로부터 주된 수익이 이자수익과 원금상환인 경우는 현금흐름거래이고, 담보로부터의 수익이 채권투자의 총수익에 기초해 있는 경우에는 시장가치거래이다.

현금흐름거래의 경우 담보관리자의 목적은 적극적으로 채권을 거래할 필요 없이 다만 선순위 트랜취, 매자닌 트랜취를 위한 현금흐름을 발생시키는 것에 국한된다. CDO 구조로부터 발생하는 현금흐름은 각 트랜취를 위한 현금흐름 발생을 목표로 설계되었으므로 담보관리자는 추가적으로 채권을 사고 팔 수 있는 자유가 없다. 채권을 처분하고 보유하는 조건은 미리 정교하게 짜여 있으며 신용위험에 대한 고려에 따라서 결정되었다. 포트폴리오 구성에 있어서 담보관리자는 신용평가사가 설정한 특정한 요구를 만족시켜야 한다. 거래의 신용등급을 평가함에 있어서 신용평가사는 질적검정(quality test)을 설정하며 이 검정을 통과하지 못한 거래는 수행될 수 없다. 그 질적 검정이란 (1) 최소 자산 다양성, (2) 최소 가중평균 신용도, (3) 만기제약, (4) 채권투자의 집중도 제약(특정국가, 특정 지리적 집중도 제약) 등이다. 또한 신용평가사는 담보의 성과가 다양한 트랜취에 지불을 수행할 수 있다는 것을 보장하기 위한 테스트로 액면가와 이자 지급 능력을 검정하는 커버리지 테스트(coverage test)를 수행한다.

현금흐름 거래에서 담보로부터 발생한 소득과 원금상환금은 신탁회사, 관리자, 선순위 관리자에 대한 수수료 지급 이후에 상급 트랜취에 대한 이자지급에 사용된다. 그리고 커버리지 테스트가 통과되고 나면 소득은 매자닌 트랜취에 대한 이자지급과 후순위/자본 트랜취에 대한 지급으로 이용되고 원금상환금은 재투자된다. 만약 커버리지 테스트가 통과되지 못한다면 소득과 원금상환금은 상급 트랜취를 보호하기 위해서 원금

지급 등이 커버리지 테스트가 만족될 때까지 이루어진다. 그리고 그 이후에 잔여소득이 남는다면 매자닌 트랜취에 대한 지급이 이루어지고, 그래도 남는 잔여소득이 있다면 후순위/자본 트랜취에 대한 지급도 이루어진다.

다음으로 시장가치 거래(market value transactions)에서 각 트랜취에 대한 지급을 위한 현금흐름은 담보 시장가치를 증가시킬 수 있는 담보관리자의 능력에 달려 있다. 이 경우 담보관리자는 총 수익을 극대화하고 담보 자산의 가격변동성을 극소화하기를 원한다. 각 트랜취의 원금지불에 사용되는 자금은 담보물의 처분이나 이자수취에서 발생한다. 이 경우 CDO의 신용등급은 담보자산의 가격변동성, 유동성, 시장가치 등에 기초해 있다. 시장가치 거래는 CDO 거래 중에서 낮은 비중을 차지하며, 특정한 종류의 담보에 대해서만 사용된다. 담보가 예측불가능한 현금흐름을 갖고 있는 경우 현금흐름 거래를 창출하는 것은 어렵다. 시장가치 거래는 더 큰 유연성을 원하는 담보관리자, 더 큰 기대수익률을 원하는 후순위 트랜취 구매자 등에 의해서 사용된다.

시장가치 거래에 있어서도 신용평가사는 거래의 질적 평가를 위해서 초과담보, 분산화, 집중화 검정을 수행한다. 이 중에서 초과담보 검정에서 담보의 조정된 시장가치를 이용하며, 초과담보 검정을 통과하지 못한다면 현금흐름은 초과담보 검정이 만족될 때까지 선순위 채권 상환에만 집중되며 매자닌과 후순위 트랜취는 이 경우 상환대상에서 제외된다.

초과담보 검정에서 환가율(Advance rate)이 중요하다. 환가율은 일정한 시장가치를 갖고 있는 기초자산으로부터 일정 신용등급의 유동화 자산을 얼마나 발행할 수 있는지의 비율을 나타낸다. 이 비율의 산정은 대출기관에게는 위험을 낮추는데 도움을 주고, 대출자에게는 저렴한 이자율을 제공하는데 도움을 준다. 이러한 선지급이자율은 신용평가사가 (1) 가격변동성, (2) 증권 사이의 상관성, (3) 유동성 등의 세 가지 요인을 결합해서 결정한다. 환가율이 초과담보 검정에서 어떻게 사용되는지를 예를 통해서 살펴보자. 담보가 3가지 자산 타입을 갖고 있으며, 각각의 타입에 대해서 신용평가사가 결정한 환가율이 다음과 같이 적용된다.

자산 타입	시장가치	환가율
high yield bonds Baa	\$50 million	0.80
high yield bonds B	\$30 million	0.75
high yield bonds Caa 이하	\$20 million	0.70

이 경우 담보의 시장가치는 \$100 million이지만 환가율에 의해서 조정된 시장가치는 다음과 같다.

- 담보의 조정된 시장가치:

$$\$50,000,000 \times 0.80 + \$30,000,000 \times 0.75 + \$20,000,000 \times 0.70 = \$76,500,000$$

3) 합성 CDOs(Synthetic CDOs)

위에서 설명한 CDO 구조는 현금 CDO 구조(cash CDO structure)이다. 현금 CDO 구조 하에서 담보자산은 담보관리자가 소유하고 있다. 그런데 합성 CDO 구조 하에서 담보자산은 특정 자산과 관련된 경제적 위험을 흡수하지만 실제로 법적 소유권이 확보되어 있지는 않다.

합성 CDO 구조를 창출하기 위해서는 신용 파생상품을 사용해야 한다. 신용파생상품들 중에서 특히 많이 사용되는 것은 신용파산스왑(CDS; Credit Default Swap)이다. CDS는 시장참가자들에게 자신들이 소유한 자산과 관련된 신용위험을 그 자산의 법적 소유권의 이전 없이 신용위험만을 다른 사람들에게 전가하는 것을 허용한다. 예를 들어 은행은 은행 대출의 포트폴리오를 소유할 수 있고, 자신의 포트폴리오 내의 은행대출이 갖는 신용위험에 노출된다. 이 경우 CDS는 은행 대출 포트폴리오의 소유권 이전 없이 신용위험의 일부 또는 전부를 다른 사람에게 전가할 수 있게 해준다. CDS는 보험과 개념적으로 유사하다. CDS 구조 내에서는 신용보호 구매자와 신용 보호 판매자가 존재한다. 신용 보호 구매자는 신용보호 판매자에게 수수료(프리미엄)을 지급한다. 만약 '신용사건'이 발생하면, 신용 보호 판매자는 신용보호 구매자에게 신용보호를 위한 지급을 수행해야 한다. 부채 증권에 대한 신용 사건은 부도가 될 것이다. 지급 시점에서 지급이 되지 않거나, 발행에서 신용등급이 하락하거나, 부채의 평판 및 부채의 재구조화 등을 신용 사건으로 간주할 수 있다. 신용사건을 정의하는 것은 신용파생상품에서 핵심이다.

CDS의 구조에 대해서는 다음 절에서 좀 더 상세하게 설명한다.

이와 같은 CDS에 대한 기초적인 정보를 가지고, 이제 합성 CDO의 기본 구조를 살펴보자. 현금 CDO 구조와 합성 CDO의 경우에도 마찬가지로, 부채 트랜취를 발행하여 그 수입으로 담보관리자는 위험도가 낮은 자산에 투자한다. 이와 동시에 담보 관리자는 CDS 거래에 들어간다. 담보관리자는 CDS 계약에 따라 신용보호를 거래상대방에게 제공해준다. 담보관리자는 신용보호를 매도하기 때문에 거래상대방으로부터 CDS 수수료를 수취한다.

CDS의 거래상대방은 신용보호 매수자로서, 담보관리자에게 수수료를 지불할 것이다. 이 거래 상대방은 자신의 자산의 신용위험을 다른 데로 전가하기를 원하는 금융기관이 될 것이다. 예를 들어, 그 금융기관은 은행이 될 수 있는데, 이 은행은 자신의 포트폴리오 내의 대출로 정의된 자산에 대해서 CDS를 이용할 수 있다. 이들 대출은 CDS 내부의 기준 자산(reference assets)이라고 부른다.

만약 신용 사건이 발생하지 않는다면, 담보 관리자가 실현한 수익은 담보 내의 저위험자산의 수익과 CDS에서 획득한 수수료 수익의 합계가 될 것이다. 만약 기준 자산에서 부도가 발생한다면, 담보 관리자는 거래상대방에게 지불을 수행해야 한다. 이것은 합성 CDO 구조 내에 있는 부채상환 의무에 충족시켜야 할 수익을 감소시키는 결과를 가져온다.

6. CDS(Credit Default Swap)

최근 시장에서 가장 인기 있는 신용파생상품은 CDS(Credit Default Swap)이다. CDS는 신용부도 파생상품으로 분류된다. 대부분의 신용파생상품은 단일상품으로 거래되기도 하지만, 구조화 신용 상품 즉, 합성 CDO와 같은 구조화 상품의 한 구성부분으로 이용되기도 한다. CDS는 아마도 신용위험을 전가하는 가장 단순한 도구 중 하나일 것이다. CDS의 인기로 인해서, 신용 부도 상품의 다른 형태들(이를테면 신용 부도 옵션)은 거의 사용되지 않는다.

CDS 거래의 목적은 신용보호 구매자가 자신의 신용 노출을 신용 보호 판매자에게 전가하고 자신의 신용 노출을 헤지하는 데 있다. 이러한 점에서 CDS는 보험정책이나 스탠바이 신용장과 같은 역할을 수행한다. 대조적으로, 총수익률 스왑(total return swap)은 투자자가 관련 준거자산(reference obligation)에 대한 노출을 증가시킨다. 오직 하나의 관련 준거자산(reference obligation)만 존재하는 CDS는 single-name CDS라고 부른다. 이와 달리 준거자산이 바스켓이거나 부채의 포트폴리오로 주어진 경우(이를테면, 각기 다른 발행자가 발행한 10개의 high yield 회사채)에는 바스켓 CDS라고 부른다.

특정 CDS 구조 내에서, 위험보호 매수자는 위험보호 매도자에게 분기별로 수수료를 지급하는 대신, 신용 사건이 발생한 경우 준거자산(reference obligation)에 의해서 조건부 지불을 받을 권리를 얻는다. 신용사건이 발생하면 위험보호 판매자는 지불을 수행해야만 한다. 딜러 간 시장은 기업 및 국가 준거 단위(sovereign reference entity) 등을 위한 single-name CDS가 표준화되도록 발전하였다. 또한 신용 보호를 원하는 포트폴리오 매니저들을 위해서 딜러들은 맞춤형 상품(customized products)을 기꺼이 창출해 왔다. 통상 CDS 만기는 5년이 대부분이며, 포트폴리오 관리자들은 자신들의 투자 기간에 부합되도록 CDS 만기를 설정한다.

CDS의 정산은 현금결제나 물적 인도(physical delivery)로 이루어진다. 물적 인도에서는 계약서상의 신용 사건이 발생하는 경우, 보호 매입자는 보호 판매자에게 준거자산(reference obligation)을 인도하고 현금지불을 요구한다. 현물인도는 지불금액을 결정함에 있어서 준거자산의 시장가격을 찾아낼 필요가 없기 때문에 효율적이다.

신용 보호 매도자가 신용 사건이 발생한 경우에 시행하는 지불은 사전에 정해진 금액이다. 혹은 준거자산의 가치 하락분에 의해서 결정된다. 준거 단위(reference entity)가 명목가치가 고정된 회사채이거나 국채인 경우 표준적인 single-name CDS가 된다. 현금 지불이 준거자산의 가치감가액으로 결정되는 경우에 그 금액은 다수 딜러들의 투표에 의해 결정된다. 만약 스왑의 만기까지 신용사건이 발생하지 않는 경우라면 계약당사자들은 책임과 의무에서 벗어나며 추가적인 의무도 없다.

위험보호 매도자가 지불해야 하는 금액을 결정하는데 사용되는 방법은 매우 다양하다. 예를 들어, 어떤 CDS는 계약일에 지불 금액을 결정할 수 있다. 이와 반대로, 다른 CDS의 경우에는 신용 사건이 일어난 이후에 지불금액이 결정된다. 이러한 환경 하에서 위험보호 매도자의 지불 금액은 시장의 준거 단위와 유사한 자산의 가격을 관찰하고 난 이후에 결정된다.

표준적인 single-name CDS의 작동과정을 보다 구체적으로 살펴보자. 준거단위는

ABC 회사이고, 준거자산은 만기가 2110년인 ABC 후순위채로 가정한다. 스왑 프리미엄은 1년에 550bp이다. 만약 신용 사건이 발생하면, 보호 매도자는 보호 매수자에게 계약의 액면금액을 지불한다. 우리 사례에서 계약의 액면금액은 $10 million이라고 가정한다.

준거자산의 명목가치(notional amount)는 준거자산의 액면가(par value)와는 다르다. 예를 들어, 어떤 채권의 액면가가 100인데, 73.53에 거래되는 경우를 생각해보자. 만약 포트폴리오 매니저가 그 채권을 액면가로 $13.6 million만큼 가지고 보유하고 있다고 해보자. 그리고 이 포트폴리오 매니저는 그 채권의 가치가 현재의 시장 가치인 $10 million(이 금액은 $13.6 million의 73.53%에 해당한다)이하로 떨어지기를 원하지 않는다고 해보자. 이 경우 포트폴리오 매니저는 $10 million의 명목가치(notional amount)가 신용사건의 발생에도 불구하고 유지되기를 희망한다. 신용 사건이 실제로 발생하면 포트폴리오 매니저는 13.6 million의 액면가를 지닌 채권을 위험보호 매도자에게 현물인도 하고 그에 대한 대가로 현금 $10 million을 받게 된다.

표준 single-name CDS는 스왑프리미엄의 분기별 지급을 요구한다. 신용사건이 발생하지 않더라도, 신용보호 매수자는 스왑프리미엄을 만기까지 매 분기별로 지불한다. 분기별 수수료 지급은 채권시장에서의 관행을 따른 것이다. CDS에 사용되는 날짜 세는 방법은 실제일수/360이다. 이것도 이자율 스왑 시장의 관행을 따른 것이다. 날짜 세는 방법에서 실제일수/360의 의미는 분기별 지급액을 결정함에 있어서, 분기별 실제일수에서 1년으로 가정된 일수를 나눈 것이다. 따라서 분기별 스왑 프리미엄 지급액은 다음과 같이 계산된다.

$$\text{분기별 스왑 프리미엄 지급액} = \text{액면금액} \times \text{스왑프리미엄연이자율} \times \frac{\text{실제분기날짜수}}{360}$$

위의 예에서, 분기별 날수를 92일이라고 하면, 분기 스왑 프리미엄 지급액은 다음과 같다.

$$\$10,000,000 \times 0.0550 \times \frac{92}{360} = \$140,555.56$$

바스켓 CDS의 경우, 지불금액은 사전에 정의되어야만 한다. 예를 들어, 바스켓 CDS가 준거 자산을 10개 갖고 있고, 신용사건이 이 10개의 준거자산 중에서 1개에 대해서만 발생한다면 지불이 수행되어야 하는가? 그것은 정의하기 나름이다. 바스켓 CDS는 다양한 방식으로 구조화 될 수 있다.

가장 단순한 경우는 단 하나의 준거자산이 부도가 발생하더라도 지불이 이루어지는 구조가 될 것이다. 이 형태는 first－to－default basket swap이라고 한다. 동일하게, 최소 2개의 준거자산이 부도가 나야 지불이 진행되는 경우를 second－to－default basket swap이라고 한다. 일반적으로 k개의 준거자산의 부도가 나면 지불이 진행되는 경우를 k－to－default basket swap이라고 한다.

찾아보기

[공저자약력]

이 필 상
서울대학교 금속공학 학사
美 컬럼비아대학교 경영대학원 경영학 석사
美 컬럼비아대학교 경영대학원 경영학 박사
고려대학교 경영대학 교수
고려대 총장
제7대 유한재단 이사장
현) 서울대학교 경제학부 특임교수

안 동 현
고려대학교 경영학 학사
고려대학교 대학원 경영학 석사
美 뉴욕대학교 대학원 경영학 박사
고려대학교 경영대학 교수
자본시장연구원장
美 노스캐롤라이나 주립대학 종신부교수
현) 서울대학교 경제학부 교수

손 삼 호
부산대학교 경제학과 학사
서울대학교 경제학부 석사
서울대학교 경제학부 박사
경일대학교 금융증권학과 조교수
현) 순천향대학교 경제금융학과 부교수

최 영 민
한국외국어대학교 경영학 학사
고려대학교 대학원 경영학 석사
고려대학교 대학원 경영학 박사
LG투자증권, 삼성생명
현) 국민연금연구원 기금정책분석실 연구위원

채권의 이해 – 기본학습을 위한 길라잡이–

2022년 6월 10일 제 1 판 인쇄
2022년 6월 20일 제 1 판 발행

공저자 이필상 안동현 손삼호 최영민
발행인 임 권 규
발행처 **홍 문 사**

05855 서울시 송파구 송파대로 167 테라타워 B동 802호
등록 1993. 6. 24. 제1-1543호
TEL. 712-5311(代) FAX. 716-5311

값 29,000원

ISBN 978–89–7770–724–5 93320